JN048628

国家の命運は金融にあり
高橋是清の生涯 上

板谷敏彦
Itaya Toshihiko

新潮社

扉写真：異父妹の香子と高橋是清。明治８（1875）年頃
表紙写真：ペルーの銀山への出発に際し開かれた送別会。明治22（1889）年

まえがき

朝起きて為替や原油価格、海外の株式などが大きく動いていると、投資家は世界のニュースの中からその原因を探し分析する。国際紛争や大災害、クーデターや選挙の結果など、朝のテレビやWEBサイト、朝刊はそうしたニュースや分析で満ちている。こうした為替水準や商品価格、株価は常に発信し続けられ、その記録は日々、あるいは現代では秒単位で刻まれて行く。昨晩の何時何分何秒に、何が起きて、その情報が市場に伝わったのかは遡及が可能である。

1904年から05年にかけて戦われた日露戦争の当時、主要国の公債はロンドン市場で取引され、その記録は今に残されている。ならば、日本とロシアの公債価格の日々の推移を調べることよって日露戦争の経過をもう少し詳細に知ることができるのではないか。

私はこうした観点から2012年に『日露戦争、資金調達の戦い』（新潮選書）を上梓して、日露戦争の戦況と両国公債価格の関係、戦費調達のタイミングや和平交渉の国際的評価などを明らかにした。

この時の我が国の欧米における資金調達の担当者が当時日本銀行副総裁だった高橋是清(これきよ)である。この時から私と高橋是清の長い付き合いは始まったと言える。こんな大偉人に対して畏れ多いが、長い付き合いに免じてここでは親しみを込めて是清と呼ばせてもらおう。

是清はペリーの黒船来航の翌年1854年生まれ、幕府が瓦解した1868年にはサンフランシスコでそのニュースを知った。その後帰国して教師、落ちぶれて芸者のヒモ、相場師、改心して官僚となり特許庁の創設者として「日本の特許の父」と呼ばれるほど成功を得る。普通の明治の偉人であればこれで上がりなのだが、是清は海外での銀山開発に挑み大失敗してしまう。

是清に人生スゴロクがあるとすれば、ここでふりだしへと戻り、当時拡大中だった日本銀行の一時雇いからやり直すことになる。行内で出世、そして日露戦争でのギリギリの資金調達、日本銀行総裁、大蔵大臣、内閣総理大臣へと立身出世は続く。しかも首相経験者でありながらその後も高齢を押して何度も大蔵大臣を引き受け、そして最後は若手将校たちによって暗殺されるのである。これほどのスケールを持つ波瀾万丈な人生は他に知らない。

この間日本は開国時の被植民地化の危機の中から立ち上がり、不平等条約を改正し、第一次世界大戦が終了する頃には西洋列強にまじって世界五大国の一角を占めるまでに成長する。是清の人生を追うことは、明治維新以降の日本の大国への途（みち）を追うことであり、同時にその後の昭和初期の転落への過程も知ることになるだろう。

明治・大正・昭和史は分かりにくい。是清は日銀マンであり金融マンである。その足跡には為替や金利、商品価格や財政のデータがついてくる。これまで定性的な側面から語られがちだったこの時代を、物語としてもう少し定量的に捉えてみたい。そうすればもう少し分かり易くなるのではないか。この本はそうした意図で書いたものである。

是清は『高橋是清自伝』という口述（上塚司編）による名著を残した。この本は文庫本になり今現在でも増刷が続くベストセラーであり、現代人が読んでも非常に面白い本である。だが面白い話をして場を盛り上げる是清の話し方はいつも少々「盛り」が多いのである。私は『高橋是清自伝』のエピソードのひとつひとつを詳細に調べるところからこの本の執筆を始めた。

国家の命運は金融にあり　高橋是清の生涯　上＊目次

まえがき　3

第1部　立志篇

第1章　アメリカへ

第1話　追悼会……14
第2話　運の良い子……19
第3話　横浜大火……23
第4話　アラン・シャンド……28
第5話　初の海外渡航……33
第6話　サンフランシスコ……37
第7話　ブラウン家……42
第8話　ヴァン・リードのこと……46
第9話　帰国……49

第2章　唐津

第10話　森有礼……54
第11話　フルベッキ……59
第12話　三人組……63
第13話　箱屋是清……68
第14話　唐津へ……73
第15話　唐津城下……78
第16話　耐恒寮……82
第17話　唐津からっぽ……87

第3章　相場師時代

第18話　末松謙澄……92
第19話　水心楼に遊ぶ……96
第20話　デビッド・マレー……101
第21話　一条十次郎のこと……106
第22話　サムライの終焉……110
第23話　長野の畜産事業……115
第24話　翻訳業と共立学校……119
第25話　銀紙相場……124
第26話　米相場……128

第4章　特許局

第27話　農商務省出仕……134
第28話　明治14年の政変……138
第29話　日銀誕生……142
第30話　商標条例……147
第31話　専売特許条例……151
第32話　前田正名……156
第33話　興業意見……160
第34話　欧米視察の旅……165
第35話　ワシントンDC……169
第36話　パリの原敬……173
第37話　是清の手料理……178
第38話　鹿鳴館時代……182
第39話　順調なる人生……187
第40話　憲法発布の日……191

第5章　アンデスの銀嶺

第41話　ペルーの銀山開発……196
第42話　いざアンデスへ……201
第43話　カラワクラ銀山……205
第44話　銀山の夢……209
第45話　頼れぬ農商務省……214
第46話　一大馬鹿……219
第47話　蜆売り……223

第2部　自立篇

第6章　日本銀行

第48話　川田小一郎……228
第49話　日銀本店工事……235
第50話　西部支店長……239
第51話　シベリア鉄道と条約改正……244
第52話　日清戦争……248
第53話　広島大本営……253
第54話　藤田伝三郎……257
第55話　馬関条約……262

第7章　北からの脅威

第56話　三国干渉……267
第57話　横浜正金銀行……271
第58話　トルストイ……276
第59話　金本位制……281
第60話　外債発行調査の旅……285
第61話　日銀ストライキ事件……290
第62話　大食副総裁……294
第63話　四分利付き英貨公債……299

第8章　日露開戦

第64話　総裁更迭……304
第65話　松尾臣善新総裁……309
第66話　「日進」「春日」……314
第67話　英国頼れず……318
第68話　阪谷芳郎……323
第69話　元老会議……328
第70話　明治時代のIR……333
第71話　高橋を派遣すべき……338

第9章　外債発行

第72話　鐚一文の信用なし……344
第73話　米国金融事情……349
第74話　ロンドンのバンカーたち……354
第75話　マカロフ提督戦死……358
第76話　ビートンの訪問……363
第77話　マッケンジー卿……367
第78話　目論見書……372
第79話　鴨緑江の戦い……377
第80話　ヤコブ・シフ……381
第81話　米国参入……386
第82話　クラリッジス……391

第10章　増税

第83話　遼東半島……396
第84話　戦には勝っても……400
第85話　金がない……404
第86話　第2回公債発行……409
第87話　増税……414
第88話　我らの仲間……418
第89話　一時帰国……423

第11章　講和へ

第90話　ウィルヘルム2世の密書……428
第91話　奉天会戦……433
第92話　第3回公債発行……437
第93話　講和への道……442
第94話　日本海海戦……446
第95話　もう一度公債を……451
第96話　友情……455
第97話　謁見……460

第12章　戦後処理

第98話　ポーツマス会議……466
第99話　賠償金……470
第100話　日比谷焼討事件……475
第101話　英米独仏協調公債発行……480
第102話　小村の巻き返し……484
第103話　シフの来日……489

下巻

第3部　不惑篇

第13章　日銀総裁から大蔵大臣へ
第14章　欧州大戦
第15章　五大国
第16章　内閣総理大臣
第17章　関東大震災

第104話　満鉄……494
第105話　ハリマン……498
第106話　1907年恐慌……503
第107話　最後の資金調達……507
第108話　和喜子……512
第109話　日露戦争が残したもの……518

第4部　知命篇

第18章　昭和金融恐慌
第19章　金解禁
第20章　満州事変
第21章　金本位制停止
第22章　世界で孤立
あとがき——コレキヨの評価

国家の命運は金融にあり　高橋是清の生涯　上

挿絵　菊池倫之

第1部　立志篇

第1章　アメリカへ

第1話　追悼会

昭和12（1937）年2月28日の夜、前年の2・26事件で殺害された高橋是清の追悼晩餐会が帝国ホテルで開催された。帝都を震撼させた反乱事件のショックから1年が過ぎた日のことである。

事件当時に第13代日本銀行総裁の役職にあった深井英五は、その後も約1年間職務を続け、この追悼会の少し前に辞職したばかりだった。

深井は赤坂日枝神社下の自宅で追悼会出席の準備を整えると、迎えの自動車に乗り込んだ。深井は一般の歴史の中ではほぼ無名だが、金融史の分野ではきらめく巨星のひとつである。この時から約30年前の日露戦争以来、長らく高橋是清に仕えて共に仕事をしてきた、いわば相棒だった。是清の子供の仲人もしている。

この深井宅から、現在は高橋是清翁記念公園となっている赤坂の高橋邸までは歩いてもわずか10分ほど。高橋の存命中は深井も事あるごとに足繁く通ったものだった。

車は深井を乗せて山王下から溜池方面を走っていく。道路の中央では地面が掘り返されていた。目黒蒲田電鉄（現東急電鉄）の五島慶太によって地下鉄道が建設中だったのだ。これが現在の地下鉄銀座線である。

思い起こせば1年ほど前、帝国陸軍の青年将校らによって2・26事件が引き起こされた。その渦中で高橋は「君側の奸（かん）」、すなわち天皇陛下の悪い取り巻きと見なされて、帝国陸軍兵士によって殺害されたのである。

深井にすればこれほど理不尽なことはなかった。日露戦争時の軍資金調達、震災恐慌時のモラトリアム、金本位制停止など、高橋が身を投げ出して国難を乗り越える姿を幾度も目の当たりにしてきた。高橋がいなければ一体この国はどうなっていたことか。青年将校たちはわかっていたのか。

将軍や提督達の英雄譚だけがこの国の歴史を築いてきたわけではない。先の欧州大戦（第一次世界大戦）以降、はっきりとしたことがある。国家の命運は目先の軍事力ではなく経済力が決めるのである。真に命を削って国家に奉仕してきた高橋の一体どこが「君側の奸」だというのか。

帝国ホテル

赤坂から新橋にかけての外堀通り、この時代にはまだ江戸城の外堀が近くに残っていた。北上して桜田通りに入る。右手に貴族院・衆議院跡（現経済産業省）、左側が大蔵省、交差点越しに外務省を左手に見ると車は右折して日比谷公園の南端をかすめて帝国ホテルへと向かった。

当時の帝国ホテル2代目本館は大正12（1923）年の関東大震災の年に完成した。高名な建築家フランク・ロイド・ライトによる設計で、昭和42年まで現役で使用されていた。現在は愛知県犬山市の明治村に実物の一部が保存されている。

深井がホテルの正面玄関で車を降り、階段を数段昇って混雑したロビーに入ると、そこには高橋是清の遺族をはじめ、政財界の大物達など見知った顔が大勢いた。青年将校を煽ったはずの陸軍皇道派の重鎮、荒木貞夫の姿までも見える。

この日の高橋是清追悼晩餐会の式次第、会食のメニュー、参加者名簿は今に残されている。メニューは現在と変わらない。トマトクリーム・スープ、平目のクリーム焼き、豚肉のクレピネット包み揚げ、鳥肉のココット煮、サラダ、抹茶入りアイスクリーム、果物にコーヒーである。

会場は本館2階のバンケット・ホールだが、当時の帝国ホテルには地階があり、ロビーのある基本階（グラウンド）、劇場があった主階（メイン）、劇場上部と図書室があった1階、そしてその上がバンケットなので、これは現在の4階に相当する。

ホールは十字架のような形をしていた。そこに大型のテーブルが全部で30卓、出席者は遺族36名を含む616名の大規模な晩餐会だった。

司会は串田万蔵三菱合資総理事。三菱財閥の総帥。未だ少年だった串田を見いだし、学問を与え初の洋行に連れ出したのは高橋である。

追悼演説は4名。時の第33代内閣総理大臣・林銑十郎。さらに第14代大蔵大臣で第5代日銀総裁の男爵山本達雄、日銀出身で時の第36代大蔵大臣結城豊太郎、そして深井英五である。

「深井君」

会の発起人、最年長の80歳の山本達雄が深井に声をかけた。高橋是清は山本のさらに2歳も年上だった。

「今日は日露戦争の公債募集譚を話すのかね?」

「はい、そのように」

深井は事前に日露戦争の話をしてくれないかと発起人達から頼まれていた。

高橋は昭和4年1月から上塚司が口述を整理した『是清翁一代記』を「朝日新聞」夕刊に連載の後出版しており、2・26事件のあったその月の9日にこれをさらに整理した『高橋是清自伝』を千倉書房から発刊していた。この本には高橋が生を享けてから、日露戦争の軍資金調達に奔走する明治38(1905)年12月までが書かれており、この自伝を読んだ人にとって日露戦争は興味のあるエピソードに違いなかった。仮に高橋が2・26事件で暗殺されていなければ、『高橋是清自伝』は日露戦争以降が書き加えられて倍ほどの厚さになっていたはずである。

深井の演説

深井はバンケット・ホール中央の大テーブルで起立してマイクを前に話を始めた。

「高橋翁は波瀾万丈の一生を通じて、年齢を重ねるに従い、貫禄、声望、功績において益々輝きを増していかれました。

日銀総裁職の時は、故井上準之助氏をして翁は日本銀行には大き過ぎる人物であると評されました。

その後翁でなければ出来なかったことを成し遂げたのは、昭和2年の金融大動乱を鎮静された時でしょう。しかし翁がその真価を定めたのは満州事変および金輸出再禁止を契機とする時勢の大混乱を収めた時に相違ありません。

本日お話しする日露戦争の資金調達の話は翁の最大事績というわけではありません。ですが発起人の皆様が私にこの話をすすめたのは、かつてロシアと敵対した時、翁がいかに我々の日本を救ったのか、わかりやすい追悼にふさわしい話であるからでしょう。この話は翁の自伝の中にもありますが、本日はその補遺(ほい)としたいと思うのであります」

補遺とは補足、『高橋是清自伝』では足りない部分を補うという意味である。こうして深井は原稿用紙に用意した日露戦争の時の高橋との思い出を語り始めたが、それは『自伝』の内容とは少し違うものだった。

伝記作家の重鎮小島直記は、伝記を通じて古今東西の人物に学べと説いた。しかし一方で「自伝信ずべからず、他伝信ずべからず」とも説いた。

これから綴る高橋是清の物語は、自伝の内容とは少し異なるものになるだろう。

高橋是清はペリー来航の翌年にあたる嘉永7(1854)年に生まれ、昭和11(1936)年に暗殺された。高橋と共に働いた深井英五は明治4(1871)年に生まれて昭和20(1945)年の太平洋戦争の敗戦を見て世を去った。

高橋が生まれ、育ち、大成してゆく幕末、明治から大正、昭和初期のこの時代は、同時に日本という国が黒船によって叩き起こされて、やがて欧米社会に追いつき、そして凋落していく時代でもある。財政家高橋是清の生涯を追うことは、明治維新から太平洋戦争勃発までの日本の歴史を金融の側面から追うことにもなるのである。

第2話　運の良い子

嘉永7年はペリーが浦賀に来航した翌年である。当時の日本は黒船の来航や内裏の炎上、東海地震に南海地震と、これでもかとばかりに災厄に見舞われた。そのため嘉永7年は、11月に入ると打ち続く凶事の影響を断ち切るために改元されて安政元年となった。

この年のはじめ、芝の露月町（ろげつちょう）、現在の新橋5丁目住友金属鉱山の本社辺り、ここに幕府お抱え絵師の狩野探昇、俗名を川村庄右衛門守房という人物が住んでいた。この付近は昭和のバブルの時代に、通り沿いのペンシルビルで話題になった地域で、京町屋のような狭い間口に奥が深い敷地の商人用の建物が多かった。

絵師、庄右衛門は男盛りの47歳である。体格も立派なら性格も豪放、社交的で面倒見もよく、家に人を呼んでは盛んに宴が催された。3日に一度は4斗樽の正宗（上等な酒）が運び込まれていたそうだ。そのくせ大酒を飲んだ日にも欠かさず日誌をつけたという、そんな几帳面さもあわせ持っていた。

「ねえ、お前さま。さっき、お向かいさんからお話を伺いました」

妻ときは42歳。病没した先妻の後添えとして川村の家に嫁ぎ、先妻の娘一人に加えて四男二女をもうけて育てていた。庄右衛門は純情の人でもある。この古女房をとても大切にしていた。

「お向かいさんがおっしゃるにはね、このあいだ、湯屋で見かけたら、うちのおきんちゃん、お乳の色も変わってきてるし、お腹も少し出てきてる、もうだいぶ月が重なっているのじゃないかとおっしゃるんですよ」

おきんとは川村の家に奉公する北原きん16歳のこと。身に覚えがある庄右衛門はたじろいだ。そういえば家中にいる男ども、長男守由、門下生金之助はどちらかといえば奥手である。ときはお見通しだった。

「何か思い当たることはございませんか？」

おきんの父北原三治郎は中橋上槇町、現在の東京駅前の八重洲辺りで酒も出す惣菜屋のような店を営んでいた。決して貧しい家ではなかったが、三治郎が後妻をとったりと、事情があってきんは川村の家に侍女として奉公していた。いわば預かりものである。

きんは容姿端麗、性格も素直で川村の家では皆に可愛がられて大事にされていた。ところが一人不埒（ふらち）者がいたのである。ときは庄右衛門の狼狽（ろうばい）ぶりを目にすると、それ以上の追及はしなかった。悋気（りんき）（焼きもち）を催す前に、きんが年端もいかずに妊娠したことを哀れんだ。申し訳ないと思った。近所でお腹が目立って噂にならぬようにときんの叔母の家に預からせ、そこにしげしげと顔を出しては何かと面倒を見た。

仙台藩足軽高橋家

この年の7月、ときの献身もあってきんの経過はよく、少々難産ではあったが、立派な男子を出産した。

庄右衛門は大いに喜びこの赤子に「和喜次」という名を付けた。これが後に内閣総理大臣にまで登り詰める高橋是清その人である。

庄右衛門は妻ときと相談し、きんと和喜次を引き取るべく北原三治郎と談判したが、つまりは、きんをお目かけさんとして頂戴したいと頼んだが、三治郎は若い娘を不憫に思い、話はまとまらなかった。そうしてきんは、結局庄右衛門が金200両という大金と、衣服調度を贈り、和喜次をおいて川村家を去ることで話がついた。きんは人生をやり直すことにしたのである。

残された和喜次の方は、生まれて3、4日ほどで、とりあえずは露月町の家から二本ほど筋違いの愛宕下大名小路に中屋敷があった仙台藩の江戸定詰めの足軽高橋家に里子に出された。妻ときと日頃つきあいのあった女髪結いおしもの仲介である。

和喜次はころころとよく肥えた可愛い子供だった。2歳の時に、里親の高橋覚治是忠が仙台藩に実子として届け出たので和喜次は高橋姓を名のることになった。是清の是の字は是忠からきている。

和喜次は実母きんとは3歳の時に一度偶然に会ったきりで、その後養祖母に連れられて会いに行ったことがあったが、その時すでにきんは早世しており、和喜次の心には何らの姿も留めてはくれなかった。

和喜次を育てたのは、覚治是忠夫婦というよりは、養祖母の喜代子の方だった。喜代子は町人だった夫の新治とともにせっせと貯めた持参金を持って仙台藩高橋家に養子として入ってきた経歴を持つ。

固定化されていたと考えられる当時の士農工商の身分制度の中でも、末端の境目のところでは、持参金を持って武家の養子に入ったり、幕府御家人株を売買したりと間口は拡がっていた。

苦労人の喜代子は世事に長け、仙台藩邸の上級武士の儀式や宴会の台所まわりを仕切ったが、他にも藩邸やその周辺の人達にとって頼りになる存在だった。喜代子はこの後20年以上長生きし高橋是清（以降、是清と呼ぶ）を育んだ。

是清は喜代子をおばば様と呼んだ。

「お前は本当に運が良い子なんだよ」

おばば様は何かにつけ是清を運の良い子と信じ込ませた。実父との行き来もあり、またその実父の朗らかな遺伝子も受け継いだのだろう、是清は幸福で楽天的な子供として育った。

横浜留学

東五反田の、現在清泉女子大学がある辺りを島津山と呼ぶ。ここは維新前には仙台藩大崎屋敷があった地所だが、維新後に薩摩の島津家が敷地をそっくり購入したので今では島津の名前だけが残った。この土地には隣接して寿昌寺という寺が現存するが、ここは伊達家ゆかりの寺である。万延元（１８６０）年といえば米国に使節が派遣され、勝海舟が咸臨丸でこれを護衛した年である。

６歳になった是清はおばば様の手配によって和尚の小姓としてこの寺に預けられた。寺では読み書きを習うことができる。徳川の時代は終わろうとしていたが、おばば様がそんなことを知る由も無い。お寺で学べばゆくゆくは御家人株を買って、仙台藩足軽よりはもう少しましな武士になる途もひらけるかも知れなかった。

この頃、仙台藩では大童信太夫という若手ながら大抜擢された重臣が江戸留守居役として赴任していた。彼の母も江戸で亡くなって寿昌寺に葬られた。そのために大童は墓参りにたびたびこの寺を訪れ、訪問時には和尚と昼食を共にし、碁盤を囲んだ。和尚の身の回りの世話をしていた是清も自然に大童と口をきくようになり、これが是清の将来にとって強い順風となった。

この大童は尊皇攘夷（じょうい）の世の空気の中でも、「これからは広く西洋の知見が必要だ」と信じていた。豊前中津藩士の福沢諭吉と交際を持ち、そのため外国の事情にも通じていた。

大童は後に渡米する福沢に3000両という金を渡して洋式銃の購入を委託したが、福沢は銃の代わりに書籍を購入して仙台藩に渡したという。

こうして大童は、薩摩の大久保利通などの影響も受けて「仙台藩士の若い者は外国語を勉強せねばならぬ」と考えるようになっていた。

利発な少年の是清はこんな大童の目に留まり、横浜で外国語を学ぶ国内留学生の一人に選ばれた。元治元（1864）年、高橋是清10歳の夏である。

第3話　横浜大火

元治元年秋、是清は英語学習の国内留学のために横浜へと向かった。

この2年前には生麦事件が起きている。薩摩藩主の父島津久光の大名行列の前を馬上のまま横断したイギリス人に対し、護衛の藩士が切りつけて、1名を殺害、2名に重傷を負わせた。イギリスは艦隊を連ねて直接薩摩に談判に赴き、結果として薩英戦争に進展した。

また長州藩は外国人を打ち払い、攘夷を決行するため下関海峡を封鎖、まさに是清が横浜に出立しようとしている頃、列強との間で馬関（ばかん）戦争が起こっていた。この薩摩・長州両藩は、これらの事件をきっかけに、攘夷とは正反対の行動をとることになるが、まだまだ江戸では開国と攘夷の空気が入り交じり、これから横浜の外国人居留地に出入りして英語を学ぶなど非常に危険な行為だった。

ここで言う横浜とは現代の山下公園や横浜スタジアム、横浜中華街などがある関内一帯を指す。安政５（１８５８）年、米国総領事のハリスは日米修好通商条約を締結する際、他の港に加えて、当時の東京湾水上交易の中心地であり、宿場町でもあった神奈川宿（現在のＪＲ横浜駅の北東）の開港を求めた。しかしここは東海道にある上に江戸に近すぎた。そこで幕府は、対岸にあった関内をあくまで神奈川の一部ということにして開港したのだった。

関内は、もともとは浅瀬の湾を江戸時代に埋め立てた場所で、田畑と湿地だった土地に新しく街を建設した。１９６４年の東京オリンピックまではＪＲ根岸線に沿った辺りに開国当時に掘削した堀が残っており、これと従来あった2本の川で関内を挟み込んで長崎の出島のように周囲とは隔絶した島の状態を作った。当初、島への出入り口は現在のＪＲ関内駅の近くに吉田橋という橋が一カ所あっただけ。この関所があった橋の内側が関内なのである。

現在、横浜スタジアムがある横浜公園の場所には新規に遊郭が作られ、江戸の吉原と同様に沼地に浮かぶ孤立した島のような構造になっていた。遊郭を中心に、横浜駅寄りに日本人の居住地域があり、元町寄りの海沿いには外国人居留地があった。中華街はまだない。

是清、横浜へ

おばば様は、事前に横浜を訪ねて状況を調べた。

「とてもじゃないが幼い是清一人を行かせるのは心配です」

おばば様は仙台藩重臣の大童信太夫に、是清や留学生たちの賄いや身辺の世話をするために横浜に同行することを願い出た。

是清と一緒に同年代の鈴木知雄（後に日本銀行出納局長）も派遣されることになり、これに以前から横浜で仏語を学んでいた木村大三郎（信卿（のぶあき）、後に陸軍少佐）を監視役に加え、関内の日本人居住地域の太田町ににわか普請の家を建てて４人で暮らすことになった。

現代風にいうならば仙台藩の横浜研修所のようなもので、煮炊き家事一切はおばば様のお役目である。是清は確かにいろいろと運の良い人間だが、最大の幸運はこのしっかり者のおばば様喜代子が養祖母だったことだろう。

こうして是清は後に長い付き合いになる鈴木とともに毎日外国人居留地へと通学し、ヘボン式ローマ字で有名な米国長老派教会宣教師で医師のジェームス・カーティス・ヘボンの妻、クララ・ヘボンのもとで英語を習いはじめた。

ヘボンの学校には後の外務大臣で佐倉藩出身の林董（ただす）（是清はロンドンで一緒に働くことになる）や日米貿易の先駆者佐藤百太郎（ももたろう）、後に三井財閥を支えた益田孝などが時期を前後しつつも学んでいた。現在の明治学院大学に連なる学校である。

しばらくするとヘボン夫人は米国へ帰国して、代わりにバラーという他の宣教師の夫人が先生となった。

横浜に来て2年が経った慶応2（1866）年10月20日朝、おばば様は藩から月の手当を受け取るために江戸へ出掛けた。一里ほど歩いて神奈川宿の高台に登った頃に関内が火事だと騒ぎになった。半鐘の音が充分な音量で聞こえてくると、関内中央部の遊郭辺りから煙が上がっている。その中には建物の屋根をはるかに越えて巻き上がる火炎が遠目にも驚くほど鮮やかに見えた。

おばば様は可愛い是清が心配で、矢も盾もたまらずすぐに坂を下り関内へと引き返した。

火元は現在の横浜市役所辺りにあった豚肉料理屋鉄五郎宅で、このためこの火事は「横浜大火」とも「豚屋火事」とも呼ばれる。火は堀をはさんで隣接する遊郭に燃え移り、日本人居住地域にも火の手が広がった。

是清と鈴木は外国人居留地のバラー夫人宅で勉強していた。火は遊郭から日本人街の方に延焼し始めたが、厳格なバラー夫人は「授業中です」となかなか是清たちを帰してくれない。そのうち隣の完成間際の新英国領事館が燃え始めるとさすがの夫人も授業を止めた。是清と鈴木が太田町の家に走って帰ると火はすぐそこまできていた。

「布団だけでも持ち出そう」

二人は教科書を寝具でくるむとそれを担ぎ出して逃げた。通りは逃げまどう人々で大混雑しており、荷物を担いだ二人はそのうちにはぐれてしまった。

是清は人に勧められるまま、海岸沿いを外国人居留地の方へ向かい、現在の中華街付近の沼地の埋め立て地にたどり着いた。是清はすっかり疲れてしまい、乾いた場所を探して地面に布団を敷いて横になった。沼越しに遊郭が激しく燃え、その熱気が伝わってきていた。

その頃、英国の外交官アーネスト・サトウは半鐘の音に居留地にあった家を駆け出した。火の手の方に向かおうとしたが、通りは家財道具を担いだ群衆でごった返していた。サトウも人波にもまれて結局は是清と同じ場所に出てしまった。そこから見える「周囲が泥沼で囲まれている場所」つまり是清が見ていた遊郭の火事場は地獄であったという。

遊郭は木の橋ひとつで関内の他の場所とつながっているのだが、橋の上は人でいっぱいで身動きがとれず、使える舟は2、3艘(そう)しかなくそれも超満員だった。一方で遊郭の区画全体からは火柱が天に向かって舞い上がっているような状況だ。焼け死ぬよりはと沼地に飛び込む遊女もいたが、多くはこちら側へは泳ぎ着けなかった。

是清が見たものは、港の外国船から救助活動に駆けつけた水兵たちだった。彼らは遊郭から埋め立て地の間の水面にロープを張って、遊女であろうと身分を問わずに命がけで多くの老若男女を救っていた。外国人は立派だった。

閉校

途中ではぐれた鈴木は、イギリス兵に避難を手伝ってもらって無事だった。お礼にお金を渡したが固辞された。そこに神奈川宿から飛んで帰ったおばば様が合流して、二人で是清を探すと、はたして、埋め立て地に寝具を敷いて眠り込んでいる是清を見つけたのだった。

寝顔を見たおばば様は、あきれるやら、その肝の太さに驚くやら思わず笑ってしまった。

横浜大火は午後4時頃鎮火し、関内の外国人居留地の3分の1を、また日本人居住地域の4分の1を、そして遊郭のすべてを焼き尽くした。バラー夫人の家も焼けて学校は閉校になった。

横浜スタジアム横の公園には当時の遊郭、岩亀楼(がんきろう)の灯籠(とうろう)が今も残されている。

第4話　アラン・シャンド

慶応2（1866）年の冬、横浜大火によって焼け出された是清たちは愛宕下の仙台藩中屋敷に戻ってきた。

この年、年初には坂本龍馬の斡旋（あっせん）で薩長同盟が成り、秋口からの第二次長州征伐では薩摩藩が出兵せず征伐はならなかった。

是清が戻ってみると屋敷の様子は一変していた。仙台藩中屋敷は正方形で約1万坪ほどだが、以前は奥が馬場で、壁沿いにコの字型に藩士の住む長屋が60軒ほどあり、あとはがらんどうの空地だった。ところがそこに家庭菜園のように区画を設けて、足軽どもにキュウリやナスを栽培させていたのだった。

ボーイに

ここで当時の仙台藩と是清の関係について少し説明しておく必要があるだろう。

仙台藩は藩祖伊達政宗公以来厳密な身分制を敷いていた。藩士は門閥・平士・組士・卒の4区分に分けられてそれぞれの中にまた詳細な区分がある。最下級の卒は凡下（ぼんげ）とも呼ばれ、藩内では士分とは認められず、百姓として扱われた。後に是清が渡米する際の出国許可証には、仙台藩百姓と書かれてあった。おばば様が士分にこだわり、教育に力を入れたのはこのためだ。

仙台藩は表高62万石であるが、幕末には実質100万石に達していただろう。しかし幕末に臨んで藩財政は逼迫し財政改革に迫られた。これを担ったのが門閥の出身、但木土佐である。但木は元治元（1864）年に倹約令を発して緊縮財政を断行した。それがこの足軽どもの野菜作りである。但木は尊皇攘夷派ではなく保守派であり開国派である。藩内では身分を問わず優秀な人材を集めた。

この中に後の「奥羽越列藩同盟」の立役者になる玉虫左太夫がおり、是清を横浜に留学せしめた大童信太夫もいた。大童は重臣と呼ぶには280石の小身である。おばば様が遠慮なく近づけたのも、あまりに雲の上の存在というわけではなかったからだ。仙台藩はやがて但木の指導で明治維新を迎えるが、但木は後に賊軍の将として斬首された。玉虫は獄中で切腹、大童は潜伏して時を待った。

戻ってしばらくすると横浜から太田栄次郎という翻訳の先生がやってきて、せっかく2年間も英語を習ったのだから、続けなさいという。

ついては外国の銀行で外国人行員のボーイの口があるから、そこで働きながら実用英語を学んではどうだというのである。

おばば様も太田をずいぶんと信頼していたので、話はトントンと進み、是清はインド・ロンドン・チャイナ・チャータード・マーカンタイル銀行（1959年にHSBCが吸収）横浜支店長代理のアレキサンダー・アラン・シャンドのボーイとして働くことになった。是清13歳である。

この銀行には外国人行員が3名おり、それぞれにボーイがついていた。また別に英語修業の芸州藩出身、織田某という22、23歳のボーイ長もいた。

是清は学校へは通わず、暇なときは太田の家で教えを請うこともあったが、専ら実用英語の実習であった。ボーイであるから高度な英語は必要ないが、下世話な会話は上手くなった。

当時の横浜は危ない場所で、幕末の混乱期にならず者も多く流れ込んでいた。13歳のわりには身体も大きく老けて見えた是清はコックや馬丁(ばてい)と交わり酒を覚えた。酒は是清の長い人生についてまわる。酒にはめっぽう強かったが、時にそれはあだになる。

ボーイの生活は是清には持て余し気味だった。酒を飲み、外国人専用の妾である洋妾(ラシャメン)をからかったりしてやさぐれているうちに、仙台藩での是清の評判は地に墜ちた。要するにグレてしまったと思われたのだ。

ヘボンの学校に共に通っていた鈴木は太田から英語を学んでいたが、時折是清のところに顔を出しては、「お前、評判が悪いぞ、真面目にやれよ」と忠告をしていた。

そんなある日鈴木がやってきた。

「僕は米国への修業に選ばれたよ」という。

「僕はどうなの」

「前から忠告していただろ、君は素行不良で駄目だ」

これにショックを受けた是清は、

「それなら独断で捕鯨船に乗り込んで外国へ行ってやる」

と息巻いてはみたものの、それではおばば様に申し訳が立たない。

そうこうしているうちに横浜で兵学を学んでいた仙台藩の星恂太郎(じゅんたろう)という男がボーイ長の織田と懇意で、この是清が落ち込んでいる話を聞きつけた。

織田が星から聞いたところによると、今回は勝海舟の息子の小鹿が私費留学することになり、勝塾の仙台藩士富田鐵之助と庄内藩士高木三郎が同行することになった。ついては仙台藩では大童が窓口となって富田の留学を決め、横浜に修業に出していた足軽の子供たちも富田の従者として米国に行かせることにしたのだという。

「お前は評判が悪いので今回は見送ったが、もしおまえにその気があるのなら星が話を聞いてくれるそうだ」と織田は言う。

「どうする？　是清」

是非はない、是清は星を訪ね、星は是清の覚悟を良しとして、大童に一筆啓上してくれたのである。

是清は星の添え書きを持ち、愛宕下の仙台藩中屋敷にいる大童を訪ねた。

「何の用だ？」

言葉はそっけなかったが、打ち解けた大童の表情に是清は安心した。

「星さんから、今度仙台藩の方から、メリケンに鈴木と私が派遣されることになったから大童さんを訪ねろと言われてやって参りました」

コチコチの是清を見て、大童は吹き出しそうになった。

「そうか、では横浜でしばし待機しておれ」

喜ぶ是清に、

「おい、酒は飲むなよ」と言ったのだった。

シャンド・システム

さて、是清がボーイとして仕えたシャンドについては、ここで解説しておく必要があるだろう。アレキサンダー・アラン・シャンドはスコットランド人、1844年生まれで20歳の時に銀行の支店長代理として日本にやってきた。父は医者で名家の生まれである。シャンドは商売相手となる日本人からも評判がよく、銀行業務に対する知識も豊富で何を聞いても懇切丁寧に教えてくれた。そこで明治5（1872）年に大蔵省紙幣寮が日本の銀行制度確立のために顧問として雇った。明治初期のお雇い外国人の一人である。

肩書きは紙幣寮付属書記官、月給は500円の3年契約、この少し前の唐津県令の月給が30円だから、明治初期の年俸6000円は破格である。

シャンドは日本に銀行業を根付かせるためによく働いた。業務の傍ら『銀行簿記精法』を執筆した。この簿記法はシャンド・システムと呼ばれ日本銀行においても昭和40年代にコンピューターが導入されるまで基本は変わらなかったという。

また銀行実務講習を実施、スタート直後の日本の官民の銀行マン350人がこれを受講した。

シャンドは明治10年に帰国するとアライアンス銀行に就職したが、やがてこの銀行がパース銀行となって日露戦争の日本国債の引き受けの主力銀行となるのである。

是清はネズミを捕まえてはシャンドのフライパンで焼いて食べていたが、ある日とうとう見つかった。

「コレキヨさん、私のフライパンでネズミを焼いてはいけません」

是清は恐れ入り、そして恥じた。

後年、是清が立身出世した時にこの時の話を振ると、シャンドは、
「そんなことは記憶にございません」ととりあわなかったそうである。
是清はシャンドこそ真のジェントルマンであると評した。

第5話　初の海外渡航

慶応3（1867）年、春も終わろうかという頃、是清たちに海外渡航の許可が下りた。幕府はその前年に商用・留学のための海外渡航を解禁したばかりだった。

一行は、本来は勝海舟の嫡男小鹿と、そのお供の勝塾門下の仙台藩士富田鐵之助、庄内藩士高木三郎の3人であった。勝海舟は、小鹿の私費留学の許しを幕府に請い、富田鐵之助へは仙台藩から年1000両もの学費が支給された。この案件を担当した仙台藩の官吏大童信太夫が、是清と鈴木知雄を富田の従者として同道させることにしたのである。

仙台藩士富田鐵之助はこの時すでに32歳、富田家は門閥の中でも上位、石高2000石は大身である。富田はこの留学中に明治維新を迎えるが勝海舟に諭されて留学を継続した。

明治4（1871）年に薩摩の森有礼(ありのり)が米国少弁務使（公使）として赴任するとそこで出会った富田の人格と力量を認めた。こうして明治新政府は賊軍の仙台藩出身の彼にも学費を支給することになる。

この森有礼という人物は、薩摩藩が国禁を破り薩摩スチューデントとして海外留学させた一団

のメンバーの一人で、幕末から維新にかけて英国に留学しており、薩長藩閥意識が希薄で非常に進歩的な思想を持っていた。森は終生富田を引き立て、是清たちの庇護者ともなる。

富田は欧米を視察し米国を訪れた岩倉使節団の現地での世話をきっかけに、外交官としての出世の糸口をつかんだ。

その後米国や英国に駐在する間、金融・経済に精通するようになり、明治14年の帰国後は大蔵省に異動した。これも森の差し金である。

日本銀行設立時は病弱だった薩摩閥の初代総裁吉原重俊をよく補佐し、明治21年には第2代日銀総裁に就任する。薩長閥が幅をきかせる中、元仙台藩士が中央銀行の総裁になるのは並大抵のことではなかった。

是清は後年第7代日銀総裁になるので、この米国行きの一行は第2代と第7代の日銀総裁が一緒だったことになる。

さて、海外渡航ともなれば何を着ていけばよいかは、現代においても旅行者の悩みのひとつである。

「それは洋装だろう」

福沢諭吉と付き合いの深い大童はさも当然のように言うが、洋装などこれまで大童自身も仙台藩の誰も一度も着たことがない。横浜には西洋人の仕立屋はあるが高くて手が出ない、一方で日本人の仕立屋にはロクなものがなかった。是清は薄手のウールを模した木綿の生地でチョッキとズボンを誂え、上着はこれもウール調の絹で子供には不似合いな一列ボタンのフロックコートを作った。

帽子などは紙製で、白い布が後ろに日よけとしてついていた。困ったのは靴である。横浜で手に入る古靴は英国の兵士用ばかりで日本人の子供用のサイズなどはなく、婦人用のサテン地のものしか見つからなかった。

おばば様も横浜で外国人を見ていたから洋装は知っている。是清の姿は珍妙だとは思ったが、この時代、そもそも洋装自体が珍妙なものだったのだ。

「これは決して人を傷つけるための道具ではありません。男は名を惜しむ。義のためや、恥をかいた時に死なねばならぬ時もありますでしょう。その時にお使いなさい」

おばば様は是清に脇差を与え、ねんごろに切腹の仕方を教えた。身分が足軽百姓だからこそ、武士の気概を持たせようとしたのであろう。

出発前日には是清の髷を切り散切り頭にした。是清は手文庫にしまっておいたその髷を終生持っていた。

酒浸りの船旅

慶応3年7月23日、米国パシフィック・メール社のコロラド号が香港から横浜にやってきた。パシフィック・メール社はこの年の1月にサンフランシスコ・横浜・香港の定期航路を開設したばかりだった。その横浜発サンフランシスコ行きの1月23日の第1便には、幕府の軍艦受領委員の一員として福沢諭吉が乗り込んでいた。大童が仙台藩の鉄砲購入の資金3000両を福沢に託したのはこの時である。

パシフィック・メール社はコロラド号以下、当時太平洋最大の蒸気外輪船5隻をアジアに投入し、サンフランシスコ、パナマを基点に他社が運営する大西洋航路とつないでグローバルな定期船システムを完成させた。パナマを基点とするのは、当時まだ米国大陸横断鉄道が完成しておらず、大陸横断にはパナマ地峡を横断する鉄道を使っていたからである。

是清が乗船するのも、1月に福沢が乗ったものと同じコロラド号だった。

7月25日、コロラド号は横浜を出航した。船については福沢の描写が残っている。上中下の3クラスに分かれて乗客は1000人、うち下等は約750人。上等が四畳半の広さに3段式のベッド。食事は立派なようだが、その後の豪華客船とは少しばかり様子が違う。中等は「差別あれども格別見苦しきこともなし」、しかしながら下等は「水夫など内交じり、寝どこもあるかなし、食物の粗末なるはもちろん」とある。当時の下等は大きな船室にまとめて詰め込まれていた。

勝小鹿とお供の富田、高木は上等だが、足軽の是清と鈴木は下等だった。下等は米国へ向かう出稼ぎの中国人ばかりかと思われたが、船酔いにじっと我慢していた船客が慣れて動き始めると、日本人も結構乗船していることがわかった。

富田は年少の是清たちに優しく接し、上等の部屋にある菓子や果物を勧めてくれたので、おかげで是清たちは腹をすかせるようなことはなかった。またサンフランシスコに着いた後の当面の小遣いとして自腹でそれぞれ20ドルずつ与えてくれた。1ドルは1両なので、20両は大金である。

1家族が1年暮らせる。

「おはんな酒を飲んけ？（飲むか？）」

是清に聞き馴れぬ方言で声をかけた日本人は、髷に浴衣姿の大男、薩摩人の伊東四郎である。どう見ても相撲取りだが、彼こそ後の日清戦争の時の連合艦隊司令長官伊東祐亨（すけゆき）24歳。その横には同じく薩摩人固葉英次郎がいた。この二人はすでに薩英戦争で砲火をくぐった猛者である。

「うん飲めます」

この薩摩人たちは航海中を浴衣姿でとおし、そのほとんどを飲んで過ごした。

「酒ずっに、わいかしゃおらん（酒好きに悪い奴はおらん）」

そんなことはないと思うが、酔っ払いはこう言う。

是清はまだ子供だがよほど酒が合う体質なのだろう、飲みっぷりも尋常ではなく伊東たちをおおいに喜ばせた。

伊東は浴衣姿なのでバーまで酒を買いに行けない。いきおい子供の是清に買いに行かせた。是清の飲み分はお駄賃だが、是清としてはいつもタダ酒では酒も旨くはない。こうして富田からもらった20ドルを飲み干し、それでも足らずに鈴木の20ドルも借りて、船がサンフランシスコに到着する頃には富田からもらった金は全部酒で使い切ってしまった。

第6話　サンフランシスコ

慶応3（1867）年8月18日海路23日間、是清たちを乗せたコロラド号はサンフランシスコに到着した。ゴールデンゲートブリッジは未だ無い。

この年、日本では「ええじゃないか」が流行し、10月には徳川第15代将軍慶喜が大政を奉還した。

そしてその翌月、勝海舟は米国に旅だった息子を案じながら、愛弟子坂本龍馬が京都にて凶刃に倒れるという悲報に接することになった。


一行が港に到着すると、勝小鹿ら留学生組は、出迎えの馬車に乗って、さっさと当時のサンフランシスコの一流ホテル、リックハウスへと行ってしまった。

是清と鈴木知雄には、以前仙台藩を脱藩同然に出国した一条十次郎という男が迎えに来る手筈だったが、港にはまだその姿がない。

「いっずいも、むけめが来っとを待ってんしょあね（いつまでも迎えが来ないのを待っても仕方がない）。おいはカレッジの金子ちゅう人宛ん紹介状を持っきちょっで、こいから行こちおも。おはんも一緒き来っせえ、通訳をしっくれんどかい」

是清は船中ですっかり仲良くなった伊東祐亨の頼みにうなずくと、鈴木を港に残して二人並んで港からダウンタウンへと歩き始めた。

サンフランシスコは1849年のゴールドラッシュで2万人ほどが住むようになったが、是清が訪れた頃には人口約10万人、この街は急激に大きくなりつつあった。

伊東の服はラシャに金ボタンがついた薩摩藩の軍服で、身体も大きいので、是清が言うには大いばりで歩いていく。是清の方は例のフロックコートもどきに、長い船旅で膝まで縮み上がったズボン、紙の帽子にサテン地の婦人物の靴といういでたちだ。どう見ても仮装大会である。

時々道を行く人が是清の頭を帽子の上からポンポンとたたいてからかうが、この時是清は自分の姿が可笑しいとは気がつかない。

しかしながらこの二人こそ後の大日本帝国の連合艦隊司令長官と内閣総理大臣なのだった。

こうして、なんとかたどり着いたカレッジは休校で金子はいなかった。二人は迷いながらも港へと戻り、しばらくするとようやく迎えの者がやって来た。

このとき日本は維新真っ只中である。伊東の薩摩藩はまさにその大渦のど真ん中にいた。きっと、何らかの日本の情報をサンフランシスコでつかんだのだろう。伊東と固葉英次郎はコロラド号に再び乗りこんで、そのまま折り返し日本へと帰っていった。

二人は帰国すると三田の薩摩藩邸に入り、その後庄内藩などによる薩摩藩邸焼き討ち事件に遭遇した。伊東は三田藩邸のすぐ近くの海に逃れて助かったが、固葉はそこで戦死した。


「やっておれるか」

「高橋、お前はこのままこの船で日本へ帰れ」

勝小鹿のお供、後に第2代日銀総裁となる仙台藩士富田鐵之助は怒りが収まらなかった。

もともと是清は横浜留学時代に素行不良で今回の渡米の選にも漏れそうだったのだ。そこをまだ子供だからと大童信太夫が大目にみたのが間違いだった。富田が与えた当座の資金20ドルのみならず、鈴木の分の20ドルまで船中で飲み干してしまうとは、実に不届き千万だ。

是清を迎えに来た一条が間に入って必死でとりなすが、富田の怒りはなかなか収まらない。宿泊先のホテルに日参すること3日間を経て、ようやく是清は「おとがめなし」となった。

この後、勝小鹿、富田、庄内藩士高木三郎の一行は、船便でパナマを経由して留学先の東海岸へと向かった。一方で是清と鈴木は一条に連れられて市内のジェームス・ヴァン・リード夫妻の家に落ち着いた。

是清と鈴木が富田の従者として渡米できたのは、仙台藩士星恂太郎が横浜の商人ユージン・ヴァン・リードに相談して、年若い二人はとりあえずユージンの両親の家で手伝いでもすればよかろうと考えたからだ。

しかし是清が後に回顧するにはこのジェームス・ヴァン・リードの家の待遇はあまり良くなかったし、学校へも行かせてくれず下男のような仕事ばかりさせられたそうである。

ジェームスの家はさほど裕福ではない。おとなしい鈴木はまだ良いが、横浜時代に酒を飲み、やさぐれた経験のある是清には、こんな退屈な生活はとても耐えられなかった。

「やっておれるか」

是清の生活態度はどんどん悪くなる。扱いかねたジェームスは是清だけをサンフランシスコ対岸のオークランドの金持ちのところに奉公人として出すことにした。その方が是清のためにもよかろうと考えたのだ。

ジェームスは世話役の一条十次郎と是清を公証人役場へ呼んで、3年の年季奉公の契約書を示し、サインをさせた。月給は4ドル、また是清の米国までの渡航費50ドルが未払いだったので、この契約の前金で精算した。この時は一条も是清もこの契約書の中身には無頓着だった。

優しいブラウン夫人

当時のオークランドはまだ人口数千人の小さな町である。こぢんまりとしたダウンタウンとメリット湖から海沿いに農家が散らばっているような田園というべき情景だった。

是清の奉公先はジョン・ロス・ブラウンの家。アイルランド移民で、ジャーナリストであり作家の裕福な家で、ジョンは後に公使となって中国に赴任する。是清が訪れたときにはジョンと彼と同居する大家族は首都ワシントンに滞在中で、家にはサンフランシスコの銀行に勤める若い息子のスペンサー夫婦と奉公人数名がいただけである。

この家の若い奥さんが是清をたいそう可愛がり、約束どおり英語の読み書きも教えてくれた。

ブラウン家には是清以外に洗濯もする中国人のコックと、馬や牛の世話をするアイルランド人夫婦が住み込みで働いていた。ところが中国人がクビになり、アイルランド人夫婦も出ていってしまった。料理は若奥さんが自分でこなしたが、牛馬の方は是清に頼るしかなかった。

「是清、牛馬の世話はできるか？」

スペンサーが聞く。

「是非やらして下さい」

是清は横浜時代に、馬丁たちとのつきあいもあったので、馬には乗れた。日本と違い広い野原が広がる当時のオークランドである。馬に乗れればどれだけ自由を満喫できるだろうか。

そのうちに以前の中国人が戻ってきて、是清は牛馬の世話と薪の準備などの役割があてられた。勉強は優しい若奥さんが教えてくれるし、休みの日曜日には大自然の中、馬を遠乗りできる。当時の田舎住まいの米国人の同年代の子供の中でも相対的に恵まれた環境にあっただろう。

こうして実母と生き別れになった是清にとって、オークランド時代は若奥さんから母性を甘受できる優しい時が流れていったのだ。

実は、これが後に是清が言う「奴隷時代」なのである。

第7話　ブラウン家

是清はオークランドのブラウン家での生活を楽しんでいた。ところが同じ奉公人の中国人コックとは何かとそりが合わなかった。

ちょっとした誤解から、お互いの仕事の分担でもめ、やがて是清が刃物を持ち出す騒ぎになった。おばば様が与えた脇差を手に、是清は頭に血が上っていた。

「もし中国人のコックを殺したら、私はどうなるでしょうか?」

是清は興奮気味にスペンサー・ブラウンに聞いた。

「人を殺したならば、お前は吊されるだろう。死刑だ」

是清が中国人コックとのいさかいを説明すると、ブラウンはその件は重々承知しており、それは喧嘩両成敗であって、お前にも悪いところがあるのだと言われてしまった。

オークランドの大自然の中、頼れる人のいない是清は牧場の中に1本だけそびえ立つ樫(かし)の大木の下で一晩考えた。まだ子供である。ホームシックもあった。そして、あんな奴と命を引き換えるのはごめんだが、一緒にいるのもごめんだと決心した。

翌朝、スペンサーを起こし、

「よく考えましたが、私は、ここを辞めます。あんな奴と一緒にいたくありません」

スペンサーにすればきかん坊の子供にしか見えなかっただろう。

「是清、君とのコントラクト（契約）は月給4ドルの3年間で、私は前金として50ドルを支払っている。君は、そんな簡単には辞められない」

「契約？」

是清にすれば初めて聞く言葉だった。

「それなら1日だけ休みを下さい。サンフランシスコの友人とよく相談してきます」

すると、スペンサーの方もわからずやの子供に愛想が尽きたのだろう。「生意気だぞ！」と言って是清に平手打ちをくらわせた。

是清は殴られた拍子にプッと屁が出た。なぜかはわからぬが屁が出たのだ。

奥さんは笑いをかみ殺しながらも、

「あなた、子供にそんな手荒なことをしてはいけませんわ」

と言ってくれたが、是清も怒りながらも、屁は臭いし照れでニタニタせざるをえず、どうしてこんな肝心なときに屁が出るのだと、とても情けない気持ちになったのだ。

翌日、是清はサンフランシスコの一条十次郎を訪ねてことの顚末（てんまつ）を話した。

「一条さん、私は契約をしていて簡単には辞められないのだそうです。あなたはサインする時に一緒に来て証文を読んでくれたでしょう。なんとかして下さいよ」

が、一条は、「困ったなあ、困ったなあ」を繰り返すばかりで全然頼りにならない。しかたがないので是清はしばらく我慢することにした。

契約と言われたので、是清は近所で働いていた日本人の安兵衛という人から奉公人の賃金の相場を聞いた。

「給料は月25ドルが相場、支那人でも同じ。半年も経って言葉が話せるようになり、料理もできるようになるとすぐに60ドルぐらいになる。さらに洗濯ができるようになると90ドルから100ドルはもらえる」と言う。

是清は月たったの4ドルである。これでは自分の給料は安すぎると考えていた。

ブラウン家との別れ

そうこうしていると、ブラウン家の父、老ブラウンが大家族を引き連れてワシントンから帰ってきた。彼はこの家を整理して、家族と共に中国の公使となって赴任するという。

出発を控えて牛馬を売り払ったので、是清にはその世話もない、家事など細々としたことは女中たちがやる。また老ブラウンの一家には是清と年齢が近い子供たちがいたこともあって、是清は一家の出発までの2カ月を楽しく遊んで過ごした。

そしてある日老ブラウンに呼ばれた。

「私の親戚にサンフランシスコの税関で働く親切な男がいるから、君はそこへ行きなさい」

是清を気遣う彼は、自分たちが中国へ去った後のこの東洋の少年の行き場を見つけてくれた。昼は税関の仕事を手伝い、夜はその家にお嬢さんのための家庭教師を呼んでいるから一緒に勉強すればよいだろうと言うのだ。

老ブラウンはこれまでの是清の給料が預金された通帳と、餞別(せんべつ)の20ドル金貨をくれた。息子のスペンサーや若奥さんなどからも5ドル、10ドルと餞別を貰い、これが結構な金額になった。

5月末、ブラウン一家の出発をサンフランシスコ港で見送ると、親戚の税関吏が家まで連れていってくれた。税関吏は親切な人で、是清は勉強ができるように個室を与えられ、毛布やシーツも新調してくれた。

一条のところに行くと、

「高橋、今度奉公に行けばまた3年間は帰れんぞ。それではいつまで経っても学校へは行けまい」

一条はそう断言した。3年は帰れんとは言うが、今回は年季奉公の証文はない。学校へは行けないと言うが、行けるとして一体誰が学資を出してくれるというのだ。

「すごく良い人たちなのですがね」

是清は、親切な税関吏を気の毒がった。

一条はなんだか頼りなかったが、ブラウン家のおかげで手元には貯金が充分にあったので、是清は一条の言うとおり税関吏の家には帰らず当面の居場所を探すことにした。

輸入雑貨店へ

横浜のヘボンの学校でも一緒で、渡米時は同じ船だった佐藤百太郎が、日本商品の輸入雑貨店で働いていた。

「是清、うちで住み込んで働けばどうだ、金になるぞ」

この佐藤百太郎は日本人初の貿易業者と呼ばれるようになり、やがてニューヨークに店を開き立志伝中の人となる。

佐藤は佐倉藩の医師、順天堂を興した佐藤泰然の孫である。この一族は明治維新前後に人物を輩出した。百太郎の父、佐藤尚中は泰然の養子であるが、後に明治天皇の侍医長となる。

また、佐藤泰然の実子には幕府軍の軍医として活躍し、降伏後は新政府に転じ日本初の陸軍軍医総監となった松本良順や、是清と同じく横浜のヘボンの学校で一緒に英語を習得し、後年外務大臣となる林董などもいる。

林は日露戦争中の在イギリス公使であり、やがて是清の良き理解者となり、戦費調達の仕事を全面的にサポートすることになる。

是清が百太郎と一緒に働き出したこの年、慶応4年＝明治元年（1868年）は維新の年である。是清がブラウン家に入って間もない年初に鳥羽伏見の戦いがあった。

是清たちをアメリカへと送った仙台藩重臣の大童信太夫は京都から仙台へと戦乱の渦の中にあり、もはや留学生たちに気配りをする余裕を失っていた。

第8話　ヴァン・リードのこと

慶応4年＝明治元年（1868年）初秋、14歳の是清はサンフランシスコの商店に住み込みで働いていた。客に荷物を配達すると10セントや25セントのチップをもらえるので、奉公していたブラウン家からの餞別と合わせれば当面の暮らしに不自由はなかった。

この年、幕府軍は年初の鳥羽伏見の戦いに敗れ瓦解した。新政府は京都から東征軍を進発、5

月には江戸へ入り、西郷隆盛と旧幕府陸軍総裁の勝海舟との間で会談が持たれ、その場で15代将軍徳川慶喜の水戸謹慎と江戸城の無血開城が決められた。

幕府の役所は暫時新政府軍に接収されて行政が混乱し、江戸の旗本御家人の武家屋敷では暇を出されて路頭に迷う者も多かった。

この混乱のさなか、幕臣柳川春三（しゅんさん）の「中外新聞」や福地源一郎の「江湖新聞」など和綴（と）じ版の新聞や、横浜の居留地では「横浜新報もしほ草」が発刊され、これらの新聞は月1回の定期船によってサンフランシスコにも届くようになっていた。

「是清、この中外新聞の記事を見ろ。これはお前と同じじゃないか」

一条十次郎が指差すのは、横浜の商人ユージン・ヴァン・リードに関する記事だった。

「この度、日本の混乱に乗じてハワイにてサトウキビ畑で働こうとするものと約定し、日本人300余名を月5ドル、3カ年の年季にて黒人奴隷売買の如（ごと）く売る者あり、無辜（むこ）の日本人を欺き利益は商人が独占する。日本人は酷熱の気候に堪えず疾病にかかるも治療なく、たとえ死すとも日本へ帰る路はなし」

一条も是清もこの記事には驚いた。これは中国人を拉致して労働者として米国へ売り払う、悪名高い苦力（クーリー）貿易と同じではないか。日本人も売られていたのか。

ユージン・ヴァン・リードとは横浜の仙台藩士星恂太郎の相談を受けて是清と鈴木の米国滞在を決めた人物で、是清がサンフランシスコで最初に預けられた先は、父親であるジェームス・ヴァン・リードの家だった。

是清が中国人コックと喧嘩してブラウン家を出ようとした時、そうはいかぬと聞かされた契約がこの奴隷契約だったのだと理解した。つまり自分は奴隷として売られていたのだと。

幸福だったブラウン家での出来事もすっかり忘れて、是清はこう考えた、ヴァン・リードは自分を奴隷として売ったお金で大儲けしていたのに違いないと。


是清たちを米国へ渡航させ、明治元年のハワイ移民を斡旋したユージン・ヴァン・リードは毀誉褒貶の激しい人物である。

是清の自伝の中では、サンフランシスコにいる両親も含めて極悪人として描かれている。だが、横浜居留地研究会の福永郁雄氏の研究（『横浜居留地と異文化交流』「ヴァン・リードは〝悪徳商人〟なのか」山川出版社）では、彼は日本人のためになることを考えていた人物であって、ベストセラー『高橋是清自伝』が彼の悪評を広める一因になったのではと指摘している。

新政府軍が江戸を占領すると多くの新聞が発行禁止となるが、居留地の「もしほ草」だけは治外法権に守られて存続し、貴重な情報源になった。この新聞にはヴァン・リードと、横浜のヘボンのところにいた岸田吟香が記事を書いていた。またヴァン・リードは横浜開港からまもなく、『商用会話』や『和英商和』などの実用書を書いている。はたして悪徳商人が対日貿易のノウハウを独占せず、こんな慈善的な文化事業をするのだろうか。全米経済研究所のデータベースによれば、当時のカリフォルニア州の英語を話せない農民の月給は平均12〜17ドルである。

是清の奴隷話は、自分の経歴を面白おかしく語る上でのひとつのちょっと盛られた逸話だったのだろう。もし仮に幕末のこの時期に日本で丁稚奉公にでも入っていれば、労働条件はもっと奴隷的だったに違いない。

是清のいたサンフランシスコに戻ろう。横浜から届いた「もしほ草」には、戊辰戦争で敗退する幕府軍の情報もあった。情報は英訳され電信で東海岸へも送られて、日本の国情として新聞記事になった。

ボストン留学中の富田鐵之助や、高木三郎も藩の危機に際し勉強どころではなくなった。勝小鹿を知人に託すと、すぐにでも帰国すべくサンフランシスコに戻ってきたのだ。

「いきなり横浜に上陸しても危険だ。とりあえず上海まで行ってそこで様子を探る」

是清たちも帰国を望んだが、富田はサンフランシスコにとどまり彼らの連絡を待つように命令した。

この機会に是清は今は潜伏しているが、自分は奴隷契約で売られていて本当は自由がきかないのだと富田に一部始終を話した。悪人ヴァン・リードを強調するくだんの少し古い「中外新聞」の記事を見せられた富田は、驚いて幕府の名誉領事であるブルークスに相談した。

ブルークスはジェームス・ヴァン・リードを呼び出し、是清が途中で逃げたために未払いだった米国への渡航費などいくばくかの金を精算することで、是清の年季奉公の契約を解除した。

第9話　帰国

慶応4年の6月10日、戊辰戦争での幕府軍敗退の報を聞いた仙台藩士富田鐵之助たちはニューヨーク港を発ち、7月16日、パナマ経由でサンフランシスコへ到着、2カ月ほど滞在して香港行きの帆船に乗り込んだ。ところがこの船が日本近海で台風に襲われ、富田らは危うく遭難しかけながらも、46日間をかけてようやく香港にたどり着いた。香港から船便を乗り換え、最終的に横浜に到着したのはボストン出発から約5カ月が経過した11月17日だった。

この間日本では明治天皇が即位して元号は明治となり、江戸は東京になっていた。仙台藩はすでに降伏しており、横浜で是清の渡米に力を貸した仙台藩士星恂太郎は、榎本武揚らとともに箱館五稜郭に立てこもっていた。

富田と高木が到着の翌日に勝海舟を訪ねると、勝は二人が勉強を捨てて帰国したことを叱った。とはいえ二人の学資を負担していた仙台、庄内藩は既に体制が変わり金が出ない。勝は、留学費用は自分が工面するので再度米国へ戻れと富田たちを諭した。

考えるまでもなく、二人にはもはや日本に拠ってすがるべきところもない。友人や家族、故郷への未練を断ち切ると、すぐさま米国へとって返した。この時、富田鐵之助33歳、後の第2代日銀総裁はもはや若くはなかったが、この後6年間を米国で勉強することになる。

一日千秋の日々

一方、富田が日本に発った後のサンフランシスコでは、残された是清、鈴木、一条たちが仙台藩のことを心配しながらも富田のいいつけを守り、いざ帰る時のために生活費を節約しながら一日千秋の思いで連絡を待っていた。

11月に入っても日本に帰った富田からの連絡はまだ来ない。是清たちにすれば何らかの手紙や言づてが届いてもよい頃合いだと思った。そこで皆で話し合い、これ以上待つよりは、とりあえず日本へ帰ることに決した。この時、仲間には帰国希望の宇和島藩士城山静一も加わって4名になっていた。

是清と鈴木の手元には、佐藤百太郎のいる店で働いて貯めた分と、ヴァン・リードとの契約解除に伴う精算でも余った残金があった。下等（一人50ドル）であれば一条、是清、鈴木と城山の4人分の横浜までの運賃は充分に賄える。

運賃を支払うと、残りの金で皆で洋服をこしらえたが、それでもまだ手元には金が少し残っていた。余裕のある帰国だった。アメリカであつらえた洋服を着ると、皆まるでアメリカ人のように見えた。

11月下旬、是清たちを乗せた船が東京湾の入り口である観音崎を通過する頃、東の千葉県側から朝日が昇り始めた。西には白い富士山を背景に、これも白い丹沢山系の山肌を照らし輝かせていた。美しき日本の風景の最たるものである。

凪（なぎ）の海には、船の大きな外輪がバシャバシャと水をかく音だけがしている。船は横浜港内に入ると少し沖合に碇（いかり）を下ろした。横浜港にはまだ桟橋がなかった。1年半ぶりの日本である。会いたい人、食べたいものがすぐそこにあったが、上陸は容易ではない。

是清は入国の準備のために出国の時に幕府の役所からもらった渡航免状を用意した。

そこには是清の身分として「仙台藩百姓」と書いてあった。あらためて自分は百姓だったのだと思った。

「おい、今や仙台藩は朝敵の賊軍だ。そんな免状を持っていたら運上所（税関）で捕まるかもしれないから、捨ててしまえ」

是清と鈴木は城山から言われるままに免状をちぎって海に捨てた。一条に至っては元仙台藩士の上に密航者だから免状すらない。

「荷物は私が引き受けるから、君らは外国人のふりをして英語をしゃべりながら堂々と運上所を通過すればよい」

城山の言うとおりだと思った。是清は横浜でのボーイの経験から、日本人は外国人に弱いことをよく知っていた。英語でまくしたてれば役人は絶対に強く出てこない。

この一行の中で唯一堂々と通関できる宇和島藩士の城山に全員の荷物を託すと、是清たちはサンフランシスコで新調した洋服を着て、手ぶらで英語を話しながら素知らぬ顔で運上所を通り抜けた。怪訝（けげん）な顔をする役人もいたが、「ホワッツ　アップ（何だ？）」と強気に出れば、たじろいで顔を横に振った。

荷物を運んでくれた城山とは神奈川宿の旅籠（はたご）で落ち合った。

城山は是清の荷物の中にピストルが入っていたので少々もめたという。是清はおばば様から渡された脇差を、ピストルと交換していた。武士にあるまじき行為である。

潜伏生活へ

一行は神奈川宿の旅籠に1泊して翌日早く東京へと出立した。

東海道を下る途中、露月町の是清の生家の前も通ったが、城山が探ったところ川村の家は売却直後で、引っ越しの最中にあった。仙台藩の様子さえわからないのに、生家に顔を出すわけにもいかず、是清は後ろ髪をひかれながらも、そのまま城山の知り合いの牛込堀端田町（現在の新宿区市谷田町）の汁粉屋へと向かった。神奈川宿の旅籠からは30キロほどの行程である。

是清たちは汁粉屋の裏にある小さな2階建ての隠居所を借りて、1カ月ほど人目を避けて暮らした。

おおよそ1年前のことだが、是清がオークランドのブラウン家で働いていた頃、一条や鈴木は、当時欧州留学から帰国途中の薩摩人森有礼とサンフランシスコで会っており面識があった。そこで唯一自由に行動できる城山が森を訪ねて、元仙台藩士の一条、是清、鈴木の3人の保護を頼んだ。当時、森は外国官権判事の職にあり神田錦町に家があった。

この時森は弱冠21歳。薩摩閥の恩恵で高官の地位にあったが、本人は維新回天の時に薩摩スチューデントとして海外留学の途にあり、俗欲にはきわめて淡泊、藩閥意識も薄かった。

城山の申し出を二つ返事で引き受けると、鈴木を鈴五十六郎、是清を橋和吉郎と改名させ、一条だけは自ら後藤常と称して仙台藩の目をくらますことにした。是清はまだ14歳である。

第2章　唐津

第10話　森有礼

幕末の幕府直轄教育機関には、国学と漢学を学ぶ昌平坂学問所、洋学の開成所、医学の医学所の三つがあった。

これらは慶応4（1868）年5月頃に新政府によって接収された後、6月から9月にかけて昌平学校（本校）、開成学校、医学校として順次再開されたが、翌明治2（1869）年1月制度を改めて頭取・教授が置かれ、仕切り直して新政府の教育機関として開校された。

12月に入ると再び制度が改正されて本校は大学に、開成所は大学の南にあったので大学南校（なんこう）となり、東にあった医学所は大学東校（とうこう）となった。

この後も改正は続き、明治3年には昌平坂の本校が廃止、国学と漢学は後に文科の中の一学科となり、明治6年には大学南校は開成学校、翌年大学東校は東京医学校と昔の名前に戻ってしまう。これらが東京大学として単一の大学になるのは明治10年のことである。開成所が東京大学になるまでには、開成学校、大学南校、再び開成学校と頻繁に名前を変えたのだ。

開成学校へ

是清、一条十次郎、鈴木知雄の3人が森有礼(ありのり)宅に書生として暮らし始めた明治元年12月、森は、勉強の内容を自分たちできちんと決めようと提案した。

「私が英学を教えよう。漢学は後藤(一条十次郎)から学べばえ。私は官に仕えて忙しか身じゃって一番出来が良い奴に集中して教ゆるで、そん者が他の者に教えればえ」

明治維新は革命である。新しい知識が堰(せき)を切ったように流れ込んできた。先達がいないから、できる者が仲間に教えるしかない。森は英学を是清に教え、是清はそれを皆に教えた。そして一条からは漢学を学んだのである。

しかしそれもつかの間、年が明けると開成学校が制度を一新して、イギリス人1名、フランス人1名を教師に招いて再開されることになったので、3人は森に言われるまま入学した。

新制度では外国人教師が教える正則と、日本人教師による変則があり、英語のできる3人は正則の方に回された。

教科は外国語、西洋地歴、数学で、これらを修得すれば法・文・理の専門課程が用意されていたが、その当時、適格者はいまだいなかった。

それどころか、是清たち3人は英語が話せるため、3月には教官三等手伝いとなって教える側に回ったのである。

森の家には面倒見の良い彼の評判を聞いて、多くの書生が出入りした。そうした中で、最後まで残ったのが長州人の堀誠太郎（当時は内藤姓）と中原国之助だった。

堀は後に森有礼とともに渡米してマサチューセッツ（アムファースト）農科大学に学ぶ。この大学での恩師が有名なクラーク博士である。堀は帰国すると札幌農学校の書記兼通訳となり、東京英語学校まで生徒募集の演説に赴いた。

東京英語学校は後の一高である。ここで学べば当時の最高学府である開成学校に行けるというのに、若い生徒たちは堀の演説に感化され13名が札幌へ向かうことになって英語学校の教師たちをがっかりさせた。この時の生徒の中に、内村鑑三、新渡戸稲造、宮部金吾らがいた。

また中原国之助は、詩人中原中也の親戚で長州の名門の出である。四境戦争（毛利側からみた長州征伐）を戦い、大村益次郎に兵学を学び上京、後に渡米して経済学を学びシカゴの銀行でしばらく働いた。帰国後東京貯蓄銀行を創立して成功するが、晩年（１９３０年）は相場に失敗してつまずいた。

森は明治の人材の重要な結節点である。森の知遇を得た是清はなんと幸福なことであっただろうか。

森、帰郷す

開成学校は現在の学士会館の場所（千代田区）にあり、是清ら3人は教官になると学校併設の官舎に引っ越した。官舎には賄いがなく、授業が終わると官舎に戻り、それから神田錦町の森の家までそろって晩飯を食べに行く。

ある日、是清が先に官舎で待っていると一条と鈴木が戻ってこなかった。

「大変だ」

鈴木が息せききって飛び込んできた。

「一条さんが、縄を打たれて仙台藩邸に連れていかれた」

この頃の仙台藩は戊辰戦争での敗戦を受け、62万石は28万石にまで減封されていた。藩主は蟄居。藩論は佐幕開国から勤王攘夷へと、またその逆へと振幅してなかなかまとまらなかった。そうした中で攘夷派の一派が、脱藩して海外渡航した一条を見つけて捕縛したのである。

是清たちから報告を受けた森は翌日、日比谷見附の仙台藩邸へと乗り込んだ。現在の日比谷公園のところである。

仙台藩は江戸に6カ所の藩邸を持っていたが、すでに召し上げられ、当時は愛宕下の中屋敷と日比谷見附の2カ所だけになっていた。ここでは仙台藩用人の田中某が応対した。

「貴藩に捕縛された一条は、こんにち新政府の開成学校の教官手伝いを拝命し、朝廷んために働いちょります」

森有礼は若輩ながら今をときめく薩摩人、大久保利通の懐刀で、当時は軍務官判事兼外国官権判事という高官でもあった。田中はひたすら恐縮するばかりである。

「今後、一条、高橋、鈴木の3名は薩摩藩士族森有礼の附籍といたしますので、お間違いんなきよう頼みあげもす」

こうして森は一条を取り戻し、是清たちは仙台藩との腐れ縁から逃れ、薩摩の庇護下に入ることになったのである。

明治2年2月24日、太政官が京都から東京へ移された。

太政官とは古めかしい律令制時代の言葉だが、明治18年に内閣制度ができるまでの日本政府の最高行政機関だった。

この時に設けられたのが公議所である。これは諸藩公議人たちによる討議機関で、各藩代表224名が律令制以来の礼装で会議に臨んだ。一見議会のようだが機能は諮問機関でしかない。

森はこの公議所の議長心得に就任した。

森は幕末の革命期は薩摩スチューデントとして留学中で、戊辰戦争に戦功があったわけでもない。21歳の若さながら高官の地位をせしめたのは、岩倉具視、大久保利通との人脈と、語学堪能で外国事情に精通していたからである。しかし、これを快く思わぬ者も大勢いる。

5月27日、森は公議所で廃刀案を提出した。法案提出を事前に相談された大久保利通は時期尚早としりぞけたが、森は我を通した。ある意味乱暴な時代である。

「刀を廃止しようち思うが」

法案が審議に付されると、議場騒然、森を若輩の西洋かぶれと見る者も多く、ほとんどの公議人の反対で法案は否決された。

話はそれで終わらない。森は国風を破る乱臣賊子であるとして、不満鬱屈する士族たちから命を付け狙われることになった。

この時、是清と鈴木は帯剣して森の護衛についたというが、剣の心得もない以上、役には立たなかっただろう。

7月2日、森は「未熟者ゆえ勉強して参る」と大久保に辞表を提出すると、鹿児島へ帰ってしまった。

この際、森は若い是清たちの行く末を案じ、彼を開成学校教師のグイド・フルベッキに託した。

第11話　フルベッキ

明治2（1869）年4月、グイド・フルベッキは新政府の鍋島閑叟（かんそう）や大隈重信に強く請われて長崎から上京した。開成学校の教頭に就任し、政府顧問として森有礼が主導する公議にも列席することになる。

近代日本建設の父とも呼ばれるフルベッキは、オランダ生まれの米国人宣教師で英仏独蘭の4カ国語に堪能だった。

安政6（1859）年に来日、長崎で英語、政治、経済、理学などを教えた。さまざまな分野に精通し、蘭学が英学に移行する過程でマルチリンガルとして重宝された。門下生には大隈重信、副島種臣、江藤新平、伊藤博文、大久保利通がいる。他にも維新の大物のほとんどと面識があった。

フルベッキの住居は是清たちの官舎と同じ東京・一ツ橋の開成学校の敷地内にあったので、学校の時間外にも歴史や聖書について教えてもらうことができた。間もなく是清は官舎を出てフルベッキ邸に入り書生となった。後に是清は約2年間にわたり隔週で40分間の聖書の授業を受けた。

国民軍創設を説く

5月2日、フルベッキは大隈重信に政府首脳による海外視察と、日本という国家のお披露目をかねた欧米遣外使節団派遣の建白書を提出した。これは明治4年の岩倉遣外使節として実現することになる。

5月18日、最後まで抵抗を続けていた箱館五稜郭の旧幕府軍が降伏、翌日には奥羽越列藩同盟の首領と目された元仙台藩重臣但木土佐(ただきとさ)が東京で斬首され、ここに戊辰戦争は終結に入る。

戦争が終わると征討軍は不要になる。その後の国家としての軍制が課題となり、6月21日から兵制会議が開催された。

長州の大村益次郎は国民兵による政府直属軍の創設(徴兵主義)を主張し、木戸孝允がこれを後押しした。一方、大久保は戊辰戦争での士族の強力な抵抗を目の当たりにしたので、士族を中心とする軍隊創設(壮兵主義)を主張した。むろん薩摩士族への配慮もあった。岩倉具視などが百姓を武装させると一揆になりかねないと国民兵を警戒したのも興味深い。

大村は箱館鎮定後、次の脅威は西国にありと、まるで薩摩を意識したかのように大阪に兵力の拠点を構築していたが、9月4日、京都で守旧派に襲われ重傷を負い、命を落とした。

この襲撃直後、フルベッキ邸に岩倉以下が集まり、軍制の是非があらためて議論された。

フルベッキは、平和は宣教師としての理想だが、列強国による外圧と侵略の可能性を考慮して、日本は国民軍を創設すべきだと進言した。

「軍隊を訓練しながら青年を教育し、すべての者に進級の道を開くべし。

国民軍隊を建設すべき第一の理由はセクショナリズムと身分的特権意識を打破して国家統一と

国富の増進を確保できるからであり、第二は愛国心と天皇への忠誠心とを養うことによって国家の独立と保全を維持できるからである」

戊辰戦争後の軍制をめぐる対立は激しいものであった。しかし、岩倉は進言を容れて、徴兵主義を選択する。

日清・日露の戦役に連なる、国民の国家防衛への参加意識が濃厚な、強力な国民国家創建の原点の一つがフルベッキのこの進言にあった。


翌明治3年10月6日、鹿児島に戻っていた森有礼が東京に呼び戻された。米国少弁務使として米国へ派遣されることになったのだ。同じく留学経験のある薩摩藩士鮫島尚信は、英仏普3国の駐在に任命された。「独」がないのは、ドイツはまだ統一されていないからで、プロイセンの「普」と表記されている。

この時森23歳、鮫島25歳、外交経験もなく、いくらなんでも若すぎると列強各国からクレームがついたが、若い革命政府である日本には他に人材がいなかった。

鮫島は駐日英国公使パークスによる本国への進言で公使としての地位を認められず、仕方なくベルリンに着任した。日本外交苦難の黎明期である。

閏10月4日（旧暦には閏月がある）、鮫島は、フランス語ができて是清の仲間でもある後藤常こと元仙台藩士一条十次郎を連れてヨーロッパへと旅立った。

森は久しぶりに是清に会うと、「今回はお前を連れてメリケンに行きたいが、実は希望者が多いので連れて行けぬかもしれぬ」と言った。

その頃是清は横浜時代からの知り合いで開成学校の教師に就任した矢田部良吉と親しくしており、矢田部の英語力は読むことにかけては自分よりも上だと認めていたので、「もし私を連れていく余裕があるならぜひ、代わりに矢田部をお願いしたい」と進言していた。

この時代の洋行は誰もが望む出世への道だったが是清は譲った。あるいは米国での苦労の思い出をまだ引きずっていたのだろう。

森は結局、旧幕臣の外山正一（とやままさかず）、長州藩尊攘派志士名和道一（どういち）、伊豆韮山代官江川太郎左衛門の門下で是清推薦の矢田部の3名を部下に選んだ。また戊辰戦争時、箱館籠城（ろうじょう）戦のさなかにキリスト教に入信した仙台藩士新井奥邃（おうすい）と長州藩士内藤誠太郎の2名を留学生として連れていくことにした。実に多彩なメンバーである。少し前までは血で血を洗う戦いをしていたかもしれぬ同士の混成部隊。薩長土肥の閥こそあれ、この多様性と若さこそが明治初期の日本の活力の源だったのかもしれない。

内藤誠太郎は当初からの森の書生である。森は新参者の矢田部を連れて行きながら、内藤に駄目とはいえないので、仕方なく同行させることにした。これがやがて内藤こと堀誠太郎による東京英語学校での札幌農学校勧誘演説となり、内村鑑三、新渡戸稲造、宮部金吾らを生み出す岐路となったのだから、歴史の偶然とはおかしなものだ。

「是清、すまないが今回は、君を連れていけぬ」

ご覧の通り、お供が多すぎると森は言った。

「いずれ、君をメリケンに呼ぶつもりだから、大学南校（前年末に開成学校から名前を変えた）で修業しつつ連絡を待つように」

森は、見かけは大人びていても、いまだ未熟な是清を気づかった。またその才覚を大いに買っていたのだ。

「お前のことは大学校長の加藤弘之と教頭のフルベッキに頼んでおいたので、何でも相談するのだぞ。くれぐれも酒におぼれて、道を踏み外すなよ」

こうして森有礼は明治3年12月3日、米国へと旅立った。

ニューヨークへの到着は約1カ月後である。この時すでに米国大陸横断鉄道が開通していた。

ニューヨークに着いた森は静岡藩出身の大学南校派遣留学生である目賀田（めがた）種太郎に会った。目賀田から法律を学びたいと懇願されると、森は米国内務省にかけあってハーバード大学法科に入学させた。目賀田は後に我が国近代法教育に多大な貢献を果たすことになる。

森は、まるでギリシャ神話のミダス王のように、触れるモノ、ここでは希望に燃える若い人材を黄金に変えていったのである。

第12話　三人組

明治3年12月4日（1871年1月24日）、米国少弁務使に任命された森有礼が日本を発った翌日のことである。是清はいまだ16歳。

「高橋先生、来客でございます」

グイド・フルベッキ邸の門番が部屋に名刺を届けにきた。是清はフルベッキ邸の書生であるが、大学南校で語学を教える先生でもある。名刺は大学南校の生徒3人のものだった。うち2人の姓は本多、福井藩家中の名門である。

「先生には、お願いの儀あって、参上いたしました」

どう見ても是清より年上の3人は、高級そうな縮緬(ちりめん)の着物に博多の帯をピシリと締め、正しく折り目が入った仙台平(せんだいひら)の袴(はかま)に、大小も高級な造りである。

明治もすでに3年なのに大小の刀とは奇妙だが、森の発議した廃刀案の騒ぎにもあったように、時代はまだ古き日本と近代の間を押したり引いたりしていた。

前年、古来の律令制にもとづく神祇官(じんぎかん)職が設けられると、国学者の丸山作楽(さくら)らが西洋かぶれの風潮をやめて神道を盛んにせよと運動した。そのせいで大学南校にも「斬髪は禁止」「ちょんまげを結え」「刀は大小差せ」とのお触れが出ていた。

3人のお願いとはこうだ。今度、福井の藩校で外国人グリフィスを雇うことになったが、3人のうちの一人、本多貴一に彼を連れて福井へ帰れという命令がきた。ところが本多は東京で遊びすぎて大きな借金を作ってしまって帰れない。そこで何とか先生のご威光をもって都合をつけてはくれないかという虫の良い話だった。それに、人にものを頼むにしてはずいぶんと偉そうだった。

「それはお気の毒だ。して、借金とはいかほどか」

「250両なければ福井へは帰れませぬ」

何とも虫の良い話である。普通の人間であれば断る話だろう。この頃、是清は三等手伝いから二等へと昇進して、300両ほどの年収がある高級取りだった。それでも250両はほぼ1年分だ。よくぞこれほど遊び倒したなと思ったが、是清にすれば、人から頼られるのは初めてであり、悪い気はしない。それに3人は金持ちだからきちんと金を返すだろうとも考えた。

是清はさっそく遠縁で浅草の商人牧田万象に借金の算段を相談すると、さすがに大学南校の先生の信用は高く、今は自分の手元にはないが、集めてみましょうということになった。

翌日、牧田は小判や二分金、一分銀など雑多な金で250両をかき集めてくれた。

是清は牧田に対して証文を書くと、念のために本多の証文ももらっておこうと思った。しかし、細事にはこだわらぬ大物ぶりたい気持ちもあって結局言い出せなかった。

数日すると本多らが再びやってきて、いざ借金を返してみると、藩の大参事から、改心するのであればしばらく東京で勉強せよということになったという。

「ついては借金のお礼がてら、また今後も高橋先生の教えをうけなければなりませんゆえ、ぜひ一夕お招きしたい」

調子の良い話ではあるものの、酒好きな是清に、酒席を断る理由などありはしない。

場所は隅田川の東岸、東両国の柏屋水心楼だという。当時の柏屋といえば料亭の東西番付でも上位常連の有名店。是清は借金の証文が曖昧になっていることも忘れて喜んで3人についていった。高級料亭など初めての経験である。

芸者遊び

柏屋は句会や絵の発表会、果ては入れ墨の大会など江戸から明治初期のイベントによく登場する一流料亭だった。

宴席を仕切るのは越前商人で、日本橋本銀町で古着屋を営む福井数右衛門という男。当時の古着屋は結構な商売である。本銀町は今の日本橋室町とJR神田駅の中間あたりに位置する。

宴が始まると、3人は歌も踊りも達者で相当に遊び慣れている様子だ。後で思えば是清が貸した250両の金もこうして消えていったわけだが、是清はこれにあきれるよりも憧れた。さらに酔いが芸者の放つ艶かしい色香を増幅させた。

宴も終わり、いざ帰る段になると、3人の刀は紫の袱紗のようなものに包まれて玄関へと届けられた。是清の安物の刀は床の間に放り出されたままだ。そういえば芸者たちも言葉は丁寧だが、是清の扱いは3人と比べるとぞんざいだった。

その夜、是清は初めて母親以外の女性を意識した。間近にあった芸妓の唇や耳元、騒いだ後に見えた襟足の後れ毛を思いだしてもんもんとした夜を過ごした。

フルベッキの聖書

あくる日、是清は福井数右衛門を呼び、宴会の返礼で、今度はこちらが一席設ける。ついては、昨晩は着物や刀で引け目を感じたので、数右衛門にすべて任せるから一式そろえてくれと頼んだ。

数右衛門にすればこの手のうぶな男はカモでしかない。

「奇麗に着飾って金持ちのように見せれば、いくらでもおもてになります。ましてや少々の心付けをしておけば芸妓なんていくらでも大事にしてくれますよ」

それから数日後の明治4年の元日、是清は3人を誘うと、東両国の柏屋水心楼へと再び繰り出した。

今度は思惑通り芸妓たちも是清を大事にしてくれた。「お殿様」と持ち上げて、身体をすり寄せる芸者、歌に踊りに座敷のお遊びの数々。是清は味をしめた。若いくせに高給取りの是清は望めばいくらでも遊べた。

その後の是清は小唄を習えば、奇声もあげる。時には下宿先のフルベッキ邸にも芸妓を呼んだ。すると酒が入り気炎を上げることになる。騒ぎに気がついたフルベッキ邸のコックが是清の幼なじみである鈴木知雄に事情を話すと、鈴木は忠告にきた。

「是清さん、君は頭がおかしいのではないか、時々帰りも夜遅くなるらしいじゃないか。みっともないから以降慎みたまえ」

この時、鈴木は大学南校の教師を離れて臨時に神奈川県で働いておりフルベッキ邸に同居していなかった。森有礼は米国へ行き、一条十次郎もフランスへと旅立ち、フルベッキは忙しすぎた。是清を見守る者が誰もいなかったのだ。

是清の遊びは少しも収まらなかった。フルベッキ邸の中でも悪いうわさが立ち始め、是清はもはや家を出るしかないと考えた。それに、そうすればもっと自由に遊べるだろう。福井数右衛門に相談すると、奥座敷が空いているという。大学南校のすぐ近くである。是清はフルベッキに、他へ下宿したいと願い出た。

「君は森さんからの預かりものだが、出ていくのもよかろう。だが、帰りたくなったら、いつでも帰ってくるがよい」

フルベッキはそう言うと、講義の時にもいつも携帯していた彼の大事な聖書を是清に与えた。

「これは君にあげよう。どんな時でも一日に一度はこれを見なさい。約束です」

是清はこの聖書を死ぬまでそばにおいた。後年是清と親しい牧師山鹿旗之進がこの聖書を見せてもらったが、書き込みもあり、相当に使い込んだ様子であったという。

第13話　箱屋是清

フルベッキ邸を出た是清は、本銀町にあった古着商福井数右衛門の奥座敷に居を移した。

その頃仲良くなったのが、長崎で修業し大学南校にいた越前福井藩士山岡次郎である。山岡は明治4（1871）年4月、ちょうど是清が数右衛門の家に引っ越したすぐ後に、福井藩推薦留学生として米国へと旅立つことになっていた。

そのため、是清は飲みに出る材料にはこと欠かず、送別会と称して数右衛門の斡旋で夜な夜な柳橋、日本橋へと繰り出した。

当時の東京の「六花街」と言えば柳橋、芳町、新橋、赤坂、神楽坂、浅草で、日本橋といえば芳町（現在の日本橋人形町）だが、現在の中央区八重洲一丁目辺りの檜物町も花街として古い。天保の改革で深川などの岡場所（幕府非公認の遊郭）が閉鎖されると、深川の芸妓衆が柳橋、日本橋へ流れこんできた。中でも檜物町の日本橋花柳界の芸妓は深川芸妓の気性を受け継ぎ、「気が強く、平素は派手を好まぬが一度一肌脱ぐと利かん気はどうしようもない」と評され、そのため官僚・政治家には人気がないが江戸っ子の商人に好まれた。

桝吉との出会い

ある晩、大酒を飲んで動けなくなった是清を通称お君、東家桝吉(あずまやますきち)という福井出身の日本橋芸妓が介抱した。

店の者に手伝わせ、是清を人力車に乗せると本銀町の家まで送った。

是清はなかなかの男前である。大学南校の教師で、英語も話すし、なんと言っても金払いがいさぎよい。いまだに子供みたいなところもあるが、姉御肌にはそこが可愛い。

この夜、是清は介抱されるままに桝吉に抱かれた。是清16歳、桝吉は四つ年上だった。

桝吉は美人な上に芸達者、座持ちの良さが売りで、「東(あずま)」の看板を掲げて妹芸妓4人を抱えていた。この日から桝吉は毎晩のように是清の下宿に泊まっていくようになった。

こんなやり手芸妓に抱かれた是清は、酒と悦楽にすっかり溺れて、世間で言ういわゆる「腑抜け」になった。いきおい学校では遅刻休講が増え、教師、生徒からの評判は地に堕ちた。是清の評判は実によく地に堕ちるのだ。

この朝も、桝吉は是清の下宿で遅い朝食を一緒に食べていた。昼前に桝吉の妹芸妓が重箱に煮しめなどいろいろとおかずを詰め込んで届けてくれた。

お重を広げて箸をつけたところで、数右衛門の手代が、客の来訪を告げた。

「芝の祖母さまがおみえになりました」

是清の養祖母のおばば様であった。

おばば様は仙台藩の瓦解にともない一度は仙台へ行き、また愛宕下に戻るなど転々としていたが、是清も時折は顔を合わせていた。芝というのは愛宕下である。

鈴木から悪いうわさを聞いたのだろう。

おばば様は手代の制止もきかず、ずいずいと是清のいる奥座敷へと突き進んでくる。

ふすまは開いている。桝吉と妹芸妓があわててお重を片付けようとしているところへおばば様が飛び込んできた。おしろいの香り、部屋の隅にはまだ温もりが残る布団が艶めかしく積んである。

是清はうろたえた。

「あーら、お元気そうで、何よりです」

おばば様は是清の目の前に座ると部屋の中を見回した。

「して、そちらの女の方は？」

是清は、思わず「近所の方々です」と答えた。

おばば様の視線には怒気があった。是清は蛇ににらまれたカエルである。

「アーそうでしたか、孫がいろいろとお世話になっている様子、身体は大きくてもまだまだ子供なので、どうかよろしく」

桝吉と妹芸妓はお重をかたづけると、そそくさと是清の下宿を逃げ出した。

しばらく重い沈黙が続いたが、

「お前の出世だけを祈念している」

おばば様は涙ながらにそれだけを言って帰っていった。

いよいよ山岡が米国へとたつというので、是清は桝吉たち東屋の芸妓を引き連れて浅草へ芝居見物に出かけた。

桜の季節は終わったが、小屋の桟敷で山岡と二人して、芸妓が着る赤い桜模様の派手な長襦袢(ながじゅばん)を着て盛んに杯を重ねていると、大学南校の外国人教師に出くわした。これには是清も驚いたが、向こうだって驚いた。是清は恥じ入り、そのまま家に帰って辞表を書くと学校に提出した。

「芸妓の襦袢姿を外国人教師に見られたからには、もう教師は務まりません」

「私は森（有礼）さんから、いずれメリケンに呼ぶまでの間、あなたを預かってくれと頼まれている」

校長の加藤弘之は執拗(しつよう)に引きとめてくれたが、是清は無理に頼んで辞めさせてもらった。多少の蓄えはあったが、給料が止まった。

是清は、変わらぬ派手な生活の出費に加え、学生3人組のために浅草の商人、牧田万象から借りた金の利払いも残り、あっという間に困窮した。

桝吉はたまにこづかいをくれるようになり、それを握って柳橋へ遊びに行ったりもした。やがて本も着物も売り払うと、金の切れ目は縁の切れ目、福井数右衛門は「まかないが食べたいなら金を入れろ」と、当初のえびす顔から手のひらを返したように是清を冷たくあしらうようになった。見かねた桝吉が是清を日本橋の家に引き取ったが、その時の是清の持ち物はフルベッキから譲り受けた聖書ひとつであった。

芸妓のヒモ

桝吉の家には、彼女の両親とお抱えの芸妓たちが同居していた。当時の桝吉は、檜物町一、二を争う売れっ子だ。いざ転がり込んでみると、両親がまだ子供の是清を厄介者扱いしたのも道理である。家でブラブラとするわけにもいかず、いきおい桝吉の箱屋の手伝いをやることになった。箱屋は現代の芸能人でいえばさしずめ芸妓の付き人兼マネージャーで、座敷のお呼びがかかると三味線を入れる箱をかついでお供した。また料理屋やお得意さんにご機嫌伺いをして芸妓の名刺や名入りの手ぬぐいなどを配って、営業活動もしていた。

器用な是清は芸妓の着物の着付けも含めてそつなくこなしたが、手持ち無沙汰な仕事だった。ヒモという劣等感も手伝って悪さをしてごまかした。

宴もたけなわ、座が盛り上がっていれば、少々の時間延長もしかるべきだが、お時間ですよ、と座をしらけさせたり、これみよがしに桝吉の男ですよと客前で振る舞ったりと、ろくなことをしなかった。

是清が桝吉の家に居候を決め込んで早3カ月、初夏の日本橋檜物町で桝吉が三味線を弾きながら唄う。

「三千世界の鴉(からす)を殺し、主(ぬし)と朝寝がしてみたい」

これは高杉晋作が作ったといわれる都々逸で、明治初期の寄席や座敷で流行った。

唄がひとしきりすると、2階の座敷に下の通りから下手くそな都々逸が聞こえてくる。

「いやな座敷のつとめが更けりゃ　撥であくびのふたをする」

座の主役、桶町千葉道場の若先生こと千葉重太郎が席を立って下をのぞくと、通りの是清と目があった。

「桝吉。あれかい、最近うわさの良い人ってのは。なんだよ、まだ子供じゃねえか」

重太郎は桝吉をひいきにしていた。坂本龍馬が修業した桶町千葉道場は日本橋檜物町のすぐ近く、本家筋の玄武館が維新の騒動で勢いを失う中、桶町の方は隆盛を極めていた。

第14話　唐津へ

明治4（1871）年の初夏、この日、箱持ちの是清が愛人の芸妓桝吉を迎えに行った先は桶町千葉道場の宴席だった。東屋のちょうちんをひっさげて、宴もたけなわと知りつつ、むしろそれを狙ったタイミングで桝吉をもらい受けた。宴席は思惑通りに白けたらしく、2階の座敷が突然静かになる。是清はこんなことで憂さを晴らしていた。

客の一団が降りてくる気配がした。中に顔見知りもいたので、是清は近くの別の店の軒下に避けていたが、めざとい道場の門人に見つかってしまった。

若先生ならば「しょうがねえやつ」ですむが、門人にすれば毎度のことで気にくわない。路地裏を逃げる是清を追い回し、最後は涼み台の下にもぐったところを引きずり出した。身体が大きくて隠しきれやしないのだ。

平手でパンパンと一往復、門人が上半身だけ起き上がった是清の頬を張ると、若先生が止めに入った。

「お前さん、仙台藩からメリケンへ行ったんだって？　エゲレス語がわかるんだってな」

若先生は是清の顔を見ながらゆっくりとしゃがみ込んだ。

「俺の友達もナポレオンやワシントンにあこがれてさ、エゲレス語はあんまり上手くなかったが、一生懸命走り回っていたよ。でも、もう死んじまったけどな、都々逸はお前さんよりよほど上手かったぜ」

仙台藩じゃ、但木土佐（ただきとさ）、玉虫左太夫が立派だったが殺されちまったとひとくさり話すと、

「そういや、福沢（諭吉）先生の働きで大童信太夫（おおわらしんだゆう）の助命嘆願がかなって、今は芝の屋敷にいるらしいぜ。お前さん世話になったんだろ。でも、そのなりじゃ会いにもいけないな」

そう言うと若先生は門人たちを連れて立ち去った。

残された是清は一人うなだれている。

「私のせいかもしれないね」

桝吉は少し離れたところから見ていたが、すぐには声をかけられなかった。

森有礼やフルベッキ、おばば様のこと、大童のこと、死んだ人たちのこと。日本は維新のうねりの中で大きくうごめいていた。男一匹、こんなことではいかんと是清は悩んだが、桝吉との自堕落な生活からは逃れがたい。

唐津に行かないか

そんなある日、是清は東家の前の涼み台で天を仰いでいた。

「君は、高橋君ではないか？」

声をかける男がいた。

小花（おばな）万次という是清の2歳年上の男だった。横浜時代に是清と知り合った旧幕臣で、戊辰戦争では榎本武揚とともに箱館戦争に参加した。今は開拓局支配調役として忙しく働いているらしい。

小花が言うには、肥前唐津藩で英語学校を作る計画があり、頼まれて教師を探しているという。旧知の林董（ただす）にも声をかけたが、忙しくてとりあってくれない。是清の事情は知らぬがどうせ空を仰いでブラブラしているなら、どうだ唐津へ行かないかという。

「賄いは向こう持ちで、月給１００円」

明治4年5月10日に新貨条例が公布され、通貨は両から円にかわっていた。当時の唐津藩知事の月給が30円。１００円がいかに高給かわかろうというものである。

聞けば給料の前借りも頼んでくれるという。気前良く肩代わりをしてやった教え子３人組の借金の利子返済に苦しんでいた是清にとって、まさに渡りに船。借金の２５０両は２５０円、前借りで完済できるかもしれなかった。今みたいな自堕落な生活から脱却するきっかけになるかもしれない。

しかしこの時、おばば様の面倒をみる者がいないという別の問題が起こっていた。また桝吉とはいずれ所帯を持ちたいと考えていたし、今、離れて暮らすのは肉体的にも精神的にもつらかった。

「よござんす。私が芸者をやめて堅気に戻って養祖母様の面倒を見させてもらいます」

是清の苦悩をおもんばかる桝吉はそう言いきったものの、両親が経営する東屋は桝吉なしでは妹芸妓たちを食べさせていけない。

「ならば、私が毎月仕送りを店に送ろうじゃないか」

是清は毎月10円を店に入れることで折り合いをつけた。

こうして是清は東京にいた唐津藩重臣の友常典膳（ともつね）と面接すると唐津行きを決め、おばば様と桝吉は浅草の遠縁、是清が金を借りた牧田万象の家の近くに引っ越した。

牧田の記録によれば、是清は9、10、11月に毎月100円返済し、12月に60円返済して都合360円の借金を完済している。

明治4年7月の終わり、17歳になったばかりの是清は唐津へと向かった。出立に際し、是清は桝吉への純愛と忠誠を示すために東家の字を貰い、名を東太郎と変えた。しかし、ここでは今後も是清のままで通すことにする。

出遅れ唐津藩

友常は英語教師の是清の他にも旧幕臣でフランス式調練の教師山脇、同じく軍隊ラッパの教師多田を連れていた。

横浜を出た船が長崎港に着くと、駕籠（かご）に乗って西彼杵半島を北上、鯛ノ浦（針尾瀬戸とみられる）を渡船で渡り伊万里から唐津の領内に入った。

唐津藩表高6万石は、地理的には黒田家の福岡藩50万石、鍋島家の佐賀藩35万石という大藩の間に位置し、この外様の両藩を監視、牽制（けんせい）するために、江戸初期を除き代々譜代大名によって治められてきた。

福岡、佐賀両藩は1年交代で出島がある長崎港警備役についたが、それらを見張る長崎巡察も唐津藩の重要な任務のひとつだった。

幕末には薩摩の島津斉彬と並ぶ蘭学好きの鍋島閑叟が出た佐賀藩、商都博多があり開国貿易論者だった黒田長溥が出た福岡藩、先進的な藩主のいた両藩に比べて唐津藩の西洋文明への関心は薄く、遅れを取り戻すべく是清たちを高給で呼んだわけだが、藩の保守派の勢力はいまだ強く、是清たちは必ずしも藩をあげて歓迎されたわけではなかった。

幕末に唐津藩主小笠原長国の養嗣子となった小笠原長行は藩主名代として藩政をとり、幕閣に入り老中に出世するが、幕府衰退の中で第二次長州征伐の軍監となるなど、倒幕派の勢力からは敵視されるようになっていった。

特に長行は戊辰戦争に幕府側で参加し、会津、箱館で戦ったため唐津藩は朝敵として討伐の対象にもされるようになった。

藩主の長国は長行の廃嫡届を出し、官軍に対して恭順の意を示して事はようやく収まった。その際唐津藩は特産物の石炭500万ポンドを政府に差し出している。

唐津藩の国境には軍事の先生のための馬と英語の先生つまり是清のための駕籠が用意されていたが、旧幕臣の軍事の教師たちは乗馬ができずに駕籠を選んだ。サムライはすっかり堕落していたのだ。是清は嬉々として馬を受け入れた。

散切り頭にフロックコートの洋装、腰には刀がない。オークランドで慣れ親しんだ乗馬はお手のものである。日本の馬は小さいなと感じつつ、是清は一行に先んじて颯爽と唐津の城下に乗り込んだ。

第15話　唐津城下

明治4（1871）年7月14日、是清が唐津に到着する少し前、東京では在京の知藩事（元大名の領主）が皇居に招集されて、廃藩置県の詔書が下された。

領地を召し上げるなど、封建藩主の抵抗があってもよさそうなものだが、どの藩も財政に苦しみ、むしろ重荷を下ろして安堵（あんど）しているような状況である。幕藩時代そのままの地割りで移行したので当初は3府302県、この後すぐに府県の合併が推進されて、明治21年の香川県分離独立以降、ほぼ現在の1庁3府43県に統合された。

旧藩主である知藩事は失職して東京に集められ、多くの県は中央から県令が派遣された。しかし布告はあってもこれが即座に実行されたわけではない。是清が唐津に赴任したのは、まさにその混乱の最中だった。

是清カットがブームに

是清ら3人の教師が唐津に到着すると、まずは大手門前の御使者屋に案内され、そのまま歓迎の宴（うたげ）となった。主要な役職の40人ばかりの藩士が集まっていたが、歓迎というよりは先生たちの品定めである。藩知事小笠原長国と藩首脳をのぞけば、藩士たちにはまだ攘夷気分が強かった。彼らにすれば大枚をはたいて東京から呼んだ先生がいかほどの人物であるのか、見てやろうという気分である。

軍事の二人はともかく、英語の先生は柄こそ大きいが散切り頭の子供ではないか。とりあえず酒量で人物の大きさを測るしかあるまい――兵学とラッパの先生はあまり飲まないのでいきおい是清が一人で受けて立つことになった。

「先生、まずは一献」

「ははー」

杯を差し出し、飲み干しては、「どうぞ」と相手に返杯する。

是清は40人を相手に一歩も譲らなかった。英語の先生というだけで快く思わぬ者も多かったが、陽気な酒だから憎めない。

「どうやら、人物らしい」

酒もたまには身を助ける。散切り頭に丸腰で、馬を操りエゲレス語を話す、子供みたいな男の酒豪ぶりは一夜にして唐津城下に広まった。

是清が来る少し前に、唐津藩は学制改革をして漢医洋の3部を新設した。文政年間に作られた志道館が漢学部になり、従来の橘葉医学館が医学部に、そして新設の洋学部である。是清は洋学部に招かれた。

当時、唐津藩は特産品の製紙事業を直営しており、その収益金4万円の中から1万5000円を別会計にして3学部新設の予算に充てていた。

是清の月給100円は年間1200円、予算の8%である。いかに唐津藩が洋学の普及を欲していたか、また当時英語がいかに価値のある技術だったのかがわかる。

唐津湾に注ぐ松浦川の河口左岸、満島山という小山に築かれた唐津城本丸の西に二の丸、三の丸と城内と呼ばれる武士の城下町があり、その南には堀で隔てられた商人の区画があった。

洋学部の校舎は城内大名小路の古い集会所を修繕したもので、直ちに50名の生徒を集めて授業が始まった。

生徒に平民の子弟はおらず全員が士族の子で優秀な者ぞろいであった。是清はまだ17歳、年上の生徒も交じっている。

都会っ子の是清の姿が洗練されて見えたのか、授業が始まるや生徒全員が是清をまねて髷（まげ）を切って散切り頭になり、大小も腰に差さなくなった。これが学校内外の若者の間で流行になった。さらに散切り頭が商人にまで及ぶと、もはや外見上の侍と町人の区別がつかなくなってしまった。

卒業生の一人で、高名な建築家である辰野金吾は、一番初めに洋学部への入学を志願したくちだが、漢学の志道館で学ぶ友人から軽蔑の言葉を投げつけられたという。漢学に撃剣が盛んで、いまだに攘夷気分が濃厚なこの地では、若者が髷を切り大小を捨てたことに、怒り心頭に発する人も多かった。

桝吉との別れ

唐津の城下では料理屋が禁止されていた。藩士たちが集まって酒を飲むときは、商人町にある米屋、呉服屋、魚屋などの裏にあつらえられた座敷を借りて、近所の娘が酌に出ることが黙認されていたという。

この日も夜に是清が仲間内と酒を飲んでいると、半鐘の音が鳴り響いた。

「火事だ」

是清たちが飛び出し、堀を渡り大手門を抜けると、洋学部の校舎がさかんに燃えているのが見えた。そしてしばらくすると建物は燃え落ちた。

証拠などなくとも、これは放火だと誰もが思った。洋学部に火を付けそうな輩がいくらでもいたのである。

しかし是清は犯人探しには興味がなかった。焼けた校舎をどうするか。燃え上がる火を見つめながら考えたことはこの一点である。

廃藩置県に伴って元藩主小笠原長国は近々御殿を引き払い東京へ引っ越さなければならない。藩主はふだん麓の二の丸の御殿に住んでいるが、山上の本丸にも住居があった。これが二つとも空くのである。

藩主が去った後は、どうせ東京から下向した偉そうな薩長土肥の若造が住み着くに違いない。それであれば二の丸の御殿を学校にしてしまえばよいではないか。

さっそく友常大参事、中沢健作小参事と相談すると、二人は是清よりも乗り気で、もとより開明的な殿様にも異論があるわけがない。付け火をした連中にしてみれば皮肉にも、英学の校舎は、元藩主の二の丸の御殿、いうなれば城下の一等地に居を構えることになった。これが耐恒寮と名付けられた。

しかしながら、是清にとっていいことばかりではなかった。唐津へとたち、桝吉がおばば様と暮らし始めると、桝吉は両親からしきりに戻って来いと言われたらしい。さらに転居先近くの牧田万象が桝吉に横恋慕したらしく、桝吉がこれに知らぬ顔をするものだから牧田がつらくあたるようになった。この時点ではまだ牧田への例の三人組の借金が残っていたので、是清も頭が上がらない。業を煮やした桝吉はおばば様に相談をして、一筆書いて出て行ってしまった。

これはあくまで是清がおばば様から聞いたいきさつであって、細かいことはよくわからなかった。桝吉もおばば様も気が強い。衝突したのかもしれない。あるいは桝吉が是清のためを思ったのかもしれないし、おばば様が是清の出世を願い別れさせたのかもしれない。

唐津到着から3カ月にも満たない10月に、是清が東京のおばば様宛に出した手紙には、牧田への借金返済のことは書いてあったが、すでに桝吉には一言も触れていなかった。

わずか半年あまりの関係だったが、是清にとっては淡い初恋にほかならなかった。

そんな時、森有礼の家で一緒に暮らした書生仲間で、森と共に米国へと留学した長州人の内藤誠太郎や伊豆韮山出身の矢田部良吉らから海路はるばる手紙が届いた。

「君は望みのない人間だから早く芸者の子供でもこさえて、子供を教育したらよかろう」

絶交の手紙であった。

第16話　耐恒寮

火事で焼けた洋学部は、二の丸にあった元藩主の御殿に移され耐恒寮と名付けられた。是清はそこに住み込んだ。

攘夷派の嫉妬を買って放火されるほど洋学部には人気があったのだろう。これを機に、生徒を50名から250名へと増やすことになったが、藩の負担も大きい。

そこで是清は、給料100円のうち40円を返上して学校の運営費に回してもらうことにした。

ちょうど牧田への借金を完済し、また桝吉と別れたので生活費の送金と東屋への10円の仕送りもなくなったこともある。

自分の給料は60円でよい、是清は多くの子弟に学んでほしいと考えた。私利私欲を求めない姿に多くの生徒や学校関係者は是清を慕ったことだろう。ただし酒代は賄いに込みで飲み放題だったようだ。

一方で失恋の痛手は大きかった。朝に冷や酒1升、昼にまた1升、夜に別に1升と毎日3升の酒を飲んで憂さを晴らした。しかし是清はめっぽう酒に強い。酒で学校運営や授業に支障をきたすことはなかった。

休みの日には、鶏を買いに手の者を連れて農村へ出た。毎日2羽は絞めて鳥鍋にしていたというから、結構な数の鶏を少し前まで殿様が住んでいた元御殿で飼っていたはずである。

毎日鶏を2羽潰して酒を3升食らう、ちょっとしたバケモノが御殿に住み着いたような格好だった。

耐恒寮での是清の授業は大学南校の正則（外国人教師）と同じく、すべて英語で行われる。これは是清自身が英語を外国人から直接教わったからだろう。耳から入る英語である。

生徒の中には漢学に詳しい者も多いが、是清にはその部分が欠けていた。英語は理解できても良い日本語に直せない。そこで藩の小参事の中沢健作に頼んで頼山陽の『日本外史』を勉強しようとしたが、このやり方も先に先生に3度読んでもらい、後を自分で続けるという音から入るやり方だった。毎夜1升酒を飲んだ後で勉強するから、手の甲に眠気覚ましのお灸（きゅう）の痕が絶えなかった。

17歳の先生

江戸期から石炭を産出した唐津は明治の産業革命期に入ると本格的な石炭の積み出し港として賑わった。唐津沖には外国の蒸気船が石炭を求めて頻繁に姿を見せていた。

映画もテレビもない時代である。外国人が街をブラブラと歩いているわけでもない。生徒にすれば、是清の英語だけを聞いていても、本当に外国人に通じるものなのか不安である。そこで是清は外国船の船長に話をつけて、優秀な生徒15、6名とともに訪船して英会話の実践をした。

相手の船長も長い航海に退屈していたようで、是清たち一行の訪問を楽しみにして、ビールを出してくれたり、我慢強く会話につきあってくれたりと、これは大きな成果をあげた。半年もして、特に優秀な生徒が育ってくると、これを初心者向けの先生として抜擢した。こうして250名も生徒がいる学校を効率的に運営していったのである。

是清が唐津で教えていた1年3カ月、耐恒寮からは多くの優秀な人材が育っていった。是清が特に自伝に記した人物だけに絞っても、早稲田の学長天野為之、建築家の辰野金吾、曾禰達蔵、銀行家大島小太郎、工学博士吉原礼助、裁判官掛下重次郎、化学者の渡辺栄次郎、その他と続く。是清はまだ17歳、生徒たちと同年代である。素材が良いこともあろうが、実践的な授業が世界への目を見開かせ、青年に大望を抱かせたのではないだろうか。このうちの何人かは是清の今後の人生にも深い関わり合いを持つことになる。

大みそか、歩兵調練の山脇とラッパ手の多田、是清の3人の洋学部の教師たちは唐津藩が保護している鯨漁の見物のために呼子へと招待された。透明な烏賊のお造りで有名な呼子は唐津藩領である。

酒樽二つを積み込んだ船を用意して飲みながらの慰安旅行である。1日かけて船は呼子を経由して沖にある捕鯨の拠点小川島へと渡った。

是清たちは島の庄屋の家に陣取って、鯨が発見されるのを待つ。船場の横には櫓が組まれ、唐津藩高級幹部である小参事が監視役として裃姿で着座していた。命を頂く神聖な鯨漁への敬意である。裏山の山上では山見（見張りの漁師）が望遠鏡で海面を見張る。

沖に鯨が見つかると小参事に報告があり、櫓の上に筵の旗が掲げられ、それが信号となって加子（水夫）たちが一斉に船を沖にこぎ出す。その数40から50隻、捕鯨に携わる人数は鯨漁の専門家が50名程、水夫が600から700名というから大所帯である。

是清、喀血す

是清たちは、とりあえず正月は飲み明かすことにした。この去る年、明治4（1871）年7月にすでに政府は東京、大阪、熊本、仙台に四つの鎮台の設置を決めた。軍隊は各藩ではなく政府が運営することになる。従って旧幕臣の二人の軍事の先生は近々自分たちが失業することを知っていた。

また11月14日には唐津県と佐賀県の合併が決まり、これも近々実行されるであろう。薩長土肥の一角である佐賀藩に合併される意味を唐津藩上層部はこの時よくわかっていたはずだ。

3日になって親子連れの3頭の鯨が発見された。是清は漁師たちの勇壮な出動の様子にすっかり感激した。やがて子鯨だけが捕らえられ、両親の鯨は逃したが、島の人がいうには、雌親は必ず戻ってくるという。果たして親鯨は子鯨を求めてやってきて捕らえられバラバラに解体されてしまった。切ない感傷の涙が込み上げる。

桝吉との別れ、思い出のない母親への郷愁、正月三が日を飲み続けてすっかり酔っ払った是清の頭に、さまざまな思いが渦巻いたことだろう。しかし新鮮な鯨肉はとてもうまかった。きれいに平らげることが供養である。

5日に城下へ戻った是清は、5、6日と年始めのあいさつ回りの先々で酒を飲み続けた。7日は耐恒寮の始業式である。是清は生徒を整列させて、前には4斗樽を据えた。

「生徒諸君、本日をもって、私は東太郎から、高橋是清に名前を変える。ついては新年でもあるし祝いの酒といこうではないか」

是清は丼で酒を1杯飲むと、第1列の生徒にまわし、他の列にもまわした。

「先生。明日は文部省の視学官がいらっしゃるというのに学校が酒臭くてはどうにもならないではありませんか」

是清より1歳年長で生徒でもあり代用教員でもある曾禰達蔵が忠告した。

是清はまあまあと言って飲み続けた。今ならさしずめアルコール依存症で病院送りだろう。

翌日の夜、是清は喀血(かっけつ)した。

医学部の先生が診断すると、結核ではなかったものの、よほど深刻だった。

「これは酒の毒がすっかり身体中にまわったようだ。君はもうだめだと思う」

第17話　唐津からっぽ

明治5（1872）年の年始を酒びたりで過ごした是清は、始業式翌日、1月8日に喀血した。この時代、血を吐けば不治の病が通り相場だが、この男の場合、原因は酒の飲み過ぎなので、学校の2階の居室で1週間も寝込むと回復した。

是清が起き上がって階下へ下りると、小参事や教員たちが性懲りもなく鳥鍋を囲んで一杯やっている。

「先生、一杯いかがですか？」

病み上がりに対しても、いつもの調子だ。

「いや、もう酒なんか臭くて飲めない」

「ならば鼻をつまんで飲めばいかがです」

差し出されるまま、いつの間にか受け取ってしまった茶碗酒を、鼻をつまんで一気にやれば、喉元を「きゅーっ」と通る。これはこれでなかなかいけるではないか。思わず口元がゆるんだところを皆に見られた。

「ささ、もう一献」

2杯目からは、もはや鼻などつまむ必要はなくなった。

女子校創設に動く

酒は再び飲み始めたが、寝込むようでは仕方がない。さすがに無茶な飲み方は慎んだ。

桝吉のことを引きずるままに、大酒を食らい憂さを晴らすことが度を越した。その桝吉とのことも、病を患い寝込んでみればまるで身体の中から毒が抜けたかのようにすっきりとした。

それより今は目の前の事業の方がよほど大事だ。唐津の耐恒寮を自分の手で軌道に乗せなければならない。皆に必要とされている実感があった。

是清は横浜で、ヘボン夫人やバラー夫人から英語の手ほどきを受けた。またオークランドのブラウン家でも夫人から勉強を教わった。先生は皆女性だった。しかるに日本では男子だけが勉学に勤(いそ)しんでいる。

女子にも優秀な人材は数多くいる。そこで是清は女子英語学校を作るべく、身近な人たちに相談していたのだ。是清を唐津に誘った大参事友常典膳の娘「おたい」と「ふく」、耐恒寮の秀才学生、曾禰達蔵の妹で美人の誉れが高かった「およう」の3人を生徒に迎えることになった。

是清は、まず彼女たちを初心者に教えられる教師に育て上げようと考えた。そうすれば女子学校も生徒を増やして広がりを見せるだろう。卒業生が増えれば、男女を問わず子どもたちに教えられる人材が増えることになる。日本初の官立東京女学校の開校がちょうど同じ時期の明治5年の2月であるから、唐津はよほど進んでいたことになる。

男子の方も、優秀な生徒が育ってきたので、学校として、ここから先のステップは「正則」、すなわち外国人教師から直接学ぶ段階に入りたい。

そのためには、唐津まで来てくれる外国人教師を探すこと、同時にテキストとする洋書も手配しなければならない。そうした諸々の用件で是清は一度東京へ戻ってフルベッキに相談することにした。

1月の終わり、帰京した是清は、多忙のフルベッキをつかまえて相談した。外国人教師は人材難のうえ予算の問題もあり、しばらく様子見としてとりあえず書籍類の手配を済ませた。是清は授業を中断し、東京で準備に奔走した。

3月に入ると唐津から曾禰ら2名の急ぎの使者が是清のもとへとやって来た。

「先生の留守中に大変なことが起こりました」

曾禰が言うには、

「藩（県）の製紙事業の益金分配のことで、伊万里側に密告する者がおりまして、友常大参事はじめ主なる者は皆拘禁されてしまいました。学校は閉鎖されて若者は途方にくれ、藩士はことごとく閉門蟄居（ちっきょ）とあいなっております」

唐津騒動

唐津藩は前年、明治4年7月14日の廃藩置県で唐津県になっていた。また11月14日には伊万里県と合併、というよりは、伊万里県とは名ばかりで実態は元大藩の佐賀県である。実際すぐに佐賀県に改称された。実質的には吸収されていたのだ。是清が耐恒寮を整備している時期は伊万里県による県政が始まるまでの過渡期だった。是清が東京に帰っている明治5年2月にこのいわば占領政策が始まった。

伊万里県が唐津に出張所を置き、人を送り込んで合併のために唐津県の資産を調査し始めたところで問題が発覚した。

耐恒寮の事業は、唐津藩の専売である製紙事業の益金4万円から支出されていた。そのかたわらで伊万里県との合併が進行していたが、藩士の多くはこの合併によって禄を失うことになる。そこで大参事の友常は、学校経費を差し引いて余った3万数千円の益金を藩士に分配したのだが、これが伊万里県側からみれば公金横領に映ったのだ。

「先生、早く唐津に戻って学校を再開して下さい」

是清は二つ返事で帰ろうとしたが、曾禰によると、伊万里県では耶蘇教（キリスト教）の信者は片っ端から斬罪に処することになり、是清にも嫌疑がかかっているという。是清は開明的な佐賀藩にしては少し変だなとは思ったが、フルベッキの耳には入れておいた。

フルベッキは佐賀藩10代藩主鍋島閑叟らと親交があり、慶応3（1867）年から佐賀藩の藩校致遠館で教えていたことがある。この学校は佐賀藩が外国人の入国を認めなかったため長崎に設置されたが、その時、聖書を学んだ佐賀藩家老の村田若狭と弟の綾部恭はプロテスタントの洗礼を受けていた。

フルベッキにしても、彼らが斬罪になったとは聞かないので、真偽はともかく、うわさが出ることだけでも気がかりだった。

肥前佐賀は薩長土肥の一角、致遠館の教え子である大隈重信は今では太政官で共に仕事をしている。フルベッキにとって学校再開の手配は造作もなかった。

是清は自身でも関連した役所に陳情すると、急いで曾禰らとともに唐津へと戻った。

戻ってみると、藩士はことごとく閉門蟄居なので唐津城下は皆死んでしまったかのごとくひっそりとしていた。佐賀県の出張所に赴くと、フルベッキが手配していることを責任者に話し、まず学校の再開だけは1週間のうちに果たした。

しかしながら佐賀県側に拘禁されている者たちの釈放は難しく、是清は差し入れをしつつ交渉を続けた。

そんな折、元大参事の友常が今回の責を一人負って、脇差で自身の喉を突く事件が起こった。幸い急所ははずれて命に別状はなかったが、親しくしていた是清は強い衝撃を受けた。

やがて6月に入って東京の中央政府の指示により、拘禁されていた唐津藩重臣たちが釈放された。これら一連の出来事を「唐津騒動」という。

耐恒寮は再開されたものの、旧唐津藩の製紙事業の収益金を当てにした運営である以上、県の合併によって財政は立ちいかなくなってしまった。

是清は唐津を去って東京へ戻り、耐恒寮は9月に閉鎖された。

生徒の多くは医学部へ移ったが、優秀な学生たちは是清を追ってこぞって東京へ向かった。そのため唐津では人材が払底し、後に「唐津からっぽ」と揶揄(やゆ)されることになる。

第3章　相場師時代

第18話　末松謙澄

明治5（1872）年秋、唐津の耐恒寮（たいこうりょう）は閉校になり是清は東京へと戻ってきた。船で横浜まで戻り、すでに神奈川駅が仮開業していたので、新橋までは汽車を使った。

この年、11月9日に太政官から改暦の詔書が発布された。旧暦の明治5年は12月2日を最後とし、翌日を新暦の明治6年1月1日とする。この年から西暦と日付が一致するようになった。従って旧暦の明治5年にはクリスマスがない。

是清は再びフルベッキの家に寄宿した。芸妓と遊びたいという不義理な事情で飛び出したにもかかわらず、フルベッキは約束どおり温かく迎えてくれた。

幼なじみの鈴木知雄にも再会した。この時文部省十一等出仕という官僚になっていた鈴木は、大蔵省駅逓頭（えきていのかみ）（郵便事業の長）の前島密（ひそか）から、「誰か英語ができる者はおらぬか」と頼まれているという。是清はちょうどよいところに帰ってきたのだ。

鈴木とともに前島を訪ねると、

「郵便の事業はまだ創業して間もない。そのために外国人もくるから通訳が欲しいのだ。外国人が来るまでの間はアメリカの郵便規則でも翻訳しておいてくれないか」

前島に請われ、是清は駅逓寮で働くことにした。前島密37歳、是清18歳である。

前島密

大蔵大輔(たいふ)の井上馨から直々に、大蔵省十等出仕の辞令を手渡された。同い年の鈴木よりも官位が高いのは、是清の押しが強かったからか、あるいは唐津での耐恒寮再建や女学校創設に奔走したことが実績として評価されたのだろう。

唐津で酒びたりの生活を続けてきた是清は、東京の役所でも同じようにふるまった。お昼時に近所の蕎麦屋に出前を頼むと、いつも酒をつけてもらい一杯やって同僚たちを閉口させた。たぶん1合、2合という可愛い分量ではなかっただろう。

「前島さん、翻訳だけならわざわざ役所に来ずとも自宅でやれます」

今で言う在宅勤務だ。前島にすれば職場で酒を飲まれても困る。

やがて、是清は月に200字詰め原稿用紙25枚以上を書くという取り決めだけをして出勤しなくなった。これは1日200字書けばできる仕事量でしかない、前島にすれば厄介払いだった。

ところが役所では是清の特別扱いに次第に不満が出て、そのうちにやはり毎日出勤することになった。しかし上司の課長ともめると、是清はすぐに出勤拒否をするどうしようもないわがままな役人だった。

ある日、前島から他にも翻訳のできる人間を探しておいてくれと頼まれていた是清は大学南校(なんこう)

の同僚で、華族学校で教師をしている人物に話をつけた。渋る相手をいろいろと説得してようやく決心させると、前島に報告した。すると、あろうことか、

「高橋君、今では君ですら不用ではないか、いらない者を二人も作るわけにはいかない」

役所の人間が大勢聞いているところで、自分は不用だといわれたものだから、是清はろくに働きもしないくせに頭にきた。

「探してくれというからどうにか見つけてきたのではないか。相手だってもう既に今の仕事を辞める気持ちでいる。そんなことならば最初から人に頼むな」

是清は啖呵(たんか)を切ると前島に辞表をたたきつけた。駅逓寮で働いたのはせいぜい数カ月といったところ、是清はどうやら「郵便制度の父」とは折り合いが悪かったようだ。この件についてはよほど不愉快だったのか、当時今後の履歴書には郵便は一切書かぬと言い切った。だが、結局なぜか自伝には書いている。

末松との出会い

役所で働かなくとも、開成学校の経済学の教師マカルティーから『玉篇』(中国の漢字字典)の読み方をローマ字化する仕事で月10円、同じく教師のグリフィスの手伝いをして10円と、是清には結構な収入があった。フルベッキの家には唐津から曾禰(そね)達蔵が来ていたし、後に動物学者になる箕作佳吉(みつくりかきち)なども書生をして暮らしていたから、彼らに手伝わせていたのだろう。

フルベッキ邸には、板垣退助、後藤象二郎と並び「土佐三伯」と呼ばれる佐々木高行のご令嬢がフルベッキの娘に英語を習いにきていた。

お供の書生がいつも長屋の縁側に腰掛けて授業の終わりを待っている。是清が声をかけると、これがなかなか聡明な男だった。末松謙澄(けんちょう)、是清の一つ歳下である。

聞くと師範学校に合格したので春から通うという。当時の師範学校は卒業後教師になることを条件に学費は無償、生活費も支給されたので、経済的に余裕のない優秀な子弟を多く集めていた。

「君は師範学校に選抜されるくらいに漢学ができるのだから、洋学もやったらどうだ？」

是清が言うと、学資がないという。そこで待っている時間を使ってお互いに勉強を教え合うことにした。是清が末松に「洋学」を教える代わりに、末松が是清に「漢学」を教える。

すると是清は末松の優秀さにたちまち気づいた。そこで是清は末松に洋学の勉強を続けさせようと、師範学校をやめさせてしまった。そのくせ自分は、以前教師をしていた開成学校の最近の教科の充実ぶりをみて、生徒として入学しなおすことにするのである。

二人は互いに勉強を教え合いながらも学資を稼ぐために外国の新聞記事を翻訳して新聞社に持ち込むことを思いついた。

明治6年当時の東京の新聞は「東京日日」（現在の「毎日新聞」）、「郵便報知」など数紙しかなかったが、どれも国内の記事ばかりで外国の事情などをのせている新聞は一紙もない。当時フルベッキの家には海外の新聞が多数届けられていたので、是清はその記事を翻訳して持ち込んでみた。何社かに断られ、最後に「東京日日」を訪ねると、

「おお、あの時の子どもか。大きくなったな」

声をかけてきたのは是清の横浜時代ヘボンの家でヘボンに漢字を教えていた岸田吟香(ぎんこう)だった。岸田はヴァン・リードが発行していた新聞「もしほ草」でも筆をふるっていた人物である。翻訳

の見本を見せると岸田は乗り気になり、是清は400字詰め原稿用紙1枚50銭で話をつけた。

ところがいざ原稿料をもらう段になると、

「二人でいくらあれば暮らせるのか」

という話になって、結局は分量と関係なく是清の言い値の「二人で月50円」で話は落ち着いた。書き手も新聞社側も、翻訳の金銭的価値についいては手探りだった。

こうして二人で翻訳の数を重ねていくうちに、もともと才能に恵まれていたのだろう、末松の実力は飛躍的に伸びていった。やがて辞書をひきながら一人でも翻訳ができるようになり、「日日新聞」の社員として月給50円で働くことになった。もしも師範学校へと進んでいれば、こうした才能が花開くことはなかっただろう。

是清のほうは開成学校に通いながらも、おばば様と異父きょうだいと一緒に暮らさねばならなくなり、広い場所が必要になった。そこで末松が書生をしていた佐々木の屋敷の長屋に、お嬢様の英語の家庭教師として住み込むことにした。

是清が東京へ戻って約1年、些事(さじ)に追われながらも明治6年の夏になり、米国へ赴任していた森有礼(ありのり)が帰ってきた。

第19話　水心楼に遊ぶ

明治6(1873)年9月、前島密の駅逓寮を辞めて開成学校で勉強していた是清は米国から戻った森有礼と再会した。

森は日本に戻るや「明六社」を設立した。これは当時の西洋諸国に倣った分野横断的なソサエティーであり、その理念は「愚蒙ノ眼ヲ覚シ」「天下ノ模範タラン」というもので、国民教育活動を推し進めるための啓蒙団体だった。愚蒙とは愚かで道理がわからないことである。

森の主唱により、本員と呼ばれる会員には福沢諭吉、神田孝平（たかひら）、箕作秋坪（しゅうへい）、西村茂樹、津田真道（まさみち）、加藤弘之、西周（あまね）などの碩学が結集して、築地精養軒で月2回会合が催された。

右の本員たちのほか、定員・格外定員・通信員・客員などもあり、勝海舟もメンバーだったし、是清も植木枝盛（えもり）や丸善の早矢仕有的（はやしゆうてき）らとともに客員だったこともある。彼らは機関誌『明六雑誌』を発刊したが、讒謗律（ざんぼうりつ）、新聞紙条例による言論弾圧のあおりで明治8年11月、この『明六雑誌』も廃刊となり、この時明六社は事実上解散した。

明治6年政変

「近頃、ないごでおっとだ（どうしておるのだ）」

森が是清に聞く。

「開成学校の教科がいよいよ本格的になってきました。私は自分の学問は遅れていると思い、学校に入り直して勉強しております」

この時、森には心づもりがあったのだろう。ちょうど文部省は米国のラトガース大学からデビッド・マレーを雇っており、その通訳係を必要としていた。

ニュージャージー州ニューブランズウィックにあるラトガース大学には、維新前後、語学コースも含めて約40名の日本人留学生が学んでいた。是清と一緒に米国に向かった勝小鹿（ころく）もマレーに世話になった口である。

森がワシントンに駐在していた時、ラトガース大学に発した教育制度に関する質問状に回答したのがマレーで、それがちょうど米国に滞在中だった岩倉使節団の目に留まり招聘に至ったのだった。

「高橋君。学び直すことは良かこじゃ。じゃどん、君はもう生徒なんかやちょ場合じゃなか。今度、文部省がマレーという人を雇ったから、君は文部省に入ってそん通訳をやりやんせ」

恩人にこう言われては是非もない。是清は文部省十等出仕、月給40円で再び国家公務員になった。

お召しの時（初日）には母屋の佐々木高行の燕尾服を借用し竹橋の役所に出頭した。森有礼26歳、高橋是清19歳である。彼らも日本も若かった。

これを機に是清は佐々木家の屋敷を出て、おばば様を連れて昔の芝の仙台藩中屋敷の長屋へと引っ越した。異父きょうだいの妹香子を引き取り、友人の末松謙澄も下宿を引き払って是清と同居したから、おばば様が家事を引き受けて、毎日家族4人で朝晩の食卓を囲むことになった。

マレーの招聘に関しては岩倉使節団が関与していたと書いた。この岩倉使節団はフルベッキの提案から始まった。岩倉具視を正使とし、木戸孝允、大久保利通、伊藤博文などが参加し留学生も含む総勢107名におよぶ大規模な海外派遣使節団である。明治4年に出発、米国、欧州、アジアを歴訪して、多くの制度や文化を吸収しながら、一方で日本の存在を国際社会に知らしめた。

帰国は随分と遅れて出発から1年と10カ月が経過した明治6年9月になってようやく日本へと帰ってきた。これが今回是清が森に会った頃である。

さて、政府首脳がごっそりと外遊した岩倉使節団は留守組との間で、メンバー不在の間は重大な改革を行わないという盟約があった。しかし、いざ帰ってみれば西郷隆盛を軸とする征韓論で政局は混迷を深めていたのだ。

留守組はすでに閣議で西郷を全権大使とする韓国派遣を決めていたが、明治天皇は岩倉使節団のメンバーの帰国を待って熟議の上、再度上奏するようにと却下していた。

留守組とは西郷隆盛をはじめ板垣退助、後藤象二郎、江藤新平、副島種臣、桐野利秋、大隈重信、大木喬任(たかとう)らで、この中では大隈、大木は征韓論に反対だった。

海外事情をつぶさに見聞してきた派遣組は、日本の未熟な国力で韓国に宣戦することの無謀さを熟知しており、あくまで征韓論に反対をしたが、これがすでに自身の一命を投げ打つ覚悟をしていた西郷の心証を害し大事件になった。

明治6年の10月14日から閣議が開かれ、同月23日には西郷の派遣はくつがえされ、無期限延期と決まった。これを受け西郷は辞表を提出、翌24日には板垣、後藤、江藤、副島らも辞表を提出して下野した。これが「明治6年政変」である。彼らの下野に伴い官僚600人が職を辞し、西南の役にまで至るいくつもの内乱の発起点となった。

末松の詩

世間は政変で騒がしくとも、是清の生活は落ち着いていた。毎朝竹橋の文部省に出勤すると、本郷の加賀藩屋敷にあったマレーの家まで馬車で迎えにいくのが日課だ。

さほど忙しいわけでもなく、芝の元仙台藩中屋敷の長屋へと帰れば、末松と食卓を囲みつつ、時事問題について議論した。この時、末松は「東京日日新聞」に通い笹波萍二（ひょうじ）の名で社説を書いており、時には「朝野新聞」の末広鉄腸（てっちょう）などを交えつつ議論が白熱した。

二人はよく議論し、かつよく飲んだ。ある日大川（隅田川）の屋形船で飲んでいると、是清の昔の愛人桝吉（ますきち）との艶話になった。面白がった末松は後日是清を誘って桝吉との思い出の東両国の柏屋水心楼で杯を交わした。ここで末松は是清のために一編の詩を書いた。

会逢隅田水心楼　銀燭華筵却惹愁
喚起三年以前夢　鴛鴦襟裡不知秋

隅田川の水心楼で逢瀬を重ねたあの頃、華やかだった宴（うたげ）の思い出が却って愁いをさそう。3年前の夢のような日々を思い起こす、鴛鴦（おしどり）のつがいのように時を忘れて愛し合ったあの頃を――。

「君の今日の心理はこのようなものだろうか、俺もいつかこんな詩を贈られる身分になりたいものだ」

末松はしんみりと付け加えた。

そんなある日、末松が肩を落として帰ってきた。

「高橋君、実は大変なことになった」

「どうした」

「もうおしまいだ。今度福地源一郎氏が日日新聞に入ってきた。とうてい敵わぬから僕は日日を辞めた方がよいだろうか」

福地源一郎こと福地桜痴は元幕臣で、渋沢栄一や伊藤博文とも親しく、大蔵省入省後は世界中を外遊してきたいわば超大物である。「日日新聞」で末松の出る幕などもはやないというのだ。

「おいおい、向こうが大物ならば勝負などせずに弟子入りしてしまえ。向こうは大物過ぎて君を追い出す必要すら感じていないだろうよ」

「そりゃ、そうだな」

こうして末松は「日日新聞」に踏みとどまり、福地に可愛がられ、彼の仲介で今度は伊藤博文に重用されることになる。その後ロンドンへ留学し、やがて伊藤の次女をめとり義理の息子となって出世の階段を引き上げられていく。是清は出世という意味で大きく水を開けられてしまうのだった。

第20話　デビッド・マレー

是清の記憶では、当時の文部省は西郷従道の管轄だった。文部大輔には田中不二麿がついていた。大輔は現代の次官に相当する。田中は明治の高官にしては珍しく徳川御三家の尾張藩出身の尊皇攘夷の人で、やがて子爵にまで上りつめる。

文部省の通訳に

是清はお雇い外国人の中でも学制改革の立役者と呼ばれる学監デビッド・マレーの通訳として明治6（1873）年10月から約2年間、文部省で働いた。

マレーの日本の教育制度構築に対する基本的な考え方は、森有礼が同年に編集した『日本の教育』にまとめられている。⑴各国民は自国の国民性に適した教育制度を作ること、⑵国民一般の教育を目的とすること、⑶女子教育も重視すること、⑷教育は実際的で訓練的であること、そして⑸教育施設として必要なものを設ける、などとなっている。マレーは米ラトガース大学で日本人留学生と接してよく話をしていたので、そのやり方は決して押しつけがましいものではなく、斬新でありながら、日本の伝統を尊重したものだった。

しかしいかんせん当時の日本には予算がなかった。マレーの来日以前、明治5年に「学制」が公布され、6歳以上の男女の義務教育が始まったが、農村では働き手を失うことに加えて、授業料も有料であり、これは負担でしかなかった。義務教育の無償化は明治33（1900）年である。国民国家建設という大局に立った教育制度を普及させるには、地方への調査などの地道な努力が必要で、マレーはそれをよく理解していた。

彼は来日早々各地を視察して「学監ダウヰッド・モルレー中報」や「学監考案日本教育法」などのリポートにまとめ文部省に献策した。これらの翻訳には是清がかかわっていた。

マレーの示した当時の日本の実情に沿ったと言われる方針は、今日の我が国の教育行政にも影響を及ぼしている。例えば集権的画一的行政指導、試験制度の重視、検閲（検定）による教科書統制などである。一方、米国では当時も今も教科書検定は憲法違反の疑義がある。

この頃、開成学校の校長に土佐藩出身の伴正順（ばんまさより）が就任すると、いかがわしい外国人教師が交ざるようになり、横浜の肉屋で下働きしていた外国人を雇うというようなことも行われていた。是清はこの件に憤慨した。「東京日日新聞」で社説を書いていた友人の末松謙澄とは、時事について日々議論する間柄である。是清は喬木太郎（たかぎ）という変名で、「日日」紙上において開成学校を糾弾した。

3日ほど続けて記事が出た頃、田中大輔、つまり文部次官が外国人に会いに行くというので通訳を頼まれて馬車に同乗した。

「高橋君、いま喬木太郎とかいう人物が日日新聞で開成学校を攻撃しているが、実にけしからん。あの人物を知っているかね？」

「ああ、あれは私です」

「なんだ。君だったのか」

なんと目の前に犯人がいたのだから、田中は目を丸くした。

「開成学校は粛正するべきでしょう。伴氏はよい人ではありますが、学校の経営には不適任です」

「君のいわんとすることはわかるが、記事を出す前に私にひとことあってもよかったのではないか」

田中がうらめしそうに睨（にら）む。

「これは失礼いたしました。今後は気をつけます」

「高橋君、では君は誰が適任だというのか」

是清はここで、一緒にマレーの世話をしている畠山義成を推した。畠山は維新前に森と共に薩摩スチューデントとして留学したメンバーの一人で、語学堪能なクリスチャンでもある。

こうして明治6年12月に校長が畠山に交代してからは、開成学校の運営はうまくまわるようになったが、畠山は明治9年にマレーと一緒に米国のフィラデルフィア万国博覧会に出張したおり、帰路太平洋上で亡くなった。結核だった。

華麗なる人脈

さて、マレーのいるところ是清あり、という風景が日常となったある時、西郷従道がお雇い外国人たちに随分と世話になっているということで、晩餐会を催すことになった。会場は湯島聖堂である。

従道は30歳、清子夫人は18歳で長子を産んだばかりの頃だ。晩餐会には清子夫人も出席するが、別室の赤ん坊がお乳が欲しいと泣き出すと、皆が食事中の晩餐会の部屋に子守が赤ん坊を抱いて入ってきた。夫人は部屋を出ていくかと思いきや、食事のテーブルで乳を与えた。この光景に客人たちは驚いた。是清は夫人を別室へと促すと、従道も目配せをして夫人は退出した。外国人たちは当時の西洋の知識人層にはない習慣なので驚きはしたが、それは自然な美しい姿であり、決して悪い気を持つようなことはなかったと是清は特筆している。

従道は気配りとユーモアで、会の参加者を終始笑わせ和ませた。お雇いの外国人たちは高官による異例な手厚いもてなしに感謝した。

その頃、文部大輔の田中は、外国の文化をよく知ろうと、加賀屋敷のマレー宅に奥方を2カ月ほど預けて、今でいうホームステイのようなことをさせていた。是清は毎週のように土曜日のマレー家の晩餐にマレー夫人と田中夫人の通訳として呼ばれた。マレーと田中大輔の通訳にはいつも開成学校長の畠山が呼ばれていた。

マレー夫人は夫の没後『追憶記』を著したが、この中にマレーが加賀屋敷内の井戸に落ちた話がある。現在の東京大学設立のために用地の実地検分を行っていた時のエピソードであり、マレーがどれほど真剣に仕事をしていたかが知れる。

また是清は伊藤博文の宴席にマレー夫人と伊藤夫人の通訳としてお供している。伊藤夫人の梅子は言わずと知れた下関の元芸妓「小梅」である。どうにもかなり酒をやるようで、飲みすぎて席に座っていられなくなったが、マレー夫人はそこにむしろ親密さを感じて喜んだそうである。この方面は是清の得意分野なので、とりなしも一流であったに違いない。

明治6年の末、是清がマレーのお供を始めて間もない頃だ。マレーが一度勝海舟に会いたいというので、是清は赤坂氷川町にあった家にお供をしたことがある。明治六年政変で、西郷隆盛以下政府の首脳が大挙して辞めたので、勝海舟にとっては気の向かない海軍卿（きょう）という仕事が回ってきていた頃だ。

マレーは来日する前は、ラトガース大学で米国留学中の勝の息子小鹿の数学教師だった。

マレーから勝海舟の妻も交えて小鹿の様子を聞いた後で、勝海舟は「ちょっとおたずねしたい」と高等数学の問題をマレー博士に質問した。是清は数学の専門用語がわからず通訳ができなかったが、図や絵を書きながら二人の話は弾んでいる。帰りの馬車の中でマレーは、勝さんは偉い人だとしきりに感心していた。

19歳から20歳にかけての是清はマレーの通訳という仕事を通じて、上流階級の生活に密着した英語を獲得し、日本政府首脳たちの人格に触れる機会を得るとともに、その夫人も含めて自然な形で着々と人脈を築き始めていたのである。

第21話　一条十次郎のこと

明治8（1875）年10月10日、是清が2年間にわたって通訳として仕えていたデビッド・マレーが、翌年5月から始まるフィラデルフィア万国博覧会の準備にむけて米国に出張することになった。それに伴い、手が空いた是清には文部省から大阪外国語学校（旧制第三高校〈現在の京都大学〉の前身）校長の辞令が出された。

日本政府は外貨を獲得すべく、輸出振興に力を入れようとしていた。フィラデルフィア万国博覧会は願ってもない好機である。この万博はちょうどアメリカ合衆国建国100周年記念に当たり、35カ国が参加する盛大な催しになった。

日本は西郷従道を代表とする大掛かりな使節を送り込み、開催国の米国を除けば、参加国中最大の予算を投入したと伝えられている。

当時のパンフレットには、日本国のエージェントとして筆頭にマレーが、そしてその下には幕末に是清とともに渡米した仙台藩士富田鐵之助がニューヨーク副領事として、庄内藩士高木三郎がサンフランシスコ副領事として名前を連ねている。富田鐵之助は明治7年に結婚のため一時帰朝、福沢諭吉の媒酌で福沢の家で式を挙げている。その後宮内省にて酒肴(しゅこう)下賜の上、明治天皇に拝謁した。一時は朝敵として日本という国から見放された二人が今や日本国代表の窓口である。マレーとこの二人は、現地で是清のうわさ話でもしたに違いない。是清が文部省の役人として職務に精励していることをマレーから聞き、「あの酒飲みの小僧が」ときっと喜んだであろう。

日本代表団は多くの大工と材木や資材を持ち込み、会場に木造2階建てのパビリオン、日本館を建設した。金くぎを一切使用せずにパビリオンを組み立てたことは、西洋人を驚かせた。当時の日本の主な輸出品であった茶、原材料の絹糸、加えて絹織物、陶磁器なども展示され、当地ではエキゾチックな魅力だけではなく、この大工仕事と同様に日本製品の高い品質も人気を博した。

大出世

米国の名門ラトガース大学の教授であり、いわば教育制度の専門家であるデビッド・マレーが華々しく働いている一方で、維新初期の段階から日本政府のアドバイザーであり、悪く言うならば「宣教師あがりの何でも屋」であるグイド・フルベッキは次第に働き場を失いつつあった。

「いずれ私は官舎にも住めなくなるだろう。そうなると困るので、自分の家を買っておきたい」

マレーが来日した明治6年、政府左院の翻訳顧問という一段と低いお雇いの身分となったフルベッキは是清に弱音を吐いた。

当時の日本では、外国人の不動産所有を認めていなかった。日本の近代化に多大な貢献をしたフルベッキですら、この国に我が家を持てなかったのである。

政府首脳に知り合いの多いフルベッキには、こうした相談相手はいくらでもいたであろう。しかしその清廉さゆえ、公私を交えることを望まなかった。フルベッキは若僧の是清にすべてを託した。

「外国人が家を求めるには誰か名義人を立てねばならないが、それを君にお願いできないか。適当な屋敷を探してもらい、代価は私が支払うので君の所有物として差し支えない。万が一、君が心変わりをして私を裏切っても少しも恨むところはないので、よろしくお願いしたい」

その時、是清はマレーの下で働く身であったが、恩師フルベッキからの切実な願いである。八方探して駿河台の鈴木町に立派な屋敷を見つけてきた。この辺りはその名の通り駿府で徳川家康に仕え、家康没後に江戸に移住した「駿河衆」たち千石クラスの旗本屋敷のエリアで、敷地も800坪程度の物件が多かった。現在のJR御茶ノ水駅から線路沿いに水道橋駅方面へ歩いてすぐ、三楽病院周辺である。

広い敷地に平屋の日本家屋の旗本屋敷、奥の空き地が広かったのでそこに2階建ての洋館を新築してフルベッキの一家が移り住んだ。是清はフルベッキの好意に甘えて古い屋敷の方へ移り住み、この後しばらくこの家で暮らすことになった。

さて、マレーが米国に発った後の是清である。21歳での大阪外国語学校校長職は大抜擢の栄転であり、教育者として将来への展望も開けるキャリアであった。是清は準備万端整えると、各方面へあいさつに出向き、最後にサンフランシスコで世話になった一条十次郎を訪ねた。

一条は是清や鈴木とともに帰国した直後、仙台藩からの追及を逃れるため後藤常と名前を変えていたが、ここでは一条で通す。

引きこもり

一条は英語に加えてフランス語ができた。明治3年、森有礼の米国赴任と同時に欧州へ赴任する鮫島尚信(なおのぶ)の随行外交官として国を離れた。しかしその後3年間の駐在を経て明治6年に帰国した。明治8年5月、高い語学力を惜しまれながら外務省の職を辞し、番町に家を見つけて、世間との一切の接触を断った。今で言う引きこもりである。

是清にとっては恩人でもある。誰も訪ねなくなった一条のもとに、是清だけはたまに顔を出し、再び世に出るようにすすめていたのだった。

「今度、大阪外国語学校の校長として、東京を離れます」

是清の言葉に、一条は見てはいられぬほどに落胆した。

「高橋君、世の中の人が皆自分から離れていってしまう時に、君だけは訪ねてきてくれるから、大変うれしく思っていた。

君は私に世間に出て働けと言う。だが、私は、自分は未熟だから修養が必要だと考える。この議論の解決はまだ済んでいないではないか。

君が議論に勝てば私は君に従おう。君が負ければ私に従え。どうだ。私を打ち負かしてみたまえ」

是清は、この馬鹿馬鹿しい勝負をあえて受けた。世間から見れば一条は世捨て人である。是清は(多分わざと)議論に負けて、魅力的な大阪外国語学校の校長職を投げ打ってしまった。一条を世に出すべく説得することにしたのである。文部省に辞表を出した是清も、一条と同様、まともではないと世間ではうわさされた。

是清は一時的にフルベッキ邸から番町の一条の家に同居すると、二人で仏教の研究に没頭した。

是清が言うには、

「我々は半年ほど議論したが、一条は私心でなければ何をしてもよいという邪道に迷い込み、何を議論しても平行線をたどるようになった」

という。自分の将来を犠牲にしてまで尽力した是清の説得も一条には通じなかったのである。是清は一条の家を出た。

仙台藩士富田、庄内藩士高木、幼なじみの鈴木知雄、サンフランシスコでの佐藤百太郎(ももたろう)、薩摩藩士伊東祐亨(すけゆき)、同じコロラド号で太平洋を渡った人々が皆時代を乗り切り世に出たというのに、一条だけが取り残された。その後一条は病にかかり仙台へ戻り死没したようだが、詳細はわからない。

フルベッキ邸に戻った是清は、東京英語学校に教師の職を得た。明治9年の5月である。

この直後、是清はおばば様が持ち込んだ縁談で西郷柳子(りゅうこ)と結婚した。あるいは、おばば様からこれを理由に一条の家を早く出ろと説得されたのかもしれない。長男の是賢(これかた)は明治10年3月14日にこの家で生まれた。

第22話　サムライの終焉

明治9(1876)年5月、世捨て人の一条十次郎のもとを離れた是清が、いわば現実の世界へと戻り東京英語学校に職を得た頃、日本は維新以来のひとつの大きな節目を迎えようとしていた。

同年3月28日、廃刀令が布告されたのである。思えば明治2年に公議所で森有礼が廃刀論を提唱し、各藩代表の議員たちの激しい抵抗によって退職を余儀なくされたことがあった。ところが、その後発せられた徴兵令によって「国民皆兵」となり、旧士族に言わせれば百姓からも兵が集められることになった。また街には巡査が登場し、個々人の刀による倒敵護身の必要もなくなった。だが日本刀は単なる武器ではない。どれだけ貧しくなっても刀は選民としての武士の象徴であり、精神的な支柱でもあったのだ。

廃刀令交付翌日、大隈大蔵卿は、国家収入の3分の1が武士階級の給料である家禄や賞典禄（主に戊辰戦争の戦功）に消えていること、また廃藩置県と徴兵令によって既に士族は本来の職を解かれているので、江戸以来の武士階級への禄の制度は廃止すべきと提案した。

しかしながら、武士の長年の既得権益を一方的にはぎとるわけにもいかない。そこで、政府は金禄（禄がお金で支払われていたので）公債を発行し、今後の禄の代わりとして交付したのである。

明治9年8月5日に金禄公債証書発行条例が出された。これが「秩禄処分（ちつろくしょぶん）」と呼ばれるものである。手切れ金のようなものだった。

同時に政府は、それを用いて殖産興業をはかれるようにと国立銀行条例を改正し、金禄公債を現金化せずとも銀行の資本として使えるようにした。旧武士が出資した金禄公債を準備金として銀行を設立できるようにしたのだ。

間違えやすいが、当時の国立銀行とは、米国のナショナルバンクの翻訳で、国が経営する銀行ではなく、国法に則って設立された銀行という意味で、本来は国法銀行と呼んだほうが正しい。

実際、この年以降数年は金禄公債の出資による国立銀行の設立が各地に相次ぎ、3年後の明治12年には全国で153行を数えるようになった。ナンバー銀行と呼ばれる数字を使用した銀行名の走りである。またこれらの銀行の全資本金3373万円のうち約80%が公債による払い込みであって、これは発行された金禄公債の27%が国立銀行設立にまわされたことになる。

しかし多くの武士は、明日の生活すら不安な経済状態である。銀行の出資者になれたのは一部であり、帯刀と禄という特権を断たれた不平士族の憤りはいよいよ頂点を迎えた。特に倒幕に奔走し明治政府樹立に命をかけた侍たちの不満が爆発した。

西南の役

明治9年10月24日、熊本県で神風連(しんぷうれん)の乱、同月27日、福岡県、秋月の乱、翌日山口県ではこれらに呼応して前原一誠が立ち上がり萩の乱が起こった。

こうした中で、政府が最も恐れたのが明治6年の政変以来薩摩へ戻り私学校を設立して兵力を養っていた西郷隆盛だった。だが、この時は同調しなかった。

翌明治10年1月29日、西郷の蜂起を恐れた政府は汽船赤龍丸を鹿児島へ送り、薩摩藩が製造備蓄していた弾薬を大阪へ搬出しようとした。だが私学校側がこれに気づき、彼らは逆に弾薬強奪事件を引き起こした。また私学校は政府から送り込まれていた中原尚雄(なおお)らを捕らえて、西郷暗殺の企てを拷問によって自白させ蜂起の大義名分を整えた。私学校では明治政府をただすべく全軍出兵論が燃え盛り、もはや西郷でも抑えることはできなくなった。

こうして西郷の薩摩軍は2月15日、大雪の中を熊本へ進軍した。西南の役の始まりである。その数1万2000人。戊辰戦争の中核であり、もとより精強で知られる薩摩軍である、それまでの反乱勢力とは実力で比べものにならなかった。

しかしながら政府軍は百姓主体に徴兵されながらも近代装備を与えられ、組織だって訓練されている。そのため精強な薩摩軍と対等以上に戦うことができた。

3月の田原坂での激戦で政府軍が勝利すると、薩摩軍は次第に力を失っていった。薩摩兵たちはゲリラ化して九州を転戦した後、鹿児島へと戻り、9月24日には西郷が自刃して西南の役は終結した。こうして制度としての武士の時代は終わったのだった。

この間是清の盟友である末松謙澄は「東京日日新聞」の上司である福地源一郎の紹介で伊藤博文の知遇を得て、黒田清隆の李氏朝鮮行きに随行して日朝修好条規の起草に参加した。また西南の役に際しては、山県有朋の秘書官として戦地へ赴き、西郷隆盛宛の降伏勧告状を起草した。

ついこの間までともに学び、遊び、議論にあけくれた末松が、大きく出世の階段を上り始めていたのだった。

校長のスキャンダル

さて、東京英語学校に職を得た是清も活発に活動を始めた。学校では元会津藩士の赤羽四郎と懇意になった。赤羽は戊辰戦争では会津若松城に籠城(ろうじょう)して戦い、その後東京で英学を修め、機会をつかみ米国イェール大学に学んだ。是清が東京英語学校に職を得たのと同じ頃に帰国して教員となった。

後に大学予備門となり、一高となる当時の東京英語学校の年報には、明治9年の教員は外国人9名、日本人24名、生徒数466名とある。校長は肥田昭作、慶應義塾創生期のメンバーで後に転じて実業家となる。校長心得が長州出身の服部一三で、薩長の枠を超えて森有礼とも関係が深かった。

是清は赤羽とともに学内で討論会を開き議論を活発にするとともに、学内の風紀を引き締めるべく努力した。昔は役所で酒ばかり飲んでいた是清が態度を改めたのは、勤勉なマレーと一緒に働いた成果であろう。

そんなある日、「摘花新聞」に肥田校長が吉原へ行って豪遊したという記事が掲載された。この「摘花新聞」は記録にも残っていないおそらくゴシップ系の新聞であろうが、是清と赤羽はこの記事について校長を詰問した。

「あの記事は本当ですか、ウソなら新聞社へ行って取り消していただこう」

「残念ながら本当なのだ」

「ならば、自決していただこう。あなたは校長を辞めなさい。ただし、我々もこんなことを言い出した以上、一緒に辞める覚悟だ」

「このような新聞記事になった以上、もとよりその覚悟だが、記事の出所が気にくわぬ」

肥田は心得の服部一三の校長への野心を疑っていたのだ。しかし是清にせよ赤羽にせよ、どちらもそれほど潔白な人格でもない。

赤羽の奥方は米国人である。一説ではポーカーに負けて借金の代わりに押し付けられた娘を妻にしたともいわれている。

きっと赤羽は校長に詰め寄る是清の横で「おいおい。遊郭へ行ったら皆辞めねばならぬのか、お前だって芸者の箱屋だったじゃないか。よく言うなあ」と難しい顔をしていたに違いない。

結局肥田は是清たちの糾弾によってこの年の12月7日に職を辞して、服部がその後任に収まった。

是清は翌年の明治10年3月16日に辞職したが、赤羽はしばらく教師を続けた後、明治12年に外務省に移り、翌年ドイツへと赴任した。是清とは関係が続き、後の日露戦争時にはスペイン公使として活躍することになる。

第23話　長野の畜産事業

明治9（1876）年の5月から翌年3月までの1年間、是清は東京英語学校の教師として働いた。

この間、西郷柳子と結婚し、新婚夫婦はおばば様、引き取った同腹の妹香子とともにフルベッキ邸内の日本家屋を借りて暮らしていた。

「ご無沙汰しております」

訪ねてきたのは、越前の古着商人、福井数右衛門である。もうずいぶん昔の話、かつて是清は福井の家の奥座敷に住み込んで芸妓桝吉との愛を育んだ。

金の切れ目が縁の切れ目とはよく言ったもので、是清の手持ち金が減るにつれ手のひら返しに冷たい態度をとった男である。その結果、是清は桝吉の家に転がり込み、芸妓の箱屋へと身を落としたのだった。

　本来ならば門前払いが当然だが、是清は疎遠になった桝吉の近況も知りたかった。とりあえず福井の話を聞いてやった。

「その節は大変ご無礼をいたしました。そのお詫びと言っちゃなんですが、今回はもうけ話をお持ちしました」

　聞けばご一新後、牛乳を飲む人がポツポツと増え出した。そこで乳牛の事業を始めたが、これがすこぶる好調なのだという。ここはぜひ、是清先生に資金を出していただいて一儲けしてほしいというのだ。

　この手の人間は嗅覚鋭く、身に余るあぶく銭を持つ者を嗅ぎわける。海千山千の金持ちには決して近づかない。是清は本業の教師の収入も悪くないうえ、アルバイトの翻訳でもうけており、仲間内で評判になっていたのだろう。花街での金遣いが少々目立っていたのかもしれない。でなければ福井のような男がこんな気まずいところへ訪ねてきはしない。

　是清は福井の見立てどおり、金には余裕があったので、同僚で米国行き以来の付き合いの鈴木知雄にも相談して数百円出資してやった。

　数百円とは大金である。現代では感覚をつかみにくいが、後の諸物価が高騰した昭和の時代に入っても、百円札など一生見ないで死んでいく庶民が大勢いた。太平洋戦争の時の息子の勤労動員の報酬で初めて目にしたという話も普通にあった。

　当時、九州で戦われていた西南の役では多くの会津人が警察官として戦場へかり出されたが、軍隊で例えると将校の最下位である少尉に相当する警部補で月給は15円ほど。4等巡査では月給

6円である。これに戦時の特別手当、命の代金ともいえる100円が前金でついた。

この頃の東京英語学校の校長人事や俸給については、後継の学校である『第一高等学校六十年史』に詳細な表が残されている。是清や鈴木の月給は約60円、巡査の10倍だが、後に是清は、第四国立銀行（現在の新潟県の第四北越銀行）に4000円を預けていたというから、翻訳はよほどもうかるサイドビジネスだったのだ。

福井の乳牛事業は順調だということで、その後、数カ月間はいくばくかの配当を届けにきた。明治10年に入り、肥田校長を追い出した頃、福井は新たな投資案件を持ち込んできた。少額ながらも配当を受け取っていた是清は、すっかり福井を信用している。

次のもうけ話とは、長野県に牛馬の売買市場を整備するというものだった。

「先生、この仕事は、世の中のお役に立つ仕事です。決して金もうけだけの話じゃございません」

福井は神妙な面もちで言う。役所も絡むので、私なんぞは力不足でしっかりとした人物が代表に立たねばならぬ。その点、高橋先生はアメリカで牛馬の世話をしたことがあるからこのあたりの事情は誰よりもご存じでしょう。そんな歯の浮くようなおだてに乗せられた。

「とりあえず2000円ほど用立ててもらえませんか」

詐欺師が仕上げに入ってきた。しかも長野には牛が少ないので、福井が関東で買い付けて後で持ち込むという。

しかし是清はいったん納得すると、他の人間に対しても妙な説得力を発揮する。その結果、自分だけではなく、周囲を巻き込む形の投資話に広がってしまった。もちろん好意からであることは間違いない。

是清は東京英語学校校長、つまり肥田の後任である服部一三や野村素介にも話を持ち込んだ。二人とも長州の出身であり、当時の長野県令楢崎寛直が長州人だったので、現代でいう認可などの作業がスムーズにいくだろうと考えたのだ。

牛の買い付け資金の2000円は野村から福井への貸与ということになり、是清と服部はその保証人になった。世の中が西南の役で騒然とする最中である。

周囲巻き込む出資詐欺

是清は3月に学校を辞めると、牛馬の市場整備のために長野へと向かった。どれくらいもうけようと思ったのか、どのくらいの投資期間であったのかは明確ではないが、是清は盛夏までの時間をこれに費やした。協力者を求めて市場の会員を各地で募り、役所を駆け回った。そしていよいよ福井から送られてくるはずの売買用の牛を待つばかりとなった。

しかし、ひと月ふた月、待てど暮らせど福井は牛を送ってこない。是清は鈴木に手紙を出して調べるように頼むと、逃げてつかまらないという。おまけに福井の実家は豪勢に新築しているところだった。ここでようやく是清もだまされていたことに気がついた。

長州系の文部官僚に迷惑をかけただけではない。現地で新市場設立に奔走してくれた仲間たちもすでに集まっていた。詐欺の発覚が、市場会員の参加費徴収前であったのがせめてもの幸運だった。少なくとも現地の人たちを金銭的に裏切らずに済んだのだ。

ともかく是清は市場の拠点にしていた松本から急いで東京へと帰ることにした。

急ぐとはいえそこは是清だ。楽天的にできている。せっかくだからと諏訪の温泉橋本政屋に逗留し、湖水の絶景を眺めながら飲み食いすること2日間、持参した滞在費もここで尽きて、是清は文字通りの文無しになってしまった。

諏訪から和田峠を越えて、佐久平を中山道伝いに歩き碓氷峠を下ると、そこは坂本宿だ。時すでに明治も10年である、立場には駕籠屋ならぬ人力車が客を待っていた。是清は車夫と到着払いで東京までの賄いと送りを頼むと、行程は1泊2日、到着後に駄賃も含めて5円を支払った。ほとんど警官の月給である。

その後、是清は福井を詰問したが時すでに遅し、安っぽい詐欺事件の様相で、是清が服部とともに野村に弁済して事は終わった。

是清は学校を辞めてしまっていたが、翻訳の仕事が山ほどあったので、当面は生活に困ることはなかった。どうやら是清は投資話に弱かった。

第24話　翻訳業と共立学校

明治10(1877)年9月、鹿児島の城山で西郷隆盛が切腹して西南の役が終結したちょうどその頃、清国経由の英国商船によって長崎にコレラが上陸した。清国での流行を把握していた政府は警戒を強めていたのだが、その後コレラは横浜に上陸して東京に到達した。

日本にとってコレラは初めての経験ではない。文政5(1822)年の記録に始まり、生麦事件が起きた文久2(1862)年のコレラでは江戸だけでも7万人の死者を出していた。

明治政府の医療官庁である医務局は医学部教育を統括するため、当初は文部省の管轄下であったが、明治6年に内務省が設置されると、警察や地方行政にかかわるものとして内務省衛生局に移された。これを主導したのは長崎の漢方医出身の長与専斎(せんさい)である。

長与は緒方洪庵の適塾に学び、長崎に戻ってポンペに西洋医学を学んだ。その後岩倉使節団の一員として渡欧、「衛生」の概念と実務を学び、防疫について広い知見を既に持っていたのである。しかし実務につながる法整備ができていなかった。

9月22日の「東京日日新聞」には「早くも政府がコレラに際しての心得帳を民衆に配布した」とあるが、この時コレラは、死者8000人ほどを出していったんは下火になった。

フルベッキの帰国

翌明治11年5月には大久保利通が暗殺され、是清に関して言えば実父である川村庄右衛門が7月に亡くなった。また是清が世話になったフルベッキが日本に見切りをつけて米国へ帰ることになった。

西南の役の出費で経費節減を迫られた政府は、高額な給与が必要なお雇い外国人を整理しなければならなかった。大蔵省お雇いの銀行家アラン・シャンドもこの時に辞めている。

フルベッキは家を買う時と同じように、売る時も是清にすべてをゆだねた。宣教師らしくお金まわりに淡泊なフルベッキは、若い是清の世話をはじめ、多くの人間を惜しげもなく援助してきた。そのために普通のお雇い外国人であれば手にするはずの資産を全く持っておらず、この駿河台の持ち家だけが財産だったのである。

大きな物件のためなかなか買い手がつかなかったが、元加賀藩の出入り商人で、隠居仕事として神田淡路町で米屋を営む茅野茂兵衛が6500円で買ってくれることになった。その際、フルベッキ邸内に住み込んでいた是清は茅野が勧めるまま、彼の家の2階へと引っ越した。

実父川村庄右衛門の死が7月28日、フルベッキの帰国は7月31日である。この時の是清は教師の職こそなかったが、極めて多忙であった。そしてコレラに関する翻訳の仕事が怒濤のように押し寄せた。

コレラの流行は一時的に下火になったが、疫病対策の法整備は待ったなしだ。コレラ対策には外国船の検疫が欠かせないため、長与は外務省を動かし、外務省森有礼大輔を座長に据え、列強各国の領事、医師を交えて防疫体制確立のための会議を開催した。それは7月29日から8月の終わりにかけて約11回にわたって行われた。

この会議で大量に作成された日本語と英語の書類の翻訳に忙殺された森は会議を始めるにあたって無職だった是清に声をかけた。是清は長与とも面識があった。

翻訳料は英から和が200字1円、和から英が200字2円から2円50銭、400字詰め原稿用紙3枚でたちまち警官の月給である。いかに外国語翻訳が価値の高いものであったか。

短期間に集中した会議資料や法案の翻訳作業で、是清はシステマティックな運営能力を発揮した。是清が英文を読み訳文を口述し、それを筆達者で教養のある者が巧みな日本語に修正しながら筆記するのである。

筆記役には各人士に交じって懐かしき恩人である元仙台藩士大童信太夫も内務省翻訳官として参加していた。大童も是清の活躍と出世にまぶしい心持ちであっただろう。

是清の多忙は会議の成果をまとめた「海港虎列刺病伝染予防規則」が公布される翌明治12年7月14日（現在の検疫記念日）まで続いた。

この会議終了後、コレラは再び猛威をふるい結局16万人が罹患して10万人が死亡する事態になった。直接比較するようなものではないが、西南の役での死者は両軍合わせて1万3200人である。

共立学校

11回目の会議が終わった直後の9月4日、是清は東京英語学校の後身である大学予備門の教員に復帰している。是清の働きを認めた森の力添えもあったであろうし、予備門の校長にあたる主幹は森に連なる服部一三で、彼は長野の牧畜業に共に出資した仲間だった。

コレラの翻訳が一段落して予備門の教員に戻った頃、下宿先の主人茅野茂兵衛に呼ばれた。

「高橋さん、ちょっとご相談が」

「この家の隣の地所のことですがね……」

茅野家の隣は元加賀藩出入り商人の辻金五郎や茅野たちが出資して開設した「共立学校」だという。佐野鼎という加賀藩に仕えた人物を中心に、正則英語を教育の要に据えて開校したものの、西南の役で生徒が減り、終戦直後の10月24日に佐野がコレラで死亡して、生徒も寄りつかなくなったというのだ。

正則英語とは生きた会話や作文に重点を置いた英語教育である。対する変則とは、翻訳と解釈に重点を置く。是清はその経歴からも、常々正則の重要さを信条としてきたし、今回のコレラ騒動でも英語を使えることの重要さは言をまたない。

また大学予備門においても、入学生の学力の低下が問題視されていたこともあり、是清はこの共立学校の再建を引き受けた。明治11年10月のことである。これが後の高名な進学校、開成学園に至る。千代田区立淡路公園に記念碑がある。

予備門への合格者数は、明治12年１２０人、13、14年とデータがなく、明治15年に75人、この後70〜80人ほどで推移していく。4年制の予備門の生徒数が６００人程度だから、しばらくは共立学校が予備門合格者の半数を占めていたことになる。

是清は初年度、予備門への試験準備教育として5、6のクラスを設置して2カ月程度の集中授業を行った。予備門への純然たる予備校として発足させ、これが明治12年度の１２０人の予備門合格者という数字になった。

翌明治12年に改めて入学者を募集、翌年からは予備門合格に向けた準備教育をしっかりと始めた。教師陣には予備門の鈴木知雄、森春吉、武田直道などをそろえ、予備門を目指す者のまさに登竜門となった。秋山真之（さねゆき）、正岡子規、南方熊楠（みなかたくまぐす）、それに是清が殺害された2・26事件の時の首相岡田啓介も、この学校の評判を頼りに上京してきた生徒の一人だった。

予備門の先生が予備校も経営するというのは、現代ならば大問題だが、翻訳業に共立学校という予備校経営と商才をいかんなく発揮する是清は、茅野や辻金五郎が親しくしていた第四銀行に４０００円ほどの預金を積み上げた。第四銀行は新潟の商人を中心に設立された。設立当初から米穀を担保とする商業金融に注力し、他行が不動産担保に偏重していたのとは一線を画していた米屋の銀行だった。是清は茅野邸で催される茶会などを通じて、いわゆる当時の「金持ち」たちのコミュニティーにかかわっていくことになる。

第25話 銀紙相場

明治12（1879）年1月、24歳の是清は大学予備門の教師として復帰した。また共立学校の校長として運営も担う充実した毎日を送っていた。

「いま銀紙の相場が荒れておりましてな」

そんな是清に大家の茅野茂兵衛が世間話のついでに投資話を持ちかけた。

「あまりに紙幣の価値が下落するので、いよいよ政府は手持ちの銀を持ち出して紙幣を買い支えるのだそうです」

わけ知り顔で話す茅野が声を潜めた。

「実は、この売買を我々の仲間が請け負いました」

是清は何だか儲かりそうだと思った。

「政府が買うのだから紙幣の値段が上がることに間違いはないでしょう。どうです、高橋さん、このもうけ話、一口乗ってみませんか？」

西南の役とインフレ

銀紙の相場とは銀貨と紙幣の相場のことである。西南の役終結（明治10年）の頃まで銀貨1円は、ほぼ紙幣1円だった。だが、茅野が話を持ちかけた明治12年3月の時点では、紙幣は価値を落として、1円銀貨を買うには1円25銭の紙幣が必要になっていた。横浜の洋銀相場会所ではこうした銀紙の相場が立っていたのだ。

維新の混乱期、財源がない新政府は太政官札を刷って戦費をまかなった。この太政官札は江戸幕府と同じく「両」建ての4進法で、遠い先のことながら一応は銀と交換できる兌換紙幣の体裁をとっていた。ところが明治4年の新貨条例では、米国の1ドルを1両＝1円と決めて、この時に通貨の単位が「両」から10進法の「円」に変わったのである。

政府は翌明治5年に、円の新紙幣（明治通宝、不換紙幣）を印刷して明治11年までにそれまでの太政官札や藩札などを含めた「両」建てのすべての紙幣と交換することにした。この当時は現在の日本銀行のような紙幣を発行する中央銀行がなかったので、政府が直接紙幣を発行したのだ。

政府の新紙幣発行と同時に、「両」建ての旧紙幣を吸収する目的で、同明治5年に国立銀行条例を発し、民間の銀行にも「円」建ての紙幣を発行させようとした。この条例によって第一、第二、第四、第五国立銀行の四つの本邦初の民間銀行が設立された。前述のとおり、名前に「国立」とあるがあくまで民間の銀行である。これらの銀行は準備金の60％を政府紙幣、40％を正貨（銀）として銀と交換できる兌換紙幣を発行したが、紙幣を手にした大衆はすぐに銀への兌換を希望するので紙幣は流通せず、後に続く銀行の設立もなかった。

明治9年、「秩禄処分」（士族に対する家禄や賞典禄の廃止）に伴う金禄公債証書発行に際して、国立銀行が発行した紙幣に対する兌換請求には正貨（銀）ではなく政府紙幣（明治通宝）でもよいと認めると、国立銀行も実質的には銀と交換できない不換紙幣を発行できることになった。この時、日本の紙幣には貴金属による価値の裏付けがなくなったのである。

しかしこれによって銀行設立に当たり準備金に悩まされることもなくなったので、番号がついた153もの国立銀行を生み出すことになった。兌換紙幣の話はどこかにいってしまったが、この頃には大衆も紙幣の使用に慣れて、1円紙幣と1円銀貨はほぼ同値で安定するようになった。

ところがここで勃発したのが明治10年の西南の役である。政府は華族が中心になって設立した第十五国立銀行から当面の戦費を借り入れたが、それでは足りず、大量の不換紙幣を発行して帳尻を合わせようとした。

明治9年の政府紙幣および国立銀行紙幣の合計発行額は1億700万円、2年後の明治11年には1億6300万円へと膨らんだ。世の中のモノに比べて貨幣が多くなった分、インフレがじわじわと進展した。そして明治12年の3月に至り、紙幣の価値は大きく下落し始めたのである。

これに対して大蔵卿の大隈重信は政府保有の銀を持ち出して、主要な銀行を使い紙幣を買い上げて市場に介入しようとした。茅野はこの情報を利用して儲けようというのだ。

市場操作

「今度、これまでの洋銀相場会所にかわって洋銀取引所が新たに開設されます」

興味ありげな是清に、茅野は続ける。

「私らは采野(うねの)老人という洋銀取引所の仲買人に資金を預けて相場のことは任せてしまおうと思うが、あなたもどうですか?」

「損はいたしませんか?」

「高橋さん、何分相場のことだから絶対ということはないが、今度の場合は金の流れが見えているからまず損をすることはないでしょうよ」

是清は日本に帰ってきて以来、森有礼の書生になり、またフルベッキにもさんざん世話になってきた。そこで恩返しの意味も込めて、自らも苦学生を援助して書生として学ばせ、世に学問のある人材を送り出したかった。そのために金が欲しかったのだと後に述懐している。

「では銀行に預けてある私の口座の4000~5000円を限度にということで、お任せします」

この銀紙相場は単純な銀貨の売り買いではない。江戸時代の米相場の伝統を受け継ぎ、わずかな証拠金で売買できる先物取引だった。洋銀取引所とは言いようで、実際は鉄火場と同じだった。投機を始めてからしばらくして、明治12年の6月ごろにもうけが出たからと、1000円ほどの金が預金口座に入ってきた。相場は銀貨1円を買うのに紙幣1円10銭、3月の1円25銭に比べると紙幣は大分持ち直した。先物取引だからもうけが多い。警官の月給が6円の時代に、是清は何も労せずに1000円ももうけた。

しかし政府は無尽蔵に銀を持っているわけではない。手持ちの限りある銀を持ち出しての相場介入は愚策だった。政府の銀が尽きると相場は激しく反転、紙幣は再び暴落した。

銀紙相場は先物である。紙幣の評価が下がると追加で証拠金を入れる必要がある。それが用意できなければ手持ちの紙幣を売って換金する以外にない。すると紙幣の価値はさらに下落する。是清たちのように政府の政策に賭けて紙幣を買い込んだ投機家は破綻するしかなかった。

10月になると、仲買人の采野が訪ねてきた。茅野に会いたかったのだがお伊勢参りで不在という。

「我々の仲間で投機していた銀紙相場ですが、思惑が外れて2万5000円ほどの損が出ました。私の店ももう破産しかありません。茅野さんもいらっしゃらないし、高橋さん、あなたに何とかしていただきたい」

これが茅野であればその責は仲買人にあると相手にせぬところだが、采野は相場に不慣れな是清の人の良さにつけ込んだ。是清は銀行預金の5000円を采野に渡し、残りの2万円分については借用証文を書いて采野を助けた。

「決して高橋様にご迷惑はおかけしません」

采野が調子にのって言うので、是清は「ご迷惑はおかけしません」という返り書を念のために書かせた。采野はその後しばらくして死亡したが、事情を知らない采野の息子が、てっきり是清が采野から金を借りたのだと思い、借用証文をもって是清に2万円請求してきた。

是清はタダで返すのも気の毒だと、この返り書に3000円をつけて借用証文と交換してやった。是清の最初の投機は大失敗に終わったのだ。

第26話　米相場

明治12（1879）年10月、是清は銀紙相場で大損した。それでも大学予備門教師、共立学校の校長に加え翻訳の仕事もあったので、まだ蓄えがあった。

是清が銀紙相場を始めた1月ごろ、采野老人の仲買店にもよく顔を出した。そこで横田道太郎という相場を張る東京士族と昵懇になった。彼は後に共立学校の校長にもなる。

あまりに熱心に相場の話を聞く是清に、

「それほど興味があるのなら自分自身で本格的に相場を張ればよいではないか」

横田が言うと、

「銀に米に絹に株、公債、どれがもうかるのだろうか？」

是清は目を輝かせてたずねるのだった。

兜町の株式取引所の開設は明治11年6月1日、現在の取引所よりも少し南に洋風木造2階建ての建物が建てられた。事務室はまだ畳敷きで、相場の始まりと終わりには事務員が拍子木を打ちながら取引所周辺を回った。

兜町は日本橋蛎殻町周辺の米屋（米相場の仲買人）気質と、新進の横浜の絹や銀相場出身者による洋装の奇抜な格好をした連中の文化が入り交じり、周囲の日本橋商人の地味な身なりとは一線を画していた。

しかし株式取引所とはいうものの、当時上場していたのは金禄公債に秩禄・起業の両公債、株式は渋沢栄一の第一国立銀行株に、あとは東京株式取引所株と二つの米商会所株のみ。実はこの時、米の取引所は鎧橋をはさんで蛎殻町と兜町の二つが競い合っていた。

米相場

銀紙相場は明治12年3月の大隈大蔵卿による市場介入も失敗して、今や銀貨1円＝紙幣1円30銭にまで達していた。このままではいずれ2円にも達するのではないかと市場筋は見ていた。

紙幣を刷りすぎたから紙幣の価値が落ちている。この銀紙相場の銀とほぼ同じ動きをしていたのが、米穀市場、つまり米の値段であった。

明治12年は豊作の年、それでも米価は上がるばかり。アジア周辺諸国凶作の情報があり、外国商社からの買い付けがあったからというのも理屈だが、何より紙幣の価値下落の影響が大きかった。

米は実体がある保存可能な穀物であるから、一部、銀のような貨幣の性格も持っている。したがって刷りすぎた紙幣に対しては価格が上がるのだ。地方ではすでに納税が紙幣になっていたから、物納する小作はもうからないが、米を出し渋る地主は米価高騰で大いに潤った。

「米はまだ上にいきますかね？」

是清は横田に聞いた。銀紙の相場に負けたのが悔しくて仕方がないのだ。

「銀貨の値段は天井知らずだ。銀貨がまだ上がるなら米も一緒に高くなるでしょうよ」

「横田さん、株はどうですかな、蛎殻町の米商会所株が随分と上がっているようだが」

「あれは『天下の糸平』こと田中平八と香港上海銀行総支配人ジャクソンの手代繆輝堂（フィードン）の買い占め合戦ですよ、兜町じゃ知らない者はいない。素人が手を出すとやけどしますよ」

「それじゃやっぱり米か」

横田は是清が相場を張りたくて仕方がないことを見越していた。

「高橋さん、どうせ米をやるなら、蛎殻町米商会所の株（会員権）を買って、仲買店も出して思い切り相場を張ろうじゃありませんか。手数料や証拠金が安くすみますよ」

横田はそう言うと、蛎殻町に空いた店を見つけて西洋料理のコックをしている大森六次郎という仲買店の手代経験者を探してきた。大森の取り分は店のもうけの2割、大森名義で株を買って蛎殻町1丁目3番地に六次郎の取り分が2割だから「六二商会」という駄じゃれの利いた名の米の仲買店を出した。

仲買業に出資

当時の米屋の店主は結城紬（ゆうきつむぎ）に角帯、店は小格子に長いのれんが目印で江戸前の粋を気取った。米相場に手を出す新参者は数多く、是清たちはその投機ブームに乗った。店の準備に全部で600円ほどかかったが、出資は横田との折半である。

年末には店も営業を始めた。この時是清は大学予備門の教師であり、共立学校の校長、そして翻訳業もあって多忙極まりない。時間を見つけては神田淡路町から人力車を飛ばして六二商会に顔を出した。教育者でありながら米の仲買店を持って相場を張る。周囲の人間が是清をどう見ていたかは言うまでもない。

横田と大森のやり方を見ていると、なじみの大口の客の注文は取引所の市場に出すが、新参の小口客の注文は店で呑（の）む。この「呑む」という行為は注文を市場に出さずに店が記帳するだけだ。当時は先物市場なので少し反対方向に相場が動けば、証拠金が追徴になるから、その時点で客の負けということで取引を終わりにしてしまうのだ。客がうまくいけば「もう少しもうけましょう」と決済を先延ばしして、次に損をする局面が来たら手じまわせる。是清の目からみればとんでもないインチキな商売だったに違いない。

明治13年に入ると、前年が大豊作だったにもかかわらず、米相場は1石8円16銭から始まり4

月には10円02銭をつけた。1年半前が5円だったからそこから倍になった勘定だ。市場は商いが膨れ上がり史上空前の活況を呈した。ミニ・バブルである。六二商会も自己資金による手張りも含めてここまでは結構もうかったに違いない。

しかし世間はどうだ。都市生活者は紙幣による給与所得者である。副食の多い現代ならばともかく、生活費の多くが米に消えていく庶民の生活はいつもの半分の米を粥に延ばして食べざるをえない。ブームに乗った相場師たちのせいで庶民の生活はボロボロになった。「曙新聞」には「貧民は遂に米の1合買い」の見出しが躍る。

4月12日、こうした状況をみかねた政府は、突然米市場の取引停止を命じた。建玉の清算は低い価格で行われ、これによって多くの新参の仲買人が損を出して店を閉じた。是清の六二商会もこの時に損が出た。出資の6000円の他に1500円の損を計上したが、これは横田と是清で支払って終わりにした。

是清は『高橋是清自伝』の中で、相場のなんたるかを学ぶために米の仲買人をやったとしているが、それは失敗した投機家の言い訳である。銀紙相場に負けて大損をして、米相場で取り返しにいったのが真実だろう。そしてやっぱり損をした。

是清はこの二つの投機の失敗で自分が金もうけにばかり目がいって実際には世の中の人を苦しめていた、自分の所業は単なる金銭欲による賭博でしかなかったことに気がついたのだ。

是清は明治44(1911)年に日銀総裁に就任した直後、『立身の経路』という本を口述出版している。そこで米相場や株式市場の投機家たちを「それは単なる賭博でしかない」と厳しく断罪した。それは過去の自分を断罪したのだ。

都市生活者は食い詰めても、地主は大もうけ、世間は金持ちを中心に好景気の様相で、日本は海外の贅沢品を買うものだから輸入超過となった。明治11年以降の3カ年で年平均約800万円の銀が輸入決済として国外に流出した。

明治10（1877）年の西南の役は、武士の時代を終わらせるとともに、他の分野にもさまざまな影響を及ぼした。

その西南の役が終わった直後から、戦中に政府が軍資金目当てに大量発行した不換紙幣が世間に流通し始めて、銀貨に対する紙幣の価値は徐々に下落し始めた。

明治10年末に銀貨1円＝紙幣1円03銭だった銀紙相場は約3年半をかけて明治14年4月には銀貨1円＝紙幣1円80銭まで達した。紙幣価値下落の長いトレンドであった。

是清はこの相場の初期の段階で、政府による市場介入、つまり政府手持ちの銀の売却＝紙幣買い支えに賭けて、紙幣を買って失敗したのだった。

またそのすぐ後に、今度は米相場に手を出して、政府による取引停止の措置によって経営していた仲買店を閉めざるを得ず、これも失敗したのである。米価は明治10年末に1石＝5円32銭だったものが明治13年末には11円80銭まで高騰した。

第4章　特許局

第27話　農商務省出仕

学校の教師をしながらも米相場に手を出して失敗した是清は、ちょっとした利己的な儲け心が米の価格を上げて、間接的に世の中の貧しい人たちに大きな迷惑をかけていたことに気がついた。「六二商会」の整理をつけて落ち着いて周囲を見渡せば、いまや友人知人は学を成し、しっかりとした仕事に就いて社会の役に立っているではないか。

是清は心を入れ替えて官僚の途を選ぶことにした。金銭よりも何か確たる仕事を極めたいと考えたのだ。この時が是清の放蕩と立身出世の人生の分水嶺である。

明治14（1881）年4月、是清は放蕩や非行を理由に入省に反対する文部官僚濱尾新を説き伏せてようやく文部省の判任御用掛になった。高橋是清26歳である。

当時の官僚の世界は、上から天皇が親書によって叙任する親任官、勅令による勅任官、各長官の推薦によって勅裁を経て採用する奏任官、各長官の権限で採用される判任官というヒエラルキーがあり、これ以下を雇員とよんだ。後に奏任官以上が高等文官試験（上級国家公務員に相当）

の対象となる。いわゆる高級官僚である。

この時是清は判任官として採用されたのであって、他の学歴がある友人たちほど優遇されてはいなかった。

山岡次郎

ちょうど同じ頃、明治政府は大蔵省と内務省の機能の中から殖産興業に関わる部分を組み合わせて農商務省を発足させた。現代の農林水産省と経済産業省の前身である。

これは当時のフランスの行政組織をそのまま導入したもので、カバーする範囲は農業・林業・水産業・商工業で、当時の産業構成では農業が主体である。

また東京株式市場も現在のように金融分野としての大蔵省下ではなく、あくまで殖産興業の一環としてこの組織の下にあった。

大正14年（1925）年に農商務省は農林省と商工省（現経産省）に分割されることになるが、その最後の大臣はくしくも高橋是清その人である。

フランスの組織をそのまま持ち込んだもので、その中の工務局の職制に発明専売、商標登録保護が規定されていた。これは日本の従来の組織から移行してきた機能ではなく、まったく新しい職務なので経験者がおらず、とにかく誰かを充てなければならない状況になった。どのみち外国語を参考にせねばならぬので外国語がわかる者が良い。

山岡次郎という元福井藩士を覚えているだろうか。明治4年、是清わずか16歳の時、茶屋での芸妓遊びに溺れて大学南校（なんこう）を辞めることになった。その直接のきっかけとなったのが、浅草の芝居小屋での赤襦袢での観劇で、それは山岡次郎（当時20歳）の米国留学送別会だったのだ。

山岡はその後米プリンストン大学、米コロンビア大学で化学を学び、明治8年に帰国して、その後東京開成学校、東京大学の助教授として働いていた。後に染色織物の世界では本邦第一の人物となる。この山岡次郎も学のない是清が羨むべき学歴のある友人の一人であった。

山岡がこの時ちょうど東京職工学校（東京工業大学の前身）の教授兼任で農商務省の官僚をやっており、発明専売、商標登録の適任者として文部省に入ったばかりの旧友是清を推薦した。

実は山岡が日本に帰ってきた明治8年ごろ、マレーの下で働いていた是清は、マレーから版権について相談を受けたことがあった。

ヘボン博士が編纂した世界初の本格和英辞典『和英語林集成』の再版に際して、博士は版権を得ておきたいと考えているのだが何とかならないかと言うのだ。この辞書の中での日本語はローマ字で書かれていて、それがヘボン式と呼ばれるようになったゆえんである。

是清が内務省を訪ねると、当時、在日外国人は治外法権の適用を受けて日本の法律が及ばないから、それと同様に日本の法律の保護も受けられないというのだ。これをマレーに告げると、

「ヘボン博士は日本の医学界の恩人であるのだから、是清、何とかしなさい」と言う。

そこで内務省に掛け合うと、日本の国内法に従うと約束するのであればヘボン博士の版権に限って認めようということで落ち着いたのだ。

この時マレーが言うに、

「日本には著作権を保護する版権はあるが、発明や商標を保護する法律がない。日本人は手先が器用だからすぐに外国製品をまねて模造品を作り、あたかも舶来の商品のようにして売っている

が、外国人はそれを非常に迷惑がっている。そもそも米国では、発明、商標、版権の三つを知的財産権と呼んで財産の中でも最も大切しているのだ。日本でもこの分野は早々正さねばならない」とのこと。

これを受けて是清は、当時手を尽くしてこの発明と商標について調べたことがあったのだ。もちろん日本にはまだ概念すらない。丸善で洋書を探しても見つからず、『大英百科事典』でようやく糸口を見つけ、熱心に研究したことがあった。友人の山岡はそれをよく憶(おぼ)えており、農商務卿(きょう)（大臣）の河野敏鎌(こうのとがま)、大輔(たいふ)（次官）の品川弥二郎に是清こそ適任であると進言してくれたのだった。

「おい、高橋。品川さんにはよく言っておいたから、文部省など辞めて、お前が一生懸命やれることをやれ。それには特許が一番だ。文部省ではお前も足元を見られて判任官だっただろうが、うちでは奏任官で迎えるそうだ」

山岡が言うには農商務省は高級官僚で迎えるというのだ。

ところがいざ5月に出仕してみると、何の手違いか、省の採用ですらなく工務局の雇員扱いだった。これでは文部省の判任官よりも身分は下だ。気の毒がって謝る山岡を横目に是清はさばさばしたものだった。

「雇員で結構でございます」

文部省では官吏になれただけで職務は漠然としたものだった。一方で農商務省では具体的な上に自信もあった。入省時の身分など些事(さじ)である。まだまだ近代日本は創生期、目先の役職など実力次第でどうにでもなる。そんな時代でもあったのだ。

築地梁山泊

こうして是清が農商務省に就職した明治14年は、大きな政変の年でもあった。

明治維新以来、政府首班として活動してきた参議たちも、当初は薩長土肥の維新功臣から任命されていたが、長州の前原一誠、木戸孝允、薩摩の西郷隆盛、大久保利通ら戊辰戦争の中核として戦った大物たちが歴史の舞台から去ると政局は少しずつ変化を見せるようになった。

薩摩の巨魁（きょかい）で政策通の大久保利通が存命の頃は、長州の伊藤博文や井上馨などの若手官僚は、知恵者の肥前の大隈重信の元に集まって政治を談議して大久保らを牽制（けんせい）した。また大久保もそんな大隈を信頼していた。大隈の私邸が築地にあったことから、「築地梁山泊（りょうざんぱく）」とも呼ばれたのである。しかし大久保の死去は政局のパワーバランスに変化を引き起こした。この帰結が「明治14年の政変」であった。

第28話　明治14年の政変

話は西南の役の翌年、明治11（1878）年2月までさかのぼる。当時大隈重信大蔵卿（大臣）の下でナンバー2の地位にいた薩摩出身の松方正義は、パリ万国博覧会事務局副総裁として欧州出張に出かけた。

当時の日本にまだ中央銀行はなく、政府が自ら紙幣を発行し、それに加えて米国の銀行制度をまねた国法の民間銀行である百数十行の国立銀行もまた紙幣を発行していた。

西南の役の戦費をまかなうために、政府は不換紙幣を大量に発行した。また紙幣を発行する多くの国立銀行にも金銀貨との兌換を義務づけなかったために、安易に紙幣が発行されて当時の紙幣の価値は銀に対して大きく下落していた。是清が銀紙相場に手を出していた頃である。

松方は西南の役以前から通貨問題には一家言あって、当時の正貨流出（金銀の海外流出）を問題視しており、明治8年には「通貨流出ヲ防止スルノ建議」を書いて大隈に提出していた。ここには兌換制度の確立、不換紙幣の消却、準備金の増殖が提案されていた。つまり松方は、早い時期から日本はしっかりとした通貨制度を確立せねばならないという信念を持っていたのである。

パリ滞在中の松方は欧州諸国の貨幣制度を実地視察した。フランスの蔵相レオン・セイに紙幣の整理についてアドバイスを求めると、彼から紙幣の発行権を一カ所に集中する中央銀行の設立を薦められた。

ただしフランスの中央銀行制度は長い歴史があるがゆえに複雑な制度になっている。日本は、各国中央銀行制度の長所短所を踏まえて設立された比較的新しいベルギーの中央銀行をモデルとしたらよかろうというのだった。

そこで松方は同行していた同郷薩摩出身の大蔵官僚加藤済をブリュッセルに長期滞在させて、中央銀行の諸制度を研究させることにした。加藤は松方の「股肱無二の人」と呼ばれるほどの側近で、後に大蔵省銀行局長となって「日本銀行創立ノ議」を書くことになる。

帰国後の松方は、インフレが進む当時の日本に必要なものは不換紙幣の消却が第一であって、その手段として中央銀行を作り、通貨制度自体を改める必要があると考えていた。

一方で大隈重信大蔵卿は通貨制度をそのままに市場介入や殖産興業推進によって商品を増やして物価の高騰を抑えようと考えた。大隈と松方とは財政方針をめぐって次第にそりが合わなくなっていた。そのため帰国後の松方は伊藤博文の配慮によって大蔵大輔（次官）から内務卿へと居場所を移すことになった。もちろん松方の中央銀行設立への情熱は少しも失われていなかった。

権力闘争

明治13年5月、大隈重信は外債5000万円の発行を中核とする通貨改革に関する建議を提出した。これが世にいう「大隈の外債発行論」で、列強から銀貨を借りることで新たな紙幣を発行して不換紙幣を整理しようとした。

これは当時の大蔵卿佐野常民や松方からも反対されたが、何より明治天皇からの反対を受けた。明治天皇は、この少し前に訪日した米国のグラント元大統領から「列強から借金をすれば、やがて植民地化されるであろう」と忠告を受けており、そのアドバイスを忠実に守ったのだった。

そうこうしている間にも紙幣の価格は下落を続けていた。翌明治14年7月、大隈重信・伊藤博文の連名で「公債ヲ新募シ及ヒ銀行ヲ設立セン事ヲ請フノ議」が提出された。ここでの新募する公債とは円建て国内発行の公債である。

9月、これに対して松方は内務卿の立場でありながら、「財政議」という財政に関する意見書を太政大臣三条実美に提出した。

松方は越権・干渉の恐れがあることからこれまで意見を控えていたが、「財政整わざれば百業挙がらず、いわんや国家の安寧幸福においてをや」の気持ちでこれをつづったという。

インフレの原因である不換紙幣の消却は時期を待たず、外国などから金を借りてはいけない、これを解消する方法はただひとつ、「日本帝国中央銀行を設立する是れなり」と断言したのである。

松方はこれを提出後、伊藤博文を訪ねて、

「国家財政が窮状に至ったのは、大隈と君の責任である。私が職を賭して越権行為におよんだのは国家を思うからである、しかるに君はまだ大隈を擁護するのか」と迫ったと伝えられる。

しかしながらこの時期、薩長閥と大隈は離反、かつての「築地梁山泊」の伊藤や井上馨はすでに大隈を見限っていたのである。

10月11日、伊藤ら薩長派は大隈、福沢諭吉らに反政府陰謀があったという口実で、参議大隈を追い出した。これが「明治14年の政変」である。

事件の発端は国会開設時期の相違や開拓使官有物払下げ問題ではあったが、事の本質は権力闘争であり、これ以降は、西郷、大久保、木戸の次世代である長の伊藤博文、山県有朋、薩の黒田清隆、松方正義らの薩長藩閥グループが政策決定を行っていくようになったのだ。

中央銀行

これにより大隈と財政金融政策をめぐって対立を続けていた松方正義が大蔵卿になり、大蔵省の権力を掌握することによって、日本の財政政策に大きな変化を見いだすことになった。松方によるインフレーション修正の財政政策である。そして不換紙幣整理のためにいよいよ本格的に中央銀行設立の準備に入ったのだった。

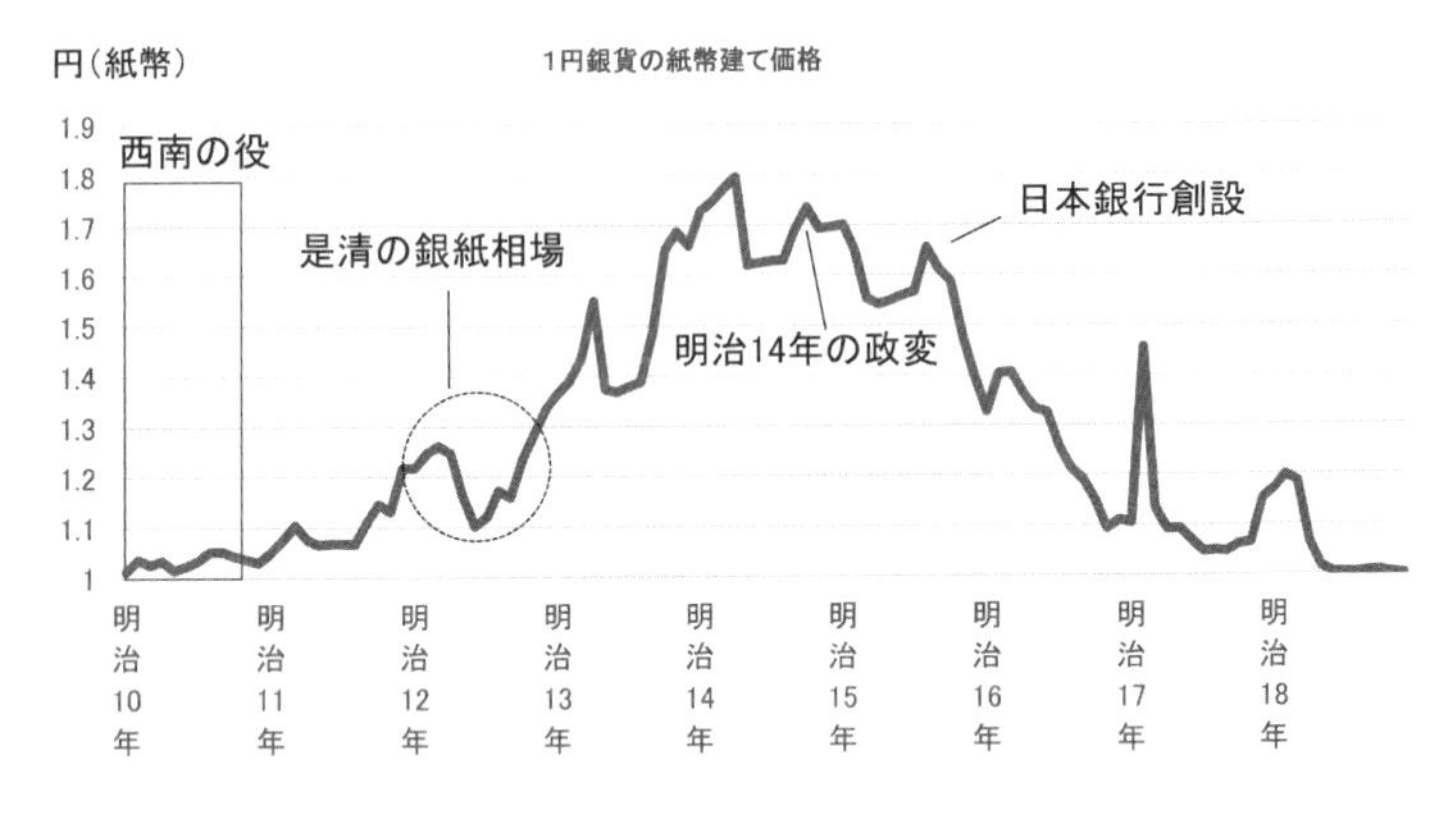

松方は銀行局長に抜擢した加藤済に草案をまとめさせると、これを大蔵少輔の吉原重俊（薩摩）、郷純造（元幕臣）、富田鐵之助（元仙台藩士）を加えた4人で議論させた。この会議は数十回に及んだという。

ここに登場したのが幕末是清とともにコロラド号で米国へと渡った富田鐵之助である。

あの時の是清は富田の従者の立場で、富田から貰った当面の資金をすべて船中で飲み干したのであった。立派な人が立派な地位で世に出てきた。

第29話　日銀誕生

中央銀行設立会議のメンバーの一人、富田鐵之助は仙台藩出身。戊辰戦争の時に故郷を思い一時は日本へと帰国したものの、師匠である勝海舟に諭されてすぐに米国に戻り勉学を続けた。明治5（1872）年、公使として米国に赴任していた森有礼（ありのり）の目に留まり、ニューヨーク在留領事心得として外務省へ入省。その後帰朝して明治10年に外務省少書記官に任官、軍隊で言えば佐官級の高級官僚である。

元朝敵だった仙台藩出身ということもあり、帰朝後にぞんざいな扱いを受けたが、森の忠告に従って我慢して外務省に残った。すると明治11年に外務省一等書記官として英国公使館勤務となり、この後に在英国公使として赴任してきた森の下で働くことになった。

もともとが優秀な男だった。一等書記官は公使に次ぐ重職で、森の助言もあり、富田はこのイギリス滞在を機会に特に経済や金融事情を中心に勉強に励んだ。富田すでに43歳、遅咲きである。

富田に目をかけていたのは森だけではない。伊藤博文もその能力を高く評価しており、富田が明治14年にイギリスから帰国した際には、その経済金融に対する知見を買って大蔵権大書記官（奏任官）に任じた。現在の大臣官房に当たる書記局に配置して、大隈重信と交代した松方正義の新生大蔵省を手伝わせることにしたのである。

こうした経緯で富田は吉原重俊、郷純造、加藤済らとともに4人の中央銀行設立会議のメンバーの一人に選ばれたのである。しかしそこには問題もあった。

富田が言うには、「日本銀行創立ノ議」の起草者である加藤は、他のメンバーが何かもの申すと起草者としての自負のあまり怒気を発するというような人物だった。そこでイギリスで勉強した富田はそんな加藤と相当激しくやりあったという。

明治15年6月27日に日本銀行条例が公布されると吉原重俊、加藤済と富田鐵之助の3人が日本銀行創立委員に指名されて、同時に第三国立銀行頭取安田善次郎、三井銀行副長三野村利助が御用掛心得を命じられ創立事務に従事することになった。

この時初代総裁には吉原、副総裁に富田の内示があった。官位では吉原が大蔵少輔（少将相当）、富田が昇進して大書記（大佐相当）、加藤が権大書記（中佐相当）の順位だったが、加藤にすれば自らベルギーで調査をして以来の中央銀行設立案件である。この件に関しては自負と愛着があった。吉原の健康が優れないこともあり、どうやら自分が初代総裁になりたかったようで、いろいろと騒動を起こした。

富田鐵之助の活躍

同年10月10日、日本銀行は永代橋たもとの旧北海道開拓使物産売捌所の建物を使って、営業を始めた。開業時の人員は重役を含めて55人だった。

富田は吉原のアメリカ時代以来の昵懇（じっこん）で、自分は吉原よりも10歳年上ながらもよく仕えて、「温和にして人と争うを好まず。学才ありて経済の道を了知せる官吏中に、氏の右にでるものなからん」と高く評価した吉原評を残している。

実際に初代日銀総裁の吉原は優秀な人材であったようだ。しかし残念ながら吉原は身体が弱く、自宅に籠もることが多くなり、創業時の実務はほとんど富田がこなしていたのである。

この時代、中央銀行の総裁・副総裁のような重責を仙台藩出身の富田がこなしていくには、揚げ足をとって地位を奪おうとする薩長閥からの圧力があり大変なものがあった。それを吉原がうまくカバーしていたのだろう。富田は懸命に働いた。

公定歩合の制定、不換紙幣の整理、日本銀行による兌換銀行券の発行など重要な項目はほとんどが富田の手によって成されたものだ。

明治17年5月、兌換銀行券条例が公布されて翌年5月に日本銀行が初めて紙幣を発行すると、同時に不換紙幣である政府紙幣および国立銀行紙幣は明治32（1899）年までに回収されることが決まった。

こうして日本銀行が紙幣を発行する頃には銀紙相場は銀貨1円＝紙幣1円10銭程度までに収束し、同時に高騰していた米価も落ち着きを見せたのである。

また松方デフレと呼ばれるこの時期は紙幣整理のために緊縮財政を実行して、かつ増税をして国家歳入の余剰金で正貨を買いつつ不換紙幣を償却したので、確かにインフレーションは収束した。

しかし米価の下落は農家の家計を襲い、地租も払えずに没落する農民が多く見られた。土地を売った農民は小作人になるか、あるいは進み始めた工業化に伴い、労働者になるべく都市へと向かった。

松方にすればこの不況は想定の内である。彼にとってはインフレーションが異常な事態なのである。米価の高騰で潤いながら、これが収束しても生き残れないような者は、一度破綻して生まれ変わるべきだと考えた。後の１９２０年代末の金解禁問題における「清算主義」的な考え方がそこにあった。

そしてそれは明治20年代に達成したインフレ収束、その後の企業勃興という成功体験として、後の大蔵官僚や井上準之助たちの時代に受け継がれたのではないか。

明治20年12月19日、かねてから健康を害していた吉原日銀総裁が死去すると、後釜問題が再燃した。ところが第一候補であるはずの薩摩閥加藤もこの頃には健康に問題を抱えており松方を悩ませた。

勝海舟の『海舟座談』によれば内示を受けた富田は2カ月ほどの逡巡(しゅんじゅん)を経て、翌年2月にようやく総裁職を引き受けたとある。こうして富田は第2代日銀総裁になったのである。

君子の争い

しかしながら、かねてから横浜正金(しょうきん)銀行に対する融資問題で松方と対立していた富田は、松方の権威に対して一歩も譲らない。この男は根っからの武士で硬骨漢である。松方は日銀の役員会に自ら臨んで富田に対して「告諭」を行ったが、富田はその回答を文書で返すなど、もはや富田は辞任せざるをえなかった。総裁就任期間は1年半だったが、実質的には吉原総裁時代も含めると創生期の日本銀行を約7年間にわたって経営したのは実に富田鐵之助であった。

辞任に際して富田は、決して私的な恨みうんぬんの争いではなかったことの証明として松方に掛け軸を贈った。すると松方は相模国貞宗の太刀一振りを返してよこしたのだ。二人ともあくまで「君子の争い」であるという認識だったのである。

この後松方が首相となって組閣した時には、富田は請われて東京府知事になっている。富田はこの時、それまで神奈川県であった三多摩地区を東京府へと編入した実績を残している。

富田の後任は三菱出身の土佐人川田小一郎(こいちろう)である。後に絶大なる権勢を振るった。川田がいなければ是清の人生もよほど変わったものになったであろうが、それはもう少し後の話である。

第30話　商標条例

明治14（1881）年5月25日、是清は旧友山岡次郎の推薦によって農商務省工務局調査課で働き始めた。

工務局雇いの平官吏と地位は低くとも、与えられた任務は近代国家建設にとっては必須の商標登録並びに発明専売規則の作成である。後にこの二つに意匠登録を加えて特許三条例と呼ばれることになる。これは大隈重信らが追放された「明治14年の政変」の直前のことである。

是清はその人生において実に多くの事を成し遂げたので、特許に関する事績はあまり目立たないが、これ一つをとっても「特許制度の父」として明治の偉人の一人に数えられていいはずである。

経済産業省の前身である通商産業省、その外局である特許庁は昭和59（1984）～60年に『工業所有権制度百年史』3巻を編纂（へんさん）しているが、これは是清が成し遂げた明治18年の専売特許条例成立からの100周年を記念してのもので、その序文にもあるが、まさに是清抜きでは我が国の特許の歴史は語れないのだ。

この特許関連で働いた数年間は、教師をしながら相場を張るような生活とは一変して真面目に職務に励んだ。再興を頼まれた共立学校（後の開成学園）の方は、運営を旧友鈴木知雄の兄である古山数高に委ねながらも校長は続けた。

商標保護

江戸時代に商標がなかったのかと言えば、商家には暖簾（のれん）や屋号があったし、各藩の領主専売制や株仲間による保護などがあった。

しかし明治新政府は近代化の一環として商業の自由化を推進し、各藩の物産会所を廃止して株仲間を解散させた。既得権益を一掃したのである。

すると今度は営業の自由化によって、零細な家内工業者が乱立し、過当競争が藩特産品の模造など粗製乱造を生じさせた。

また開港後は英国製ビールのラベルを国産ビールに貼るなど、国産品を外国商品に見せかける偽造事件が発生し外国人からも商標保護の要請が高まっていた。

日本人は器用に商品をまねるだけでなく、浮世絵由来の印刷技術には高いものがあり、ラベルの偽造は外国人も感心するほどの出来だった。

明治政府は当初内務省勧商局でこれに対応し、明治11年11月に英国流の申請に対して官が認める式の「商標保護の儀伺」という条例案を作成して東京商法会議所に諮問した。

これに対応したのが東京商法会議所の有力メンバーだった福地源一郎（つまり是清の旧友末松謙澄（けんちょう）の師匠）で、我が国の商家では暖簾、屋号と商標の区別がつきにくいことを指摘し、さらに商標は認許とせずに自由にして、問題が発生したときだけ裁判所が判断する仏国流こそが良いと返答したのである。これは官による商標審査がないので無審査主義ともいう。

翌年大阪商法会議所にも諮問したが、五代友厚が率いるこちらは、やり方にこだわりなくビジネスに積極的で、商標保護だけではなく、専売特許も含めて早く条例を制定してくれとの回答であった。この状況で業務は新設の農商務省の是清に引き継がれたのである。

　是清が上司である工務局長に相談すると、

「では順番として、まず商標登録規則から始め、その後に発明専売規則にかかるがよかろう」ということになり、雇員3人ほどが配属されて、是清はその委員長となり規則作成にとりかかることになった。

　是清がこの特許三条例に取り組みはじめて、海外出張に行くまでの約4年の期間はよほど仕事に打ち込んだのだろう、これまでのような自堕落であったり、あるいは愉快であったりのエピソードの類いはあまり見当たらない。

　それよりも特許局50周年の時（昭和9年）の是清自身の演説「特許局の思い出」からは是清が役所の煩雑な事務をこなし、忍耐強く時を忍び、上司を上手に使って組織の中で力を発揮していく様が読み取れるのである。

　商標条例案は明治15年に省内で成案を得ると、太政官への上申を経て、参事院（議会開設前の官選の議会）、その後元老院の議決をもって発布になったのが明治17年6月7日だった。

　この時農商務省工務局内に商標登録所が新設となって独立した庁舎が用意されると同時に、是清はそこの所長となり権少書記官に出世した。月給100円、陸軍で言えば大尉、立派な奏任官である。是清30歳になろうかという時、ここでやっと高級官僚になったのである。

　この間、明治16年に友人の鈴木知雄が結婚。婚礼には日本銀行副総裁の富田鐵之助が鈴木の後ろ盾となった。御家老が足軽の親代わりなど、維新前なら考えられまい。旧仙台藩のよしみ、米国渡航以来の関係が続いていたのだ。

商標条例発布の少し後、明治17年8月4日に是清は最初の妻、柳子（りゅうこ）を失っている。満7歳の長男是賢（これかた）、3歳の次男是福（これよし）を残しての旅立ちだった。おばば様に加えて義姉の幸子が面倒を見てくれたが、この頃から是清はよく台所に立つようになった。美味いもの好きの料理好きである。

是清は当初妻の静養のために、神田淡路町の家を引き払い、大塚窪町8番地（現在の筑波大学附属小学校付近）に1527坪の武家屋敷を購入して引っ越した。しかしこれは妻の臨終に間に合わなかった。

さて、いざ商標条例が施行されると、3カ月の間に670件もの申請があった。その中身を見るに日本には随分昔から習慣上専有されてきて保護されるべき商標があることがわかった。例えば今日まで続く醤油の「亀甲萬」（現在のキッコーマン）であり「山サ」（現在のヤマサ醤油）である。

これらの保護のために条例の修正案を参事院に提出しようとしたところ、反対する者など誰もいない。ではちょうどよいから明治18年1月の明治大帝陛下ご臨席の年初の議会でこれを議論して、めでたくシャンシャンと議決しようということになった。

御前プレゼン

是清は臨時に参事院外議官補という役職に任じられ、議長の横に立って明治帝に説明した。

「ええ〜、『正宗』というお酒の商標の申請がございましたが、これは今や優良な酒全般をこう呼ぶのでありまして、どこの酒屋に行っても置いてございます。したがって商標登録はできません。代わりに皆『菊正宗』とか『櫻正宗』とかいう商標で登録しております」

是清は何枚もの大きめの西内紙(にしのうちがみ)(水戸藩名産の大判でしっかりとした紙、大福帳に使われた)に「亀甲萬」のマークや図面を書いて、これを両手で掲げて陛下に向かって大声で説明をした。

今でいえばちょっと派手なプレゼンテーションである。

「『亀甲萬』や『山サ』は広く世間で買われていますが、これらの印はその商標によってただちに製造元が想像できるように一種専用のものとなっているわけであります。これが商標でございます」

大柄の是清が明治帝の前でも臆さずに堂々とプレゼンをこなした。その格好がどこか滑稽(こっけい)でこれは当時大評判になった。

第31話　専売特許条例

日本における発明の保護(専売特許制度)については、輸入品が増えるにつれてそれを発明した外国人からの要請も増えて、明治4(1871)年に「専売略規則」なるものが一度発布されたことがある。

法律を作ったまではよいのだが、いざ実施ということになると問題がでてきた。役所に発明品を持ち込む人がいても、それが新しい発明なのかどうか審査できる者がいなかったのである。

審査のためだけにその分野に詳しい外国人を大勢雇うわけにもいかず、この規則は翌年に廃止された経緯があった。

是清は商標登録条例の準備と併行して、専売特許制度の方の準備にも取りかかった。

森有礼の助力

何しろ何もない。まずは海外の特許制度に関する事例を整理して、西洋ではこうしているのだと「大日本帝国特許条例議案心得」なるものを作ってたたき台とした。これを工務局内に配布して局内で勉強会を繰り返し、特許の概念を明確にするところから始めた。特許とは何ぞやと説明できる者がいなかったのだ。

こうした地道な努力を重ねること2年、品川弥二郎大輔（たいふ）（長州）を筆頭とする農商務省内での調整会議も済んで、いよいよ太政官へ上申して立法化しようかというところで省内から「物言い」がついた。

「専売特許は本邦人の強みである模造偽作の自由を阻害するではないか。この法案は国内の製業の促進を妨げる」というのだ。

「模造偽作の自由」など今では信じられない愚論だが、我が国にもそんな時代があったのである。是清はそんな反対論者たちを個別に説得してまわり、明治17年2月になってようやく太政官へ上申することになった。時の農商務卿（きょう）は西郷従道（じゅうどう）である。

この上申書類は太政官へ出す前に制度取調局で審議されることになった。この時の長官が伊藤博文、取り調べ主任者は牧野伸顕（のぶあき）（大久保利通の次男）であった。ここで是清の農商務省案に対して意見が付加された。

「新設する特許院の組織は強固なものにすること。また非常に難しいことを始めるのだから、実施に当たっては主任者を欧米に派遣してよく西洋諸国の事情を調査して慎重を期するように」というのだった。

こうして是清がこの仕事を手がけてから3年半が経過した明治18年の1月に至り、法案はようやく太政官の参事院にまわされたのだが、ここでも反対が噴出して話はなかなかまとまらなかった。

今日の我々は時に模造品を作る途上国を笑うが、特許というのはそれだけ理解が困難な制度だったのだ。

是清は英国公使から帰朝して、参事院の議官になっていた森有礼を訪ねた。書生時代を含めて森にはこれまで何度助けられたことか。

「高橋君。芸妓にたぶらかされて幇間(ほうかん)か何かをやっていたと聞いたが、もうやめたのか？」

「あれは、太鼓持ちではなく、三味線の箱持ちでございます。ご存じじゃありませんか。それにもはや古い昔の話でございます」

「そうか。では、米会所の株を買って店を構えて米相場を張っていると聞いたが」

「それもすっかり懲りました」

「高橋君、わやっ（冗談）じゃ。農商務省で頑張っているそうだな。立派な奏任官だ」

森はうれしそうに目を細めた。

「それで、今日は何の用事だ？」

参事院の議官と言っても森は会議に出席しないから是清の参事院での細かい苦労をよく知らない。

「商標と発明特許の法制について3年ほど準備してきたのですが、今は参事院の方で悪戦苦闘しております。反対が多くてなかなか通過できないのです」

森は是清に関する悪いうわさも随分聞かされてきただけに、官吏として奮闘努力し出世してゆく今の是清に感慨無量だった。

「高橋君、特許をやっておるのか。君は実によいことをやっておるな。いやいや、よかった、よかった、実によかった」

「それで、ついては……」

是清が物言おうとすると森は万端承知だった。

「参事院へはあまり出ないが、今度君の議案を検討する日には、必ず出席して、俺が何とかしてあげよう。ついては大事な点を、つまり俺の話すべき点を一枚の紙に箇条書きにしておいてくれ」

そう言うと森は是清に文部省の罫紙を渡した。

是清は安心したのと、なんだかありがたい気持ちになって一行一文字丁寧に書き落とした。是清は大柄だがマメな男、達筆である。

箕作麟祥の度量

専売特許条例が参事院の議題に上がった当日、森は約束通りに出席して発言した。

「すでにやろうと思う者がある以上、横からごちゃごちゃ言わずに、とりあえず法律を作ってやらしてみたらよいではないか」

是清は議場で緊張した面持ちで聴いていた。

森の話は是清が渡したメモとは全然内容が違い、もっと簡潔なものだったが、参事院での審議はすんなりと通過した。皆、森が言うのであれば賛成しようということなのである。森だってまだ38歳だ。是清は人間の信用というもの、また実績の積み重ねの重要さを痛感したのだった。

この後明治18年3月9日、専売特許条例は元老院に回された。ここでの審議委員は大鳥圭介、三浦安（やすし）、箕作麟祥（みつくりりんしょう）、由利公正（ゆりきみまさ）、大給恒（おぎゅうゆずる）の5人で、3月25日には修正案が出来て元老院議長佐野常民宛に提出された。

是清はこの元老院のメンバーのうち箕作が以前特許法案に関して研究しており、その際、無審査主義の仏国流のやり方であったのを知っていたので、議案通過には一抹の不安を抱えていた。是清の案は英米流の審査主義である。

「高橋君、いろいろと検討させてもらったが、どうも私のよりも君の法案の方が良さそうだ。是非ここは奮発してやってくれたまえ」

この時、是清は箕作の予想外の度量の大きさに感激して涙したのである。

箕作は日本の近代的法制度の整備に尽くし、日本における法律学の基礎を築いた。コンスティチューションを憲法と訳したのは箕作である。当時の是清から見れば仰ぎ見るような人物だった。明六社では森有礼と行動をともにした。あるいは森から一言あったのかもしれない。

明治18年4月18日、是清は専売特許条例の公布を受けて商標登録所長兼専売特許所長になり、この年の秋には農商務省権少書記官から少書記官に累進した。「副」を意味する「権」がはずれたのである。軍隊で言うならば大尉から佐官である少佐に進級したのと同じである。

是清は商標登録ならびに専売特許条例の成立、その布告を受けて、制度取調局の伊藤博文が意見したように、その実施を前にいよいよ海外出張に出掛ける。だが、その前に農商務省勤務において是清の生涯に大きな影響を与えた重要な人物について語っておかねばなるまい。

その男の名は前田正名（まさな）、是清の四つ年上である。

第32話　前田正名

それはちょうど、是清が農商務省で働き始めて2年ほどたった明治16（1883）年の中ごろのことだった。商標と専売特許の条例作成に忙しく、机に向かって書類を作成していた是清を一人の男が訪ねてきた。

「君が高橋君か？」

顔を上げると、声の主は痩身（そうしん）の小男ながら八の字ひげに目つきが鋭い。

「ロンドンで、森（有礼、当時在英国公使）さんから東京に面白い男がいるので是非会ってくれと言われてやって来ました」

この男が前田正名である。この年の1月に欧州から帰朝していたのだが、しばらく休養していた。農商務省の大書記官で、その優秀なことは省内でも有名だった。頑固そうな面構えながら、是清はあっという間に打ち解けたというから、前田はかなりの人たらしだった。

二人でしばらく話をしているうちに、是清は前田の「国家というものは自己を離れて別にあるものではない。自己と国家は一つのものである」という国家観に深い感銘を受けた。

国民国家という言葉がいまだ日本に普及していない当時に、国家のために働くことこそ自己の幸福であると説く。是清は官吏として日本の制度確立のために日々努力する意味をそこに見いだしたのだ。

また前田の仕事のやり方は抽象的な観念ではなくデータを重視して物事の本質に迫ることを基本とする。是清は後に政策論争において「物事の根本」という言葉をよく使うようになるが、それは前田のデータ重視主義の影響である。

普仏戦争を体験した男

前田正名は薩摩の貧しい漢方医の家に生まれたが、尊皇愛国の精神が満溢（まんいつ）する同地で漢学、洋学を学び16歳で長崎に出た。当時有名であった何礼之（がれいし）の語学塾で学びながら、長崎にやって来た五代友厚に仕えた。時は幕末である。五代のもとには坂本龍馬ら維新の大物たちが行き来していた。

前田は慶応2（1866）年の長州、薩摩、海援隊の間においてその所有権でもめたユニオン号取引問題に際して、第二次長州征伐の戦乱の最中にもかかわらず命がけで長州まで密書を届ける3人の使者の一人となった。

この際、長崎からいざ出立の時に龍馬から、

「前田君の刀は長すぎる。私のを持っていけ」

と刀をもらった。長身の龍馬の刀の方が前田の差し料（さしりょう）（腰に差す刀）より短かったというのだから、前田は元来、剣には無頓着だったのだろう。

この時長州で前田らを出迎えて一行の労をねぎらったのが、桂小五郎（木戸孝允）、高杉晋作、伊藤俊輔（博文）、井上聞多（馨）、さらに長州からの帰路は中岡慎太郎と同行したというから贅沢な経歴である。

前田は森たちが留学に赴いたいわゆる薩摩藩の選抜留学生、薩摩スチューデントの選からは漏れた。年が若すぎたのと家格が低かったためである。それならば自費で留学しようと、兄とともに自分たちで稼ぐことにした。

方法は『和訳英辞書』の出版である。当時長崎にいたフルベッキが手助けをして、後に『薩摩辞書』として当時のベストセラーとなり、以降長く使われた。

明治2（1869）年、前田は辞書を売った金に政府補助金を足して、さらに大久保利通や大隈重信の援助を得てフランスへ留学した。ちょうど是清が大学南校で教師を始めた頃である。

フランスでは普仏戦争（1870〜71年）に遭遇しパリの籠城戦を経験した。この時、あれほどすごい国だと思い込んでいたフランスのあっけない敗戦ぶりを目の前にして、日本は今でこそ文明では負けているが、いつかは追いつけるという確信を持つに至ったのだそうだ。

明治8年6月、在仏公使館2等書記生に取り立てられ、大久保から殖産興業について学ぶように指示が出た。

これを受けて前田は仏農商務省ユジューヌ・チッスランに教えを請うた。後の前田の保護主義的な立場や、農業団体設立と農業教育の整備、地方主体の経済への着目などはこの時のチッスランの影響である。

産業の重点を商工業において「世界の工場」となったイギリスに対して、フランスは中小農家を核とする重農主義的な伝統を持つ。前田の描く日本の発展が地方主体の農業を中心とするものになったのは必然であった。

パリ万博

明治9年、フランスは普仏戦争での敗北による国威喪失挽回のために2年後の大規模な万国博覧会開催を決めた。前田はこれに日本を参加させるべくパリの博覧会事務所に通いつめ機会を待った。その頃ちょうど井上馨こと長州人井上聞多が家族を引き連れてパリへ遊びにきていた。前田は非礼にも井上の寝込みを襲ったが、井上は快く前田に面会したという。

前田はここで井上に、温めてきた博覧会への日本の参加を提案すると、「すぐに帰国したまえ。大久保や木戸も必ず君の計画に賛同するだろう」と井上の賛同を得たのである。

前田が明治10年3月に横浜に到着すると、大久保は西南の役に対応する統合本部である京都木屋町の柏屋旅館にいるので来いという。

駕籠（かご）と人力車を乗り継いで到着した大久保の本部は戦場から電報が殺到し、その補給などの対処に追われる、これもまた戦場だった。

「大久保さん、こんな時に申し訳ありませんが、パリの万国博覧会参加の件です」

前田は混乱に忙殺される大久保を前に、たかだか万博の話などで誠に申し訳ないと気が引けた。

だが前田の心中をおもんばかった大久保は、「前田君、我が国の将来はこのような戦乱の中だけにあるのではない。君は君の役割を全うし日本の殖産興業のために献身せねばならない。パリの博覧会の準備は君に一任するから思い切りやるように」と前田を激励した。

また前田が欧州から多くの種苗を持ち帰ったことを聞くと、大久保は政府で三田の薩摩藩邸を買い取り、「三田育種場」を開設するとこれを前田に任せた。さらに再度フランスへ出発する際には維新動乱期に愛用していた「頼国俊(らいくにとし)」の脇差を前田に与えている。前田の差し料は龍馬の刀と大久保の脇差となんとも豪勢なものだった。

このパリ万博の日本代表副総裁が前田の婚礼の媒酌人でもある松方正義だったことは、今後の前田の動向に関して、覚えておく必要があるだろう。

是清と前田二人の出会いに戻ろう。是清を前にした明治16年の前田正名。日本の将来の殖産興業のためにグランド・デザインとなる企画書を書くつもりだという。

「高橋君、どうだ。僕を手伝ってはくれまいか」

是清は前田の申し出を二つ返事で引き受けた。

前田の次男正次(しょうじ)の妻は、宝塚の雪組娘役(文屋秀子)の前田光子である。宝塚歌劇団は2011年、前田正名の普仏戦争での活躍を描いた月島総記の小説『巴里の侍』をミュージカル化した「Samourai」を公演した。前田正名の名は歴史ファンの間でよりも、宝塚ファンの間での方が有名なのかもしれない。

第33話　興業意見

是清が前田正名に出会った明治16(1883)年、「明治14年の政変」によって政府を追われた大隈重信に代わって大蔵卿（大臣）に就任した松方正義は、国立銀行条例を改正した。

それまで紙幣を発行することができた150数行の国立銀行は経営期限を事後20年までとされ、その時までに解散か普通銀行への転換を選択しなければならなくなった。さらに翌年の兌換銀行券条例によって発券銀行は日本銀行のみに限定され、西南の役以来乱発されていた紙幣の本格的な整理が始まった。

松方財政と呼ばれた当時の経済政策は、紙幣整理にとどまらず、増税によって歳入を増やす一方で、政府の歳出をできる限り削減して財政再建を目指した。そのため是清のいる農商務省もいよいよリストラに手をつけざるを得なかった。

そうした状況下、前田正名は、農商務省の各部署から余剰人員をもらい受けて、リストラ候補の冗員から成る第4課を作った。50人ほどの落ちこぼれ部隊である。農商務省では節約のために現代の黒塗りの公用車に当たる馬車も廃止していたので、「農商務省ウマを廃してシカ（4課）をおき」という狂句が門前に貼られてからかわれた。

来たるべき明治23年には国会開設が既に約束されている。データに重きを置く前田はこの落ちこぼれ部隊を使って、日本の殖産興業の状況や、諸外国はどうしているのか、日本は富国強兵のために今後どうするべきかという、現代でいう「白書」とそれに沿った企画書を作成しようとこころみた。これが『興業意見』である。当時の西郷従道農商務卿、品川弥二郎大輔（次官）とも非常に熱い人物である。前田のこの意欲的な事業をサポートした。

またリストラ直前に助けられた冗員たちは、拾ってくれた前田に感激して早朝から深夜まで精励刻苦働き、なるほど人も使いようであると世間をいたく感心させたものだった。

是清は自らの仕事をこなしながらも、前田にすっかり傾倒し、時には農商務省の敷地内にある前田の家に泊まり込みながらこの仕事を手伝った。議論し、考究した。以降の是清が持つことになる経済財政的な思考の枠組みはこの時に形作られたものである。

明治17年5月から7月にかけて、前田は各府県に対して都合5回にわたる「地方調査」を依頼した。地方産業を盛んにする上での問題点、農家の経済的状況、金融事業、地方産業の現状について等々質問した。

手伝いの是清や4課課員たちの驚異的な作業の結果、7月中には草稿がまとまり、8月には早くも全17冊、150部の『興業意見・未定稿』が刷り上がった。

驚異的な速度で作業が進む一方で、前田には頑固な上に直情径行的な性格があり、事務の進捗のために事務員に椅子を与えず立ったままで仕事をさせたり、遅刻者を即刻格下げしたり、今で言うパワハラによってブラックな職場を作ってしまう傾向があった。部下の中には発病して死亡する者まで現れた。当然省内にはこれを問題視して前田を排斥せんとする者が出てくる。

『興業意見・未定稿』は9月1日付で各省首脳、各地方府県長官に配布された。

松方財政を真っ向批判

「こいは馬鹿か!」

これを見て激怒したのは大蔵卿松方正義である。すぐさま『興業意見・未定稿』の回収を命じた。

それもそのはず。前田が行った地方主体の調査結果には松方財政による不況など、松方デフレの負の影響が如実に表れており、地方在来産業が没落寸前まで追い詰められていることなどが批判的に記されていたからである。

いかに信念のためとはいえ、故郷の先輩で、婚礼の媒酌人も務めた恩人である自分をここまでたたくとはさすがに松方も想像していなかった。後に日本銀行総裁になる富田鐵之助といい、この頃の官僚は忖度(そんたく)どころか大親分の松方に正面からぶつかっていったのだ。

回収された『興業意見・未定稿』は年末には松方財政に対する批判部分を削除されて、体系的で実践的な企画書から、参考資料的な定本『興業意見』と改編されて再配布されたのである。

この際『興業意見・未定稿』にあった農商務省による興業銀行設立案も定本からは削除され、別項目として明治18年5月ごろから大蔵省案との間で参事院において調整されることになった。

農商務省を代表してこの折衝に当たったのが商標登録所長兼専売特許所長の是清である。対する大蔵省は日銀設立の際にも登場した銀行局長で松方の「股肱(ここう)、無二の人」加藤済である。

農商務省案は、まず資金需要に従って地方に金融機関を設立して、その後にそれらを束ねる中央金融機関として興業銀行を作るべしという、各地域の産業振興を目的とした地方分権的な思考である。一方で大蔵省案は、まず中央に興業銀行を設立して当時政府として負担になっていた地方土木補助費を銀行へ移管、そして後に地方支店を作っていこうという中央集権的なもので、ここに『興業意見』が本来持っていた地方分権的な性格と、それに反する松方の方針の違いが端的に表れていた。

結局この議論は7月に入っても結論が出ず、とりあえず両案とも廃棄されることになったが、是清は議論を通じてその折衝能力の高さを広く知らしめることになった。重臣の間で使えるやつだと認識されたのである。

是清の農業観

さて、こうした議論がなされている明治18年末、5年後の国会開設に向けて維新以来の太政官を廃して、憲法発布や議会に先行して内閣制度が発足することになった。

西郷農商務卿は谷干城(たてき)農商務大臣へと代わり、品川弥二郎大輔は吉田清成次官への交代が決まると、さっそく旧品川派、つまり前田のグループへの粛清が始まった。

前田はこの年いっぱいで更迭された。これに伴い前田一派の筆頭である是清の処遇も検討されたようだが、伊藤博文が特許関係者の海外出張を示唆した経緯もあって、是清に対しては海外出張の辞令が出された。

後年是清は、もし前田の『興業意見』が実行されていれば、日本は財閥・重工業中心の中央集権的な軍事国家にならず、地方産業を中心にもっと地道な発展を遂げたはずだと考えた。

しかし一方で生前の是清を「報知新聞」の担当記者として直接取材し、昭和25(1950)年に『評伝高橋是清』を著した今村武雄によれば、『興業意見』にある農村振興策は前田の精神主義を反映して農民に一層の勤倹力行を説くものであって、是清の農業観はこの影響を強く受けていた。そのため晩年農村救済の問題に直面した時も、是清は終始一貫精神論に基づく「農村の自力更生」を主張し、これが現実に困窮し娘を売らねばならないような農民たちからは、農村を見殺しにするという誤解を受けたのだと指摘している。なにも軍部だけが是清を敵視したわけではなかったのだ。

第34話　欧米視察の旅

明治18（1885）年11月20日、是清は特許業務視察のための欧米出張が決まると宮中に参内した。明治帝に謁見するのは参事院における商標登録のプレゼンテーション以来で、当時の海外出張はそれだけの大事である。

翌日農商務省書記官に昇進、この地位は軍隊で言えば大佐、府県でいえば県令（知事）に相当する奏任官最高位である。高橋是清31歳、農商務省に雇員の資格で出仕してわずか4年半、とても早い出世なのだ。

是清は1年前に妻柳子を失い、8歳の長男是賢、4歳の次男是福を残しての出張になるが、義姉の幸子が面倒を見てくれることになっている。また養祖母のおばば様も健在である。

出発は24日に予定され、慌ただしい日程の中、是清は送別会に明け暮れた。

16日は近い友人と親戚たちで一席、17日が共立学校の関係者で神田明神脇の開花楼、18日には特許部門が所属する農商務省工務局で上野黒門の松源楼、19日が幼い頃に米国へ一緒に行って以来の仲の鈴木知雄他、20日が宮中参内の後、農商務省奏任官有志主催で現在の東京タワーの場所にあった芝の紅葉館、一流どころで飲みっぱなしである。

かくも出世が早ければ是清に対するやっかみもあっただろうに、人気者だった証しだ。また市電もなかった頃の夜の活動範囲がよくわかる。

串田万蔵

この当時、旅行にせよ留学にせよ海外などは簡単に行けるものではない。資金面の問題もあるが、それよりも現代のように日本の航空会社や旅行会社が海外各地に支店を出しているわけでもなく、海外にいる日本人の数も限られる。客船の海外航路は欧米の船会社に独占され、日本郵船がロンドン支店を出したのは明治29年と先のことである。誰かが出張するともなれば海外で勉強したい若者がこれを機会についていく。

この時は二人の若者が是清に同行した。一人は薩摩人吉田清英埼玉県令の息子、吉田鉄太郎。もう一人が串田万蔵18歳。

串田の父、串田孫三郎は群馬県前橋の出、乾物問屋で修業の後、函館の第百十三国立銀行東京支店の支配人となった。自分がたたきあげなものだから、孫三郎は万蔵に簿記を習わせて、小学校を終えると自分の銀行の小僧にして鍛えた。

この時父孫三郎の同僚だったのが、鈴木知雄の兄古山数高である。彼は万蔵の聡明さは尋常ではないと見抜き、是清にも相談して孫三郎を説いて共立学校に通わせた。

すると万蔵は人の3年分を1年半で修めて、そのまま大学予備門に合格してしまった。この是清出張の時点で、予備門はまだ終えていなかったが、もはや日本で学ぶよりも留学だと是清に同行することになったのである。

万蔵は明治23年ペンシルベニア大学をお世辞抜きの優秀な成績で卒業すると、名門投資銀行ブラウン・ブラザーズに就職した。この銀行は後に鉄道王ハリマンの銀行と合併してブラウン・ブラザーズ・ハリマンとして現在に続いている。

万蔵はここで4年間働いて帰国、三菱銀行の前身第百十九国立銀行に入行した。この時点で彼はおそらく日本トップクラスの金融知識を持っていたであろう。三菱銀行会長を経て三菱合資総理事になり、後に是清の追悼晩餐会で司会を務めることになる。

オークランドの樫の木

盛大な見送りの中、11月23日のうちに、一行は貨客船サンパブロバ号に乗り込み、翌朝横浜港を離れた。船路の詳細はわからないが、16日目の12月9日にサンフランシスコに到着した。以前是清が23日間かけて米国へ行った時のコロラド号のように大きな外輪を持つ船ではなく、より高速なスクリュー船であったと推察される。

是清にとってサンフランシスコは17年ぶり。その間都市の人口は倍増して街の様子はすっかり変わっていた。オークランドへも足を延ばし懐かしいブラウン家の名残を探したが、オークランドの変化はもっと激しかった。牧草地は都市へと変貌していたのだ。何も見つからぬと思ったその時、年季奉公の昔、その下で思い悩んだ樫の木を見つけることができた。是清にとってブラウン家での思い出は決して悪いものではなかったのだ。

12月20日、シカゴ経由でニューヨークに到着。当時のニューヨークの領事高橋新吉は、薩摩出身、前田正名と共に『薩摩辞書』を編纂して学費を稼いで留学した口である。後に農商務省に転じて書記官・農商務局長、九州鉄道社長、日本勧業銀行総裁、男爵を授爵することになる。

高橋領事は是清に親切にしてくれて、是清は勧められるままに同じウエストミンスター・ホテルに投宿した。アーヴィング・プレースとイースト16丁目、ユニオン・スクエア近くの当時としては豪華なホテルである。

「高橋君、失礼ながら君の日本製の洋服はどうにもみっともない。どうかね、アメリカに到着の最初の仕事として洋服をこさえては」

是清も気になっていたところだったので燕尾服、モーニング、フロックコートそれにオーバーコートも注文した。

吊るし（既製品）だったが、日本と違い米国ではテーラーが袖、肩、首回りなどを微調整してくれるので、出来上がりまで１週間ニューヨークに滞在して待たねばならない。それにしても是清は日本と違って洋服の高価なことに驚いた。

その間、ニューヨーク証券取引所を見学したり、２４０フィートの高塔に上ったりしたと自伝に残している。高塔というのは多分１８７５年に建造されたトリビューン・ビルのことだろう。当時これより高い建築物はウォール街のトリニティ教会しかなかった。

明治18年も押し迫った12月23日、是清は本国日本の官制改革の電報を受け取った。これ以降太政官制が内閣制に改められ、卿、大輔は大臣、次官と呼ばれるようになる。この時是清は奏任官最高位の書記官。大臣、次官はその上の勅任官である。

この改革によって西郷従道は農商務卿から海軍大臣へ転身、代わりに谷干城が大臣としてやってきた。

同行する吉田、串田の二人はニューブランズウィックのラトガース大学グラマースクールに預けて、是清は明治19年の新年２日、高橋領事とともに夜行列車に乗って目的地であるワシントンＤＣへと向かった。

ワシントンの公使は九鬼隆一、公使館には西郷隆盛と愛加那の長子である西郷菊次郎、海軍駐在武官には後に首相となって是清とともに2・26事件で殺害される斎藤実もいた。

そして東京英語学校時代の同僚で遊び仲間の赤羽四郎もここに赴任していた。二人で吉原での豪遊を理由に肥田校長を追い出したのは10年も昔のことである。実はその事件当時、是清は校長追い出しを文部省に相談していたのだが、その担当者が当時文部省にいた他ならぬ九鬼公使だったのである。

明治の官界がいかに狭い社会か、また海外出張が人脈形成に重要であることを思い知らされるエピソードである。

第35話　ワシントンDC

明治19（1886）年新春、是清は九鬼駐米公使に連れられて米国内務省と特許庁を訪問、特許庁のスカイラー・ズリー書記官に引き合わせてもらい、いよいよ特許事務の実地調査が始まった。内務省長官は是清のために随時入庁できる特別なパスを発行してくれた。

是清は帳簿の付け方から始まり、絵図面の取り扱い、書類の整理方法等々を手取り足取り教えてもらった。今日でいうトレーニー（研修生）である。

わからないところはよく考えて自分なりに整理をしてから文章にして、ズリーや担当者に書面で質問していった。こうすれば何を知りたいのかが相手によく伝わる。こうして仕事は丁寧に順調に進んでいった。日本の今後の特許関連の制度構築はまさに是清の双肩にかかっていた。

米国の特許庁では週報を発行していた。さらにそれとは別に特許関連の判決録、その他の絵図面や明細書も随時発行していたので、是清はこれらを過去5年分さかのぼって入手して日本の特許局でも備えておきたいと考えた。

だが、例えば週報は1部10ドルで5年分そろえると2700ドル、後者は一部25セントだが発行量が多く5年分を計算すると1万5000ドルになってしまう。当時1ドルは約2円なので1万7700ドルは3万5400円である。是清だけでは決裁できない金額だった。

「何とかタダで頂戴できないものでしょうか?」

厚かましいことは十分に承知でズリーに頼んでみる。

「私の私物ではないからタダであげるわけにはいきません」

そりゃそうだ。

「でも、いずれ君が日本へ帰ると、日本の特許局も同じような資料を刊行することになるでしょう。それと交換ということでいかがかな?」

ズリーはとても対等だとは思えない条件で、是清の申し出を受け入れてくれた。日本が未熟な頃、米国には随分とお世話になっているのだ。

残念ながらこの時頂戴した大量の資料は関東大震災の時に焼けてしまうことになる。

ダンス学校へ

米国の特許庁では当時既に女性職員が多く働いていた。これも日本とは違うところだ。そのため是清の実務研修は女性に教わることが多かった。

するとよくダンスを踊りに行こうと誘われたので、是清は一大決心をしてダンス学校に通うことにした。

根っからのご婦人好きと好奇心、ちっとも物怖じしない性格が、特許庁での研修をスムーズなものにすると同時に、今度はダンスが単調になりがちな長期出張に彩りを与えた。

「先生、私にダンスなど踊れるでしょうか?」

「コレキヨさん、あなたは歩けますか」

「歩けますとも」

「ならば踊れましょう」

授業料は1回2ドル、特許庁への出勤が午前10時からだったので、出勤前の1、2時間に教えてもらうことにした。

学校は女性が多く、特許庁の職員以外にも良家の若い娘や、西部の金持ちの夫人たちもいた。彼女たちは流行に遅れまいと、人付き合いを求めてワシントンを訪れてはしばし滞在していたのである。

そんなある日ダンス学校の校長から相談を受けた。自伝にはこうある。

「自分の子供弟子の親御さんたちから、子供たちにそろって日本服を着せて、ロシアの水夫踊りを教えてもらいたいという注文があったので、家内や娘とも相談してみたが、日本服の見当がつかぬ、たまたま日本服の女子を写した写真があったので、それを見て工夫をしているが、これでよいでしょうか」

是清が校長の差し出した写真を見ると、何かの芸人の特殊な服装のようであって日本の着物というわけでもない。

　是清は、ちょうどその時ワシントンの教育博物館に日本の女学生が制作した着物が7枚ほど陳列してあることを思い出したので、写真よりも現物だと、校長のお嬢さんを連れて行っていろいろと説明して教えてあげた。するとしばらくして生徒のお母さんたちは見事に25枚ほどの着物を縫い上げてきた。さて、着物はできたが、今度はどう着ればよいのか米国人にはわからないという。

　そこで当時同宿していた赤羽四郎を誘って着物の着付けの手伝いをしに行くと、皆左前に着ていたので二人とも噴き出してしまった。

　それはそうではなくてこうだと、芸妓桝吉の箱屋時代の手習いは伊達じゃない、是清がテキパキと帯を締めて着付けを手伝うと、「日本人の男性は皆あなたのように女性に着物を着せるのが上手なのですか？」と校長が驚いた。

　是清の横でその様子を見ながらニヤニヤしていた赤羽は、「高橋君、どうして君はそれほどに着付けが上手なのか、その理由をみなさんに教えてあげたらどうだろう」とからかう。

悪友・赤羽四郎

　さて赤羽だが、その頃ポーカーに入れ込んでいて、一緒にやろうと是清を執拗に誘う。是清は博打にはすっかり懲りていたので、「赤羽君、君は官吏なのだから博打なんかやめたまえ」と言うと、「およそ外交官たる者は、ポーカーの呼吸を知らねば名外交官たることはできない」とうそぶく。

ある日、赤羽は友人とのポーカーに負けて資金に窮したらしく、真珠のネクタイピンを買ってくれと是清のところへあわただしく持ち込んだことがあった。

赤羽四郎は明治43年に亡くなったが、是清は80ドルで買ってあげたそのネクタイピンを悪友の思い出の品として終生持っていた。


米国での調査は事務の実地研修や、特許関連の刊行物の交換協定などの実質的な成果も含めて是清にとっても日本国にとっても大変意義のあるものだった。明治19年3月30日、米国での調査を終えた是清はニューヨーク発、リバプール行きのネヴァダ号でロンドンへと旅だった。3100トンほどの当時としては大型の蒸気船である。

第36話　パリの原敬

明治19（1886）年4月10日、ニューヨークを離れた是清はロンドンに到着した。当時の英国公使館には公使が長州の河瀬真孝、書記官が薩摩の大山綱介（つなすけ）、公使館員として24歳の佐々木高美（たかよし）が赴任していた。佐々木は昔、是清が一時下宿していた駿河台の土佐人佐々木高行の長男である。ロンドン総領事としては薩摩の園田孝吉、こちらは大学南校時代からの知り合いで、さらに是清は偶然ながら夫人の父親とも面識があったので、園田家では家族同様の扱いを受け、仲間に囲まれた居心地の良い滞在となった。

ロンドンに到着して間もなく、谷干城農商務大臣がパリにやって来るというので、4月23日には園田総領事と共にパリまであいさつをしに行った。

朝にロンドンを発てば夕刻にはパリに着く。公使館を訪れると、そこに東京から着任したての30歳の原敬（たかし）外務書記官がいた。珍しく東北地方の南部藩盛岡の出身である。

約30年後の大正7（1918）年、原敬立憲政友会総裁のもと、日本最初の本格的な政党内閣が誕生するが、その時の総理大臣が原敬、大蔵大臣が高橋是清である。31歳の是清と原敬。この時が二人の出会いであった。

語学を武器に出世

原敬は平民宰相として有名だが、これは後に爵位を断ったからであって、故あって身分は平民ながら出自は南部藩の家老職の筋である。

9歳の時に父を亡くし、家は裕福ではなかったが、手習いや塾に通い、漢籍、算術を学んだ。そして是清が属した仙台藩と同じように、南部藩も戊辰戦争では賊軍となり、その後の士族の禄制改革などにより原家も経済的に苦しい状況に追い込まれた。

それでも原は藩校「作人館」に学び、明治4年、15歳の時に東京へと出た。東京では洋学を学ぼうと私塾を転々とするが学費が続かない。官費で学べる海軍兵学寮（後の兵学校）を受験するも不合格で、フランス人教会の学僕となり洗礼を受けて、この時にフランス語と縁ができた。

20歳の時、司法省法学校に受験者2000人中2番で合格。この学校はフランス法を通じて司法官を養成する学校で、テキストはフランス語、予科4年、本科4年の8年制であった。官費で学べるが修業後は15年間の司法官への奉職が義務づけられていた。

結局原は2年半で退学、中江兆民の塾でフランス学を少し学んだ後、フランス語新聞の翻訳役で郵便報知新聞社に入社した。稼ぎ始めたのが明治12年、23歳の時である。月給7円。是清の翻訳仕事に比べて給料は安かった。

やがてジャーナリストとして社説なども書くようになり、「郵便報知」から藩閥系の「大東日報」に移籍して、特に外交に興味を示すようになると取材などを通じて井上馨外務卿（大臣）に連なる外務官僚の目にとまったのである。

こうして明治15年、11月に外務省御用掛、准奏任官月給80円で官僚となった。仕事はフランス語の翻訳、学歴がなく、語学の能力を糧に世に出ているのは、是清とよく似ている。原もよく勉強をした。この時26歳である。

見逃せないのは入省直前の10月、日本銀行開設に際し井上馨外務卿の演説「日本銀行開業を祝す」の原稿を原が起草したことである。単なる翻訳官として雇われたわけではなかったようだ。また『興業意見』を執筆した是清の友人、前田正名の対比として興味深いのは、原は記者時代に前田と同じように全国を取材でまわり、そこで得た結論は、地方政治の未熟を理由に地方分権は時期尚早であるという、同じフランス語を知識の源としながら地方分権を主張した前田とは全く逆の結論だったことだ。原はこれを井上外務卿に提言している。

入省してわずか1年、原は天津領事（年俸２８００円）に任命された。なぜフランス語の原が天津領事になったのか。これは当時のフランスの東アジアにおけるプレゼンスと関係している。この年フランスはベトナムを正式に保護国化、これを属国とする清国との間で紛争が発生した。当時列強各国の領事館があった天津におけるフランス語での情報収集は、在北京の榎本武揚公使をサポートする上で重要な鍵を握っていたのである。

原は当時天津にいた李鴻章（りこうしょう）と良好な関係を築き、朝鮮を巡る明治17年の甲申事変では、充分な情報から日本政府の自重を促して、穏便に収めた。このため原は井上外務卿や榎本公使からの信頼を勝ち得て、さらには伊藤博文など政府首脳にもその名を認知してもらえるようになった。

同年5月、原は年俸3000円に増額、外務書記官に昇進。パリ公使館勤務に抜擢（ばってき）され、着任したのは12月のことだった。是清の面前に立っていた原は公使館に着任してまだ4カ月ほどだった。

原のフランス語

是清がフランス商務省の特許局長を訪問すると、次はフランス語の通訳を連れてきてくれという。そこで公使館に相談すると、原が同行してくれることになった。

すると原は、

「僕はフランスに来てまだ間がない、君の専門的な特許分野の翻訳は僕にはできかねる。そこで先方に連絡して英語を話せる人を出してもらうようにしようと思う」

こうして原は、ムリをせず機転の利くところを見せて是清の仕事は大いにはかどったのである。

パリに赴任した原は向学心に燃えていた。フランス語とそれを通じて得ることができる当時最先端の法学に政治学、特に国際法の勉強には力を入れた。原は是清と同じように、同僚たちに比べて海外留学や大学などきちんとした学歴がないだけに、今回のパリ駐在を機会として猛勉強しようと考えたのだ。

パリ赴任後2週間目に原が井上外務卿に出した手紙には、「公務には尽力するが、1年間ぐらいは夜会などにも出ずに学業に励みたい」という決意が書かれていた。井上外務卿は「真面目大いに結構」とそんな原を評価した。

この時のパリ駐在で原のフランス語は会話も含めて著しく進歩した。

後年（1908年）原が内務大臣を辞めた後の欧州巡遊の旅の途中で、画家修業中の上野広一（こういち）の案内でパリのテアトル・フランセで観劇したことがあった。

原はそこで配役リストの中に、若かりし駐在員時代の知り合いである女優ピエルソンの名前を見つけると、観劇終了後に彼女に会いに行った。原が彼女の髪を見て、

「お互いに白くなりましたなあ」

と言うと、

「お見事に」

と答えて、余情たっぷりに25年前のことを語り合う原のフランス語は、それは見事なものだった。

パリに到着して1カ月、フランスでの特許制度の調査も一段落した5月3日、是清は日本から来た谷農商務大臣の随員としてフランス大統領ジュール・グレヴィに謁見した。

是清にとってパリでの最大の出来事は原敬との出会いであっただろう。

第37話　是清の手料理

明治19（1886）年5月5日、パリからロンドンへと戻ってきた是清は園田孝吉ロンドン総領事の家に住み込んだ。

是清は英国でも特許制度の調査を始めたが、米国で勉強してきた後では、明らかに英国の制度は遅れていると感じた。しかしながら英国には多くの特許の蓄積がある。ここでの重要な仕事は特許関連の過去の刊行物などの資料収集と今後の刊行物の相互交換ということになった。

英当局へは、米国と同じように本来であれば有料であろう5年分の資料をタダで何とかならないかと頼むと、それはお安い御用だが、日本国の公使から英国政府へ正式に依頼をしろとのことだ。

そこで河瀬公使に頼んでみると、

「その手の書類は農商務省できちんと規定のお金を支払って買えばよいではないか、いつまでもなんでもかんでも英政府の恩恵に頼っていてよいものではない」

正論ではあるものの是清に対して河瀬は少し冷淡である。この時代、英国と日本では経済力の差が激しく、こうした政府刊行物のようなものでさえ日本の役所にすれば非常に高価なものなのだ。

この話を園田領事にすると、

「先方が公使ではなく領事でもよいと言うのであれば、俺が談判してやる」

という。園田はロンドンの外交界では何かと評判も良かったので、英当局もこれは造作なく了承してくれた。

公使館員の胃袋をつかむ

そんなある日、園田領事の家で河瀬公使夫妻や他の公使館員も招いて食事会をすることになったので、是清は日本食の調理を引き受けた。

元来好奇心が旺盛で手先が器用な是清は、料理好きであり、美味いものをたくさん食べている。箱屋時代には芸妓衆にお汁粉やちょっとした料理も作ったし、唐津での鳥鍋しかり、妻の柳子が亡くなったこともあって、子どもたちにも精がつくようにとたびたび料理を作っていたが、外地ではそんなことが役に立ったのだ。

当時のロンドンで、日本料理と言えばすき焼きぐらいのものだったが、是清は、現在の日本で言えば築地・豊洲に当たる、中世から続くと言われる食品市場「バラマーケット」や、当時ロンドンのイーストエンドにあった中華街まで出かけて食材を物色した。

キッコーマンは早くから醤油を輸出しているし、創業一族の茂木延太郎がロンドン留学中だから醤油には困らない。これに出汁(だし)用の乾物の昆布と鰹節、干し椎茸、乾麺ぐらいがあれば、豆腐は自分でも作ることができるので日本料理は何とかなる。

ロンドンを流れるテムズ川では当時鰻がよく獲れた。イール・パイ(鰻のパイ)など、テムズ川沿いの造船関係の労働者が安価なたんぱく源として鰻をよく食べていた。

後に大蔵省や日銀、銀行業界が集まる情報交換会「鰻会」の主要メンバーになる是清は、鰻重を12人前ペロリと平らげたという逸話を残すことになるほどの鰻好きである。

是清はロンドンの市場で鰻を見つけて、キッコーマンの醬油とロンドンにある豊富な砂糖を使って鰻の蒲焼き（かば）に挑戦したに違いない。もちろん英国の鰻は日本のものとは少し違うが蒲焼きにすれば違いはわからない。

年頃の女性が男性の心を奪うとき、胃袋をつかめとよく言うが、これは世界各国老若男女同じである。器用に日本食を作る是清は、少し冷淡だった河瀬公使も含めて、公使館の皆からすっかり重宝されるようになった。河瀬夫人などお汁粉を食べにたびたび園田家を訪れるようになってしまった。

是清が取り組んでいる特許制度だが、英国では1624年、当時盛んに誘致していた大陸からの移民職人の技術を守る目的から専売特許条例が作られたのが始まりだ。その後米国が1790年に、プロシアが1815年に特許の関連法を作った。しかし昔は特許を公開してまねされるよりも秘密にしておくインセンティブが強かった。

ところが1852年に英国で特許法が改正強化されて、知的財産権の保護や特許使用権の取引が活発化すると特許出願の件数も飛躍的に増えた。

特に法改正前年の1851年のロンドン万国博覧会以降、欧米諸国で商品の展示売り込みが始まると、新発明を実物で見られるようになり特許出願が助長されたのである。是清が訪れた当時、欧米でも特許の歴史はまだ浅く、日本がそれほど遅れていたわけではなかった。

7月に入り、英国の国内産業などの視察を終えると、16日からベルリンへと向かった。ここでは農商務省の大輔（次官）だった品川弥二郎が公使として赴任していたのであいさつした。またちょうど学術制度取り調べのために文部省から派遣されていた濱尾新と食事をする機会を得た。彼は是清が当初文部省に入ろうとする時に反対した人物である。

メード・イン・ジャーマニー問題

当時、ドイツの特許関連法はまだ厳格な運用がなされていなかった。当時の後発工業国ドイツでは英国の商品をまねて製作し、「メード・イン・イングランド」と銘打った嘘のラベルを堂々と貼っていた。

これが英国で「メード・イン・ジャーマニー問題」として批判が集まり、ドイツ製は「メード・イン・ジャーマニー」と書かねばならんとしたところ、ドイツ製の粗悪さが目立つようになったのである。こうした状況下では、後発のドイツがあまり特許保護に力を入れないでいるのは理解できる。

その後、20世紀に入ろうかという頃にメード・イン・ジャーマニーが今度は逆に高品質の証しになっていたのは皮肉である。

米国のヒット映画「バック・トゥ・ザ・フューチャーPART３」ではタイムマシン「デロリアン」の故障原因を探っていた１９５５年のドクが、壊れたＩＣ回路を見つけて「やっぱりメード・イン・ジャパンはダメだ」というが、30年後の１９８５年からやってきていた主人公のマーティのほうは「日本製品は最高だよ」と言い返す。現在の中国製やアフリカ製もきっと同じ経路をたどることになるだろう。

ドイツでは発明権を侵した者は訴えられて裁判にかけられることになるが、特許法の歴史が浅く判例が少ないことと、裁判官に専門の知識がないことから、間違いが多く、せっかく苦心して得た発明の権利が尊重されにくいという事情があった。

是清はこの事例を日本に適用するならば、特許を侵害したかどうかの是非は、当初は裁判所ではなく特許局においてせねばならぬと実感した。そのためには特許局には裁判所のように独立した機能と建物が必要だと考えるようになった。

こうしてベルリンから一旦ロンドンへと戻り、是清は明治19年10月7日に日本への帰国の途についた。

同年11月26日、香港経由で横浜に到着。是清が横浜から汽車に乗って新橋駅に到着すると、農商務省の杉山栄蔵会計局長が迎えに来ていた。「高橋局長、このまま家へは戻らずに、すぐに農商務省へ来てください」という。

第38話　鹿鳴館時代

是清は新橋駅まで迎えに来た杉山会計局長とともに馬車の中の人となり、帰宅して旅装を解く間もなく農商務省へと向かった。

「杉山君、随分とせわしないな」

「実は農商務省の土地を売った金が8万円ほどある。各局で分けようということになったのだが、一応専売特許局長の君にも確認しておこうというわけだ」

8万円という、役所が一棟ぐらいは建ちそうな金額に是清は色めきだった。

「杉山君、そんな金を各部署でバラバラに使ったところでロクなことにならない。8万円もあるならぜひ俺の局にくれ」

「どうするというのかね」

「今回の出張で我が国の特許行政はどうあるべきかがよくわかった。俺はその金で特許庁の建物を作る」

「高橋君、君がいない間に農商務省は変わったよ。もう品川（弥二郎）さんもいなければ前田（正名）君もいない。言動にはせいぜい気をつけてくれ。

今日は局で情報を集めて、明日、吉田（清成）次官に会ってみればいい」

是清は翌日吉田次官を訪ねて、商標、意匠、発明保護の3法の制定があらためて必要なこと、専売特許局は農商務省の外局として独立した組織とすること。それから余剰になっている8万円でぜひともその特許局の建物を建設したいとまくしたてた。

すると吉田次官はみるみる不愉快な顔になった。

「いきなりそんなあつかましいことを言われてもどうしようもないじゃないか。君は出張していたのだからまずは報告書を出したまえ。話はそれからだ」

数日後、是清は吉田次官が「一体高橋という男は無作法千万の男だ。まるでアメリカ人のように人の前に立ってぞんざいにモノを言う」と評していると人づてに聞いた。是清は熱血漢の品川や前田がいた以前の農商務省を懐かしがった。

是清の欧米出張は明治18（1885）年11月から翌年11月までの約1年間だったが、出発直後の12月22日、国内では太政官制の廃止とそれに代わる内閣制度の発足という大きな出来事があった。

維新以来の太政大臣、左右大臣、参議、各省卿の制度を廃止して、新たに内閣総理大臣並びに外務、内務、大蔵、陸軍、海軍、司法、文部、農商務及び逓信の各大臣を置き、これらの大臣をもって内閣を組織することが定められたのである。

前田派の粛清

これは5年後の明治23年に予定された国会開設と憲法発布に対する政府の体制の整備であった。いざ国会が開設されれば下野した板垣退助（土佐）や大隈重信（肥前）などの民権政党が政治にくちばしを入れてくるだろう。

その際に予想される追及に対抗するには近代国家としての基礎の整備が欠かせない。そこで内閣発足時の各新任大臣それぞれが具体的な課題を持って職にあたった。またそのためにこの初代内閣の各大臣は任期が長かったのである。いうなれば近代日本の基礎を築こうとした時代でもあった。

初代内閣総理大臣には伊藤博文（長州）が就任し官僚制度の整備にあたった。この時に官僚の採用はそれまでの縁故ではなく学力試験によることとして、東京大学を帝国大学に改めて官僚養成の場とし、高等文官試験を始めて、今日まで続く本邦の官僚制度の原型となった。縁故で薩長土肥にかたよった人員構成は修正され、日本人であれば平等に出世の機会が与えられることになった。

外務大臣には外務卿から継続して井上馨（長州）が就任、開国以来のテーマである条約改正問題にあたった。

山県有朋（長州）は内務大臣に就任し地方自治制の整備に取り組み、松方正義（薩摩）は大蔵大臣となって財政の整理を進めた。

大山巌（薩摩）は陸軍大臣、西郷従道（薩摩）は海軍大臣となって薩長のバランスがとられた。山田顕義（長州）は司法大臣となって法典編纂にあたり、是清が敬愛する森有礼（薩摩）は文部大臣となって教育制度の改善に当たった。

榎本武揚（元幕臣）は逓信大臣となって交通機関の充実に尽力し、谷干城（土佐）が是清の所属する農商務大臣となって産業振興に取り組んだ。是清が手がけている特許制度もその一環なのである。

新任の谷大臣は、大輔（次官）だった品川弥二郎を全権公使としてドイツへ追い出し、前田正名と前田派の官僚を粛清して、是清については欧米出張に出して中央から遠ざけていた。この時期農商務省だけは他の省庁に比べて頻繁に大臣次官が入れ替わった。

帰朝した是清は特許関連3法の成立や特許局の独立に向けて地道な作業を続けるとともに、挫折した前田の復権に力を入れた。この時期前田は農商務省より委託された神戸阿利襪園に居住していたが、是清に対して非職の身の悲痛な心境を漏らしている。

鹿鳴館時代

初代の伊藤内閣で目標を達成したのは、せいぜい地方自治制の山県有朋ぐらいだったが、特に井上馨外務大臣が担当した条約改正問題は手ごわい列強国相手だけに交渉が難航した。条約改正問題とは、治外法権、関税自主権、片務的な最恵国待遇条項の三つである。

井上は条約改正交渉を行いつつも、日本には相手を屈服させるだけの十分な兵力がないのだから、西欧諸国に日本の開化を実感させて治外法権の撤廃を納得してもらうしか方法がないと、鹿鳴館を作って欧化政策を進めた。だが、不似合いな洋装に舞踏会など、松方デフレ以降困窮する一般市民、農民から見るとこれは浮ついたものでしかなく、厳しい批判の対象となったのである。

明治19年10月の英国船ノルマントン号事件では日本人乗客25人全員が溺死しながら英国人乗組員26人はボートで助かるという事態が発生したが、治外法権による外国人の領事裁判権で乗組員は全員無罪になった。これを受けて国論は列強に強いられた不平等な条約への不満に沸騰する。のん気にダンスなどしている場合なのかというのだ。

翌年4月20日には、首相官邸で英国公使館員たちを交えてファンシー・ボール（大仮装舞踏会）が開催され４５０人の紳士淑女が集まった。

伊藤はヴェニスの商人に扮し、山県内務大臣はかつての奇兵隊山県狂介その人、ご夫人は田舎娘に、また東京府知事高崎五六は牛若丸にと、ガス灯きらめく赤絨毯の上に、奇妙な姿の連中が夜を徹して踊り明かした。

これが条約改正のためなのか、平素から鹿鳴館を退廃的と見ていた人々は、この政府高官たちの浮華軽佻な振る舞いに、あらためて「不平等なままの条約改正反対」、「風紀振粛」と世論が盛り上がった。

またこの時女好きが評判の伊藤が繰り広げた、現代でいえば安物の週刊誌ネタ、美人伯爵夫人相手のあるかないかの乱痴気騒ぎのうわさ話に、民心はあきれかえり、いよいよ憂国の感を極めることになったのである。

第39話　順調なる人生

明治20（1887）年、是清32歳、ファンシー・ボールに代表される鹿鳴館外交が世間の非難を浴びる中、当時、野にいた不遇の熱い男、是清の盟友前田正名も黙ってはいなかった。

政府首脳の狂態に憤慨し、彼らを糾弾する建言「人心作興の意見書」を書きあげると、是清に頼んで伊藤博文の懐刀と呼ばれた参事院議官の井上毅（こわし）（肥後）へ持ち込んだ。

意見書を読み終えた井上毅は、さらさらとメモを書き込むと、

「まことに結構」

とうなずき、是清に対していくつかの私見を述べた後、

「ご内密に」

と、手文庫から出した書類を封に入れて前田宛にと是清に託した。前田という男の識見は井上毅からも重きを置かれていたのである。

持ち帰り前田とともに開くと、そこには当時の井上馨外務大臣が今まさに、まとめようとしていた不平等条約改正案に対する評価について、明治6年からのお雇い外国人であるフランス人ボアソナード（ギュスターヴ・エミール・ボアソナード・ド・フォンタラビー）と井上毅の対談が書かれていたのであった。

ボアソナードの義憤

日本の民法の基礎を築いたといわれるボアソナードは、この条約改正案の不備について、司法大臣山田顕義をはじめとしていろいろな人に献言した。しかしながら皆夜ごとの舞踏会に浮かれているのか、受け入れられることがなかった。ボアソナードは、これは国家危急に際しての怠慢であると井上毅に不満を述べた後、改正案に潜む問題点について指摘していた。

治外法権の撤廃に伴い、外国人に対して国内居住を開放することになるが、列強側は日本国内でも外国人裁判官を雇いこれを判決時の多数とするならば受け入れるとしていた。日本人多数による裁判は受けないというのだ。外務大臣井上馨は功をあせり、この条件で治外法権の撤廃を実現しようとしている。

現状では、外国人が犯罪にからむ場合のみ外国人裁判官の裁判を受ければよいが、井上の改正案では、すべての日本人がこんな裁判を受けねばならなくなる。

また条約実行8カ月前に列強からこれらの法律案を受け取ることになっているが、法律は日本国の主権下に作られるべきもので外国の干渉を受けるべきではないというのだ。

ボアソナードは憤慨していた。政府首脳の中でも井上毅は、鹿鳴館の騒ぎから距離をおいていることを知っていたからこそ、彼は一縷(いちる)の望みとして彼を頼ってきたのだ。誠意のあるお雇い外国人が正義感と職業倫理で日本の国益を守ろうとしていたのである。

かくして井上毅とボアソナードは当時の条約改正案に公然と反対し総理大臣の伊藤に意見書を提出した。またこれをきっかけに鹿鳴館外交を非難してきた国粋主義者たちが改正案の中身を知って反対運動を活発化させた。勝海舟は「時弊二十一箇条」を書き、谷干城は農商務大臣を辞任することで条約改正反対の意見を表明するなど反対派が勢いを増し、条約改正はとうとう延期されることになった。

この年の9月井上馨外務大臣は引責辞任に追い込まれ、同時に鹿鳴館も終焉を迎えたのである。是清は井上毅から前田に渡された対談筆記をメモしており、後に自伝の中で公表した。

非職の前田正名には早く農商務省に復帰して、地方を中心とする自立的な殖産興業を目指すという信念があった。そのためには、谷干城が辞めた後、西郷従道、山県有朋など他大臣との兼任、黒田清隆らのたらい回しなどでなかなか定まらなかった農商務大臣のポストに、ドイツから帰ったばかりの、かつての大輔（次官）品川弥二郎に復帰してもらうのが一番だと考えた。是清は前田とともに盛んに品川復帰運動を展開したが、明治21年には条約改正失敗の責を受けて伊藤内閣が倒れ、結局その年の7月には、鹿鳴館騒動で外務大臣を辞めた井上馨が巡り巡って農商務大臣に就任してしまった。一方で前田は同時期に品川の尽力によって山梨県知事としてとりあえず官界への復帰を果たしたのである。

是清は海外出張から帰国した1年後の明治20年11月、前田の紹介で前田の同郷薩摩出身の海軍大技監（兵科大佐相当）原田宗介の妹品子（22歳）を娶った。前妻柳子の死去から3年であった。

家庭を安定させ、この時代の是清は順調にかつ精力的に仕事をこなしていったのである。

同年12月特許局の官制が公布され、特許局は農商務省の外局となって独立した。今でいう「庁」と同じ扱いである。是清には同省専売特許局長から特許局長への辞令が渡された。

商標、特許、意匠の三条例起案については、明治21年の年明けには黒田清隆農商務大臣の示唆の下、松方正義大蔵大臣に予算獲得の直談判に行って了承を得た。その際農商務省に土地売却代金として余っていた8万円にさらに大蔵省から4万円を足してもらい、東京・築地に特許局の独立した建物の建設を決裁してもらった。是清は松方からも一目おかれる存在になったのだ。建物の設計は高名な建築家コンドルである。

後に特許局は再び農商務省の内局に戻ることになる。その際是清が建てた特許局専用の立派な建物は、結局農商務省の本部になってしまったが、あまりに立派なので後に築地名物として観光客を集めることになった。

三条例制定へ

節約、節約で「農商務省ウマを廃してシカ（4課）をおき」と揶揄（やゆ）された農商務省も、この頃には少し予算の余裕を取り戻し、馬、すなわち馬車を復活させることになった。農商務省外局の是清にも、送り迎えの黒塗りの馬車があてがわれることになった。

江戸時代でいうならば、大名か高禄の旗本の駕籠（かご）での登城と同じである。宮仕えの身としては出世の極みである。

「とうとう駕籠で登城する身分になったんだねえ」

これにはおばば様がことのほか喜んだ。

「芸妓の箱屋だったのにねえ」

これを聞いた是清は子供たちに聞かれないかと慌てたが、おばば様は、これも森有礼様をはじめとする多くの方のおかげであると手を合わせるのであった。

さて、井上馨が農商務大臣に就任しても是清はうまくやっていけた。それどころか精勤ぶりを評価され、東京農林学校の校長や炭鉱審査処理委員など要職を兼務するなど相当に引き立ててもらったのである。

こうして明治21（1888）年12月には件の、特許局局長としての最大の仕事、商標、特許、意匠の三条例制定にこぎつけた。

年が明けて明治22年、品川弥二郎や長州閥の奔走もあったのだろう、山梨県で知事をしていた前田から、いよいよ農商務省に戻れそうだとの連絡が入った。是清は件の没にされた前田の『興業意見』の復活を夢見た。

是清の周囲の状況は、家庭に友人に仕事に、すべてに順風満帆であった。

第40話　憲法発布の日

第二次世界大戦の敗戦まで2月11日は紀元節と呼ばれた。この日は現代では建国記念の日、神武天皇即位の日とされ、神話上の日本の歴史の始まりの日である。

明治22（1889）年のこの日、大日本帝国憲法並びに翌年からの帝国議会開設のための衆議院議員選挙法の発布の式典が、この日に向けて新築された宮中正殿の大広間で、午前10時半から挙行されることになっていた。

いよいよ我が国にも、維新後に目標とした西欧先進諸国のように、憲法が定められ議会が始まる。

この朝、昨晩からの雨はあいにくの粉雪へと変わっていたが、祝砲の試し撃ちの音が散発的ながら殷々(いんいん)と帝都に響きわたっていた。ここ数日、街には日の丸に万国旗の大旗小旗や提灯(ちょうちん)が飾り付けられ、奉祝門が作られ、山車(だし)や仮装行列が繰り出され「憲法、憲法」と祝いのムード一色であった。

当時、東京大学医学部で教鞭(きょうべん)をとっていたドイツ人医師ベルツは、「ここ数日東京全市で言語を絶する大騒ぎだが、誰も憲法の内容などご存じない」と皮肉を日記にしたためた。

西野文太郎

当時、永田町にあった文部大臣官邸(現在の自由民主党本部あたり)では、大臣の森有礼がいつもより早起きをして式典に備え沐浴をして身を清めた。その後家族内で簡素な祝杯をあげると、彼は2階の自室に戻り、大礼服に着替えて式典の準備を整えた。

ちょうどその時、時間でいえば午前8時50分ごろ、一人の羽織袴(はかま)姿の若い男が森家の玄関先に現れた。

「森閣下のお命を狙う者がおります。この件直接お伝えしたいのでお取り次ぎを願います」

男は書生風の容姿で山口県士族西野文太郎と名乗った。

家令が森の秘書官である中川に伝えると、大臣は出発の刻限が迫っているので私が代わりに聞こうと、玄関口階段下右側の応接に案内するようにと指示した。

「命を狙う者とは誰でしょうか?」

応対に出た中川が子細を問うが、西野はなかなか口を開かない。

やがて馬車の刻限がきた。森が両の手をポケットに入れたまま階段を下りてきた。これは若い頃からの森の癖である。

西野は突然応接間から飛び出すと、わっしと森の腰に組み付いた。左手を腰に回し、右手に握った長めの出刃包丁で森の左脇腹を、体重をかけてひと突きし、そしてえぐった。刃は腸まで達した。

「くせ者！」

秘書官が叫ぶと、森の護衛係、剣術の達人である文部省七等属（軍隊でいえば下士官の兵長クラス）の座田重秀は、手にしていた仕込み杖から白刃を抜き、森に組みついたままの西野の背中に一太刀入れた。ここで西野はようやく森から離れた。

血まみれの出刃包丁を手に、体勢を立て直し今一度森に斬りかかろうとする西野の首筋に座田がとどめの一撃を入れた。

森は腹の傷口を押さえながら、すぐ横の西洋便所にはって逃げ込んだが、傷口からはすでに腸の一部がはみ出していた。

秘書官が医者を呼ぶように叫んだが、森ほどの高官になれば町医者というわけにもいかない。その一方で身分の高い医者は、ベルツも含めて皆この時、皇居での式典に向かっていたのだった。

フェイクニュース

この頃皇居の明治天皇は皇族・大臣以下を引率して宮中三殿（賢所(かしこどころ)・皇霊殿・神殿）を拝し、憲法発布の御告文(ごこうもん)ならびに憲法と同時に成立した皇室典範を奉告され、その後、式典のある宮中正殿に向かわれた。バラ色の洋装の皇后陛下もいらした。

宮中正殿の天皇の左前方には諸大臣や高官が並び、その後ろには華族が列した。そこには華やかな洋装の女性たち、かつての朝敵である徳川侯や大礼服姿ながらただ一人髷を結う島津侯の姿も交じっていたが、もちろん文部大臣の森の姿はなかった。

右前方には各国外交団、部屋の周囲の歩廊は外国人や高級官僚たちに開放され、ベルツや農商務省奏任官である是清の姿もそこにあった。

天皇は巻物を広げると、かねて約束してあった帝国憲法を今ここに国民に与えると読み上げ、別に巻物にしつらえた憲法の原本を第2代の内閣総理大臣である黒田清隆に授けた。天皇から与えられた欽定憲法である。

式はわずか10分ほどで終わったが、この間陸海軍、外国軍艦による祝砲が轟きわたり、東京府下のすべての寺院、教会の鐘が打ち鳴らされた。

式典が終わるやいなや、既に森の不在に気づいていた参加者の間に森遭難の情報が駆け巡り、参列していた医者は急ぎ会場を出ていく。

是清にとってこれほどショックな話はなかった。まさにひざから崩れ落ちそうになったが、森は命は落としていないという。他の高官たちに先駆けて永田町の森の官邸へ馬車を走らせた。

明治天皇は宮中での式典の後、桜田門を出立、青山練兵場で演習を視察する段取りになっていた。門前からの道は、式典を祝う民衆で混み合ってはいたものの、整然と開けていた。

是清にとって森有礼こそは恩人である。幼少期に米国から帰国以来、数えきれぬほど窮地を救われてきた。仙台藩の出身でありながら、また数々の若き日の度重なる放蕩にもかかわらず、今や奏任官として憲法発布の式典に参内するまでに出世できたのも、兄のような森の慈愛のおかげだ。森を通じて薩摩閥や、森が設立した明六社の人脈の恩恵をどれほど受けてきたことか。

是清が森の官邸に到着した時、森は人工呼吸を施されていたが、この時すでに希望はなかった。森はその翌日12日の午前5時にこときれた。享年41、まだ若い。この時、是清は34歳である。

護衛に切り殺された凶徒西野の懐中からは「森有礼暗殺主意書」いわゆる斬奸状が出てきた。

そこには前年森が伊勢神宮を参拝した際、社殿のとある扉に掲げられていた帳（布）をステッキで持ち上げる不敬行為を働いたと記されていた。これは神に対する冒瀆（ぼうとく）であり、皇室への侮蔑である。従ってそのような無礼者を式典には出せぬから殺害したというのである。

西野自身も伊勢神宮まで出向いてこの情報源である神官に事実を確認したという。しかしこれは後に神官らが捏造した不敬事件であったことが判明した。心ないフェイクニュースによって森も西野もどちらも殺されたのである。

森は維新直後の公議所で「廃刀令」を提案して各藩代表の武士たちから猛烈な反発を受けて、鹿児島へ引っ込んだことがあったように、一種極端な改革者で西洋かぶれの変人のように見られているところがあった。キリスト教徒ではなかったが、そうしたイメージだけで神官から忌み嫌われたのかもしれない。

事件の直後、暗殺された森よりもむしろ凶徒である西野の方に人気が集中した。彼には多くの義援金が集まり盛大な葬儀が挙行された。

日本の近代化を押しすすめた森は、皮肉にも憲法発布の日に襲われ殺害されたのである。

第5章　アンデスの銀嶺

第41話　ペルーの銀山開発

明治22（1889）年2月11日、憲法発布式典の翌日、是清の恩人である森有礼(ありのり)は死亡した。

是清の落ち込み様はひどいものだったが、それから2週間ほどたった2月26日になると、盟友の前田正名(まさな)が工務局長として農商務省に復帰してきた。悲しみの中にも是清の切なる願望の一つがかない、いくばくかの慰めとなった。

前田は以前農商務省に在籍した時に、地方からの殖産興業を目指して『興業意見』を書き下ろした。しかしその際の経済調査が全国の不景気の実態を浮かび上がらせて、結果として当時の松方財政を批判する形となってしまった。

そもそも前田のやり方は中央集権的な殖産興業を目指す政府方針と相いれず、松方の逆鱗(げきりん)に触れて挫折したのだった。ところが前田の事業への執念は収まらず、自分は薩摩だが今回は長州閥を利用して品川弥二郎に頼み込み、井上馨農商務大臣に働きかけての農商務省復帰であった。

前田の復帰から間もなく、パリにいた原敬(たかし)が外務省を辞めて、元外務大臣の井上馨を頼って農商務省へと移ってきた。

3月15日、是清に特許局長兼務のまま駒場にある農商務省管轄の東京農林学校（現東京大学農学部）校長の辞令が下りた。是清の精勤ぶりを評価した井上の配慮である。是清は自ら役所の馬車を操り、当時はまだ田園風景の中にあった駒場まで出掛けることを好んだ。

しかしながら、幸福と不幸は交互に訪れた。ちょうどこの辞令が出た頃から長年ともに暮らしてきたおばば様の様子がおかしくなり始めた。

今や85歳の高齢である。3月はまだ肌寒い。寝室を和室からストーブがある洋間へ移すと、今度は朝の習慣だった読経が止まってしまった。

そこで是清は観音様を仏壇から洋間に移すと、おばば様と一緒に観音経を唱えて元気づけた。是清は最後までつきっきりでおばば様の面倒を見たが、3月21日に天寿を全うした。おばば様は母であった。

新たな出資話

森とおばば様の死、是清がもっとも大事にしてきた二人の喪失から半年ほどたった9月。傷心もようやく癒え始めた頃、農商務省に復帰した前田が是清にとある話を持ち込んだ。

「高橋君。君は欧米出張から帰ってきた時に、日本人は欧米先進国ではなかなか本格的な事業を始められないから、海外進出をするのならば、むしろスペイン語圏の中南米など、開発の遅れた地域に出るべきだと話していたね」

「その通りだ。日本人は、欧米では言葉ができないし、連中は日本人に対して傲慢だからなかなか相手にしてもらえない」

「そこでだ。実はペルーでの投資案件が持ち上がってだね。今出資者を募集しているところだ。どうかね一口乗らないかね？」

是清は少しばかりの蓄えならばあるが、どういう話なのか前田に詳細な説明を乞うた。以前、是清は長野の牧畜事業の詐欺に遭ったり、米相場で失敗した経験があるのでこの手の投資話には慎重だった。

前田の説明はこうだった。

大変な親日家で資産家のオスカル・ヘーレンというドイツ人がいて、日本が開国間もない頃に築地の外国人居留地に住んでいたことがあった。

ヘーレンはペルーの大統領や資産家と姻戚関係にあったので、日本を離れた後はペルーに住み着いて事業を興した。そうした中で大統領が推し進める殖産興業の一助として今回の事業を始めることになったが、彼は鉱山に偏重したペルーの産業構造を改めるためにも、是非農業を盛んにしたいと考えた。そこで思いついたのが農園経営に日本からの投資を仰ぐと共に勤勉な日本人を農夫として使うことだった。

明治21年3月ごろ、ヘーレンは築地にいた頃からの使用人である井上賢吉を日本へ派遣した。出資者と農夫の募集のためである。その際ペルーの産業の紹介ぐらいのつもりでカラワクラ銀山の銀鉱石サンプルを持たせた。

日本についた井上は有力者を訪ねてはペルーでの農業開発の魅力を説くが、納得はしてくれるが話に乗るものは誰もいなかった。

そこで井上が昔から懇意だった城山静一（サンフランシスコから是清たちと一緒に帰国した宇和島藩士）に相談すると元山梨県知事で殖産興業に熱心だった藤村紫朗を紹介された。

藤村は農業開発よりもむしろ井上が持っている銀鉱石のサンプルに興味を持った。そこで当時の権威である東京大学の巌谷立太郎教授に鑑定を依頼するとサンプルは高品位の銀鉱石であることが判明したのだ。

がぜん鉱山に興味を持った藤村は、三浦梧楼（長州・軍人）など有力者6人ほどに声をかけて5万円を集めて組合を作り農業よりも銀鉱山経営の可能性を探ることになった。

果たして彼らは、明治21年末に巌谷教授の弟子である田島晴雄技師（大学予備門では是清の生徒）をペルーの現地に派遣し、鉱山の実地調査を行わせたところやはり有望な鉱山だと報告があったのだ。

そこで藤村たちは田島が現地から提案するままに、ヘーレンとの間で100万円を折半出資して鉱山開発のための「有限責任日本興業会社」をペルーに作ることに合意した。日本にはそこに出資するための「日秘鉱業会社」を設立して、50万円ほどの資本金を集めようというのだった。

「高橋君、どうかね。藤村君たちがここまでやったのはとても立派なことじゃないか。君も助けるつもりで株主になりたまえ」

「鉱山の専門の学者のお墨付きがあるのなら、もう考える余地もないではないか。私が手元で出資できるのはせいぜい1万円だけだが、ここは是非一口乗らせてもらおう」

是清は1万円の出資を決め、藤村と前田はその後も要所をかけまわり、結局24人の株主から50万円の資本金の予約を取ることができた。明治22年9月のことである。

ほどなくしてまた前田がやってきた。

「株主が集まったところで、誰かしっかりした者をペルーへと送りこまなければならなくなった」と言う。是清に対する気の毒そうなまなざしは、多分資金集めの段階で無断で出資者に約束したのだろう。

「高橋君、どうだ。君が行ってくれぬか」

「冗談ではない。私はようやく特許三法を成立させたばかりで特許局の建物もいまだ建設中だ。やらねばならぬことは山ほどある」

是清はきっぱりと断った。

「実は、そういうこともあろうかと、三田尻（山口県）にいる井上大臣に直接掛け合って、君のことはもうすでに貰い受けてきたところだ」

是清は前田のやり方に憤慨したが、大臣が認めたというのであればもはや是非もない。この話を引き受けた。是清はこの時「述懐」（9月23日付）という文章を残した。

「余の年歯はすでに人生の大半（この時35歳）なれどもまだ未熟である」から始まり、この事業を日本の海外事業の端緒とすべく全力を尽くすと誓っている。この時の是清の心境は投機的な金もうけではなく、日本の国威発揚の動機の方がはるかに強かった。これは確かである。

「君が行ってくれぬか」

第42話　いざアンデスへ

明治22（1889）年10月4日、ペルーの銀山開発に向けて、日本側の鉱山投資会社である日秘鉱業会社が設立された。ここから現地の鉱山会社に出資する。

甲州財閥で高名な小野金六、藤村紫朗以下10名の発起人たちが25万円の出資に名乗りをあげ、これに前田正名、高橋是清以下14名の株主が加わり25万円を出資、計50万円を準備した。最初にすべてを出すのではなく事業の進展に沿って資本金を払い込んでいく。

是清は当初1万円分の株の購入を前田に約したが、本人がペルーへ行き陣頭指揮をとることになったので、前田の勧めもあって5万円に増額することにした。これで是清は10％保有の大株主である。うまくいけば大もうけ、失敗すれば被害甚大となる。

出発の日

同月18日、大隈重信外相が、条約改正問題の不満分子から爆裂弾の襲撃を受けて右足を失う事件が発生した。時の黒田清隆内閣はこの事件を受けて条約改正失敗の責を取って倒れた。

この時農商務大臣だった井上馨も辞めて、後継はとりあえず次官の岩村通俊（土佐）が代理を務め、12月に入ると彼がそのまま内部昇格して正式に大臣になった。岩村は前田と相性が良いのでこれは悪い話ではない。

岩村が抜擢（ばってき）されて大臣になったのは、黒田の後の第3代内閣総理大臣山県有朋が民権運動でうるさくなった土佐派へ配慮した結果でもあった。

こうした騒動の中で是清は11月1日にいよいよ農商務省を非職になった。「ペルー国へおよそ2カ年の見込みをもって遊歴の儀認可」、私用ながら農商務省の息がかかっている。一部公務の扱いだった。非職には給料の3分の1が支給される。

11月16日、是清は大塚窪町の自宅から息子是賢、是福と共に馬車に乗り込み新橋駅へと向かった。

是清は新橋駅での見送りは「無慮（ざっと）千余人」と日記に記した。

農商務省に東京農林学校、共立学校の生徒OBたちで駅周辺は埋まった。この内70余人が汽車に乗りさらに横浜港まで見送った。なんとも強烈な人気ぶりで、是清に対する周囲の期待も大きかったのである。

是清は、ペルーの銀鉱山を実地で検分し、有望だと評価した田島晴雄技師と新たな雇員の屋須弘平の2名を引き連れて、自身3度目となる太平洋横断航路の途についた。まずはサンフランシスコへ行き、そこから太平洋岸を南下する。

屋須は中南米滞在歴14年、この時は築地で写真館を経営していたが、是清に声をかけられ意気に感じて参加した。屋須にとっても、国威発揚を感じさせる心たかぶる案件だったのだ。

一方で、この日から2日間にわたり、「東京朝日新聞」は1面社説を使ってペルーでの事業の軽率さを戒めた。「東京朝日」は批判的だった。

12月1日サンフランシスコ着、そこで船を乗り換えて、その後たくさんの寄港地を経由してパナマに25日着。

　途中で是清は家族を思う手紙を出している。放蕩(ほうとう)は若いうちにしておけと世間は言うが、是清35歳、青年期も終盤に至ってすっかり優しい家庭人になっていた。

ヘーレンとの出会い

　正月に赤道を越えて目的地であるペルーのカヤオ港に到着したのは翌明治23年1月7日のこと、合計で52日間の旅程である。カヤオとはペルーの首都リマの都市圏、当時も現在もペルー最大の貿易港である。

　港には日本側と共同で事業をすることになるオスカル・ヘーレンが迎えに来ていた。市街のホテルに泊まろうとする是清にヘーレンはしきりと彼が用意した宿舎に泊まるように勧める。

　是清は交渉せねばならぬこともあり、ヘーレンから余分な世話になることを固辞したのだが、ヘーレンは市街のホテルは不衛生だからと、是清一行の到着に合わせて宿舎を新築しておいてくれたのだ。そこまでされれば受けざるを得ない。

　歓迎の晩餐(ばんさん)の後でヘーレンが言う。

「君の人となりは前田正名からの手紙などで知っていたつもりだが、正直、先ほど私の好意を強情に断った時は、少なからず失望しましたよ」

　是清が返す。

「強情は強情だが、道理には屈服します。今は、安心されたのではないですか？」

「うん、うん」

こうして、是清はヘーレンとすぐに打ち解けたのである。ヘーレンは悪い奴ではなかった。ペルー側はそもそも鉱山開発よりも農場経営の方を望んでいた。そのため事前に田島技師が鉱山を調査した段階でヘーレンと交わした契約では、鉱山開発と一緒に農業開発が加えられていた。是清は日本の株主たちの意向で契約を鉱山だけに限定したものに改定しようとしたが、ヘーレンはそれには同意しなかった。仕方がないので日本側は農業開発の3分の1を持つことで折り合いをつけた。

1月27日、是清から遅れること20日間、日本から山口慎（しずか）に率いられた坑夫たち16名がカヤオに到着した。

この山口という人物は是清よりも7歳年長の元上田藩士、幕府の学問所である昌平黌（しょうへいこう）で学んだ後、藩主兄弟のお供として一緒にラトガース大学で学んだ。帰国後は東京英語学校で是清と同僚の教師となったが、この時是清は、自身が仲人となり、その頃お世話になった唐津藩家老友常典膳の娘おたいと結婚させた。

その後山口はいろいろと職を変えながらも、京橋区尾張町（現在の銀座）に洋酒問屋を開き、腰を据えて営むこと12年、店は繁盛した。旧知の大倉喜八郎のお声掛かりがあり、札幌麦酒での業務監督を頼まれた。大出世のチャンスである。

いよいよ明日は渋沢栄一との最終面談というまさにその日に、この是清のペルーでの事業の話を聞いてしまった。もともとが是清の飲み仲間でもある。日本の国威発揚のため是清がたつならばと、すべて投げ打ち助っ人に参じたのである。

「山口は実に竹を割ったような志士気質の人であった」と是清は評した。

さて、是清がペルーへと赴任しているその間に東京では新任の岩村農商務大臣の下、前田正名が次官に、そして原敬が大臣秘書官へとそれぞれ昇格していた。

前田は、相変わらずのブラック企業体質で、地方からの殖産興業政策である『興業意見』再興のために、ベテランの職員を中心に徒党を組み、農商務省を専横していった。各種会議も秘書官である原を無視するなど、前田に同調しない原は次第に閑職へと追われていったのである。

原はこの前田一派を「カタマリ連」と呼んで心底憎んだ。前田は徒党を組み組織での基盤を確立する一方で、またしてもいらぬ敵を作ってしまったのである。しかも今度の敵は将来首相になるほどの強力な人物であった。

第43話　カラワクラ銀山

ヘーレンが是清にアンデスの説明をする。

「目的地のカラワクラ銀山はアンデスの山中にあります。標高は5486メートルですから、あなたの国の富士山よりもよほど高いのです」

鉱山がある場所は植物が生える森林限界をはるかに越え、岩と氷河の世界である。

「途中までの鉄道やガイドの手配、登山の手伝いを雇います。また、洋服、靴など高山用の装備はすべてペルーで新調しなければなりません」

銀山までの一人当たりの費用はカヤオ港からパナマ経由欧州航路の旅費よりも高かった。大変なところまで来たものだ。

「ここでは高山病が怖いので時間をかけて休み休み登っていく必要があるのです」

是清たちはこれから銀山へと登り、開山式を執り行い、現地で製錬機械据え付けのための基礎工事を行わねばならない。

測量し製錬機械を発注して、それらが届く頃に、本隊の坑夫たちが大挙別便で日本からやってくることになっている。その数は、家族も含めて623人もの大部隊だった。

カヤオに到着してから1カ月ほどの準備期間を経た明治23（1890）年2月12日。是清、山口、屋須以下日本人18人、ヘーレンの部下2人の計20人は鉄道に乗ってカラワクラ銀山への登山の途についた。その後ゆっくり2日間をかけて、標高3700メートルの鉄道の終点チクラを目指した。距離でいうと140キロしかない。

チクラ駅を境に下は木々で覆われているが、上は草木無しの岩山、ここが森林限界である。是清は悪寒とともに軽い頭痛を憶（おぼ）えた。さっそく高山病である。一行はチクラにさらに2日ほど滞在して、身体を高度に順応させた。

チクラから先は馬や雄のロバと雌の馬の交雑種であるラバを使う。16日に出発し、その日のうちに標高4154メートルのカサパルカに到着した。ここでは是清たちも発注しようとしていたシカゴのフレーザー&チャルマーズ（現アリス・チャルマーズ）製の設備を使用している他社の製錬所を見学させてもらった。

翌17日、カサパルカを発ちヤウリへと向かう。ヤウリは是清たちが操業を予定しているカラワクラ銀山のベース・キャンプのような位置づけの集落である。坑夫たちは是清とは別に当時まだ建設途上だったチクラ・ヤウリ間の鉄道線路の平らな路床上を進んだ。

この辺りでも他の鉱山がいくつか操業していた。是清、山口、それにヘーレン雇われのカーデナスの3人は付近の鉱山見学のために本隊と離れて寄り道をしたので、ヤウリへはそこからの近道である尾根越えの道をたどることになった。

カーデナスが馬で先導し、山口も馬、大柄な是清は頑丈なラバに乗って険しいアンデス山脈の尾根道を進んでいく。この時南半球は夏だがここは人を寄せ付けぬ高山である。正午を過ぎると次第に風と降雪が厳しくなってきた。右は険阻な谷底、左も比較的ゆるやかながら傾斜している。馬の背のような細い尾根道である。

死にはせね

カーデナスが尾根を登り切ったところで、一息ついて、立ち止まって後ろを振り返った。その時、すぐ後ろにいた山口も馬を止めようとしたが、馬の腹帯がゆるみ、傾斜もあって鞍が馬の尻の方へずるずるとずれた。慌てた山口が拍車を入れようとすると、今度は鞍がすっぽりと抜けて、山口は鞍ごと後方へ落馬して5～6メートル下の登山道上の岩に打ちつけられた。

心配した是清がラバに乗ったまま、「山口、大丈夫か?」と問うと、その瞬間、鞍と腹帯が後ろ足にからみついた馬が後方に転倒して、既に傷ついている山口の上に覆いかぶさった。

さらに馬は転げ落ち、その下について登っていた是清のラバにぶつかり、是清とラバを左側の谷につき落とした。幸い左側はさほど険阻ではなかったので是清とラバは数メートル下の雪の上に投げだされただけで済んだ。しかし山口の馬はその時の反動で右側の谷底へと転落してしまったのである。

この光景を目の当たりにした是清はとうとう山口を死なせてしまったかと思った。雪の中から跳ね起きると、「山口死んだか？」と大声で叫んだ。すると、「死にはせぬ、死にはせぬ」尾根の上からかすかに声が聞こえる。情けない声ではあるが、確かに声を出している。

是清が尾根に登り、山口の元へと駆けつけると、山口は痛みをこらえながらもニッコリと笑ってくれたのであった。

山口は打撲によって手痛いダメージを負ったが、幸い大事には至らず、数十メートルの谷底へ落ちた山口の馬も、積雪のおかげで、血まみれになりつつも行列に復帰することができたのだ。

この時の苛酷な経験は、よほど是清の印象に残った。手書きで「転ゲ落チタル場所ノ図」という地図を日誌に残している。

是清一行は標高５５００メートル近い尾根を越えて、この日のうちになんとかヤウリに到着して、別路を先行した坑夫たちと合流することができた。ヤウリは人口５００人ほどの集落である。ここにもうすぐ鉄道が開通する予定だ。

真夏でも氷点下

18日、ヤウリは豪雨。坑夫の中に高山病にかかる者も数人出たので、ここでも2日間の休養を取った。高山の旅はなかなか平地のようには進まない。

20日、坑夫たちが先発。是清は翌日の12時にヤウリを発ち、2時間後にようやく最終目的地であるカラワクラ銀山に到着した。リマを出て９日目であった。

是清が到着したところは標高4645メートル。17日に越えた尾根といい、是清はこの時代の日本人としては間違いなく最高標高到達者の一人だったのではないだろうか。

銀山の宿舎は石を積んだだけの簡素な小屋で、石と石の間からは隙間(すきま)風が遠慮無く侵入する。気温は100メートルごとに0・6度低くなる。標高5000メートルの世界では下界に比べて約30度低い。つまり下界は真夏でも簡単に氷点下になる。また気圧は約半分で、水の沸点は84度しかない。米はうまく炊けないし、現代でいえばカップラーメンは生煮えだ。こうした環境下で荒くれ者ぞろいの坑夫たちを統制するのは容易な仕事ではなかった。

3日間ほど仕事の準備をしながら休養を取ると、25日になって坑口にペルーと日の丸の国旗を飾って神式で開山式を執り行った。

御神酒を皆で回し飲みし、その後小宴を催して、そのままの勢いで作業に入った。つるはしにノミの原始的な道具である。実働2時間で鉱石2トンを採掘。外は寒いが、意外にも坑内は暖かく、これは日本と変わらぬと坑夫たちは喜んだ。

こうして操業へのめどをつけた是清は、27日にヤウリを発ち、リマへの帰途についたのである。リマ到着は3月1日午後5時、下山は早い、3日間の旅程だった。

第44話　銀山の夢

カラワクラ銀山での操業が始まって数週間経った明治23（1890）年3月初旬、リマに滞在する是清のもとに、銀山の山口慎から手紙が届いた。

通訳の屋須が高所の気候には耐えられぬので辞任したい旨の申し出があったこと。またヘーレン配下のカーデナスもリウマチが悪化したので下山したいと言ってきたこと。不自由で苛酷な生活、さらに空気が薄い高山に人が適応するのはなかなか困難なことだった。

その後も山口からは連日報告の手紙が届いた。製錬所や用水路の測量が終了したこと。坑夫が増えた時の食料確保目的の牧場の位置も決まったこと。悪いニュース、良いニュースを交えながらも事業はなんとか少しずつ進捗を見せていた。

是清はリマにいる間に、現地からの測量データを受けてフレーザー&チャルマーズ商会への製錬設備の発注作業に入った。これに際し、手持ちの資金が足りないので是清は日本へ電報を発して送金を促した。

こうして3月も終盤に入った26日、山にいた小池という技手が山口の命を受けて山を下り是清の前に現れた。是清はあまりに突然なことなので、また坑夫たちのいさかいかと思った。

「どうした何があった？」

と聞くと、小池は声を潜めて語るのだった。

「去る21日のことですが、私が坑内をくまなく調べておりましたら、坑の奥の方はがらんどうになっていて、さらに坑道を下りよく検分すると、あの銀山はなんと底の底まで掘り尽くされておりました」

是清は、あまりに意外な内容で、小池が何を言っているのかよく理解できなかった。

小池は念を押した。

「カラワクラ銀山はおそらくここ数百年の間に掘り尽くされた廃坑です」

万事止ぬるかな

「ちゃんと調べたのか？」

是清が問うと、

「坑内ががらんどうであることに気がついたので、良鉱の部分は既に掘り尽くしたのではないかと、早速坑内の鉱石をいろいろな場所から採取して三日三晩昼夜兼行でその品位を分析しました」

小池が言うには、検査の結果、最上の鉱石でも銀の含有量は1000分の1ないし2しかない、東京で事業を始めようと決定した時のサンプルの品位は1000分の200ないし280ほどだったので、これでは2桁も違う。話にならない数値だった。

信じ難い最悪の現実がここにあった。是清はテーブルにおいた両手の拳を強く握ると、頬に涙がつたった。

「嗚呼(ああ)、万事止(やん)ぬるかな！」

この時の是清は放蕩時代の是清とは全く違う。

ペルーでの銀山開発にいささかの射幸心こそあれ、前途有望な特許局長の地位をなげうって、国家発展のための銀山開発こそが今の彼の使命のすべてであった。

この日、明治23年の3月26日は是清にとって生涯忘れられぬ日となった。

この時、鉱山を事前調査した田島技師は、山に登らず麓(ふもと)にいた。是清は就寝中をたたき起こした。

「今ここに小池が急ぎ山を下りてきた。そして、あの鉱山は廃坑だという。君は最初に山を買う時に、実地をよく調査したのか？」

田島は今回のペルー出張に先立って、1年前に5カ月もの間、ペルーに滞在して山を調査していたはずだった。

是清をはじめとする出資者は日本における巌谷立太郎教授の銀鉱石サンプルの鑑定と、彼の弟子である田島技師の現地調査を信頼していたからこそ資金を出しペルーまで銀山開発に来たのである。是清などは特許局長の椅子まで投げ出しているのだ。

「おい田島君、果たして君は実地を調査したのかどうかはっきりしろ」

是清が迫ると田島はようやく重い口を開いた。

「確かにあの時の調査は甘かったかもしれません。しかしもう一度山に行ってサンプルを調べてみなければ、小池の言うこともにわかに信じることはできません」

是清はあきれはてた。田島は前年、ここペルーの現地から調査の結果を東京に報告して、発起人たちの了承を貰い、ペルーで鉱区買収の契約書にサインをしたのだ。

「あの時の報告書には、君の実地調査が書いてあった。今ここで、その結果に対して自信はないのか？」

「何とも申し訳ありません」

田島は泣き出した。

「実はまさか先生のような方（田島は大学予備門時代の是清の生徒である）がいらっしゃるとは

つゆ知らず、いいかげんな仕事をしてしまいました」

是清は怒りのあまり『高橋是清自伝』に田島は現地調査を行わなかったと書いたが、事実として田島は現地で山に入り22日間の実地調査を行っていた。ただそれはあまりにもずさんなものだったのだ。

またどうしても日本からの出資が欲しいペルー側では、調査に来た田島を熱心に供応し、田島はそれに応えて鉱山は有望であるとのリポートを書いてしまったのである。

しかし是清には責任がある。絶望感に打ち砕かれてヤケになるわけにはいかなかった。すぐに鉱山開発計画を見直して自分の置かれた状況を整理した。

事業開始前夜

日本側は山代として既に12万5000ドルを支払い済みである。また山上の鉱山で働く坑夫向け食料調達のための牧場用地は既に15年の賃貸契約を締結したところだ。物資輸送用ラバ購入のための人の派遣も手配済み、鉱山家屋の建築は建築会社と交渉中である。据え付け予定の製錬設備は仕様も決定し、本国からの送金があり次第代理店商社に正式発注できる手はずになっているが、まだ発注はしていない。

一方、東京では新会社の資本金払い込みの手配中で、600人からの大量の坑夫を東京からペルーへと輸送するための見積もりも汽船会社からとってある。

もはやボタンひとつ押せば最初の大きな歯車が回転し、鉱山開発計画は一気に回り始める寸前のところだったのだ。

是清は製錬設備会社の技師ガイヤルを訪ねて、事の次第を話して、彼の意見を聞いた。

「自分もあの山は廃坑であると思っていた。日本人が鉱山開発にあの山を買うことはおかしいとは思っていたが、聞かれもしないのに人のビジネスの邪魔をすることはできないから黙っていた」

というのである。

この事態にひとつだけ光明があるとすれば、ペルー側の事業主であるオスカル・ヘーレンとの間でまだ事業開始の正式契約を結んではいないことだった。今、投資分すべてを打ち棄てれば損切りが可能なのである。

第45話　頼れぬ農商務省

明治23（1890）年3月26日、急きょ下山してきた小池技手の報告によって、カラワクラ銀山はどうやら廃坑であることが判明した。残された品位が低い鉱石ではどう工夫して製錬しようが、当時の技術では採算はとれそうもなかった。

是清はヘーレンを訪ねて一部始終を話すと、彼は非常に不機嫌になった。ヘーレンは既に山を買い、この計画に25万ドルを投入しているのだ。もしもカラワクラ銀山が廃坑だとして、是清は契約を打ち捨てて日本へと帰ることができるが、彼は失敗による経済的損失とその悪評をひきずったままペルーで暮らさなければならない。彼に対してここで事業をやめるとは言い出せなかった。

新刊案内

2024

4月に出る本

さまよえる神剣

壇ノ浦に沈んだはずの剣を探し出せ――。謎めいた使命を与えられた若武者の冒険と恋を情感豊かに描いた、著者新境地の長編歴史ロマン。

玉岡かおる

373718-6
4月17日発売
●2420円

赤い星々は沈まない

からだの奥底に、燃える星を抱えた女たち。大人の女性たちの性を真っ向から描き、選考委員に絶賛された「R-18文学賞」大賞受賞作。

月吹文香

359611-0
4月17日発売
●1870円

雀荘迎賓館最後の夜

その扉の向こうには、ひたすら麻雀を打ち込むことで、ようやく人の平衡を保つ男達がいる。『麻雀放浪記』以来の傑作ギャンブル小説！

大慈多聞

355591-9
4月17日発売
●1980円

売

家族という地獄を描く衝撃のベストセラー

小説8050

林真理子

息子が引きこもって七年。その将来に悩んだ父の決断とは。不登校、いじめ、DV……家庭という地獄を描き出す社会派エンタメ。

119125-6 ●935円

公孫龍 巻二 赤龍篇

宮城谷昌光

天賦の才を買われた公孫龍は、燕や趙の信頼を得るが、趙の後継者争いに巻き込まれる。中国戦国時代末を舞台に描く大河巨編第二部。

144462-8 ●737円

ごんぎつねの夢

令和元年のテロリズム

磯部 涼

令和は悪意が増殖する時代なのか？ 祝福されるべき新時代を震撼させた5つの重大事件から見えてきたものとは。大幅増補の完全版。

102842-2 ●693円

死の貝 ―日本住血吸虫症との闘い―

小林照幸

腹が膨らんで、死に至る――日本各地で発生する謎の病。その克服に向け、医師たちが立ちあがった！ 胸に迫る傑作ノンフィクション。

143322-6 ●737円

古くて

新潮文庫 4月24日

※表示価格は消費税(10%)を含む定価です。
ISBNの出版社コードは978-4-10です。

「犯人」は原稿の中に隠れていた！ クラス会での発砲事件、奇想天外な犯行目的、消えた同級生の秘密。感動の傑作ミステリー！

●781円

ごんぎつね でんでんむしのかなしみ
―新美南吉傑作選―

新美南吉

美智子さまの記憶に刻まれた「でんでんむしのかなしみ」を含む傑作11編。淋しさを抱えながら、29歳で夭逝した著者の心優しい作品集。

●572円 105161-1

ブラームスはお好き

フランソワーズ・サガン
河野万里子［訳］

＊「スター・クラシックス」シリーズ

パリに暮らすインテリアデザイナーのポールは39歳。長年の恋人がいるが、美貌の青年に求愛され――。美しく残酷な恋愛小説の名品。

●693円 211829-0

身代りの女
【CWA賞最終候補作】

シャロン・ボルトン
川副智子［訳］

母娘3人を死に至らしめた優等生6人。ひとり罪をかぶったメーガンが、20年後、成功した5人の前に現れる！ 予測不能のサスペンス。

●1320円 240541-3

島田潤一郎

「本をつくり届ける」ことに真摯に向き合い続けるひとり出版社、夏葉社。創業者がその原点と未来を語った、心にしみいるエッセイ。

●605円 105181-9

絆
―棋士たち 師弟の物語―

野澤亘伸

伝えたのは技術ではなく勝負師の魂。7組の師匠と弟子に徹底取材した本格ノンフィクション。杉本昌隆・藤井聡太の特別対談も収録。

●1100円 105251-9

これだけは読んでおきたいカフカ！

決定版カフカ短編集

カフカ
頭木弘樹［編］

没後100年

特殊な拷問器具に固執する士官を描く「流刑地にて」ほか、人間存在の不条理を剝き出しにした15編。20世紀を代表する作家の決定版短編集。

●781円 207106-9

イデアの再臨

五条紀夫

新潮文庫nex

ここは小説の世界で、俺たちは登場人物だ。犯人は世界から■■を消す!? 電子書籍化・映像化絶対不可能の〝メタ〟学園ミステリー！

●649円 180285-5

書 4/17発売

俺は100歳まで生きると決めた

4月11日発売

加山雄三

70代で攻めに転じて、俺は変わった。年齢を重ねても、まだ青春なんだ…

611038-2

ルポ 海外「臓器売買」の闇

読売新聞社会部取材班

莫大な支払い、壮…

611039-9

新潮新

（被害者）。「新聞協会賞」受賞の調査報道！●902円

若大将が語る幸福論！●836円

苦しくて切ない すべての人たちへ

南 直哉 611037-5

生きているだけで大仕事——。恐山の禅僧が教える、心の重荷を軽くする後ろ向き人生訓。●902円

最適脳

6つの脳内物質で人生を変える

デヴィッド・JP・フィリップス 久山葉子［訳］ 611040-5

世界的ベストセラーとなった脳の最適化メソッド、ついに日本上陸！ 心を少し楽にするレシピ。●1210円

英雄でもなく、テロリストでもなく——ひとりの
安重根を描き、韓国で33万部のベストセラーとなった歴史小説。

逃げても、逃げても シェイクスピア

翻訳家・松岡和子の仕事

完訳を成し遂げた翻訳家の仕事と人生はこんなにも密接につながっていた。仕事の流儀から生い立ちまですべてを明かす宝物のような一冊。

草生亜紀子
464002-7
4月17日発売
●1980円

国家の命運は金融にあり 高橋是清の生涯 上・下

奴隷、芸者のヒモ、相場師などの紆余曲折から、日銀総裁、蔵相、首相を歴任した財政家の生涯。従来の是清像を塗り替える圧倒的評伝！

板谷敏彦
㊤355631-2
㊦355632-9
4月25日発売
●各2750円

■新潮選書

日米同盟の地政学

「5つの死角」を問い直す

もう「日本だけの都合と願望」は通用しない。基地使用、事態対処から

千々和泰明
603908-9
4月25日発売
●1815円

是清はヘーレン宅を引き揚げると、とりあえず東京に向けて本隊の坑夫たちの渡航を見合わせるようにとだけ電報を打った。ヘーレンはリマの大物である。電報局で是清の電文を読むなど朝飯前なのだ。文面には工夫が必要だった。「事業をやめる」とは打電できなかった。

是清はヘーレンにカラワクラ銀山で採掘される鉱石が低品位である以上、ここは資金をさらに集めて設備投資を増額して大量製錬による量で対処する以外に採算はとれないと説明した。つまり大規模にやれば事業継続の可能性はあるとした。そしてそのために一時日本へ資金集めに帰るという口実を作った。

しかし是清の計算ではカラワクラ銀山はどうやっても採算のとれる事業ではなかった。本心では事業を継続する意志は全くなく、資金集めの帰国は撤収のための方便でしかなかった。

ヘーレンに対しては、もしも是清が日本での資金集めに失敗した時はこの計画はご破算となるが、その時にはこれまでの日本の投資分をすべて放棄するという条件を何とかのんでもらった。ヘーレンは他に方策がない以上、この条件をのむしかなかった。是清の日本での資金調達だけが頼みの綱だった。一方で是清にすれば、投資分をすべて放棄するという意味は株式投資でいうところの「損切り」である。過度な期待やありそうもない幸運に身を委ねず、現実を見据えて損失を最低限に抑えて身軽になるのである。

こうして是清は手早く帰国のための事務処理のすべてをまとめあげると4月10日の船で早速カヤオを離れた。

しかし坑夫たちはヘーレンに対して事業継続のポーズを維持するために鉱山にも残さねばならない。坑夫たちはこの銀山が廃坑であることを既に知っており士気は極端に低下している。空気が希薄で苛酷な生活を強いられる山上で、既に希望を失った坑夫たちを統制するのは並大抵な仕事ではない。是清はこの大仕事を山口慎に委ねた。

山口はこの後、日本側の態度を怪しむヘーレン、喧嘩（けんか）ばかりして暴れる坑夫たち、開き直った田島技師などを相手に孤軍奮闘の状況に陥ったがよく耐えた。田島技師はヘーレンと山口の隙（すき）をついて途中でペルーを脱走してしまった。将来は日本の鉱山学界を担うべき人材であるにもかかわらず、全く責任感のない男である。

一時帰国

是清が帰国したのは56日後の6月5日だった。

このペルーからの長い船旅の途中、日本では是清が頼りとする盟友前田正名の身に大変なことが起きていた。当時の船はいったん出港してしまうと連絡の取りようがなかったのだ。

4月20日に岩村通俊農商務大臣が倒れて、その後辞意を表明、5月17日には陸奥宗光が後任の大臣として就任した。

外交で有名な陸奥は農商務とは無関係だが、当時の首相山県有朋は、陸奥は伊藤博文系であって政局のバランスが取れること、また海援隊出身なので土佐派への議会対策として使えるだろうと閣僚の一人に選抜したのである。

幕末維新の海援隊長崎時代、金がなく布団も買えなかった陸奥は、当時長崎にいた前田の布団を借りて寝ていたこともある。陸奥は前田に随分と世話になっていたはずだった。しかし時代は変わったのだろう。新任の陸奥が周囲の者や、外務省出身の原敬などに農商務省内の事情を聞くと、皆口をそろえて前田次官の専横に害ありという。そこで陸奥はとりあえずこれを排除することにしたのだ。そこで目をつけたのが、前田正名率いる「カタマリ連」によって閑職に追いやられていた原敬である。

陸奥は原を継続して大臣秘書官として、省内官吏の人事を秘書官扱いに変更したので、原の省内における権限が一気に息を吹き返した。

5月31日、是清は太平洋上を航海中である。陸奥は大臣就任からわずか2週間、前田の庇護者である品川弥二郎や松方正義と事前に調整すると前田正名を元老院議官へと転任させた。

また前田は是清の後を継いで東京農林学校の校長もしていたが、これも解任された。

同校では前田復任の運動がおこり、それがだめならせめて同じ薩摩の海江田信義を校長にとの要望が原に出されると、原はこの学校を藩閥利権の「薩摩学校」であると断定した。

そして学校の管轄を農商務省から本来あるべき文部省へと移管してしまったのである。この時、東京農林学校は帝国大学の一つである農科大学となり、後に東京大学農学部になる。

さらに原の前田退治は執拗なもので、前田が退官前に予算付けして官費で支出した日本製茶株式会社への補助金20万円を、これは私的な官費流用であると断じて返還を要求して前田をとことん困らせた。

こうして是清が帰国した6月5日の時点では、前田は農商務省を追われ、東京農林学校も追われる過程にあり、その官における権力基盤をすっかり失っていたのである。農商務省特許局非職の是清が逃げ帰った日本は、すでに前田も農商務省もすがるべき頼りになる存在ではなくなっていた。

前田正名との再会

6月5日に是清が横浜港に着くと、前田が迎えに来ていた。是清は前田が農商務省を整理されたことをまだ知らない。前田は前田でカラワクラ銀山が廃坑でこの先に望みがないことをまだ知らなかった。二人は新橋まで一緒に汽車に乗った。東海道線は前年神戸まで全通したところだ。揺れる汽車の中、前田は、自分はもう農商務省を追われたと語った。そして不倶戴天(ふぐたいてん)の政敵原敬のことも語った。そして是清に聞いた。

「どうだ、ペルーの銀山はもうかりそうか？」

今や農商務省を追われた前田にしてみればペルーでの鉱山開発だけが希望の星だったのだ。

「実は君が、増資しなければ山は見込みなしだとか、坑夫たちの渡航を見合わせるようにとか、消極的な電報ばかり打ってくるものだから、日本の株主たちは、しょせん高橋には鉱山は分からぬというのだ」

前田が続ける。

「そこで君には申し訳ないが、君に代わる者として、山田直矢君という鉱山技師をペルーへと送り込んだ。ちょうど今、サンフランシスコへ到着したところだ」

是清は驚いた。

列車はガタガタとレールの継ぎ目の音を発している。

第46話　一大馬鹿

「前田君、すぐに電報を打って山田君に引き返すように手配しなさい」

是清は前田の目を見据えると顔を近づけて周囲には聞こえないように、静かに言った。

「前田君、へーレンのこともあって詳しくは連絡できなかったが、実はカラワクラ鉱山は廃坑だ。我々はつかまされたのだ。もはやこの事業はおしまい。大失敗なのだ」

農商務省を追われ、今やペルー銀山だけが希望の星である前田はそれを聞いて絶句した。

噴出するバッシング

是清は旅装を解くと日本の日秘鉱業会社の株主を緊急招集してペルー鉱山の事情を詳しく説明した。

鉱山は古くから掘りつくされた廃坑であって、今後いくら資金を投入しても、もはや事業として望みがないこと。

事業停止を躊躇（ちゅうちょ）すると出費がかさむばかりであり、これまで投資した資金はすべて放棄しても、速やかに事業を終わらせねばならないこと。

へーレンのこともあり事業の放棄は簡単ではないが、今般何とか契約変更をして事業を放棄できるようにしてきたこと。

いくら負け戦とはいえ、是清には撤退戦をうまく処理してきた自負があった。

6月18日、「報知新聞」が「秘露(ペルー)銀山は空穴なり」と世間に報じた。是清は取材に応じた。

その翌日19日には是清がペルーへと発つ前から、この事業を軽率だと批判してきた「東京朝日新聞」が、1面に「日秘鉱業の大失敗」の見出し記事を掲載した。

「高橋是清氏、かねて識者の危ぶみたるごとく見事に大失敗を演じた。株金17万余円の損失である」と。東京朝日は翌日から執拗(しつよう)にこの事件の経緯を報じて、22日には日秘鉱業会社の解散を伝えている。

そして24日には、これら一連の記事を受けて、社説「海外的企業心」を掲げた。日秘鉱業は外国人に騙(だま)された「一大馬鹿」な案件であって、特別なものだ。他の者はこの失敗によって海外進出の気骨を失ってはならぬと、国威発揚のために事業を興した是清たちにとっては辛辣(しんらつ)な批評だった。

この記事を通して、事件に対する世間での理解は、外国人に騙されて廃坑をつかまされた詐欺事件というものであった。だが、実際にはヘーレンに詐欺の意図などなく、彼もまた大損失を被ったことは確かである。

さらに農商務省を放逐されたかたちになった上に、首謀としてこの事件にかかわった前田の評判は地に墜ちた。

9月10日の朝、山口慎に引率された坑夫たちがようやくペルーから帰国して横浜港に到着した。一行は横浜から汽車に乗って、山口は尾張町の自宅へ、坑夫たちは新橋の蓬莱屋へと入った。是清は横浜まで迎えに出て、山口と話した。

「坑夫たちの統率はさぞかし大変だったでしょう。ご苦労をおかけしてしまいました」
「高橋君、ここまでなだめすかして坑夫たちを連れて帰りました。彼らは慰労金を要求していま す。当然の権利だと思いますよ」
「山口さん、それが日秘鉱業はすでに解散しておりまして、慰労金を支払いたくとも支払えないのです」

会社は早々と解散してもペルーに残した坑夫たちが日本へと帰ってくることはわかっていたはずだ。その坑夫たちが労賃の補償を請求しても会社はもはや存在していない。投資家たちは責任をすべて殿（しんがり）の山口に押しつけた。

彼は今回のペルー銀山の顚末（てんまつ）を記した『白露日記』にこう書いた。
「堂々タル日本ノ紳士紳商トイハルル人ノ不徳無情ナルニ慨歎（がいたん）セリ」

山口は自分に残された金を坑夫に配り、是清は僅かになってしまったポケットマネーを割いて彼らを供応し慰撫（いぶ）して家路へとつかせた。

いいかげんな調査をして、事件の元凶となった田島技師は坑夫たちより先に日本へ帰国していた。

日秘鉱業会社株主たちは田島を詐欺罪で訴え、彼には後に3年半の懲役刑が確定する。

是清は10％の出資比率であったので、株主としての損失は約1万6000円、払い込み済みの1万円では足りず、大塚窪町の自宅を4500円で売却してなんとか都合をつけた。

是清は結果として騙した形になってしまったペルーのヘーレンに対して借りを感じていた。今度は銀山開発ではなくペルーで地道に農業開発をすべく日秘鉱業の株主たちを説得したが、派手な銀山投資に比べて農業は地味過ぎる。聞きいれる投資家は誰もいなかった。

その後しばらく、是清と前田は「一大馬鹿」の名誉挽回を同じ鉱山開発の分野で果すべく、鉱山事業に固執した。また当時の日本は鉱山ブームでもあったのだ。

是清の後釜としてペルーに赴任するはずだった山田技師に依頼して国内鉱山の中で有望なものの調査をしてもらい、群馬県天沼（あまぬま）金山、群馬県利根郡戸倉鉱山などに出資を続けたが、結局どれもうまくいくことはなかった。

山で失敗した人

この時、是清は36歳。関係者であればペルー銀山での失敗は何も是清一人の責任ではないことをよく知ってはいたが、10代は芸妓との「色恋に溺れる人」、20代の時は「相場などをやる人」の悪評を得、かくして30代では「山で失敗した人」のレッテルが貼られることになったのである。

山口が帰国してみると尾張町の洋酒問屋は潰れていた。是清は結果として迷惑をかけてしまった山口に対して申し訳なく思った。

山口はその正直な性格と高い能力の割に運の巡り合わせがあまりよくなかったのか、特定の分野で大成することはなかった。是清はその後職を紹介したり、時に金を貸したり、横浜正金（しょうきん）銀行に入行した次男に目をかけたりといろいろと面倒を見た。

その後大正2（1913）年4月に山口が亡くなった時、是清は当時既に第1次山本権兵衛内閣の大蔵大臣の地位にあったが、ニューヨーク赴任中の次男に代わって葬儀を出した。是清が山口をどう評価したのか、また是清がどういう人なのかをよく表している。

２０１４年、それまで『高橋是清自伝』に頼るしかなかった、明治時代の海外投資案件、このペルー銀山プロジェクトの概要は、ペルーに都合13年間赴任していた三井金属鉱業の五味篤技師が書いた『銀嶺のアンデス』という書籍によってその詳細が明らかにされた。

この本によると、是清たちが断念したカラワクラ銀山は、その後の掘削技術や製錬技術の進歩によって、現在では現役の山として操業中なのだそうである。

第４７話　蜆売り

解散した日秘鉱業会社整理のために屋敷も手放してしまった是清。今や収入は農商務省局長非職の給料分だけである。とは言っても非職時点での俸給が年２２００円なのでその3分の1でも年に７３３円あった。国家公務員の給与が高かった当時、世間的には結構な金額だが、是清はほとんど意地で国内鉱山の開発も続けていたので何かと入り用だった。住んでいた家を売ってしまったのと、生活を質素にする必要に迫られて、近所の小さな長屋に引っ越した。

「どうしてこんなところに引っ越すのですか？」

普段は文句の一つも言わない妻の品子が、不平を言った。家が小さいからではない、是清は売却した家のすぐ裏手にある小さな長屋に引っ越すことにしたのだ。

品子にすれば近所の人や出入りの商人など、世間体というものがある。おちぶれた姿をわざわざ近所にさらさずともよかろうと思うが、

「近いと引っ越しに便利だし費用もかからぬ」

是清はこうしたことに無頓着だった。

非職の給与は3年間が支払いの限度、あと2年ほどで切れてしまう。その後は一時金を支給されて収入の途（みち）を断たれるので、是清は早いうちに生活の基盤を作る必要があったのだ。

友人からはどこそこの知事にどうか、あるいはその下の郡長にどうだと話を持ちかけられていたが、是清は断っていた。

是清は官吏になる前、教師でありながら詐欺に遭ったり相場に失敗したりした頃、周囲の友人や教え子たちが学問を修めて立派に国家に仕えるのを見て、自身もそうありたいと官への途を選んだのだった。そもそもお金のためではなかった。

しかしいまや剝落の身、衣食のために官で働くのであれば、あるいは間違った上官の命令にも従わざるを得ずにお国のために役立てないかもしれない。そうした葛藤にさいなまれ、しばらく非職の身分に甘んじたのである。しかし月日は経てども、将来のめどはなかなかつかない。

高橋家の家族会議

ある日是清は家族を集めると、ペルー銀山のことから始まり国内の鉱山開発もうまくいかなかった事情の一切を説明した。こうなれば家族皆で百姓をやろうと提案したのだった。

「この上は運を天に任せ、一家の者は一心となって家政を挽回するに努めねばならぬ。ついてはこれから田舎に引き籠もって大人も子供も一緒になって、一生懸命働いてみようではないか」

すると長男の是賢は黙って聞いていたが、次男の幼い是福は、

「そうなったら蜆売りをして家計を助けます」

と言ったものだから家族の皆は涙を流したが、

「それじゃまるで歌舞伎か落語の蜆売りじゃないか」

と是清は噴き出しそうになった。

江戸落語「しじみ売り」はねずみ小僧が登場する人情話のおなじみで、家計を助けるために10歳にもならない幼い子供が寒空に蜆を売って歩く。

「しじみぃ〜、え〜、しじみよぉ〜」

どうやら高橋家ではよく落語や講談を聞いたに違いない。

生活は厳しくとも家庭は温かさに包まれた。そしてそこに一輪の花が咲く。明治24（1891）年5月、品子との間に長女和喜子が誕生したのだ。前妻との間の長男、次男ときて初の女の子である。是清にとっては可愛くて仕方がなかった。


是清は、ペルー銀山の失敗によって世間では誹謗と嘲笑の中にあった。しかしこれは本来是清だけの責任ではない。本当は退却将軍としてよく判断をして損失を最少限に収めたのだった。そのことは前田正名がよく知っていた。そして前田の兄貴分、品川弥二郎、松方正義らもよくわかっていた。彼らは是清の能力を評価し機会があれば是非重用せねばならぬと考えていた。

是清は約2年間の浪人生活を余儀なくされたのである。

第2部　自立篇

日本銀行本店

第6章　日本銀行

第48話　川田小一郎

明治25（1892）年の4月、ペルーから帰国して1年と10カ月が経った頃、前田正名(まさな)が長屋にやってきた。

「日本銀行総裁の川田小一郎(こいちろう)さんが君に会いたいと言っている」

就職の世話である。前田や品川弥二郎が松方正義にでも頼み込んだのだろう。

川田小一郎とは、仙台藩出身の富田鐵之助の後任で第3代の日本銀行総裁だ。

土佐藩郷士の出身で岩崎弥太郎の片腕として三菱財閥繁栄の礎を築いた。日銀OBで日銀研究家の吉野俊彦氏に言わせれば「歴代総裁中もっとも傑出した大総裁」である。

当時の日本はいまだ貧しかった。民間の貯蓄は少なく銀行から産業資金に回せる金は少ない。何か大きな事業をしようとすれば銀行の総元締である日銀の裁量次第だったのだ。

加えて、川田はもともと三菱の大番頭で政界の長老たちと対等のつきあいをしていたような人物である。いきおい大蔵大臣も小物では相手にならず、自宅にまで呼びつけることもあった。こうして川田は「日銀の法王」と呼ばれるまでに威厳を持つようになったのである。

日銀総裁との出会い

前田の訪問から数日後、是清は牛込新小川町の川田邸を訪問した。川田は出勤などしない。たいていの仕事は自宅で済ませる。

「君のことは松方さんや品川さんからよく聞かされている」

初対面である。

「ペルー銀山でのことはあらまし承知しているけれど、是非君本人の口から聞きたい」

是清は言い訳がましく聞こえないように工夫しながらも、後腐れがないようにヘーレンとうまく契約書を交わしたことなど、撤退戦を中心に説明した。

「そうか。もし仮に私が君の立場であれば同じことをしただろう。そしてそれ以上のことはできなかっただろう。実によくやった」

是清は、この件でよくやったなどと言われたのは初めてだった。それから2度ほど許されるままに川田邸を訪ねているうちに、

「山陽鉄道（現在のJR山陽本線）の中上川彦次郎が社長を辞めて三井に入ったから、君、後釜にどうだ？　社長をやらんか？」と言う。

「恐れながら、官界転じて民間会社に入るからには、社長としてふんぞり返るわけにはいきません。実業を知りたいので、ここは是非丁稚小僧から始めさせて下さい」

是清がそう言うと、

「そうか。実は私は君を日本銀行へ入れようと思っていた。日銀は今人材が必要だ。だが、君の評判は悪く、とても最初から君など正社員で雇うことは無理だとも思っていた」

是清の受け答えは川田の想像した通りだった。

「では、もし私が日銀の玄関番をやれと言えば、君はできるか?」

是清は躊躇なく、

「はい」

と答えた。

高橋是清37歳。当時としてはもう若くはなかった。


明治25年5月の中ごろ、是清は再び川田小一郎日銀総裁から呼び出しを受けた。

「君は、ご一新前に金座があった場所を知っているか?」

是清はうなずいた。

「実は今あそこに日本銀行の本店を建築中だ。総監督は安田善次郎さんにお願いしているが、その下で唐津の出の辰野金吾君が技術部の監督をしている」

「よく存じております」

辰野金吾は是清の唐津時代の教え子だ。

「前にも言ったが、世間の目もある。君をいきなり銀行の正社員にはできない。どうだ、当面は辰野君の配下の事務部で支配人として働いてくれないか?」

是清はもとより丁稚からでも始める覚悟だ。

「そんなこと少しもかまいません。喜んで働きます」

こうして是清は6月1日に辞令をもらった。

「建築所事務主任を命ず、年俸１２００円」

正社員でこそないが、是清の農商務省でのキャリアが充分配慮された高い給料である。

それまで非職の扱いだった農商務省の方からは日銀入行に際して退職一時金８３３円33銭３厘が下賜された。

この時期、川田総裁は是清だけに限らず各方面から積極的に人材を集めていた。自分の出身母体の三菱（日本郵船）からは後に総裁になる山本達雄を、慶應義塾から小泉信吉、海軍からは片岡直輝、外務省からは日本初の法学士である河上謹一や鶴原定吉などである。

当時、１５３行あった民間の国立銀行の営業年限（発券銀行から普通の銀行への転換）を前に唯一の発券銀行となる日本銀行の業容拡充を見据えていたのである。

日本銀行本店の建築は、明治18年に用地を取得、明治21年7月に設計を辰野に任せることが決定すると、辰野を調査のため1年間欧米に出張に行かせたところから始まる。富田鐵之助総裁の時である。起工は明治23年9月、是清が着任した時は起工から既に2年が経過していた。

この辺りは南の一石(いっこく)橋を渡れば日本橋檜物町(ひものちょう)（今の八重洲）の花街。その昔、芸妓の桝吉(ますきち)と暮らした家も近い。しかし感慨にふけっている場合ではなかった。

是清は丁稚小僧のつもりで朝早くから日本橋の建築現場に通った。現場を見て作業員や事務員たちから話を聞いたりしながら、現状の把握と改善点の発見に努めた。表面上は建築所雇いとはいえ給料は高級官僚のものである。是清は人生をやり直したい気持ちも強く、他の者とは仕事に対する意識が根本から違った。

辰野金吾と本店建築へ

するとさまざまな問題が浮かび上がる。建築資材の購入契約は技術部でやりながら、発注などの手続きは事務部が行う、調達された資材は確かに事務部の帳面に記帳されるものの、在庫の現物管理は技術部で適当に行う、というような具合で、入庫はあるが出庫の記録がない。技術部の方でも建築資材の在庫がさっぱり分からなかった。

ある日技術部から、工期に間に合わぬから大至急と督促されて、大騒ぎで業者から鉄棒を調達したことがある。ところが後で調べてみると全く同じ仕様の鉄棒が倉庫に積み上げられていたのだった。慌てて発注せずともよかったのだ。これでは建築コストが上昇するばかりである。

是清は辰野に倉庫に積み上がった在庫を見せながら、この際在庫管理は事務部の方に委せてもらうことにした。こうして事務部では資材の入出庫を金銭の出納と同じように記帳することで在庫管理ができるようになり工事の進捗(しんちょく)を早めることになったのである。

また、当時の西洋建築ではどうしても輸入資材が多かったのだが、この購買を建築工事の元請けである大倉組に一任していた。

当時の日本は現実として銀本位制である。輸入に際しての価格は国際貿易の基準となる金銀相場変動の影響を受ける。金に比較して銀が安い時には輸入価格は割高になる。

是清が購買伝票をよく調べてみると、請求書の日付は、毎月その月の銀価格が最低だった日付になっており、毎回為替が月中で一番不利なタイミングで買い付けたことになっている。

これについて大倉組に事情を聴くと、これは英国の商社が為替込みの円建てで請求書を作っているという。要するに英国の商社は大倉組の為替市場に対する無知を利用して、毎回為替で不当な利益を抜いていたということだ。

是清は、相場には詳しい。英国の商社に対して、為替を組んだ日時の金銀為替相場が分かる銀行の証拠伝票を添付させせることにした。こうすればズルもできまい。当時の日本の国際貿易の実情は、間抜けはカモであり、無知はそのまま損に直結していた。

仕様変更でトラブル

日銀本店起工後の明治24年10月、岐阜県を震源とするマグニチュード8程度の大規模な濃尾地震が発生した。これは東京でも揺れを感じたほど大きかった。

その時現地の建物の損壊状況を視察した辰野は、当初総石造り3階建ての計画だった日銀本店を、耐震上危険だと判断して2階を普通レンガに、3階を穴あきレンガに設計変更することにした経緯があった。

ある日、是清が工事進捗の報告がてらご機嫌伺いに川田総裁を訪ねると、

「私の在職中に新しい建物に移転したいのだが、聞けば工事は随分遅れているそうじゃないか」

と聞く。

「ああ、それならばご心配なく。辰野君の話では、2階、3階を軽量なレンガ造りに設計変更することになったので、工期も早まり予定に追いつくだろうということです」

すると、川田総裁の顔色がみるみる変わった。

「なんだと、設計変更の話など聞いてはおらん。確かに工事は任せたが、総石造りの建築ということで株主の了承をとっておる。中央銀行の建物は荘厳でなければならぬ。かってな変更は許さん」

ありゃこれはちょっと大変だと、是清は調べて出直すと言い残し、その場はそそくさと退散した。

帰って総監督の安田と辰野と3人で相談すると、二人はお互いに相手が川田総裁の承認をもらったものだと思い込んでいたのだ。

「計画通りに石造りにするとどうなるのだ?」

是清が辰野に聞くと、

「全部石だと、どんなに急いでも予定より1年以上遅れる。それに予算の方も当初予算の80万円では足りなくなる。多分27万、28万円は不足することになるだろう」

安田が、

「そういう事情であれば、辰野君が川田さんのところへ出向いてその話をすればよいではないか」

と言えば、辰野は、

「それは総監督のお役目ではありませんか」と返す。

安田は、

「私は総監督である。自分がこのことについて直接総裁に話すのは最後万やむをえざる時にせねばならぬ」

こう言うと、安田は辰野とそろって是清の方に顔を向けてこう言った。

「高橋君、ご苦労だが、ここは君が我々に代わってまずはさんざん小言を聴かされた上、どうにか承認を得るように骨折ってもらいたい」

第49話　日銀本店工事

是清は工事総監督の安田善次郎と辰野金吾に頼まれて、お怒りの川田総裁をなだめて説得する役目を押しつけられた。

川田総裁は生半可なお追従で説得できるような相手ではない。ここは話の筋が通るように、是非ともよく調べてから行かねばならない。是清は早速工事現場に出て、石材やレンガ、穴あきレンガなど実地で調べて、その後で辰野からいろいろと技術的な説明を聞いた。

「穴あきレンガは縦に積んで棒状につながった穴にトロ（セメント）を流し込めば、上から下までそのトロが芯のように機能する」

一つの穴あきレンガには八つの穴があり、トロはレンガよりも軽いので、普通のレンガよりも軽くて、かつ充分に丈夫な構造を作ることができると辰野は言うのだ。

また仮に総石造りのまま工事を進めると、工期は遅れ費用も余分にかかる。従って震災対策のみならず、ここは是非とも設計変更をせねばならないのだ。

翌朝、是清は辰野から聞いたままを手がかりに川田総裁を訪ねて説明すると、川田総裁の怒りは倍増した。

「設計変更というが、その理由が何となくではだめだ。地震の強さと建物の強度の関係は学理上の根拠があってのことなのか、ならばそれを私に示さねばならぬ」

　川田はこういう理詰めの人なのだ。

「それに予定通りにやると工期も予算も超過するとは何だ。私は株主に予定に従って立派な石造りの建物を建てると説明してあるのだ」

　川田の頭に血がのぼる。

「黙って変更するとは、君たちは信用ならん。もう勝手にすればよかろう」

「川田総裁、そうおっしゃらずに、我々もいろいろと工夫してきますから、どうかしばらくお任せ下さい、お願い致します」

　大柄な是清が、逃げずにひたすら平身低頭懇願すると、その姿がよほど可笑しかったのか、ようやく川田も打ち解けて雑談に応じるようになった。川田にすれば、ひたすら頭を下げる是清の役回りは、どうせ安田と辰野に押しつけられたものだと先刻お見通しだ。

是清の妙案

　是清は帰りの馬車の中で、頭をひねった。中身は辰野の言うとおりにレンガ造りとして、この際外壁だけを石のパネルのようなものに加工して貼ればどうだろうと思いついた。ただし技術的な問題点は辰野に聞かなければならない。

　こうして川田総裁をなんとかなだめすかして是清が事務所に戻ると、辰野が心配して待ちわびていた。

「どうでした。どうでした」

是清はやれやれと思った。

「辰野君、総裁も外見が石造りのようであれば文句を言わないのだと思う。レンガの上に石のパネルを貼るというのはどうだ。思い付きの素人考えで申し訳ないが」

辰野はしばらくあれやこれやと考えると、

「技術的には可能だし、そのやり方であれば、工期も費用も節約できる。しかし川田総裁が納得するかどうか、それが問題だな」

是清はこの際だからと、これまで工事現場を見てきて気が付いたことを辰野と話し合った。

工事は大倉組が元請けとなって、その下の4組の下請けを管理する形で行われているが、特殊技能の石工（いしく）などがいて、それぞれの組がたびたび賃上げを要求して、言うことを聞かなければ仕事しないなどと随分と非効率な形になっていた。

是清はこうした事情から今後はこの四つの組を建築事務所との直接契約に移管すべきだと提案した。またその際、請負契約、資材納入契約等、現在技術部が持っている仕事の権限を事務部の方へ移管してほしいと頼んだ。なんでもないようだが、工事を知ると自負する技術部が、当時の感覚でいけば単なる事務屋に権限を移すなどということは簡単なことではなかった。

辰野のあだ名は「辰野頑固」であった。文字通りの頑固者で、おまけに頭に来るとまわりに当たり散らすことでも有名な男だった。是清の厚かましいお願いに、うーんとしばらく考えたが、

「なるほど。それがよかろう」

と是清のアイデアを受け入れたのである。難しい顔をしてにらみ合っていた二人は「ほっ」と破顔した。

問題は川田総裁の方である。

翌日是清は一人で再び川田邸を訪問した。

「レンガに石を貼り付けるとは妙なところに気がついた。それは面白い。しかしその石の厚さはどれくらいのものだ？」

「辰野博士が言うには、厚さはおよそ3寸、石とレンガはセメントで固着すれば技術的に問題はないということです。これで工期も費用も節約できますので是非ご承認をお願いします」

うんうんとうなずく川田。

「それと」

「まだ何かあるのか？」

「この際私に1万円下さい」

川田総裁は不審そうな顔をして聞いた。

「そりゃ一体何に使うのか？」

是清は、辰野との打ち合わせ通りに、これまでの工事の遅滞は大倉組の請負にあるので、下請け4組は今後事務所の直接契約にすることを説明した。

そしてその際、4組の親方に四角形の建物のそれぞれの面を請け負わせて、工期に遅れた者からは1日500円の罰金を徴収し、期日前に仕上げた者には1日500円の割で賞与金を出したいと説明した。

「競争させれば仕事ははかどるでしょう。1万円はそのために使いたいと思います」

川田総裁は笑いながら、はたと手を打って喜んだ。

「実によろしい。そりゃ講談の太閤記にある墨俣一夜城みたいな話だな。金はそういうふうに使わねばならん」

川田総裁は上機嫌だった。

支店長に

建築事務所で働いている間も是清は銀行業や経済について熱心に勉強した。当時旧知の高橋健三が内閣官報局長だったので、そこで購読していた「ウィークリー・タイムズ」「エコノミスト」「バンカース・マガジン」「ニューヨーク・ヘラルド」などの新聞雑誌を借りてはむさぼり読んだ。

真面目にやれば周囲の見る目も変わる。是清は入行から数カ月で、日本銀行の正社員として採用された。そして明治26（1893）年9月1日には、建築所事務主任から銀行支配役に取り立てられて馬関（下関）にあった西部支店長に栄転することになった。年俸2000円である。

日本銀行の工事は、是清の転勤後も続き、明治29年2月に完成することになる。

辰野金吾は、日銀本店工事において是清が考えたレンガに石のパネルを貼る手法を、耐震手法としてその後も使った。これ以降の日銀関係の建物で外壁が石で仕上げられているものは皆レンガに石のパネルの構造である。

第50話　西部支店長

是清に西部支店長の辞令が出た。是清はもうすぐ40歳である。

当時の日銀は本店以外では大阪支店しかなく、西部支店は2番目の支店であり、主に九州地区と山口県をカバーする。

支店用の地所は既に門司に買い求めていたが、周辺にはいまだ九州鉄道本社ぐらいしかなく、川田小一郎総裁は支店進出には時期尚早と判断して、当面の3年間は関門海峡を挟んだ対岸の馬関に置くこととした。馬関は北海道、本州日本海側と大阪をつないだ北前船の重要な中継点であり、九州への玄関口でもある殷賑(いんしん)の商都である。

とりあえずの店舗は山口の第百十国立銀行（現山口銀行）の本店を買収してこれにあてた。

馬関へ

明治11（1878）年設立の第百十国立銀行の初代頭取は毛利本藩一門六家の次席毛利藤内、取締役には佐藤信寛（岸信介・佐藤栄作の曾祖父）というように経営陣は元長州藩重鎮、長州士族の金禄公債出資によって設立された国立銀行で、その規模は中四国・九州では最大、全国でも4位であった。

当初は山口に本店を置いていたが、すぐに商いが盛んな馬関へと移したものの業績は芳しくなかった。

長州出身の愛知県令勝間田稔が持ち込んだ三河新田開発（豊橋）に入れ込んだが、先の明治24年の濃尾地震、続く25年の大暴風雨による堤防決壊で事業は失敗。是清の着任時、銀行は破綻の瀬戸際にあった。

長州は伊藤博文や山県有朋など元老たちの思い入れがある。是清は赴任に際して特に第百十国立銀行の扱いに注意するように川田総裁から言い含められ、日銀は救済の意味もあって店舗を買い上げたのである。

是清は9月22日神戸発の日本郵船上海航路西京丸に乗船し翌日馬関に到着した。この西京丸は翌年から始まった日清戦争において海軍が徴用し、軍令部長樺山資紀（すけのり）が乗り込み、被弾しながらも海戦海域を走り回ったことで有名になる。


少し前の話だが、是清が日本銀行に入るに際して、時の大蔵次官で当時のエリート中のエリートである田尻稲次郎（いねじろう）は、

「あんな相場をやるような山師を日本銀行に入れることはよろしくない」

と陰口をたたいたことがあって、それがどこからか川田総裁の耳にまで届いた。

この頃の川田総裁は既に病気療養中で寝込みがちだったが、翌朝無理を押して起き上がり支度を整えると朝早くに田尻次官を訪ねた。

「聞くところによると、あなたはどうも相場をやるような山師的人物を日本銀行へ入れるのはよくない、とおっしゃったそうですがそれは事実ですか」と尋ねた。

すると田尻次官は、

「いんや、あれは自分がほんの世間の噂に聞いたことを言ったまでだ」

と答えたから川田総裁は顔色を変えた。

「あなたは大蔵次官という責任ある地位にあられる。そんな人が、世間の噂だといって人の身上に関し軽々しく口にせらるることはよろしくない。今後は再びああいうことを言わないようにし

ていただきたい」

と厳しく念を押した。

部下の評判のために、病気を押してわざわざ早朝に出向いて事の真相をつきとめてぴしゃりと言う。川田総裁はそういう人物だった。だから自然人望が集まった。

ちなみにこの田尻次官は元薩摩藩士、米イェール大学卒で経済学、財政学を学び、帰国後は官僚を務めながら大学で教鞭(きょうべん)もとり人材を育てた。奇行で知られた変人ではあったが決して俗物ではない。「積ん読」という現代にも残る言葉の生みの親でもある。後に貴族院議員で子爵になる。

是清着任当初の西部支店の人員は是清も含めて14名。第百十銀行から買い入れた店舗は、馬関に多かった木造の北前船の船問屋の構造であった。是清は少し内部に手を入れて銀行らしくして開業は10月1日になった。

開業記念式典には山口、福岡両県の知事をはじめ両県の銀行家、政財界の首脳が参加して盛大に執り行われた。是清ペルー事件からの初の表舞台、復活の日とも言えるだろう。

「高橋君、いろいろとあったようですが、よく復帰しましたね。九州はあなたを歓迎しますよ」

うれしそうに手を差し延べるのは九州鉄道社長の高橋新吉である。この人は是清が特許局から米国に出張した時のニューヨーク領事だった。赴任早々是清は何かと心強かった。

一行は夜に入ると料亭春帆楼(しゅんぱんろう)に場所を移して祝宴に入った。春帆楼は、日清戦争後に李鴻章(りこうしょう)と伊藤博文の間で講和交渉が執り行われることになる料亭である。この辺りは有名な「ふく」に限らず山海の珍味に恵まれている。宴会は遊び馴れた是清の得意芸でもある。座はすこぶる盛会となった。陽気で楽しい男が東京からやってきた。

第百十国立銀行

この当時九州から本州に売り出す米穀・石炭などは年約1000万円、ところがその反対の買い付けはあまりなく、九州側から納税など国庫金を支払っても金の流れは一方的な片為替となった。年に4500万円は日銀大阪支店から九州の各銀行に兌換（だかん）券を現送せねばならない。そのため九州の銀行では常に現金不足の状態となって、貸出金利は大阪に比べて7％から10％（日歩2銭から3銭）ほど割高だった。

それでとりあえず西部支店が中央金庫赤間関（あかまがせき）（馬関の別名）派出所の看板をあげて国庫金の納付を大阪ではなく西部支店でもできるようにして九州地区だけで回る資金の量を増やした。また九州の銀行に日銀西部支店に当座預金勘定を開いてもらい、その口座で各銀行間の貸借を交換決済できるようにした。

こうして西部支店は着々と中央銀行としての業務を根付かせていったのである。

懸案の第百十国立銀行の方だが、三河新田開発での欠損は65万円だった。一方資本金は60万円しかなく、このため破綻懸念が噂され、取引していた近隣の銀行も手をひいたのである。

是清が銀行の資産を詳細に調べると、金禄公債を株式の代金払い込みとして受け入れていたが、これは時価100円のところを60円の簿価で評価して計上してあった。この評価差益が40万円ほどあったのでこれに20万円ほどあった積立金をたせばなんとか支払資本に手をつけずに済むことがわかった。

そこで日銀からこの報告を受けた伊藤博文、井上馨、山県有朋ら長州閥が動いて日銀から25万円の特別な融資をした。さらにこの辺りの事情を取引先銀行に対して周知徹底させたことで警戒していた銀行との取引も復活した。

「高橋のやつ、やりおるな」

こうして第百十国立銀行は危機を逃れたのである。旧知の井上馨は馬関における是清の存在を頼もしく思った。

第51話　シベリア鉄道と条約改正

少し時間をさかのぼる。明治24（1891）年5月11日、ペルーの銀山開発に失敗した失意の是清が、川田小一郎日銀総裁から「日銀で働かぬか」と声をかけられた1年前の頃である。要するに是清が浪人していた頃だ。

ロシア帝国皇太子ニコライが訪問先の大津で、警備の警察官津田三蔵からサーベルで突然切りつけられ負傷する事件が起きた。大津事件である。

皇太子はウラジオストクで開催されるシベリア鉄道起工式に参加する予定で、その道すがら軍艦7隻を率いて長崎、鹿児島、神戸、横浜、仙台、青森と訪問するつもりだった。これは日露親善もさることながら軍事的なデモンストレーションでもあった。日本人よ、あなたたちの海軍力はいまだロシアには遠く及ばないと示威したのである。

津田が皇太子に切りつけた理由には諸説あるが、そのどれもが根底にロシアという国に対する恐怖心があったことは確かである。

シベリア鉄道は1885年に建設計画が発表されていたが、ロシアも決して豊かな国ではない。米国や英仏独に比べて産業革命が遅れていまだ農奴が多い。個人の金融資産は少なく、債券発行など国内での資金調達はままならなかった。

しかし1891の3月にフランスから700万ルーブルの借款に成功したことによって、いよいよシベリア鉄道を着工できるようになった。

フランスが資金を提供した理由は、それまでロシアはドイツとの間で独露再保障条約を締結して親しい関係にあったが、1890年にドイツ側が一方的にこの条約の更新を拒んだために、今度はロシアが資金を求めてフランスに近づいたからである。しかしこれで列強間の拮抗（きっこう）関係に変化が生じた。すなわち英国はシベリア鉄道開通によりロシアのみならず、フランスの極東に対する影響力も考慮に入れなければならなくなったのだ。

ロシアの極東への鉄道開通は、地政学的、軍事的に太平洋へ接続する意義はもちろんのこと、巨大な中国、東アジア経済圏への本格的な進出をも意味したのである。もう少し簡単に言えば、ロシアは中国北部への領土拡張をすすめるということだ。

英国は19世紀初頭のナポレオン戦争終結以来、その卓越した海軍力を背景にして世界の覇権を掌握しパックス・ブリタニカを実現した。しかし一方で、不凍港を求めて南下するロシアとの間で、黒海、イラン、アフガニスタン、そして極東と各地で摩擦を起こしていた。「グレート・ウォー」と呼ばれる一連のせめぎ合いである。

このグレート・ウォーの極東部分の先に浮かぶのが日本列島であり、日本では英国の事情とはまた関係なく、日本なりのロシアのシベリア鉄道建設に対して軍事的な危機感を抱いていた。

明治の日本陸軍を担う山県有朋は、シベリア鉄道の計画発表段階から早くも北方のロシアを警戒していた。

山県は国境を意味する「主権線」と、国家の利益にかかわるエリアとしての「利益線」という独自の概念を使って、国防上の危機を政府首脳や議会に対して警告してまわり軍備の拡充を訴えた。この場合「利益線」は国外になる。具体的には朝鮮半島のことである。

英国の変化

明治維新以来、新政府の課題であった不平等条約の改正は、相手方である列強の諸国に改正のメリットがない以上、これまで遅々として進展がなかった。ところがこのシベリア鉄道が具体化するにおよんで、前記の理由から英国が条約改正に対して柔軟な姿勢を示すようになった。

日本外務省のお雇い外国人顧問ヘンリー・デニソンはこの英国の変化を、「畢竟(ひっきょう)、シベリア鉄道の刺激に坐せり」と分析した。

英国は本国から遠く離れた極東で、新興国日本の軍事力を味方の戦力として期待するような動きに出てきたのである。

日本は東アジアの黄色人種の国としては例外的に、明治22年に帝国憲法を発布、翌23年には帝国議会も開催していた。また海軍や金融をはじめとして多くの留学生が英国や米国で学び、高官には英語を話す者も多かった。英国は不平等条約を他国に先駆けて率先して解消し、日本との良好な関係を構築しようとしたのである。

明治26年11月末、陸奥宗光外相はこの機を捉え、青木周蔵駐独公使に対して駐英公使を兼任させると同時に、英国へ赴いて条約改正の交渉に当たれと指示を出した。

青木はドイツ滞在歴25年、井上馨外相時代に外務次官として条約改正に従事し、外務大臣まで務めたこともあったが、先の大津事件で引責辞任した経緯があった。条約改正の実務家としてはもっとも経験深い人物である。

ここでの英国との交渉はもはや困難なものではなかった。英国が要求する英米レベルの法典の整備とそれを英文化した公文書の発行、また条約発効以前に英国人の日本における土地の所有権を認めることという条件もあったが、これは居留地の永代使用権を無期限に安堵（あんど）することで乗り越えられそうだった。こうしていよいよ日清戦争が始まろうとする明治27年、年初から英国との条約改正交渉は着々と進展を見せていた。

日清戦争の足音

さて、大津事件当時、日本に対して示威行為を行ったのは、ロシアばかりではなかった。事件から少し経った明治24年7月5日、丁汝昌（ていじょしょう）提督率いる清国北洋艦隊の軍艦、「定遠（ていえん）」と「鎮遠（ちんえん）」が日本を訪問した。どちらも日本にはいまだない巨艦である。ロシアに続いて清国の艦隊も「日本の海軍力は清国に及ぶまい」と脅しにやってきたわけだ。

両艦はドイツ製で、明治18年の就役ながら最新鋭の30センチ主砲4門搭載の巨大な軍艦だった。

これらは明治19年にも日本を訪問して、乗組員が港で乱暴狼藉（ろうぜき）を働いた長崎事件を起こしていたが、この明治24年の訪問では、親善と示威の両方の意味も込めて、明治帝や軍人を招待して艦の見学を許した。

見学した者は刺激を受けて、日本海軍はロシア極東艦隊や清国北洋艦隊に負けない強力な艦隊を望んだが、いかんせん金がない。

当時の制限選挙で、金持ちの納税者ばかりの民党は増税を警戒して常に予算拡充に反対である。翌明治25年の第4回帝国議会では、海軍が要求した軍艦の新規建造費予算も全額減額されてしまった経緯があった。

これを憂えた明治帝は「和衷協同の詔」を発し、内廷費（天皇と皇族の生活費）毎年30万円の節約を申しだされたので、これに文武官僚の給与10%を歳入に回して軍艦建造費の補足に充てることになったのである。

この当時の世界の軍艦建造の技術革新はめざましい。ちょうどこの明治25年には、英国海軍が世界初の「戦艦」であるロイヤル・ソヴリン号を竣工、日本は英国にこのクラスの戦艦を発注した。後の有名な戦艦「三笠」はこの発展型である。

この時の戦艦は日清戦争に間に合わなかったが、日本海軍は金がないなりに速射砲を多数備えた安価な高速巡洋艦を充実させ練度を上げていた。日清戦争を前に清国海軍との戦闘には充分な自信を持っていた。

第52話　日清戦争

明治27（1894）年3月28日、是清が日銀西部支店長に就任して約半年、ようやく職務にも、馬関（下関）の土地にも慣れ始めた頃である。

日本に亡命していた朝鮮の元官僚で活動家の金玉均（きんぎょくきん）が、朝鮮国王が放った刺客に上海で暗殺される事件が起きた。金は李鴻章に会うために上海に出向いたところだった。

金はこの10年ほど前に、朝鮮の近代化のために日本と協力してクーデターを起こした。いわゆる甲申事変である。その結果失敗して日本に亡命していたのだ。

是清は自伝の中で金を、日本の明治維新になぞらえて「朝鮮の志士」と呼んだ。坂本龍馬たちのような男、それが当時の日本人が金に対して持っていた印象である。

金の遺体は日本の引き渡し要求にもかかわらず、朝鮮へ運ばれて「凌遅処斬（りょうちしょざん）」（あらためて体を切り刻むこと）の惨刑を加えられ、各地に手足バラバラでさらしものにされた。

東学党の乱

日本人の視点からは、金は親日派であり、朝鮮を近代化するために尽くした人であった。また清国は朝鮮を属国とし、近代化を妨げる存在でもあった。

さらに、この非文明的な刑罰に対して、福沢諭吉など日本の知識人の間でも朝鮮と清国に対する非難の声が高まった。

当時の朝鮮は近代化が遅々として進まず政情が不安定だった。この年の5月に入ると、重い税負担や役人の汚職、日本など外国資本に対する野放図な開放政策などに不満をつのらせた民衆が甲午農民戦争（東学党の乱）を引き起こした。

5月31日に全州（チョンジュ）が東学党によって陥落すると、朝鮮政府は清国に対して内乱鎮圧のための援兵の要請をしたが、翌6月1日に東学党は内政改革の請願を国王に上願することを条件に和約（平和条約）に応じた。朝鮮政府もまた東学党も外国軍隊の介入を嫌ったこと、それに農民はこの時期から農繁期に入るので引き下がったのである。

しかし乱は収まれど援兵要請は生きていた。これを受けたのが李鴻章の配下にあり、この時事実上の清国公使として10年間ソウルに駐在し、朝鮮の属国化を確たるものにしようとしていた袁（えん）世凱（せいがい）だ。清国滅亡後に初代中華民国大統領になる男である。

清国が朝鮮に派兵する時は日本側に通告せねばならない。これは10年前の甲申事変後の日清間の天津条約で決めたことであった。清国が出兵するのであれば日本も出兵しても構わないというのが当時の国際常識だった。

袁は日本をよく観察し、議会との対立が続く時の第2次伊藤内閣の混迷の様子から、日本には朝鮮出兵の余力がないと判断した。李鴻章も袁のその説得に応じて清国兵の派兵を了承したのである。

李も袁も、清国が出兵して朝鮮の内乱が収まった形にして、見かけ上だけでも実績が欲しかった。日本を含む列強に朝鮮は清国の属国であることをアピールしたかったのである。

しかし一方で李は清国軍の実力に懐疑的で、仮に朝鮮半島で日本と戦争になれば負けるかもしれない、それだけは避けたいと考えていた。

袁の見る通り第2次伊藤内閣は確かに混迷していた。

6月2日、議会の運営に困った伊藤は、「天下人心」を朝鮮問題に転嫁すべく衆議院を解散し、同時に日本も朝鮮に出兵することにした。すべての戦争は、国内矛盾の対外転嫁として勃発するというが、まさにこれである。

伊藤は開戦に対して積極的ではなかったが、実務担当である外相の陸奥宗光は条約改正交渉不調の失地回復のため、また陸軍の川上操六参謀次長はかねてより温めてあった攻略作戦実行のために清との戦争に乗り気だった。

そのため派兵規模は、名目上の派兵目的である日本人居留民保護を大きく超えた混成1個旅団、約8000人の本格的な攻略部隊であった。政府は早くも4日には戦時大本営を設置したのである。

派兵決定が伝わると、3月の腹立たしい金玉均暗殺事件のこともあり、日本国内は議会も国民も挙国一致、渾然一体となった。天下の人心は見事に朝鮮問題に集約したのである。李や袁の思惑は外れた。

8日、清国の2400人の兵が朝鮮に上陸、ソウルを離れたところに布陣した。10日には、日本の海軍陸戦隊430人がソウルへと入城した。

英国が調停案を日清両国に提案したが、清国がこれを拒否。日本は日清共同による朝鮮の政治改革など、清国にすれば受け入れがたい項目を入れて清国に申し入れたが、清国は当然これを拒否した。

16日には日本の混成第9旅団先遣4000人が仁川（インチョン）に上陸。日本は清国と一戦を交じえて朝鮮半島の主導権を握るつもりである。しかし、この時の日本は英国の干渉を懸念して動けずにいた。

同日のロンドンでは、かねてから青木周蔵公使が交渉中だった日英通商航海条約が締結された。

伊藤と陸奥がせかしたのである。維新以来の懸案であった不平等条約改正の実現である。

日本はこの条約が締結されたことで英国の日清戦争への中立的立場を確認し、開戦への障害がなくなったのであった。

開戦

7月20日、日本は「朝鮮の自主独立を侵害する清国軍を退去させよ、さもなくば代わって日本が清国軍を駆逐する」と朝鮮政府に迫った。当時の清国寄りの朝鮮政府がこれを受け入れるわけがない。開戦理由を探すための要求である。

想定通りに朝鮮側が提案を拒否すると、23日深夜に日本軍は朝鮮王宮を攻撃し占領した。この日が日清戦争の起点である。この戦争の最初の攻撃対象は清国ではなく朝鮮王宮であった。日本は国王高宗を支配下に置くと、清国派の高宗妃の閔(びん)氏(閔妃)を追い出して、実父大院君を担ぎだし強引に新政権を樹立させた。そして清国軍を駆逐するよう日本に依頼させた。

24日には宇品を発ち馬関の港に停泊していた東郷平八郎大佐艦長の巡洋艦「浪速」が港にいた是清の目の前で混成第9旅団後続部隊の乗る輸送船8隻を護衛して仁川へと向かった。

東郷はこの翌日、豊島沖で清国兵1100人と大砲12門を牙山に向けて輸送中の、清国傭船の英国船籍高陞(こうしょう)号に遭遇する。東郷は国際法上の規定を満たした上で、これを撃沈したがこの事件はしばらく国際世論を騒がせた。

かくして7月25日の豊島沖海戦を序として日清戦争が本格化し、8月1日には宣戦の詔勅が下ったのである。

この間国内の鉄道は東京から広島までが開通し、9月13日には大本営を東京から広島城内へと移し明治帝も移動した。

15日には平壌の戦い、17日には黄海海戦とあいついで日本軍が大勝し、これで戦争の大勢は決してしまった。

日本艦隊を率いる連合艦隊司令長官は、その昔サンフランシスコ行きの船中、浴衣一枚でまだ子供だった是清と酒ばかり飲んでいた伊東祐亨（すけゆき）である（第5話）。

第53話　広島大本営

日清戦争開戦当時の大蔵大臣は諏訪高島藩出身の渡辺国武、次官には田尻稲次郎、主計局長が松尾臣善（しげよし）、主計官が阪谷芳郎であった。

開戦にあたって大蔵省は日清戦争の軍事費を期間別に3案想定した。（甲）戦争期間半年、5000万円、（乙）1年、1億円、（丙）1年半、1億5000万円の三つである。

（甲）ならば剰余金・公債を中心にやりくりする、（乙）であれば、それに加えて酒・たばこ・所得税増税も視野に入れねばなるまい。さらに長引いた場合の（丙）では民党反対の中心課題である地租の増税までが想定されていた。この時は日露戦争のように外債を発行して外国から資金を調達する計画はなかった。基本的な資金の流れとしては、まず日銀が政府に金を貸し、政府支出によって民間に資金が移動したところで国債を発行して日銀が回収するというようなものであった。

戦時公債に応募殺到

明治27(1894)年8月17日、宣戦布告から約2週間後、償還は5年据え置きの50年以内、年利5%の軍事公債3000万円の募集が行われた。5年間は償還しないが、その後50年以内のどこかで償還するというものである。

それまでの日本では前例がない大規模な公債募集だったが、国民は熱心に応募してその金額は7700万円にも達した。

また11月に行われた2回目の5000万円の公債募集には、9030万円もの応募があった。なにしろ全国銀行預金残高が1億4000万円しかない時代、国家予算規模は約1億円であった。是清の西部支店があった山口県下では1回目の募集時に70万円、馬関市(現在の下関市)だけでも10万円の目標が課せられて、お国のためにここは是非とも応募せねばならぬと、市長以下主なる人々が市民に働きかけた。

ところが各地域の有力者たちが名誉をかけて募集金額の多寡を競うものだから、住民の中には自分の所有田畑を抵当に入れてまで金を借りて応募する者が出る始末だった。8月の最初の募集では馬関市だけでも10万円の目標に対して18万円の応募があった。対外戦争に際して、国民が一致団結する国民国家が形成されつつあったのだ。

9月13日の大本営の広島移転に伴い、大蔵省では田尻次官が東京に残り、阪谷主計官が広島に出張して大本営付きの主計官を命ぜられた。この時国会も明治帝と一緒に広島へと移った。

10月13日、広島で1億5000万円の臨時軍事予算案を中心となって作成した阪谷は、西郷従道陸海軍（兼任）大臣以下、有栖川大将宮、樺山資紀中将、伊藤博文総理大臣、児玉源太郎陸軍次官など政府首脳出席の会議に参加して予算案の説明をした。

主要人物は皆広島にいる。阪谷は自分のチェックを通らない日清戦争の支出は1銭たりともなしとまで豪語し、翌明治28年3月の停戦までに広島・東京を4往復して、八面六臂の働きをした。しかしこうなると在東京の先輩財務官僚は「阪谷横暴」とばかりになにかとやかましくなった。明治30年に閉じられた日清戦争臨時軍事費特別会計は、支出が2億47万円、歳入2億2535万円で差額は明治29年度一般会計に繰り入れられた。この歳入の約半分は国内の戦時公債募集によるものであった。

国民新聞社の徳富蘇峰は当時のメディアとしては特別待遇を受けた。大本営が広島へ移動する際には明治帝と同じ列車に乗ることができた。広島に着くと、さっそく大本営が設営された広島城のすぐそばに国民新聞社大本営臨時支局を開設した。隠れもしない御用新聞である。

当時陸軍は割烹旅館「吉川」を、海軍は「長沼」を本陣としていたが、蘇峰は「吉川」の陸軍参謀次長川上操六中将、寺内正毅少将らを頻繁にたずねた。この「吉川」は現在の平和記念公園、原爆ドームの川向かいにあり、俳優で歌手の吉川晃司の先祖が営んでいた。

蘇峰は広島での仕事を終えると、と言っても飲めや歌えと忙しかったわけだが、11月12日の朝に帰京することになった。この時に、同志社の後輩で国民新聞社の社員、生涯弟のように可愛がることになる深井英五を広島に残して川上中将に推薦した。

「この男は将来お国のために使えるようになる人物です。便利使いではなく、是非、ためになる事に使ってください」

深井英五とは、この物語の冒頭に登場した後の日銀総裁である。この時弱冠22歳。

その日の夜、神戸に到着した蘇峰は、広島に残した深井に対して、川上に推薦状を渡してきたことを手紙にしたためた。

「君は万事に処して今少し積極的たるべし。人に処して今すこしく攻勢を取るべし。物に処して今少しく主地を占むべし。此(これ)は君が一生の訓言也。

君を推薦したるは君に仕事を与えんがためにあらず、君に新たなる学問と経験と而(しか)して他日社会における出身の位地を得るの便宜を与えんがためなり」

この手紙を開くと深井は蘇峰の厚情に涙せずにはいられなかった。

深井英五

同志社でしっかりと英語を学んだ深井は、その能力を生かして、広島の大本営で外国に関する調査・翻訳、外国人の応接通訳にと活躍することになったのである。

川上は戦争が始まって間もなく、すでに戦勝を確信していた。深井に欧州の各戦争の講和の歴史についての報告書を頼んだ。欧州列強注視の中、日清戦争をどのように終わらせればよいのか、参考資料が欲しかったのである。

深井は東京にいる蘇峰に頼んで、関係する原書の書籍を丸善で探しては送付してもらい、それらを翻訳しては報告書にまとめた。

深井は川上に頼まれてこの報告書を伊藤博文にも説明している。伊藤は深井に細かく質問をし、後の講和交渉の参考とした。こうして深井は、徳富蘇峰のところの若い人として日清戦争を通じて政府首脳にも知己が増えたのである。

深井英五は明治4年、上州高崎藩士深井景忠の五男として生まれた。高橋是清よりも17歳年下である。深井家は150石。父は武道弓術に通じ、頭脳明晰、高崎藩の離れ領地である銚子（千葉県）の奉行、勘定奉行も務めた。しかしちょうど深井が生まれた廃藩置県後には、父は世の中から退隠し細々とした生活に埋没した。そのため深井の幼少期は極貧の生活となった。

小学校卒業後も中学校に行くには金がなく、小学校の手伝いをしながら、山下善之の猶興学館、西群馬教会（現高崎教会）の星野光多牧師から英語を学んだ。

そんな時に上州安中藩の出身者で、同志社の新島襄が、奨学金の対象者を探しに高崎を訪れた。月額5円の学費のうち新島の奨学金が半分、残りを西群馬教会の有志と父景忠が出すことによって深井は同志社で学ぶことになった。この時、明治19年、深井英五15歳、是清はというと農商務省から欧米出張に出掛けていた頃である。

第54話　藤田伝三郎

日清戦争の間、日本銀行西部支店がある馬関は朝鮮半島への軍需物資輸送の拠点になった。倉庫という倉庫は軍に徴発された軍需物資で満たされた。

また多くの船舶が軍に徴発されたために、わずか目と鼻の先の関門海峡をつなぐ船がなく、九州から本州への物資は門司に停滞した。

人の流れも同様に、朝鮮半島に渡る要人は、たいてい出発前に馬関に宿をとって一息入れた。日本銀行支店長の是清は地元の名士の一人である、その際接待役として多くの人物と接触する機会を得た。

明治27（1894）年10月16日、内務大臣を辞めたばかりの井上馨が、朝鮮駐劄（駐在）の全権公使として渡韓すべく馬関に到着した。

井上は大蔵大臣になりたかったが思うようにいかず、また日銀の川田小一郎総裁とそりがあわず川田を解任しようと画策したがうまくいかなかった。いろいろと不平不満の中で朝鮮外交の大役が回ってきたのである。現任の大鳥圭介公使と交代の赴任で、数日馬関に滞在する予定であった。

是清が井上に会うのは5年ぶりである。それはペルー銀山事件の前のこと、井上が農商務大臣だった時以来だ。

今回の井上の朝鮮駐在は1年間の予定である。馬関での滞在は数日とあって連日送別の宴を催した。ところがこれがなかなか出発しない。是清は井上と暇つぶしに船を浮かべて釣りをすることもあった。井上との距離は一気に縮まった。

地方銀行の弊風

さて、金融である。戦争によって九州地区の金融は逼迫したが、当時の弊風として変則的な融資が横行していた。いわば銀行による地方金融制度確立までの過渡期だった。

地方の銀行の重役や大株主で、知人などに融資を希望する人がいると、この重役や大株主はとりあえず銀行に自身の持ち株を担保として入れて、自身の当座勘定で銀行から金を借りる。そして借りた資金を知人に対して高利でまた貸しするのである。担保は土地不動産であるから、彼らは取りっぱぐれがない。

しかしこのやり方では、その地方の銀行が資金不足になって日銀から資金を借りようにも、差し入れてもらった自行株ではその地方の銀行の返済不能と同じリスクであって担保にはならない。つまり地方の銀行としては日銀に対して差し入れるべき担保がなく、資金不足になったのだ。

日銀西部支店はこれらを調査し、こうした弊風をやめさせるとともに、地方のしっかりとした名家や財産家が発行する融通手形に対して再割引の方法で金融への途を開いた。

11月21日、旅順要塞（ようさい）陥落、戦争中に清朝宮廷の取り巻きから作戦に対して何かと干渉を受けていた李鴻章だが、とうとうこの敗戦の責任をとって懲戒処分となった。だからといって頼りになるのはあいかわらず李鴻章だけだった。

翌明治28年2月12日、北洋艦隊の拠点威海衛（いかいえい）が陥落し北洋艦隊が降伏した。李鴻章の腹心で北洋艦隊提督の丁汝昌が自殺して清国海軍は実質的に壊滅した。

参謀次長川上操六が考えた次の作戦は、直隷（ちょくれい）決戦である。「直隷」とは「中華皇帝のおひざもと」という意味で、黄河下流域、北京までの侵攻を目指す作戦だった。

日本軍はありったけの兵力である陸軍常備7個師団に後備部隊の約3分の1を直隷平野に集結する計画で、こうなると日本国内に残る陸軍兵力は皆無となる。かなり無謀な勝負だった。日本軍は戦争期間中、正規兵・軍夫合わせてのべ約30万人が国外に展開していた。

一方、清国軍は近代化された精鋭北洋陸軍3万、東北三省練軍5000人の他は、旧制度の軍約20万人、頭数はあれど装備は古い。できれば直隷決戦は避けたかった。

ちょうどこの頃、2月16日、日本銀行の定時総会が開催されるので、是清は馬関から上京の途中、大阪で船を下りた。川田総裁が大本営への伺候の帰途に体調を崩して大阪の鴻池家の別荘で養生していると聞いたからである。是清は大阪中之島の自由亭に宿をとると早速総裁を訪ねた。

川田は寝ていたが、起きて床の上に座ると気持ちよさそうな表情をした。

「広島では天皇陛下への拝謁を仰せつけられた。これほどうれしいことはない」

それはよろしゅうございましたと是清があいづちを打つ。

「それでな、伊藤博文首相から、朝鮮独立扶助の資金として300万円ほど、日銀で用意しろというから引き受けてきた」

そう言うと川田は伊藤からもらった書き付けを是清に渡した。

骨董屋

是清が書き付けを読み始めると、着流しに角帯、縞の羽織を着た瘦身長軀の男が入ってきた。川田と軽く会釈すると取次はその男を藤田と呼んだ。

「ははあ、あの親しさは、なじみの骨董屋か何かだな」

と是清は思った。

「おい、高橋君、伊藤さんが言うには、政府は是非とも朝鮮に金を貸さねばならないのだそうだ。ついては日銀から貸してくれというから、ならばと、伊藤さんからその書き付けを貰ったのだ」

まるで骨董屋にでも聞かせるかのように、川田はわざと大きな声で話した。

ならばと是清は腹蔵なく話すことにした。この腹蔵なく話すクセは、世間から是清はまるで米国人のように遠慮のない奴とよばれるゆえんである。

「総裁、これはいけません。第一、日本政府が直接朝鮮政府に金など貸して、列強が何というでしょうか。第二にこの書き付けは伊藤さん個人のものであって、総理大臣とも書いてなければ政府のものでもありません。こんな書き付けじゃ何の値打ちもありませんよ」

するとそれまでニコニコしていた川田は、突然怒気を含んでこういった。

「何だと、お前は俺の書き付けを何の値打ちもないというのか、俺の部下に貴様のような奴はおらん！」

川田は布団をかぶって寝込んでしまった。

やってしまったというやつである。是清がすっかり萎縮すると、座っていた骨董屋が突然立ち上がり縁側まで出て、是清を呼んだ。

「高橋さん、まあまあ、こっちへ来て景色でも見なさい。あなた、病人を怒らしちゃいけませんよ」

この落ち着き、この風格。是清はこの時初めて骨董屋が藤田財閥の藤田伝三郎だと気が付いた。

是清はそそくさと退散すると日銀大阪支店鶴原定吉支店長を訪ねて、辞表を渡した。

「鶴原君、僕は総裁からお前みたいな奴は辞めろと言われた」

「どうしたっていうんだよ」

是清は事情を説明した。

「そそっかしい奴だなあ。でも、そりゃ大丈夫だ。僕に任せておけ。総裁は藤田を通じて現在朝鮮に行っている井上さんに向けて、川田も井上さんのために骨を折っているのだとアピールしたかっただけだ。ちょっともめていたからな。あの二人」

鶴原の言うままに、夕方再び川田を訪ねると、川田は鶴原と一緒に談笑していた。

「でも総裁、高橋が藤田さんを骨董屋と間違えるなんて、おかしいじゃありませんか」

「まったく馬鹿な奴だ」

是清は障子越しに鶴原に手を合わせると、頭をかきながら二人の前に現れた。川田は指をさして大笑いした。

第55話　馬関条約

明治28（1895）年1月31日、在清、在日の米国公使の仲介を頼りに二人の清国高官が講和交渉のために広島までやってきた。だが彼らの持つ全権委任状の効力に疑義があり、日本側は講和交渉入りを断った。その際伊藤博文首相や陸奥宗光外相は、李鴻章を全権とする講和交渉を希望した。

日本側の講和の条件は、朝鮮の独立、領土割譲（大連湾・旅順、台湾）、賠償金獲得、通商条約の改定などを骨子としたもので、うち続く戦勝に、国内世論では大陸や台湾などに過大な土地割譲要求が噴出し始めていた。

一方、清国では2月22日に李鴻章を天津から北京へ呼び寄せて宮廷で御前会議を開き、日本との講和問題を議論した。北洋大臣の職を解任しても、李に頼る以外になかったのである。ここは領土割譲を認めて終戦とするか、あるいは直隷平野において決戦するかで議論は進んだ。

3月2日に至り、清国は李鴻章を全権代表として日本へ送り出し、領土割譲、賠償金支払い、朝鮮独立の3条件の基本的承認やむなしで日本との交渉に入り和平の途(みち)を選ぶことになった。

李鴻章襲撃事件

3月12日講和交渉の場所が馬関に決定。15日には東京の近衛師団と大阪の第4師団に対し大本営がある広島への移動命令が発令された。両師団は鉄道で広島に集結して、宇品港から船で大連へと向かう。これは直隷決戦への準備であり、講和会談中の威嚇となる。

17日、外務大臣陸奥宗光が馬関に来着。是清が挨拶に伺うと、「今度の談判は十中の六、七の結了は難しかるべし」という。これは陸奥の常に控えめに語る常套句(じょうとうく)で、周囲の者は、大臣はそういうが多分談判はまとまるだろうと是清に話した。

18日夜には伊藤博文が馬関港に到着し、その夜は船中で酒盛りし気炎を上げた。調子に乗りすぎて、自分の外交政策を絶賛し松方正義をおとしめた。

松方好きの是清はその場に居あわせて、伊藤内閣の先行きを危ぶんだ。ちょうどこの日、大蔵大臣渡辺国武が逓信大臣に転じ、総理大臣経験者の松方正義が大蔵大臣の任に就いたところだった。

是清をはじめ財政関係者は、きっと松方は蔵相就任後、普仏戦争勝利後のドイツ（1871年に金本位制採用）にならい、日本も清国からの賠償金をもとに金本位制の導入に本格的に着手するだろうと考えていた。是清はもちろん大賛成で、川田小一郎日銀総裁宛に早々と意見書を出した。

19日には李鴻章全権の船が馬関の沖合に到着した。御歳72歳、風邪気味で体調整わずその日の上陸は見合わせた。こうして是清は日本銀行西部支店がある馬関で、講和条約交渉の一部始終を知ることになった。交渉は阿弥陀寺に隣接する料亭春帆楼で翌20日から始まった。この料亭は戦災で焼けたが、今日に至るまで綿々と営業を続けている。敷地内には日清講和記念館があり、そこでは交渉に使用された部屋が再現されている。

3月20日の第1次会見で、李はまず交渉中も進撃する日本軍の停戦を求めた。しかし翌日の第2次会見で伊藤が出した停戦の条件は、大沽、天津、山海関各城塁の清国軍の武装解除と日本軍による占領という重いものであった。

「苛酷、苛酷」と答えた李は、条件の緩和を訴えたが、伊藤は強気を崩さなかった。また、この間に日本軍は台湾譲渡の根拠とすべく台湾南部の海上50キロにある澎湖諸島に攻め込んだ。

24日の第3次会見では、李は交渉中の停戦案を撤回、日本側の条件をすみやかに出すように要請、翌25日から講和談判に入ることが確認された。

事件が起きたのは、この日の会見終了後である、午後4時40分。宿舎である引接寺への帰途、清国式の輿に乗った李が、春帆楼を出て阿弥陀寺町通りを西に400メートル進み、引接寺に向けて右折する交差点まで来た時だった。左右に巡査の詰め所はあったのだが、すぐ横の草鞋屋の軒下から上州出身の小山という若い小男の愛国者が忽然と現れた。すると小山は李に向けて至近距離から拳銃を一発発射した。

銃弾は李の左目の下に命中、かろうじて目に損傷はなかったが弾は貫通せず顔に食い込んだ。気丈な大人（たいじん）李は血があふれ出る傷口をハンカチで押さえて、輿を急がせ引接寺に戻ると、自ら階段を上がって自分の部屋に入った。

憂国の士が国を滅ぼすとは勝海舟の言だが、上下問わず国民の脳裏によみがえった記憶は大津事件、ロシア皇太子襲撃事件であった。

明治帝は詔勅を渙発（かんぱつ）して遺憾の意を表明し、すぐさまお見舞いと軍医総監を派遣した。また伊藤全権はせめても誠意を見せねばならない、李の復帰までの3週間の停戦を清国側に通告しその回復を待ったのである。

条約締結

この時是清が、つまり日本人がもっとも心配したのは、李がこの事件を利用して、日本側が不利になるように、巧みに列強に働きかけることだった。米英はともかく、ロシアの新聞ではすでに大津事件の再来、野蛮な国日本と報道されていた。

一方で李は、随員李経方（りけいほう）をして交渉の継続を望むとともに、本国へは大丈夫だから落ち着くようにと打電している。李鴻章は戦争が長引いてアジアの問題に列強兵力をかかわらせたくなかったこと、早く戦争を終結したかったこと、清国国内の騒動を抑えたかったことがその理由であろう。日本側は冷静に振る舞う李を大人として尊敬した。

当初は清国側も馬関市民の懸命なお見舞いのお願いを断っていたが、李の回復と日本側の誠意にやがてこれを受け入れた。

市民代表は大きな水槽を仕立てて、中に生きた魚介類を入れて宿舎の引接寺に差し入れた。彼らは活発に泳ぎ回る鮮魚に大層感激したようであるが、随員の一人が杖でガラスをつついたところ、ガラスが割れて、中身の蛸や穴子が跳び出して随員たちがずぶぬれになったのは笑い話として残ることになった。

4月13日、李は、宿舎の引接寺から関門海峡を埋め尽くす広島宇品港発の近衛、第4師団の日本軍60余隻の大船団を目にすると、日本は本気で直隷決戦に臨む気であることを悟った。威嚇が効いたのだ。

4月17日、最後の談判の日、是清が発熱して出席できなかった陸奥を見舞うと、「伊藤は気前が良いから李に頼まれてきっと賠償金をまけてくるに違いない」と心配した。

果たして伊藤と李が調印した条件は、朝鮮の独立、遼東半島、台湾、澎湖諸島など付属諸島嶼(とうしょ)の譲渡、賠償金は2億両（日本円で3億1100万円）、最恵国待遇に新たな開港場を開放、そしてそこで自由に各種の製造業を営めることとした。この最後の開港場の扱いは列強による中国進出を加速することになった。

是清は講和の記念に伊藤から書をもらうべく、宿で墨をすりつつ伊藤の帰りを待った。

「伊藤閣下、是非書を」

機嫌の良かった伊藤はおだてられるままに10数枚の書を揮毫(きごう)して、是清はそのうち5枚ほどを手に入れた。

第7章　北からの脅威

第56話　三国干渉

明治28（1895）年4月17日、伊藤博文首相が清国の李鴻章代表との間で講和条約に調印を終えると、明治帝は平和克復に関する大詔を発した。戦勝と平和と、国民の喜びは絶頂に達した。

ところが、わずか6日後の23日の夕方になって、ロシア、ドイツ、フランスの3国の駐日公使たちがそろって外務省の林董外務次官を訪ねてきた。

林董は順天堂の基礎を築いた佐藤泰然の五男、軍医総監松本良順の弟で、後の日露戦争時には在英日本公使として是清とともに外交・資金調達に奮闘することになる。

遼東半島還付と報奨金

3国の公使が言うには、日本の遼東半島領有は北京に対する脅威となるであろうこと。また朝鮮の独立を有名無実化し極東地域の平和の障害になるとして、日本に遼東半島の放棄を迫った。

世にいう三国干渉である。揚子江域に利権が集中していた英国はこれに加わらなかった。

日本にはこの3国の艦隊を相手に戦い、日本と遼東半島との間の制海権を維持するだけの海軍力はなかった。明治政府のリアリストたちは5月4日には遼東半島還付を決意した。

李鴻章は講和交渉中から列強に働きかけ、干渉があることを知った上で講和条約に調印したのだ。抜け目のない交渉相手だった。

5月10日には詔書が出されて、この屈辱は日本国民の知るところとなった。しかしこれはタダではなかった。清国との交渉の結果、遼東半島の還付報奨金、つまりは遼東半島を返還する代価として3000万両を受け取る事が決まったのである。賠償金との合計金額は2億3000万両になった。邦貨換算約3億5000万円、国家歳出が平年1億円にも満たない時である。後から見れば、防衛費など金がかかる領土よりも金そのものの方がよほど良かった。

しかし銭金だけの問題ではない。現代の中国を見ればよくわかるだろう。勃興する新興国家は名誉を欲するものだ。日本国民は失望し、新聞は黙っていなかった。5月10日に詔書が出た後、対外強硬派の「日本」では三宅雪嶺の論説「嘗胆臥薪」（5月15日付）を始め陸羯南らが政府の軟弱姿勢を激しく追及した。

この三宅の付けたタイトル「嘗胆臥薪」が臥薪嘗胆になり、10年後の日露戦争に向けた対ロシア敵愾心をあおり軍備増強のための耐乏生活を克服するためのキーワードとなっていったのである。

是清は5月23日付の友人に向けた手紙の中にこう記している。

「本月10日の詔勅を拝誦するに至り、哽咽（涙にむせぶ）言うに堪えず、切歯扼腕（怒りから歯ぎしりをし腕を強く握り締めること）、裂眥（怒りで目が大きく開く）の慨と共に臥薪嘗胆の決意自ら禁ずる能はざるもの有之候、……」

山県有朋陸軍大臣は「軍備拡充意見書」を提出、松方正義大蔵大臣は、これに沿って「財政意見書」を提出した。

曰く「我国軍備の拡張は実に一日も緩にすべからず」、軍拡を第一とし、足場を産業育成と植民地経営におくべしと。富国強兵である。

日清戦争という初の対外戦争が、国民の心をひとつにし、芽生え始めていた国民国家意識を強化した。そしてその結果、清国に勝利はしたものの、列強に較べれば国力がまだまだ足りないことを強く認識させられた。自らも朝鮮、清国に力をもって同じことをしながら、それには気が回らない。国民は理不尽な干渉を強いる列強に対して、なにくそ今に見ていろと心に決めたのである。

形式的には日清戦争はここで終わりだが、現実には清国に譲渡させた台湾の領有問題と戦後の朝鮮をどうするのかという問題が残された。

この時代、台湾では都市化が進み、台北を中心にすでに鉄道が120キロほど開通し発展の途上にあった。決して未開の土地ではなかったのだ。従って日本の統治に対する抵抗活動は激しいものになった。

日本は同年11月18日の樺山資紀総督の台湾平定宣言までに兵と軍夫合わせて約7万5000人を台湾平定戦に投入、戦争全体での日本軍死者1万3488人中、台湾では5320人の死者

（戦死者164人、戦病死者4642人など）を出し、中国人兵士や住民1万4000人を殺害した。そしてその後も台湾の抵抗は、児玉源太郎と後藤新平が活躍する明治35年まで7年間続くことになった。日清戦争における台湾平定戦の比重は極めて高かったのだ。

また戦争中に朝鮮では第二次農民戦争が発生、朝鮮軍とともに日本軍が鎮圧にあたった。ここでも多くの朝鮮人の犠牲者が出ている。日清戦争後の朝鮮は日本を忌避し、ロシアへと接近していく。

瓜分の危機

清国が賠償金を単独でファイナンスできるわけではなかった。三国干渉から約2カ月後の7月6日、清国はフランス銀行団からロシア政府保証による4億フランの借款を得た。ロシア側で策動していたのは大蔵大臣のセルゲイ・ウィッテ、シベリア鉄道の開通を推進してきた人物である。彼は永らく大蔵大臣の任に就き、日露戦争の直前に一時左遷されたが、戦後のポーツマス会議においてもロシア全権代表となった。

明治29年5月、馬関講和条約締結の翌年である。李鴻章はモスクワでのロシア皇帝ニコライ2世の戴冠式に参列した。齢（よわい）74、準備万端に棺桶も持参しての旅だった。上海から黒海のオデッサへ、欧州、アメリカを回る半年間の大旅行である。

この旅行中の6月3日、清国はロシアとの間に露清密約を結んだ。朝鮮半島を適用内とし日本を仮想敵国とした攻守同盟であった。またロシアはシベリア鉄道のショートカットとなる清国内東3省を通過する東清鉄道の敷設権を得た。後にハルビンを起点にロシアの租借地となる旅順まで延長され、英米、日本に対して地政学的な問題を引き起こし、日露戦争の直接的な原因を作ることになった。

1884～85年にかけての清仏戦争では、フランス軍の損失も甚大であった。眠れる獅子、清国の底力は再認識されたのだが、日清戦争における日本に対する敗北は、清国弱しとの印象を列強の間に強めてしまった。

この翌年、ドイツは膠州湾（こうしゅう）を占領、ロシアも清国と同盟しながらも旅順・大連の租借を強要、この時李鴻章はロシアから50万ルーブル（ほぼ50万円）の賄賂を受け取ったとされる。この動きにフランスもイギリスも同調、東洋平和のための三国干渉など、お題目に過ぎなかった。

鉄道敷設の借款をエサに列強が各自の利権確保に奔走する。外国人が清国の国土をまるで瓜でも切り取るように奪っていく、これを当時の清国では「瓜分（かぶん）の危機」と呼んだ。

1898年、清国の光緒帝（こうしょてい）は清国の近代化を目指し「変法」と呼ばれる立憲君主制への政体変更を目論むが西太后を中心とする守旧派のクーデターによって挫折する。

日清戦争後、日本は臥薪嘗胆の下、産業振興、軍備強化に努め、列強は清国を瓜のように切り刻む。北からはロシアが忍び寄り、東アジアはますます緊張の度合いを強めていった。

第57話　横浜正金銀行

日清戦争が終わった明治28（1895）年、是清は8月に開催された日本銀行総会の後で川田小一郎総裁から横浜正金銀行への移籍を打診された。

「これまで、日銀は低利の資金を正金に融通して、貿易の発展に資すべく働きかけていたが、どうもうまく機能してこなかった」

川田総裁が是清に説明する。

「そこで、福沢諭吉さんの慶應からわざわざ貰い受けてきた小泉信吉君を本店支配人として日銀から送り込んだのだが、結局、正金の連中が小泉君の言うことにはあまり耳を貸さず、一方で日銀はやいやいと文句を言う。小泉君はとうとう日銀と正金の板挟みになって、やけ酒を飲み過ぎて死んでしまった」

どうにも正金内部には、もやもやとした事情がありそうだった。

「そこで、もう私は知らぬということで、本来日銀が決めるべき本店支配人人事を放っておいたのだが、ここへきて、正金から代わりの人材を早く送ってくれとの督促があった」

なるほど。

「高橋君、君なら酒も強いし、飲み過ぎで死ぬこともあるまい。それに君はずけずけとあつかましくモノを言うから、どうにかなるだろう。どうだ。本店支配人として行ってくれぬか」

褒めているのか、けなしているのか、ともかく横浜正金銀行の頭取は園田孝吉、是清が特許局から欧州へ出張していた時のロンドン総領事だ。

園田は薩摩閥、ロンドン赴任中に金融を勉強しており、その見識を認められて外務省から横浜正金の頭取に横滑りしたのである。

横浜正金銀行は貿易金融・外国為替に特化した特殊銀行である。後に東京銀行となり三菱銀行と合併して現在の三菱UFJ銀行にまで至っている。英語の得意な是清には適任である。

業務改善

是清の移籍の辞令は8月26日付。馬関（ばかん）は2年間という短い期間ではあったが、多くの要人と出会え、毎晩のように宴席をくりひろげた思い出深い土地だ。そんな馬関に別れを告げ、是清は英語修業の子供の時以来久しぶりに横浜の住人となった。41歳の時である。

是清はペルー銀山で失敗した後、大塚窪町の自宅を売却してすぐ近くの長屋に移った。その後、川田総裁に誘われて日本銀行に入行した時には、銀行の世話で日本橋本革屋町（まさに現在の日銀周辺の場所）に借家した。また西部（さいぶ）支店長になった時には思い切って本所押上の田んぼの中に一軒家を350円で買っている。376坪の土地に小さな家がついていたが、建物は決して満足なものではなかった。

今回、横浜正金銀行への移籍に伴い、横浜の野毛に部屋を二つほど借りていつでも泊まれるように用意し、本所の家の方には近くに建坪32坪ほどの良い家作があったので上物だけを購入し移築させた。

是清は日銀西部支店での活動を通じて銀行業務には一通り慣れたが、為替業務には素人だった。当時の横浜正金銀行は行員が80人ほど、園田頭取と相馬永胤（ながたね）取締役の二人が2階の頭取室に収まり、是清は1階で事務をした。支配人は計4名、山川勇木（ゆうぎ）、戸次平吉、川島忠之助が机を並べた。このうち山川が懇切丁寧に為替の実務を教えてくれた。彼は、後の日露戦争の時の横浜正金銀行ロンドン支店長である。

実務に慣れるに従って、業務の流れで不合理な点がすぐに見つかった。是清はずけずけともの申す。

「為替の建て方が間違っている」

為替を建てるとは、正金のお客様に対して本日の当行の為替交換レートはいくらいくらで取引すると提示することだ。是清は慣習に流されず、おかしなものはおかしいと本質を突く発言をする。これはまさに川田総裁が期待したところである。

「正金は毎朝9時に開店しているのに、為替レートを提示するのは、決まって10時に外国銀行が開店して提示した後である」

これは外銀開店後に為替仲買人が正金に為替レート連絡の一報を入れるからというだけの理由であった。しかし維新の直後でもあるまいし世界の中心であるロンドン市場での取引結果は正金にも前の晩の内に電報で届いており、仲買人の一報など待つ必要がなかったのだ。

「今後は開店と同時に正金独自の為替レートを店頭に提示し、得意先には外銀にさきがけて、はがき大の案内を配布することにする」

ずいずいと意見を押し出してくる是清に逆らう者はいなかった。川田総裁と近く、皆からは将来の首脳になると思われていた。

「それから、輸入（売り）為替の客がいない」

確かに輸出（買い）為替は正金にも注文が入っている。しかし日本郵船は近ごろ8隻もの新造船を英国に発注した、つまり輸入だが、正金には為替の注文が全然こない。また三菱造船所も新造船を建造中で、資材を外国から大量に輸入しているはずなのに正金には注文がこなかった。ましてや盛んに貿易活動をしている外国商社からは輸出為替はあれど、輸入為替の注文はほとんどゼロだった。

輸入業者は銀行に行き円で代金を支払ってポンド建ての貿易手形を買い、これを英国の輸出業者に渡す。手形を受け取った輸出業者はこれをロンドンの銀行支店か提携銀行でポンドの現金と取り替える。つまりこの交換の間は手形発行銀行の破綻リスクにさらされる。一方で輸出為替は手形を現金化するだけなので銀行ならばどこでもよいが、輸入為替は信頼できる銀行でやりたい。つまり正金は信用がなかったのだ。

西郷従道

さらに是清が客先を訪問して聞いて回ると、香港上海銀行やチャータード銀行などでは当座貸し越し（決済の残高が足りない時の融資枠）が20万円もあるのに正金にはない。

また店頭の応対も、外銀では懇切丁寧だが、正金の態度はまるで役所だという。是清は官僚の出身だが、度重なる失敗の人生経験からその基本動作は実にマメなのだ。分からなければ現地へ行って聞くところから始まる。そして正金を是非使ってくれと説き伏せる。人の座敷に土足で上がってくるようなところもあるが、愛嬌（あいきょう）のある大柄の身体、いくらでもある自身の失敗談。根が誠実だけに、こんな男は憎めない。

「よし、では為替レートは外銀よりも先に出す。店頭サービスは親切に。当座貸し越しは外銀並みに。それから為替の手数料を外銀よりも少しだけ安くする。これでどうだ」

理路整然。横浜正金は是清が入行して以降、目に見えて活況を呈した。

そんなある日、横浜駅（現在の桜木町駅）で西郷従道とばったり出会った。読者は覚えているだろうか。従道は明治6年、是清が文部省でデビッド・マレーの通訳をしている頃からの知り合いだ。

「高橋さん、今日の閣議であなたの話が出たが、あなたが正金へ行って働いてくれるので、皆が大変喜んでいます」

どうやらペルーの失敗は帳消しのようだ。

第58話　トルストイ

明治29（1896）年の5月初旬。日清戦争も前年に終わり世情も落ち着いて、是清が横浜正金銀行で業績をあげ始めた頃である。

国民新聞社の社主、徳富蘇峰はかねてから準備していた欧米出張旅行に出発することになった。蘇峰は国民新聞社が発行する英文雑誌『The Far East』を編集する深井英五をお供に連れていこうと決めていた。

しかし内気なくせに頑固者の深井は「自分などその任にはない」と謙遜してなかなか承諾しない。仕方がないので、社員たちはとりあえず先に送別会を開いて、深井を主役である蘇峰の隣に座らせた。存外手間のかかる男である。

宴席で蘇峰は立ち上がると、三国干渉のロシア、ドイツに対する恨みについてくどくどと触れた。最後に送別会に対する謝辞を皆に述べると隣の深井を無理矢理に立たせた。するとさすがの深井もようやく観念したらしい。

「この機会に欧米をよく見て参ります」

と挨拶した。一同拍手である。そして蘇峰に続いて、社員一同から胴上げされては、さすがの深井も今更蘇峰のお供を断れなかった。蘇峰33、深井24歳である。

徳富蘇峰と深井英五

5月19日、横浜港出航。見送りの中には社員、名士たちに交じって上州高崎から出てきた深井の母の姿もあった。

24日の神戸では蘇峰、深井の出身である同志社同窓生の送別会があった。

香港ではピークトラム（ケーブルカー）に驚き、シンガポール、コロンボ、スエズ運河、マルセイユ、ジブラルタルを経てロンドンに到着したのは8月10日のことだった。貨物船だから船足が非常に遅かったのだ。

当時の在英国公使は加藤高明、第一次世界大戦時の外務大臣であり、後の首相である。蘇峰は大隈重信の紹介状を持参していたので丁重なもてなしを受けた。領事は林権助、鳥羽伏見の戦いの会津藩士で大砲隊長林権助の名を継ぐ孫である。彼がロンドン市内を親切に案内してくれた。

ロンドンの後は、オランダ、ドイツへと渡った。在ドイツの公使は条約改正に尽力した蘇峰旧知の青木周蔵であり、新聞関係を中心にさまざまな人を紹介してくれた。しかし三国干渉を恨む蘇峰は、ドイツの軍人、政治家とは決して会おうとしなかった。

そしてロシアである。まずは首都サンクトペテルブルクでこの国の政治、軍事、産業の詳細を数日かけて観察した。蘇峰にすれば来たるべきロシアとの戦いに向けた自分なりの準備のつもりである。

この時ちょうどモスクワ、サンクトペテルブルク、ノボシビルスクに次ぐロシア第4の都市ニジニ・ノブゴロドで全露大勧業博覧会が開催されていたので見物に行っている。モスクワから約400キロ東、当時はボルガ川に船便があった。博覧会にはシベリアのコーナーがあって、そこにはシベリア鉄道の工事の進捗状況の解説があった。これを見た蘇峰は、今にロシアが攻めてくる、日本は国会など内輪の争いをやめて挙国一致せねばならぬと決意を新たにしたのだ。

10月8日の朝、蘇峰と深井はモスクワから南に240キロ、世界的文豪レフ・トルストイが生涯を過ごしたヤースナヤ・ポリャーナの駅に到着した。

トルストイはこの時68歳、妻とは既に別居、娘たちが迎えの馬車を差し向け、トルストイも含めて9人で食卓を囲んで朝ご飯を食べた。皆は英語で会話した。

書斎の壁にはディケンズ、ツルゲーネフ、ショーペンハウエル、それにクリミア戦争当時の軍服姿のトルストイの写真が並ぶ。

「日本はなぜにヨーロッパなぞのマネをして軍備を拡張するのだ?」

トルストイが問いかけると、ところどころ深井に手伝ってもらいながらも蘇峰は答えた。

「日本は軍備をもって侵略を図るものではない。

しかしながら日本は従来あなたのお国であるロシアも含めて列強から種々の屈辱を受け、また不当の干渉を受けてきた。先の三国干渉を見よ。

日本人である私の所見はあなた方西洋人とは全然異なる」

蘇峰がこの議論はやめておこうと言うと、

「私は年だ。死期がいつくるかも知れぬ。故に人生の至要問題は一瞬間でも放任することはできない」

平和主義者のトルストイはそう言うと、さらに蘇峰に質問をなげかけた。やがて昼食が出た。

「日本の唄を何か歌って下さい」

娘たちが若い深井に所望する。

深井も都々逸でも口ずさめれば良かったが、堅物の彼に歌える曲と言えば高崎の教会や同志社で習った賛美歌ぐらいだ。

第一、人前で歌うなど恥ずかしくてイヤだった。もじもじとしていると、

「深井君、我が国歌の『君が代』はどうだ」

蘇峰がそう言うので、深井は照れながらも君が代を歌いきった。

これに続き蘇峰は頼山陽の「蒙古来」を吟詠した。元寇である。ロシア人には節回しがおかしかったのか娘たちは大爆笑したが、トルストイは蘇峰の悲壮な吟詠に手で娘たちを制した。

深井が吟の意味を説明する。蒙古はまさにロシアの例えでもある。日本海を渡り、攻めて来るなら来てみよ、我らは再び打ち返すであろうと。

しかし蒙古に悩まされたのはロシアも同じこと、シベリアを挟んで、ロシアから見れば日本人はジンギスカンと変わらない。黄色い禍（わざわい）である。

蘇峰はさらに「鞭声粛粛（べんせいしゅくしゅく）」を吟じると、トルストイは、それは音楽的であると気に入った。

かくしてヤースナヤ・ポリャーナの夜は更け、上杉謙信が川中島を渡る。話はつきなかった。いよいよ帰る時になって、トルストイは自分の写真にサインをすると蘇峰と深井に手土産代わりに与えた。

ロンドン人脈

二人は東欧を回ってロンドンへと戻ってきた。ロンドンでは駐日公使アーネスト・サトウの紹介で、当時の国際世論をリードした新聞、「ザ・タイムズ」のキャパー副編集長と昵懇（じっこん）になった。同社内をくまなく視察させてもらい、最新の印刷機器を見ることになった。またもう一方の大新聞「デイリー・ニューズ」の主筆であるサー・エドワード・タイアス・クックと知り合うと、蘇峰の持論である日英同盟に関する論説を掲載させてもらった。日英同盟成立の6年前のことである。

この外遊で蘇峰、深井が知り合ったロンドンのメディア関係者との交友は、その後の深井の2度目の外遊、松方正義との欧州出張を経て、より一層深まり、日露戦争時の高橋是清へとつながっていく。この関係が日露戦争時の日本にとって、有利な国際世論の形成にいかに役だったことか。

日本に戻った明治30年の6月末、蘇峰は全社員に月給1カ月分の特別ボーナスを配給、国民新聞社で働く蘇峰の弟で、同志社で深井と同期だった徳冨蘆花は、月給12円がいきなり20円になって喜んだ。20円でもまだ是清の10分の1ほどだ。当時の高級官僚の給与水準の高さがわかるだろう。

第59話　金本位制

ロシアを旅行する深井英五が徳富蘇峰に促されてトルストイの前で「君が代」を歌うほんの少し前。

明治29（1896）年9月18日、日清戦争を戦った第2次伊藤博文内閣が倒壊すると、松方正義が大蔵大臣兼務で内閣総理大臣になった。

松方と言えば我が国の国家隆盛の条件につき一家言を持っている。

「金本位制を採用せねばならぬ」

だが実施へのハードルは明白。紙幣と兌換（だかん）されるべき金（ゴールド）がなかったのである。また金＝外貨を稼げるような強力な輸出品も無い。

ところが、それが今回の日清戦争の賠償金によって都合がつきそうなのだ。松方はほとんどこのためだけに首相になった。

総理大臣・松方正義

日本では明治4年の新貨条例で、1ドルを1円と決めて一応金本位制の体裁をとった。だが実際には西南の役（明治10年）における紙幣乱発もあり、紙幣と金銀との交換はできなくなった。

その後、大蔵卿だった松方による紙幣整理、および明治18年の日銀による兌換銀行券の発行によって銀貨を兌換の対象として以降、日本は銀本位制となった経緯があった。

当時先進の欧州列強は財務基盤の弱いロシアを除いて、続々と金本位制を採用し始めていた。この影響で各国が兌換準備のための金を買った。

そのために日本が金本位制を採用しようとする1890年代半ばには銀との比較で金がずいぶんと高騰していた。

明治4年には重さで金1に対して銀約16であったものが、日清戦争が終わる頃には金1に対して銀約32と銀は約半分までにその価値を落としていたのだ。

明治の初めに1ドル＝1円と定めたドル・円の為替レートは、ドルが金、円が銀を基準とする通貨価値であったがために、今や1ドル＝2円の円安となっていたのである。

円安は貿易には有利だが、国内物価は上昇する。

こうした事情から日清戦争の前年である明治26年10月、時の大蔵大臣渡辺国武は貨幣制度調査会を設置して、日本は金本位制を採用すべきかどうかを検討することにしたのだった。

田口卯吉などの経済学者をはじめ大勢の意見は、金本位にすれば現在円安を享受している紡績業などの輸出産業が打撃を受けること。輸入が多いため正貨流出による不足によって緊縮財政を余儀なくされる問題があるので金本位制採用には反対というものであった。ここでいう正貨とは正しい貨幣、つまり金あるいは常に金と交換可能な英国ポンドのことである。

民間では渋沢栄一も安田善次郎も福沢諭吉も金本位制に反対、伊藤博文も日本で金が産出されない以上反対であると表明していた。

安田などは、もし金本位制が日本で実現したならば松方に等身大の純金像を進呈するとまで公言していたのである。

一方で大蔵省の阪谷芳郎、添田壽一（じゅいち）などは銀安（円安）で一時的に輸出は伸びたが、先進国はどこも金本位制を導入している。銀価格に依存する為替や物価の大きな変動はよくないし、円安ばかりに頼っていては産業が育たない。金融業は列強と互角に付き合えないし、外債発行など財政上の便益も制限される。長い目でみれば銀本位は国家の飛躍に不利であるので是非金本位制が望ましいという意見であった。これは松方の持論でもある。後年、この時の金本位制反対論者たちはこぞって松方の決断を絶賛することになる。

細かい政治上の機微はあったが、松方は伊藤に代わって組閣するや、ここぞとばかりに賠償金を利用した金本位制の採用に着手した。

その際、是清は松方から金本位制実施に対する意見を聞かれている。

「それは誠に結構、好機逸すべからずでございます。今なら1円はちょうど過去の2分の1、半分に平価を切り下げるチャンスです。これは金銀の相場水準に従った無理のない切り下げです」

後に是清は、生涯最も愉快だった話のひとつとしてこの時のエピソードをあげた。是清にすれば、これが松方決断の決め手になった確信があったのだ。後に金本位制を止める是清は金本位制の採用の時にもかかわっていたのだ。

松方は清国からの賠償金を、金あるいは金といつでも兌換が可能な英国ポンドで貰うように日銀川田小一郎総裁に指示すると、明治帝に理由書を提出して金本位制採用の裁可を要請した。

川田総裁の死

松方は伊藤や山県など元老の間では地味な方だが、明治帝からの信頼はすこぶる厚かった。明治帝は侍従職幹事岩倉具定(ともさだ)を松方の私邸に派遣して次のように伝達させた。

岩倉が書き付けを読み上げる。

「朕(ちん)は卿(松方)の理由書をたしかに読んだ。だが難しくてその内容を充分に理解できたわけではない。しかしこれまで卿が事にあたったものは皆成功している。だから今回も卿を信頼して裁可することにした。

思うに、幣制の改革は難事であるから大反対論者も多く出てくるであろう。そこに意をそそいで、慎重に事にあたるように」

明治帝は松方という人物を信用して裁可を下したのであった。

以降松方以下大蔵省は精力的に仕事をこなし、翌明治30年3月1日には貨幣法案を第10回帝国議会に提出し、松方の政府原案そのままが可決された。3月26日に公布、かくして金本位制はこの年の10月1日の施行となった。

1円は金750ミリグラムと定められ、これは1ドル約2円、また1ポンドは約10円に相当した。これ以降、第一次世界大戦による各国の金本位制離脱まで円・ドル、円・ポンドはこのレートで固定され、その後も変動こそあれ、この値を中心に為替相場は比較的安定して推移した。

明治29年11月7日、かねてより病気がちだった是清の大恩人である川田日銀総裁が死去し、代わって三菱の岩崎弥之助が第4代日銀総裁に就任した。

賠償金の一部は英国ポンド（正貨）の状態で、英国の中央銀行であるイングランド銀行に預金された。その際、横浜正金銀行ロンドン支店がイングランド銀行に当座預金を開設して、日本銀行の代理店としてポンドの出納業務を行うことになった。従来イングランド銀行は容易に他国銀行に口座など開設させなかったが、極東における日本の重要性に鑑み配慮した。そして何より賠償金獲得による日本のその大きな英ポンドのポジションに着目せざるをえなかった。これにより横浜正金銀行は国際的信用が高まり国際的な有力銀行の一つとして認められるようになった。

第60話　外債発行調査の旅

明治30（1897）年3月、是清は積極的な営業活動による業績向上が評価されて、横浜正金銀行株主総会で副頭取に任命された。

10月に日清戦争によって獲得した新領土の台湾銀行創立委員を申しつけられると、その他にも農商工高等会議議員などいくつかの公的な要職に指名されるようになった。

翌明治31年1月、是清は副頭取として正金海外支店事務視察のために海外出張に出掛けることになった。ペルー銀山を含めるとこれで4度目の海外渡航になる。

出発前、当時の大蔵大臣井上馨からちょっと内密で話があると呼び出された。

「我が国もいよいよ金本位制を確立したが、そのメリットのひとつに外国債券の発行があることは高橋君も知ってのとおりだと思う」

ここでの外国債券の発行とは、日本政府が外貨建て（英ポンドや仏フラン建て）で国債を発行して国外から広く資金を集めるということである。

金本位制を採用した国の中央銀行は、その発行した紙幣を求めに応じていつでも兌換できるように、金あるいは金と確実に交換が可能な英ポンドを準備しておかなければならない。

これはつまり発行できる通貨量は準備した金の量の制約を受けるため、政府は好き勝手に紙幣を印刷して放漫な財政を行えないことを意味した。

そのために当時、金本位制を採用して維持している国は財政的な信用を得ることができたのである。金を貸してもきっと返してくれるであろう。つまり日本は金本位制を採用したことで外国から資金を調達、つまり借金をしやすくなったのだ。

「どうも大蔵省の方で計算してみると、近々2億円ほど外債を発行する必要がありそうだ。そこで、もしも我が国が外債を発行するとして、どのくらいの金額の発行が可能なのか、またその時の利率は何%が必要なのか、などのいろいろな発行の条件を調べてきてほしいのだ」

もともと金本位制論者だった是清は井上の意図を明確に理解した。

「外債発行のうわさが世間に漏れるといろいろと面倒だから、こうして君を信頼して極秘に頼んでおるのだ。よろしく頼むよ」

是清は分かりましたと承諾した。

かくして2月9日の夜、是清は東海道線を乗り継ぎ、神戸で日本郵船の長門丸に乗船した。

是清は船中で「インド産業の父」と呼ばれる、ジャムシェトジー・タタと出会った。現代のインド、タタ財閥の先祖だ。是清はインドでの銀購入や日本への搬送についてたくさんアドバイスをもらった。

タタはこの時日本郵船と組んで独自のインド航路を開拓しようともくろんだが、当時独占的だった英資本P&O（ペニンシュラ&オリエンタル汽船）によってたたきつぶされている。

芸妓を引き連れての船旅

2月12日午前10時、船は是清懐かしの馬関に到着した。日銀西部（さいぶ）支店や、地元の百十銀行、当時是清の世話になったり一緒に飲んで騒いだりしていた連中が、真っ昼間から料亭大吉楼と馬関中の芸妓を借り切って待ち構えていた。是清は当地でよほど人気があったと見える。出港までの4時間半を大いに騒いだ。

宴会が終わり一行は船まで見送りに来たが、いざ出港すると是清なじみの芸妓や仲居がたくさん船に残っている。馬関の連中や九州鉄道の高橋新吉社長らがイタズラに彼女らが長崎まで乗れるようにと手配していたのである。船内は着物を着た芸妓がいっぱい。さすがのインドのタタも何事かと目を白黒させたに違いない。

この一行が次の停泊地である長崎の旅館に入ると、地元では何でも高橋是清様の奥様とお嬢さん、それにお付きのご一行が大人数でやってきたという評判が立ってしまったそうである。ずいぶんと華やかな家族である。

そうこうしながら、途中寄港した上海支店では不正経理を見つけ、香港では華僑の力を知り、シンガポール、コロンボ、ボンベイ（現ムンバイ）、アデン、スエズと経由してマルセイユに到着したのが4月27日だった。

ここからは鉄道を使って、ロンドン到着は29日の夜。この時に宿泊したのが、日本政府関係者の定宿ド・ケーゼル・ロイヤル・ホテルである。

ロンドンでは是清がまだ子供の頃、横浜の銀行で世話になったアラン・シャンドと再会した。

「高橋さん、立派になられて」

「シャンドさん、日本銀行のトレーニーたちがお世話になっているそうで、ありがとうございます」

「井上はよく勉強していますよ」

帝大卒業後に新卒で日本銀行に入行した日銀プロパーの井上準之助が、そのシャンドが副支配人を務めるパース銀行でトレーニー中であった。まだ29歳だった。

是清はこの男の能力に目を付けて、ずいぶんとかわいがり引き立てることになるが、この男と是清についてのいきさつは後の話に委ねたい。

シャンドとの再会

是清は井上馨から頼まれた日本の外債発行条件についてシャンドをはじめとする主にパース銀行の人たちに聞いた。

「シャンドさん、我が国はロンドンで長期の公債を発行できますでしょうか?」

「残念ながらロンドン市場における日本国の認知度はいまだに高くはありません。そのためロンドン市場で消化できる日本の外債発行の限度額はせいぜい500万ポンド程度でしょう」

それでは少ない。是清はシャンドに方策はないのか尋ねた。

「どうしても公債を発行したいのであれば、下受人を使って広く販売した方がいいでしょう」

「その下受人とは何でしょうか？」

「投資家のお得意様を顧客に持つ証券の販売業者のことです。その時の経済の状況にもよるでしょうが、彼らはどの証券であればどのくらい売れるものか、おおよその予想が可能です。また顧客に推奨もしてくれるでしょう。それであれば、日本国債も4％の利札で、90％程度の発行価格で販売できましょう」

これは毎年4％を支払うと書かれた切り取り可能な年数分の利札（クーポン）がついた債券を、90％の価格で販売できるという意味で、返済は100％の価格であるから満期まで保有すれば投資家はこの差額も儲かる。

発行者の立場では実際の利回りは「4％÷0.9」で4・44％になる。さらにここから発行銀行や下受人への手数料を支払わなければならないから、支払うべきコストはさらに高くなる。

こうして是清は井上から依頼された調査をすませるとリバプール経由でニューヨークへと旅だった。出発のユーストン駅には駐英公使加藤高明が見送りに来た。加藤とは第一次世界大戦の時に「対華二十一カ条要求」で対立することになる。また後に是清は加藤内閣に入閣することにもなる。

ニューヨーク、ナイアガラ瀑布を経て、サンフランシスコ経由で日本に帰着したのは出発から約半年、明治31年9月のことであった。この時是清は44歳だった。

第61話　日銀ストライキ事件

明治31（1898）年9月末、是清が海外出張から帰国すると政権は第3次伊藤博文内閣から大隈重信へと代わって、内相に板垣退助を迎えていわゆる隈板内閣が成立していた。

大蔵大臣は憲政党の松田正久である。是清はさっそく帰朝報告に参上した。

「君が井上馨さんに提出した外債発行に関する報告書はすでに読ませてもらいました」

「ええ、業者の話によれば、500万ポンドから1000万ポンド（1億円）ぐらいであれば、4％クーポンで90から95％の価格での発行は可能だと思います」

松田はなるべく早く発行したいと言ったので、是清はこの上の調査は必要がないと答えた。

「発行の環境は日々変化します。この際調査を続けるよりも、実地でやってみることが肝要かと思います」

是清は外債発行とは別件で、横浜正金銀行の海外支店を活性化するためにも、主要各支店に資金を提供して、為替業務だけではなく現地で銀行業をやらせるべきで、それによって各地での正金のステータスが上がると報告して了承してもらい実行に移した。

岩崎弥之助

当時、日清戦争で盛り上がった景気の反動でどうにも景気が悪く、松田蔵相は日銀に対して公定歩合の引き下げを迫った。だが岩崎弥之助日銀総裁は政府の干渉を嫌ってこれに応諾しなかった。

結局少し遅れて日銀は公定歩合を引き下げたものの、この年の10月8日、松田蔵相は公然と日銀の引き下げは遅すぎると非難めいた談話を発表した。そこで岩崎総裁は憤然として自ら辞表をたたきつけてしまったのだ。日銀総裁は強気だ。

さて、こうなると後任人事である。岩崎総裁の考えでは同じ三菱の出身である山本達雄の内部昇格が妥当だと考えていたのだが、日銀内部では外務省出身の河上謹一理事を推す声も上がった。

この時の日銀幹部は先代の川田小一郎（こいちろう）第3代日銀総裁が日銀強化のためによそから引き抜いてきた人物を中心に形成されていた。山本は三菱から、河上は外務省から、横浜正金の副頭取の是清も、こちらはむしろ拾われたという違いはあるものの、そうした幹部の一人だった。

この時、隈板内閣の松田蔵相が政党人であるように、政党も日銀人事に口出しする向きもあったので、これを嫌った日銀内部は団結して山本一本で推すことになり、この時に第5代山本日銀総裁が実現した。

ところが年が明けて明治32年の1月になると山本総裁と河上、鶴原定吉両理事のグループとの間でいろいろと問題が起きるようになってきた。

山本は第3代の川田、第4代の岩崎と同様に三菱財閥の出身ではあるが、先の二人は三菱で実績をあげて既に財界の大物として日銀総裁に就任したが、山本は郵船時代の川田の秘書役として日銀に移籍して日銀の中で業績をあげて累進してきた。いうなれば日銀の内部昇格でもあるのだが、それゆえにまた人物的な重みがなかった。

また山本は、慶應義塾や三菱財閥が経営していた三菱商業学校など私学の出、一方河上や鶴原の一派は外務省などからの引き抜きで、当時官界で頭角を現しだした東京帝大の出身者が多く、世間では私学対官学の対立などともいわれた。


是清は横浜正金で横浜勤務ながら、いろいろな委員会などで上京することが多い。横浜の正金にいることで、ちょうどこうした内紛の局外の立場にいることから両者に対して調停を申し入れた。そして山本と鶴原と3人で一席設けた。

「ここにいる3人をはじめ、今の日本銀行の幹部は川田総裁にスカウトされ養成された人間ばかりで皆兄弟のようなものではないか。

それが互いに自我を通し感情に動かされて仲間割れするようでは川田さんに申し訳が立たぬ」

是清はそう戒めたが、その後も両者は黙って反目するばかりである。

「到底融和の見込みがないから、高橋君はこれ以上かかわらないでくれ」

鶴原がそういうと、是清は原因をはっきり話せとしつこく迫った。

鶴原は重い口を開いた。

「そもそも我々は河上君こそが新総裁にふさわしいと考えていた。だが内部でもめていると政党人が口を出してきて困るからと折れて、一致団結して山本君を推したのだ。

こうした経緯で総裁となったからには、彼は何でも我々に相談すべきだと考えていたが、今の山本君は何でも外に頼ってモノを決めては内を圧迫する。それが気に入らぬ」

鶴原はかたくななままだった。

副総裁

2月26日、是清が山本総裁からの電報に呼び出されて東京へ出ていくと、河上、鶴原以下理事3人、文書局長、検査局長、金融局長心得、経産局長心得、大阪、西部、北海道各支店長らがまとまって辞表を出したというのだ。これが世にいう「日銀同盟罷業（ストライキ）事件」である。

是清はすぐにこの時の大蔵大臣松方正義を訪ねて是非を聞いた。

「川田が育てたあれだけの人材たちを山本達雄一人と交換するわけにはいかぬ」

と、松方は山本総裁を辞めさせる意向だった。

「それはごもっともですが、日本銀行はかのイングランド銀行と同じく権威ある中央銀行であって、その中央銀行の総裁を同盟罷業があったからという理由で辞めさせるというのは対外信用の観点から問題があります」

是清は山本の更迭に反対した。そして翌27日からは政府の要人を説得に回った。山県有朋首相に面会に行くと、多忙ゆえに山県閥の右腕、法制局長官の平田東助に会って話した。

翌28日には井上馨を訪問、井上はその話は陸軍大臣にしておけというので桂太郎を訪問して意見開陳、桂は山県に伝えておくと約束した。

その一方で同日、伊藤博文は山本総裁の人柄をよく知っており、また重役が反旗を翻したからといって総裁をクビにしていては秩序が保てぬと、腹心の伊東巳代治（みよじ）を通じて、山県首相、松方蔵相に意見を述べた。この時伊藤が伊東に書いた山本を庇（かば）うよう指図した手紙は、戦災で焼ける前の鳥居坂の日銀集会所にかかげてあったのだそうだ。

その日の午後、是清が松方に呼ばれて行くと、

「内閣は山本を残すことに決めた。ついては理事は三野村利助一人になってしまうから、そこで君は副総裁となって山本君を支えよ」

是清は辞退したが、ちょうどそこに居合わせていた前田正名が是非とも引き受けろと促した。

この時日銀を辞めた者たちは、いずれも一流の人物たちである。不思議なことに、日銀を辞めた後は皆関西へと向かった。

鶴原は大阪市長に、河上と西部支店長の志立鉄次郎は住友財閥へ、大阪支店長片岡直輝は九州鉄道を経て大阪瓦斯へ、大阪支店次長で秋田出身、後に政界に転じる町田忠治は三和銀行（現三菱ＵＦＪ銀行）の前身である大阪の旧山口銀行へと入行した。そして彼らは関西財界の基礎をつくることになったのである。

第６２話　大食副総裁

明治32（１８９９）年3月1日、是清は副総裁となって初めて日本銀行本店に出勤した。本店建築現場の事務として臨時の雇われになってからわずか7年での栄達である。

日銀ストライキ事件を経て刷新された重役会は山本達雄総裁、高橋副総裁、三野村利助理事の3人で開催された。事件の結果、第3代日銀総裁川田小一郎が各界からスカウトした人材はあらかた出て行き、是清のライバルたちは一掃された。

鰻好き

是清が副総裁になってまず手をつけた施策は、日銀による銀行救済の是非に、ともすれば情実が入っていたものを、今後は救済の基準を決めて情実を排すること。

そして二つめは、用度品の発注、配給など無駄が多かった事務方を効率化すべく鈴木知雄をスカウトしたことである。

鈴木知雄は是清が仙台藩からアメリカへと留学した際にずっと一緒にいた幼なじみで、ともに共立学校（現開成学園）の再建にも手を尽くしたが、この頃は第一高等学校の会計事務をやっていた。

是清が鈴木を日銀へと誘うと、世間では日本銀行は官ではなく民だという認識が一般で、鈴木の母は反対するし、なんと鈴木の仲人で第2代日銀総裁の富田鐵之助までが転職には不賛成だった。官尊民卑の意識の強さがうかがえる話である。

当時の民のリーダーと言えば渋沢栄一が第一で、次が中野武営、一方の彗星として豊川良平という人がいたと是清は自伝に人物を列挙する。

この豊川良平という人は土佐出身、岩崎弥太郎のいとこで、明治18年33歳の時に三菱の事業に参画、明治22年に三菱銀行の前身である第百十九国立銀行の頭取になった。実務に長けるというよりは人づきあいの人で、明治29年から明治43年までの間、互選によって銀行集会所の副会長に選ばれ続けた。金融業界の世話役であり顔でもある。

豊川は銀行家が本来の目的のために働くには各行の意思の疎通が欠かせないからと、毎月1回金融関係の主要な人、日銀、横浜正金、東京の主要銀行頭取などから12人を選別して皆で鰻の蒲焼きを食べる鰻会という会合をつくった。歴史書にはあまり登場しない鰻会ではあるが、不況時や日露戦争など重要なタイミングではその見解が注目される存在だった。

鰻会ではさまざまな金融に関する重要な情報が得られるので銀行家は皆参加したがったがハードルは高かった。是清は正金銀行の副頭取の頃からこの会に呼ばれているメンバーの一人であった。

副総裁になったばかりの頃、鰻会の開催場所はその都度持ち回りだが、この日は有楽町の三井の集会所であった。

「豊川さん、皆さん、遅いようですな」

是清は早く来て、豊川と二人で話をしていた。鰻のお重は既に人数分12人前そろって配膳を待つだけになっている。

「高橋さん、どうぞ、どうぞ、お先に鰻の方はお召上りください。皆さんいらした順に召上っておられますから。お召上りになった方からお話しいただければよいのです」

では、遠慮なくと是清は一つ食べたが、これがまったく物足りない。自然と情けない顔になる。

「高橋さん、二つでも三つでもお好きなだけお召上りください。出前を取ればよいだけですから」

お言葉に甘えて是清が食べたのが鰻会全員の分で12人前、これが後々の是清大食いの語り草になった。

それから少し経った4月27日の「読売新聞」に「東太郎大食家の名あり」という記事が掲載された。

豊川との鰻重の逸話がどこからか漏れたのだろう。東太郎とは是清の昔の名、桝吉(ますきち)と離れて唐津へ行った時の名である。記事は、日銀副総裁は大食家だという他愛もない内容である。

それは是清がまだ翻訳をやっていた若い頃、銀座の忠愛社に印刷物を注文したことがあった。是清は後に政治家になる若き日の福島宜三(よしぞう)と一緒に原稿の校正に向かった。この時まだ昼飯前だったので忠愛社に行く道すがら銀座の「天金(てんきん)」に寄って二人で天ぷら12人前と飯6人前を食べたという逸話である。

腹を満たして忠愛社に着いたものの、まだ約束の時間には早いし退屈なので、二人はざる蕎麦(そば)25枚ほどを出前で頼んだ。

すると同室にいた忠愛社の社員5、6人が、あれは自分たちへの差し入れ分に違いないと思って馬力をかけて仕事を終わらせたが、終わってみると蕎麦はすべて食べられていた。

あきれる社員に福島は、

「その内3枚は私が食べたが、あとは残らず高橋氏が食べたのだ」と笑いながら続けた。

「実は、今しがたも天金で天ぷら10人前と飯4人前を食べた氏の手際に感服したところだ」

福島はさすがにがっかりした社員を気の毒に思い、金を渡して木村屋にあんパンを買いに行かせた。

是清はというと、最近は胃の調子が悪くてあまり食わない方だといいながら、そのあんパンを20個ほど食べた、と記事は結ぶ。

高橋是清邸

大食いのエピソードは世間では一般的に好感を持って受け入れられる。

「大柄で大食いの日銀副総裁高橋是清」のイメージは庶民受けが良かった。

是清が本所押上から赤坂表町3丁目10番地に引っ越したのもこの年である。5月26日から3日間、新聞に電話番号入りの転居広告を出した。この家こそが是清の終の棲家、後年2・26事件で襲撃されることになる高橋是清邸である。

この家は事件から2年後の昭和13年に高橋家が東京市に寄付し、16年に公園として開放されて今日に至っている。寄付当時の敷地面積は1986坪、建築された当初の赤坂表町はまだ路面電車も走らない少し辺鄙な場所であった。

家が定まったこの機会に、是清の家族状況を整理しておこう。

最初の妻西郷柳子はおばば様が持ってきた話である。柳子との間に長男是賢が生まれたのが明治10年のこと、農商務省に入省した頃で是清が23歳の時だった。是賢は是清が日銀副総裁になった後の明治32年12月から留学前の語学研修を兼ねて横浜正金ロンドン支店で見習いをさせてもらっている。

次男是福が明治14年に生まれて、その3年後の明治17年には柳子を亡くした。

前田正名の紹介で薩摩出身の海軍大技監である原田宗介の妹原田シナと再婚したのが明治20年のことで、品子と呼ばれることになる。

明治24年、ペルー鉱山失敗の困窮している最中に品子との間に生まれたのが長女和喜子、明治26年には三男の是孝、明治34年が四男是彰。品子との子供はここまでである。

家が大きくなり、お手伝いの人も増えた。その中に鈴木直子という品子の姪がいた。17歳、向学心が強く、是清から英語を習いたいと希望した。

第６３話　四分利付き英貨公債

是清が日本銀行副総裁に出世して、赤坂表町の屋敷（現高橋是清翁記念公園）に引っ越した頃、明治32（１８９９）年６月、日本はロンドン市場で外貨建て国債「四分利付き英貨公債」を売り出すことになった。是清が横浜正金銀行副頭取だった時に欧米出張に出かけて発行の諸条件を探ってきた案件である。

意外に思われるかもしれないが、日本銀行が設立された明治15年以降、日清戦争直前の明治26年までは、例外の23年を除いて日本の貿易収支は黒字だった。輸出の方が多かったのだ。その貿易黒字の累積額は６７１２万円に達し、金銀流出入額も２６０１万円の流入超だった。日本には金銀がたまっていたのである。

ところがこれに対して日清戦争開戦の明治27年から28年を除いてこの時期、つまり明治32年までは逆の輸入超過となり、今度は累積貿易赤字額が２億２４６０万円にも達していた。もっともこの期間の金銀流出入額は清国からの賠償金があったので差し引き２７１２万円の黒字だったが、賠償金受け取り終了後の金銀の流出は止められそうもなかった。

ましてや日本は明治30年から金本位制を採用している。正貨（金）の流出を止めない限り、近い将来のいつか、紙幣と金との兌換ができなくなって日本の通貨システムが破綻することは明らかだった。

外資が必要

では日清戦争を境にして一体何が変わったのだろうか。もともと日本の貿易構造は対アジアについては原材料を輸入して工業製品を輸出するという先進国型の貿易構造であったが、対欧米については工業製品を輸入して原材料を輸出するという発展途上国型の貿易構造だった。

具体的にいうと米国やインドから綿花を、アジアから米を輸入して、中国向けに綿製品を輸出する先進国型、また米国に生糸を輸出して、欧米諸国から機械製品を輸入するという発展途上国型両方の性格を持った構造だった。

この中で三国干渉に対する臥薪嘗胆が叫ばれ、富国強兵下での艦船などの兵器輸入が盛んになった。また近代産業の発展につれて機械製品の輸入は増えたが、日本は主な輸出商品の生糸や工業生産をそれと同じ割合で増産することができなかったのだ。

したがって金本位制の維持を求めるのであれば、とりあえず海外から投資用資金を導入し殖産興業を促し輸出品を育成することが必要だった。それにはすなわち外貨建て公債を外国人投資家に発行するしかなかったのだ。

こうして日本は、必要に迫られて外貨建て公債を発行することになったのだが、正式な発行前に既に発行されていた債券を利用して、いわば予行演習をした。

日清戦争中の軍事公債が国内で大人気だったことは紹介したが、戦後すぐの募集は全く振るわずに大量に売れ残った。そこで余った分を日銀が買いとった経緯がある。その日銀が保有していた既発（既発行）の円建て軍事公債を、円ではなく英ポンドで元利返済します、という付帯条件を公債の証券にくっつけて、ロンドンの投資家に向けて売却しようというのである。これならば外国公債と条件は同じである。

明治30年6月1日、5%クーポン（毎年5%の利息を払うというクーポン券）付き、募集総額4300万円（430万ポンド）分の軍事公債が、ロンドン市場において額面より高い価格103・50ポンド、すなわち総額445万ポンドで売りに出された。売り出しのシンジケート（共同で売り出しを行う業者の連合）には横浜正金銀行ロンドン支店、香港上海銀行、チャータード銀行にサミュエル商会も加わった。これはクーポンの高さと珍しさもあって大変な人気で購入申し込みは6倍にも達した。

是清がロンドンに出張中、パース銀行のシャンドから発行条件などをヒアリングしたのはこのすぐ後のことだった。当時日本公債発行に対してロンドン市場が好感触だったのは、実はこの売り出しがうまくいったからだった。

続く明治32年6月、先の予行演習である軍事公債募集の好結果を受けて、今度は新規の外国公債の募集がロンドンで行われた。

発行の担当責任者は加藤高明英国駐在特命全権公使に委ね、日銀へはその指揮下へ入るように政府から指示があった。しかし実際の実務は早川千吉郎大蔵書記官を中心に行われて、この時日銀も是清もあまり主体的に発行に関与してはいない。

引き受けシンジケートはシャンドがいたパース銀行、香港上海銀行、チャータード銀行、横浜正金銀行の4行で、前回の軍事公債売り出し時になかったパース銀行が加わってサミュエル商会が抜けている。

募集総額1000万ポンド、クーポン4％、発行価格90ポンド（実際に売り出される金額は900万ポンドである）、政府受け取り分は、900万ポンドから手数料40万ポンドを差し引いた860万ポンドだった。これが金本位制採用後初の日本の外貨建て公債「四分利付き英貨公債」である。この資金の調達目的は鉄道建設、電話敷設、製鉄所建設など不足する産業インフラ拡充のためだった。

売り出し大失敗

ところがこの発行は全く人気がなかった。募集総額900万ポンドに対して一般の申し込みは98万ポンドと約1割しかなく、上場前の店頭取引では88・125ポンドと早くも募集金額を割り込んでいたのである。

結局最終的に発行分の45％を日銀、いうなれば余りものを発行者自身である日本政府が買い付けることになった。公式記録を残した関係者たちはそうは書かなかったが、要するにこの時の「四分利付き英貨公債」売り出しは大失敗だったのである。

ロンドン市場つまり当時の国際金融市場における日本という国のプレゼンスは自分たちが考えているほどには大きくなかった。またロンドン市場を支配するユダヤ資本系のロンドン・ロスチャイルドやベアリング商会、超大物個人金融家アーネスト・カッセル卿などへのアプローチもなかったことは失敗の大きな要因であった。

当時こうした専門用語はまだなかったが、現代風にいうならば投資家に日本に投資する利点を知らしめるインベスター・リレーションズ（ＩＲ）と超大手投資家の顧客化が不足していたのである。

こうして外貨での資金調達は、産業の近代化とやがて迫り来ると考えられたロシアとの戦争を控えた当時の日本にとって、大きな課題となったのだ。

「今後数年の間は日本公債の海外での募集は難しい」

松方正義蔵相は結果を踏まえた意見書にこう書いた。

公債発行では貿易赤字による正貨流出の補塡はならず、この募集で得た資金は軍艦購入資金として本国に送金せずイギリスに留保して「今後いかなる他の用途にも使用しない」と閣議決定した。

この時日本は仮想敵国ロシアとの海戦に備えて海軍は有名な戦艦「三笠」をはじめとする戦艦6隻、巡洋艦6隻からなる六六艦隊を建設中であった。これらの艦艇のほとんどは英国製だったので、支払いにはどうしても正貨が必要だったのだ。

北からロシアの脅威は迫ってくるが、日本には正貨が不足していた。いざ、ロシアとの戦争になれば正貨はもっと必要である。

第8章　日露開戦

第64話　総裁更迭

清国が日清戦争に敗れて以降、まるで瓜でも切り分けるかのように列強による清国領土の切り取りが加速していた。いわゆる「瓜分（かぶん）の危機」である。

明治33（1900）年6月、これに反発した民衆が「扶清滅洋（ふしんめつよう）（清朝を助けて西洋を討ち滅ぼす）」を唱えて外国人排斥のために蜂起したのが義和団の乱であった。清国政府はこれに同調して列強に対して宣戦布告をしたために国家間の戦争になった。

北京に閉じ込められた日本を含む列強の公使館員や居留民保護のために、8カ国連合軍が北京へ進軍すると約2カ月で戦争は終結し、翌年清国は乱の事後処理である北京議定書に署名した。

当時の清国の歳入は8800万両ほどだったが、この議定書が定めた賠償金の総額は4億5000万両（7億円）にも上った。

またお金の問題だけではなく、外国の軍隊に対して清国内に駐兵権を認めることになり、清国は実質的に半植民地化することになったのである。日本はこの時、清国駐屯軍を設置、北京と天津に兵を常駐することになった。

兵を置いたのはもちろん日本だけではない。極東への進出を図るロシアもそうだった。

1896年、日清戦争の後、李鴻章(りこうしょう)は皇帝ニコライ2世の戴冠式に出席したが、その際に締結した露清密約に従ってロシアはシベリアから旅順まで東清鉄道を開通させていた。

今回ロシアは義和団の乱に乗じてその鉄道保護の名目で沿線、すなわち満州に大規模な兵力を展開した。

また乱後も、この駐兵を既得権として恒久的に清国に認めさせようと秘密裏に清国と交渉をしていたのだ。これを察した日英独は抗議するとともにロシアに撤兵を申し入れた。

日英同盟

この時期、英国は南アフリカで第二次ボーア戦争を戦っているところで、極東に兵力を割くわけにはいかない。またロシアと満州の地で陸上戦を戦おうにも、ロシアはシベリア経由の鉄道を持ち10日間ほどの行程で欧州とつながろうとしている。一方で英国はインド洋経由の船舶輸送に頼る他なく、ロジスティクスに差がありすぎた。

そこで英国はロシアの満州進出を喜ばない仲間として日本を利用することにした。このタイミングで持ち上がったのが日英同盟である。

当時の世界の覇権国家英国は「光栄ある孤立」の外交方針の下にどこの国とも同盟関係を持たなかった。持つ必要も無かったのだがシベリア鉄道開通が事情を変えようとしていた。一方で日本は世界の覇権国である英国との同盟締結を、世界の一流国の仲間入りと誇らしく考えた。同盟は明治35年1月30日に締結された。

同年4月8日、日英の抗議によってロシアは譲歩、露清満州還付協定が締結され、ロシア軍は満州から3段階に分けて撤兵することになった。

しかし、それからちょうど1年後の明治36年4月8日、ロシアは第2回目の撤兵の約束を履行しなかった。ロシアはもう撤兵する様子が無かった。

日本ではその直後の4月21日に京都にある山県有朋の別荘・無鄰菴（むりんあん）で伊藤博文・山県・桂太郎・小村寿太郎による「無鄰菴会議」が行われ、満州はロシアに渡すとも、防衛上朝鮮半島の権益は守るという、対露交渉の基本方針が決められた。

交渉が続く中、ロシア側は10月4日の第3次撤兵期限も履行しなかったし、日本の朝鮮半島に対する権益も認めなかった。三国干渉に対する臥薪嘗胆の下に艦隊を整備し六六艦隊もこの時期にはほぼ完成、正貨不足に悩む中でも軍備増強を図ってきた日本は、いつかはロシアと戦わざるをえないと考えていた。

一方でロシアは撤兵どころか、極東の戦力を増強するつもりだった。シベリア鉄道の全線開通は目前である、ロシア軍のロジスティクス増強の観点から、日本にとって戦機は鉄道の開通前の今であり開戦急ぐべしとの考えが頭をもたげた。日露の緊張はいやが上にもましていく。これが明治36年の夏から秋にかけての状況である。

総裁交代

この年の10月19日、日本銀行検査局調査役の深井英五（えいご）の結婚披露宴があった。妻はるは信州財界の大物小坂善之助の次女である。深井は徳富蘇峰と欧州を歴訪した後、大蔵大臣松方正義の秘書官に転じ、再び欧州旅行に同行するが、松方退任後は1年間の浪人生活をした。そして明治34年に松方の推薦によって日本銀行へ入行したのである。

披露宴には山本達雄総裁以下重役が参列していた。実はこの日は山本総裁任期満了の5年目の日だったのだが、誰もそれを気にする者はいなかった。後任の話も何もないから日銀の者は、皆総裁は留任だと思っていたのだ。

事が起きたのは翌日である。

大蔵省理財局長の松尾臣善(しげよし)が本店に現れて、辞令を見せつつ私が新しい総裁であると宣言した。山本達雄は任期切れを理由に突然解任されたのだ。行員は皆びっくりした。

驚いた副総裁の是清があわてて曾禰荒助(そねあらすけ)大蔵大臣を訪問すると、淡々とこう言われた。

「山本総裁は任期満了につき、松尾局長を次期総裁とする。不服な者はやめてもらいたい」

取り付く島もない。曾禰は長州閥、是清も不服だったが事情がわからないのでこの場はとりあえず引き下がった。

元々きまじめな山本は曾禰とは折り合いが悪かった。是清は山本の任期満了が近づくと、再任を望むのであれば大蔵大臣など周囲に話をつけておくようにとさんざん注意していたのに、山本は結局何もしなかったのだ。

是清は首相の桂を訪問すると、

「下働きの者でも、辞めさせる1月前には含んでおくものです。日銀総裁をその日に辞めさせるなど、中央銀行の威信にかかわります」

と桂にかみついた。

すると桂は怪訝な目で是清を見る。

「今や日露の開戦は目前である」

桂はキッパリと言った。

「そんな時に曾禰蔵相が、今の日銀総裁ではそりが合わず、とうてい任務が果たせないと言うのだ」

是清は驚いた。確かに日露関係の悪化は知っていたが、戦争が現実に目前に迫っているとは思っていなかったのだ。


是清は山本の更迭の理由については理解したが、今回の日銀総裁に対する処遇はやはり気に食わない。

その足で、山県を訪問すると、

「今回の措置は外国の中央銀行との関係でも恥ずかしい」

と食ってかかった。

「それは君の言うとおりだな。この問題に対処するには今からどうすればよいのだ」

この頃の元老たちは、存外素直である。

「しからばです。すでに決定したものは致し方がありません。もし山本に過失なしとすれば在職中の功績を認めて、昇勲のご沙汰を給わりたい」

山県がウーンとうなり、

「勲章は困るが、貴族院議員ではどうだ？」

と言うと、

「それは誠に結構です」

と是清は元気に笑顔で答えた。

「そんなら君は、桂のところに行って、俺がそう言ったからと言ってその話をしてくれ」

貴族院議員のポストはそういう風に使われていたのである。

かくして山本は貴族院議員となって面目を保ち、後の政治家としてのキャリアへとつながり、やがて是清の政敵となるのである。

是清は今回の件で、戦争が今まさに現実に迫っていることに初めて気がついたのだ。

第65話　松尾臣善新総裁

明治36（1903）年10月20日、山本達雄にかわり、大蔵省理財局長だった松尾臣善があらたに日本銀行総裁に就任した。

この日、大蔵大臣曾禰荒助から官報秘818号をもって日本銀行に対する内訓が発せられた。

「日本銀行は我が国金融機関の中心として、……」

から始まる内訓の要旨は、

「日本銀行は政府が作った銀行なのだから、政府のために必要な資金を供給すべし」

というものだった。後から思えば日露戦争のための準備だったのだ。

政府のための日銀

これまでの日銀総裁は3代目の川田小一郎以降、岩崎弥之助、山本達雄と三菱の出身者が占めて、時には政府の要請に沿わずとも民間経済の発展に重きを置く傾向があった。日銀総裁は大蔵大臣に対して必ずしも従順ではなかったのだ。

新総裁の松尾は、姫路の郷士出身、幕末宇和島藩に職を得て後新政府に出仕した。以降大蔵省一筋、出納、主計、預金、理財局長と局長生活17年は当時の大蔵省でも珍しい。この時60歳、副総裁の是清は49歳である。

就任時のやり方が少し強引だったと考えたからかもしれない。あるいは松尾総裁という人間性なのだろう、就任から5日後の10月25日の夜、松尾は赤坂表町の是清の家にあいさつにやってきた。松尾の家は徒歩5分ほどの近所、日曜日である。下駄履きでふらっと寄ったのだろう、腹を割って話すつもりだ。

是清は松尾には腹を立てていた。ふくれっ面で奥の床の間のある10畳の部屋へ招き入れると、妻の品子に軽い酒肴を頼んだ。

「今回は急な話で、君にはいろいろと気苦労をかけて申し訳なかった」

松尾は大蔵省で薩長閥の後押しなしで17年も局長をやった実務派だ。しかも、うるさ型の元次官の添田壽一や現次官の阪谷芳郎からも慕われていた。直情径行の気がある是清は存外扱いやすい人物だった。山本前総裁更迭に不満だった是清の硬い表情もこの詫びの一言で和らいだ。

それを見た松尾は間髪を容れずに続けた。

「日本銀行の行務については君を信頼する。それと横浜正金をはじめとして海外のことはすべて君に任せるから今後一層奮発してもらいたい」

この言葉の持つ本当の意味は、実は少し後からわかるのだが、是清は松尾の言葉に素直に懐柔された。頼りにされていると感じた。こうした単純な性格は是清の美点でもあるのだ。

11月10日、松尾総裁が是清を総裁室に呼び入れて、人払いをするとおもむろに口を開いた。

「今朝、大蔵大臣の曾禰さんに呼ばれて極内密にということで話があった」

是清にも話の内容は想像がついた。

「それによると、どうも日露の談判の経過がはなはだ面白くないようで、あるいは決裂するかもしれぬ」

是清は山本前総裁更迭の時に感じたことがいよいよ現実になろうとしていると思った。

松尾が続ける。

「万が一、戦争となれば日銀は軍費の調達に全力を注がねばならない」

それはそうだ。

「国内の支払いは紙幣の増発でやりくりできようが、兵器や軍需品については外国より輸入せねばならない物も多く、これについては正貨（金（ゴールド）もしくは英国ポンド）での支払いが必要だ。この方面については君に任せるからよく考慮画策しておいてほしい」

外貨を扱う横浜正金（しょうきん）銀行は是清の担当である。

「そうなると、正貨の確保が第一となりましょう。ひとつには輸入すべき軍需物資の支払いにあてるため、それとむしろこちらの方が大事かもしれませんが、我が国の金本位制を守るための兌（だ）

換準備金のためです」

戦争となって、ロンドン市場から資金を調達する場合、言い換えると外貨建て公債を発行する場合、我が国が金本位制を維持しているというのは我が国の信用そのものとなる。

確かに国内の支払いは紙幣の増発でいかようにもなるかもしれない。しかし紙幣の乱発で正貨との交換が不可能になって金本位制が崩れてしまえば、今度は財政規律のない国として外貨の調達が難しくなって元も子もないのである。

是清は横浜正金の三崎亀之助副頭取を呼び出して、今現在、調べるべき項目について詳細に打ち合わせをした。三崎は既に貴族院議員でもある大物行員である。

一．三井物産、高田商会など主立った輸入業者に対する与信状況、金額と期限。
二．輸入為替の予約残高および期限。
三．輸入業者取り扱い物品のうち政府の調達分と民間の分の区別、品目ならびに金高。
四．諸外国人の内地に有する預金、および外国銀行が内地に有する資金の概算。

などである。

近づく開戦の足音

いざ日露開戦となれば、出ていく正貨の量を把握し、果たして日本が金本位制を維持できるかどうかを調べようとしたのだ。当時の日銀保有の正貨は1億1700万円。通貨現在高3億3600万円。準備率約35％であった。横浜正金銀行は売り為替や信用状の新規の発行についてできるだけ抑えるようにした。

世間では日露開戦と息巻く者も多かった。例えば東京帝国大学教授戸水寛人（とみずひろんど）以下7人の学者はこの年の6月に「朝鮮を失えば日本の防御が危うくなる」と世間の威勢の良い主戦論に同調して七博士意見書を提出した。

しかし当時の伊藤博文や山県有朋など明治政府首脳は維新を生き抜いた者たちである。日本はロシアに本当に勝てる力があるのかだけが関心事であって、こうした感情に流された意見には冷淡だった。

また、ロシアとの交渉は驚くほど秘匿性が高く、交渉難航にもかかわらず、世間、特に経済界では戦争が差し迫っているとは思っていなかった。

しかし12月に入ると正金が信用状の新規発行を抑制しているとのうわさが拡がり、大阪の財界がどうやらロシアとの戦争が近いのではないかと疑念を抱き始めた。これでは投資が手控えられてしまう。

「高橋君、どうしたものか、大阪へ行って心配なしと一席ぶつか。でもそれじゃ、もしも本当に戦争になった時に問題だからな」

松尾総裁が是清に相談すると、

「ならば、総裁。姫路にお墓参りに帰省するついでに、私事を装って大阪の要人に会って、それとなく大丈夫だと思うが、程度にささやいてはいかがでしょう」

こうして12月25日、松尾は大阪の経済界を落ち着かせるために大阪に向けて発った。

そうこうして暮れも迫った12月29日の夜。鰻会の仲間たちとの忘年会である。この年は日銀総裁交代といろいろあった。宴に盛り上がった是清は、件の桝吉（ますきち）以来お得意のパンパンと芸者の帯を締めるお座敷芸を披露していた。ちょうど皆の笑いをとっているところの午後9時、曾禰大蔵大臣の使いがやってきた。緊急の呼び出しである。

第66話 「日進」「春日」

明治36（1903）年、暮れも押し迫った12月29日の夜、宴会の最中だった是清は大蔵大臣官邸まで呼び出された。

夜も更けようというのに応接室には曾禰荒助大蔵大臣、阪谷芳郎大蔵次官、相馬永胤（ながたね）横浜正金頭取ら首脳たちが緊張した面持ちで額を突き合わせていた。曾禰は赤ら顔の是清を見るなり口を開いた。

「政府は先頃アルゼンチン海軍から2隻の軍艦を購入することになって契約を結んだ。だが林董（ただす）駐英公使が言うには、横浜正金の手違いでロンドンには余分な正貨（英ポンド）がなく、購入代金が支払えないのだそうだ。このまま契約不履行になると、軍艦が手に入らないばかりか、林公使も英国を立ち退かねばならない」

これには少し説明が必要だろう。当時の戦艦や巡洋艦は発注から完成まで少なくとも3年以上の工期がかかった。いざ戦争だからと注文してすぐに手に入るものではないのだ。

実はこの年、1903年の11月、国境紛争によって長く緊張関係にあったアルゼンチンとチリの間にイギリスの仲介によって和平への合意が成立し、両国が建造中の軍艦が不要になった。

当時チリ海軍は英国で2隻を建造中だったが、これは英国海軍が買い取った。もう一方のアルゼンチン海軍はイタリア・ジェノバのアンサルド社で「モレノ」「リバダビア」の2隻の高性能な装甲巡洋艦を建造中で、すでに完成間際の状態にあった。

「モレノ」は排水量7700トン、英アームストロング社製20センチ砲を4門搭載した装甲巡洋艦である。「リバダビア」は「モレノ」と同型艦ではあるがやはり長射程の25センチ砲を搭載していた。

日露の緊張が険しさを増している状況下、これは日本のみならずロシアとしても是非とも手に入れたい軍艦だったのである。

堀口九萬一

12月20日に日本と同盟関係にある駐日英国公使からアドバイスを受けた小村寿太郎外務大臣は、在ブラジル日本公使館に「アルゼンチンと装甲巡洋艦2隻の購入交渉を開始せよ」と訓令電報を打った。

当時の日本はアルゼンチンに領事館がなかったので、近隣のブラジル領事館に電報を打ったのである。一方で、チリとの紛争を解決して同国と良好な関係にあった英国は、アルゼンチンに対して両艦を日本に譲渡するように助言した。

また小村は同時に林駐英公使に対し、艦船購入の支払い資金150万ポンドが横浜正金銀行ロンドン支店にあるかどうかを問い合わせた。ロシアとの競合上、アルゼンチンへの支払いはキャッシュが条件だったのである。キャッシュとは正貨すなわち英国ポンドであった。金塊でも構わない。

林は横浜正金銀行山川勇木(ゆうぎ)ロンドン支店長に、日本政府はこの支払いが可能かどうかを確認した。

25日には在ブラジルの堀口九萬一(くまいち)臨時代理公使(詩人堀口大學の父)がアルゼンチンのフリオ・アルヘンティーノ・ロカ大統領と会見。アルゼンチンは両艦を日本に譲渡することを約束してくれたのだった。

これを受けて、海軍はさっそくフランス公使館付武官であった竹内平太郎大佐とベルリンに留学中の鈴木貫太郎中佐に、極秘にジェノバのアンサルド社へ向かうように指示を出した。二人は「モレノ」から「日進」に、「リバダビア」から「春日」に改名した両艦の回航委員に任命された。彼ら二人がイタリアから日本まで両艦を移送する責任者となったのである。鈴木貫太郎は後に太平洋戦争終結時の第42代内閣総理大臣となる。

回航委員は決まっても、肝心の乗組員を日本から呼び寄せる時間はなかった。日露開戦はすでに目前に迫っていた。そこで帝国海軍は英国のアームストロング社と回航請負契約を結んだのだが、これが100万ポンドの契約だった。「モレノ」と「リバダビア」の購入代金が150万ポンドだから合計で250万ポンドになる。日本円で2500万円の出費だ。明治36年の日本の一般会計が約2億5000万円だったのでこの金額はなんとその10%にも相当するのである。戦争は金がかかる。

27日、曾禰大蔵大臣は山本権兵衛海軍大臣の日進、春日の購入要請に対し、国会と閣議を経るような通常の手続きをとる余裕はないと判断し、即金での支払いを彼自身だけの責任で決めてしまう。曾禰は林駐英公使に連絡し横浜正金銀行ロンドン支店に対して支払いを命じた。

ところがここで問題が生じた。林公使が山川支店長に相談した時に、契約時の手付金15万ポンド、その後に全額の150万ポンドの支払いが必要であると話していたのだが、山川とすれば150万ポンドなどという大金がロンドン支店にあるわけもなく、てっきり手付金の15万ポンドがあるのかと聞かれたと勘違いしていたのだった。当時の横浜正金銀行ロンドン支店では150万ポンドの即金での支払いは不可能だったのである。

正貨獲得の戦争

円をポンドにするためには、日本から金（ゴールド）の移送が必要となる。艦船売却契約は林公使のサインですでに執行されている。もしもポンドでの支払いができずに契約不履行になるならば、林公使は契約を解約し英国から退去しなければならない事態となったのだ。ロシアとの開戦を目前にして、日本の駐英公使がロンドンから退去するなど、あってはならないことだった。

是清はきわめて事務的に解決策を提示した。

「林公使に日本公使の資格で約束手形を振り出して、アルゼンチンに待ってもらうしか方法はありません。もし先方が担保を要求するのであれば、日銀保有のポンド建て日本国債200万ポンドを充てればよいでしょう」

この日銀保有のポンド建て日本国債200万ポンドとは明治32年に発行して募集に失敗し日本銀行が買わざるを得なかった分である。

曾禰はロンドンの林宛にこの旨を打電し、アルゼンチンは好意的にこの条件をのんでくれた。金塊が日本からロンドンに届くまで支払いを猶予してくれたのである。

回航契約を請け負った英国アームストロング社では、甲板部は急きょロンドンで募集したイギリス人退役軍人、機関部はアンサルド社の造船所工員の構成で編成を完了し、日本へと向かった。ちょうどそのころ、ロシア海軍の戦艦「オスラービア」を旗艦とする艦隊がバルト海から旅順へ回航中で地中海にいた。この艦隊は「日進」「春日」両艦をつけ回したが、英国巡洋艦の援護によって難を逃れた。両艦が日本に到着したのは翌明治37年2月16日、開戦から1週間後であった。

山本海軍大臣がロシアとの開戦を引き延ばしたのは、この両艦が日本に無事に到着するのを確認するためだったと言われている。

「日進」と「春日」は後に連合艦隊にとって必要不可欠な存在となって活躍することになる。

第67話　英国頼れず

「どうやら」

是清は首脳たちの前でつぶやいた。

「この戦争は正貨獲得の戦争になりそうですな」

開戦を間近に控えたこの時期に、この事件は戦争遂行にとっていかに正貨が大事で必要不可欠であるのか、政府首脳にとって痛感する出来事になったのである。正貨がなければ兵器を輸入できない。戦争遂行には正貨を確保せねばならない。

明治37（1904）年の元旦。早朝である。赤坂表町の家で高橋是清一家がそろって新年を祝っているところに新橋1720番、高橋家の電話が鳴った。

電話の主は阪谷芳郎大蔵次官だった。阪谷は41歳、是清より九つ若い。まぎれもない大蔵省のホープである。

「いよいよロシアとの談判も決裂しそうです。日本銀行はそのつもりで万事よろしくお願いします。姫路にいらっしゃる松尾総裁には私のほうからも一報入れますが、高橋さんからも至急帰京するように連絡をお願いいたします」

年末に向けて一時は日露の交渉もうまくいっているとの話があったものだから、是清にとってこの電話は少々驚きで、早速2階の書斎に入り松尾総裁宛の電報原稿を手配すると、横浜正金銀行の三崎亀之助副頭取に赤坂表町へと来るように電話した。

外債発行が必要

現状の日本の正貨残高は1億1700万円、年末に正金を通じて調べた正貨の流れの予想は、いざ戦争が始まったとして、ここから外国銀行が持ち出すであろう正貨が3500万円、輸入品の代価支払いに出る正貨が3000万円、合計で6500万円の正貨流出が予想され、残高は5200万円になるだろう。

ここから戦争の開始とともに新規で輸入する軍需品の支払い分が出ていってしまうと、現在通貨高3億3600万円に対して正貨の準備率は15％以下、金本位制維持にはまったく足りていない数字であった。さらに年末に購入した「日進」と「春日」の支払いだけでも2500万円も出ていく。これでは戦争開始後早い時期に日本の金本位制は崩壊する。金本位制が崩壊すれば、日本の財務面での信用は失墜し、軍資金調達のための外債の発行は困難になるだろう。要するに外国から金が借りられなくなる。兵器や弾薬の輸入ができなくなる。

このため内閣は年末に新たな輸入物資の支払いのために1億円、さらに金本位制維持のための準備金に1億円、合計2億円の外貨建て資金調達枠設定の閣議決定をした。

急ぎ来訪した三崎を書斎に招き入れると是清は指示した。

「正貨を節約せねばなりません。民間の輸入品のうち積み込み前で解約できるものは解約するか金額を減らしてもらいましょう」

「わかりました。で、副総裁、正貨輸出を禁止いたしましょうか？」

「それは最後までやりません」

是清はキッパリと答えた。

正貨輸出禁止の得失は既に検討したが、それは日本の円がもはや金と交換できないこと、つまり金本位制の放棄を意味する。

どう考えてもこの戦争では正貨が不足する。いずれにせよ正貨を輸入、つまり外国公債を発行する必要があるのは明白だったのだ。であれば日本の財政規律の信用を得るためにも金本位制は維持せねばならない。日本はみだりに紙幣を刷らないことを世界に示さねばならない。

翌2日のロンドン。日本では正月三が日を祝うが、ロンドンでは休みは元日だけである。2日は土曜日だがシティ（金融街）の金融市場は開いていた。

この日、日露の開戦間近とのうわさがロンドン市場を駆け巡った。ロンドン上場の日本公債は年末31日の77ポンド（利率5・19％）から74・5ポンド（5・37％）まで急落していた。

その報を受けた駐英日本公使の林董は、公使館の窓からロンドンのスモッグに汚れた空を見ながら重い気分でいた。

いざロシアとの戦争になれば日英同盟のよしみもある。本国では英国からなんらかの財政的補助が出るかもしれないと期待している。だが、林は英国政府要人に接触しているものの何ら具体的な話は引き出せなかったのだ。

林は「日本は自力で公債を発行して戦費を調達しなければならない」と腹を括らざるをえなかった。

日本時間4日木曜日の東京株式市場はロンドン市場での日本公債価格暴落を受けてこちらも大暴落となった。国の資金調達に失敗は許されない。これを聞いた林の不安は増すばかりである。

林は幕府留学生として英国で留学中に戊辰戦争の報を聞いて帰国、幕府側として箱館戦争まで戦い抜き捕虜になった。英語ができるからというので捕虜を免除されそうになったが、皆と同じにしてくれと意地を通し囚人となった。硬骨漢である。その後兄の松本良順の紹介で知り合った陸奥宗光に見いだされて外務省に入った。


「あまりに投機的」

電報1月14日、林公使発、小村外務大臣宛

「昨晩、ドイツ公使エッカルトシュタイン男爵と会食しました。男爵の話では近ごろロシアはパリ、ロンドンとニューヨークで公債発行を計画したが、失敗したそうです。

以前パリ市場で公債を発行した際はロスチャイルドの反対があったにもかかわらずクレディ・リヨネが公債を引き受けたので成立したのですが、今回はそのクレディ・リヨネも断ったようです」

ロシアはユダヤ人を迫害している。ポグロムと呼ばれる虐待である。そのためにロスチャイルドのようなユダヤ系の銀行家からの協力は受けにくい。小村は、ここは日本にとって有利な点であることを認識していた。

電報1月15日、小村外務大臣発、林公使宛

「ロスチャイルドおよび同人種の富豪が欧州において無限の金力を有することに鑑み、もし貴官をしてロスチャイルドと親しき関係を築けば大いに利益ありと思う。是非そのための措置をお取りください。

また我が国は英国政府の保証によって公債を発行することを断念した。しかしいずれにせよ我が国はロンドン市場で外貨建て公債を発行せねばならない。その際に英国政府の保証なしでも発行は可能なのか貴官の意見を請う」

電報1月15日、林公使発、小村外務大臣宛

「もしロスチャイルドとやり合うのであれば、例えば大蔵次官経験者の田尻稲次郎男爵、あるいは現役の阪谷芳郎大蔵次官クラスのそれなりの高官を中心とする資金調達専門チームの派遣がよろしかろうと具申いたします。

またシティの有力なバンカーから聞いたところによりますと、今回の極東事件（日露の緊張をシティではこう呼んでいた）は、この先列強をも巻き込んだ戦争になるかもしれず、あまりに投機的で今は計算が成り立たず、公債募集は困難ではないかと申しておりました。

しかしいざ戦争が始まれば落ち着きを取り戻すかもしれず、その公債発行の際には日本は関税や鉄道を担保として差し出す必要があるとのことです」

陸軍は児玉源太郎参謀次長を中心に綿密に戦力を計算し、海軍は山本権兵衛海軍大臣を中心に戦艦「三笠」以下六六艦隊を整備し、さらにこれに装甲巡洋艦「日進」「春日」を付け加えて、今や開戦に向けて準備万端である。

ところが日露戦争開戦間近の1月中旬になって、日本政府は金本位制を維持するための正貨が不足していること、金本位制を維持できたとしても戦費の調達、つまり外貨建て公債発行において英国政府の援助は得られないという現実に直面したのであった。

第68話　阪谷芳郎

さかのぼること約10年、明治28（1895）年に終わった日清戦争。のちに大蔵次官となる阪谷芳郎は一人で仕事を仕切り「阪谷横暴」とまで呼ばれながら八面六臂（ろっぴ）の活躍で戦争遂行を財政面から支えた。当時の彼はまだ32歳の若手官僚だった（第53話）。

その日清戦争が終わって半年後の10月、阪谷は専修学校（専修大学の前身）理財学会秋季大会で講演した。その冒頭で彼はこう断言した。
「戦争とは7分が経済で、後の3分が戦闘である」

東大出の「お嬢さん」

阪谷はそれまでの維新の生き残りのような大蔵官僚たちとは違い、東京帝国大学で西欧的な財政学、経済学を履修して大学卒業後に大蔵省へと入省した近代的大蔵官僚コースの第1回生である。大学時代のあだ名はなんと「お嬢さん」、粗雑なバンカラとはほど遠い。

日本美術史にその名を残すフェノロサは当時の東大で理財学（現経済学）や哲学も講義したが、当時生徒だった阪谷が筆記した英文講義ノートが現代ではフェノロサの貴重な資料として残されている。

英語でカントやヘーゲルに関する哲学の授業を聞き、英文で後世にも資料として残るノートを記した。その頭脳のレベルは単に優秀とかいう表現では足りないだろう。

阪谷は明治8年に12歳で東京英語学校（大学予備門→一高）に入学しているから、ちょうど同校の教師であった是清が赤羽四郎たちと校内での議論を活発にしていた頃にあたる（第22話）。阪谷は若き日の是清をよく知っていたのだ。

日露戦争に臨んで、大蔵次官となっていた阪谷は早くから日露の談判は決裂に向かうと覚悟していた。

そこで当時の曾禰荒助大蔵大臣と相談し、日銀総裁を三菱系の山本達雄から大蔵省理財局長の松尾臣善に切り替えて大蔵省と日本銀行の一体化を図った。要するに日銀には大蔵省の言うことを聞いてもらわねば困ると処置したのだ。

ちょうどその頃、きたるべき日露戦争に対して日本には金がないからと戦争に反対していた財界も、参謀次長児玉源太郎中将が財界のリーダー渋沢栄一を説得したこともあって、10月には既に開戦を覚悟していた。


日露開戦まで1カ月を切った明治37年1月18日、大蔵省は在京の銀行関係者を蔵相官邸に集めて国債消化（戦費調達）協力の催しを行った。

主催は曾禰大蔵大臣。阪谷次官以下大蔵省各局長も顔を出した。来賓は松尾日銀総裁、銀行倶楽部委員長の豊川良平（三菱）、早川千吉郎（三井）、園田孝吉（華族の銀行である十五銀行頭取）、日銀副総裁高橋是清の顔も見える。その他金融業界の主立った者たちである。渋沢栄一も招待されたが風邪で欠席、以降この会は豊川良平が音頭をとっていくことになった。

「今度の戦争では、軍需物資の輸入、金本位制の維持のためにどうしても正貨が必要です」

会は阪谷がイニシアチブをとった。控えめな性格ではあるが、ひとたび口を開けば圧倒的な説得力を持つ。

「それには英国ポンド建ての外債を発行せねばなりません」

是清も静まった会場にいる参加者も皆黙ってうなずく。

「もし仮に日本国内で国庫債券（戦時の内国債）の募集がうまくいかないようなことがあれば、その評判はあまねく外国に知れ渡り、外国債の募集などうまくいくはずもありません」

阪谷は続ける、

「日清戦争の経験から、戦争とは7分が経済で、後の3分が戦闘であります。この戦争の勝敗は、まさに日本の金融、財界を背負って立つ皆さんの双肩にかかっているのです」

阪谷は「国庫債」の募集がうまくいかないようであれば、外国債の発行などうまくいくはずもないと考えていた。

そこで「国庫債」には年利5％、償還期限5年、発行価格95円と当時としては「破格の条件」を用意した。また所得税の徴税強化、各種税率上昇の中で公社債利子に対する税だけは据え置きにするなど優遇措置を講じることも忘れなかった。

では、当時の関係者はロシアとの戦争に一体どれほどの戦費が必要だと考えたのだろうか。また この時、阪谷は内国債をどれほど募集しようと考えていたのだろうか。

ちなみに明治36年の国民総生産名目値が30億円程度、政府の一般会計歳出が約2億5０００万円である。

開戦の前年明治36年6月に、「七博士意見書」を提出して主戦論を展開した東大七博士は、継戦期間1年として2億８０００万円と見積もった。

同じ月に参謀本部会議で提出された井口省吾総務部長による「対露意見具申」では5億円。10月に参謀次長に就任した児玉源太郎中将（翌年大将に昇進）は参謀本部各部長を前に交戦期間1年で8億円として、この資金調達こそ最大の課題であると説明した。

要するに誰にもよくわかっていなかったというのが真相だろう。結論を言えば臨時軍事費特別会計の支出だけで15億円である。歴史をひもとくと多くの戦いで戦費は常に低く見積もられ、後に肥大化していくことになる。戦争は始めるのは自分だけの意志だが、終わらせるには敵の合意が必要なのだ。自分がやめたくなった時、たいていの場合、合意を得るのは難しい。

会合を主催した大蔵省の阪谷の頭の中では、日露戦争の戦費はざっくり4億5000万円という計算があった。日清戦争を実質1億5000万円として、その約3倍、ロシア軍を朝鮮半島から追い払うまでの予算である。

このうち約5000万円を「非常特別税」という増税で集め、これに加えるにそれぞれ内国債2億円、外国債2億円の発行で賄おうとしていた。

『高橋是清自伝』には外国債1億円とあるが、それでは金本位制の維持が不可能である。閣議決定は2億円であった。

鮟鱇会

会合がお開きになろうかという時に豊川が立ち上がり招待された財界人に向けて声をかけた。

「どうでしょう皆さん、この国庫債募集について懇談を継続して、皆さんの親睦を深めるために定例の食事会を設けようではありませんか」

会場には「また親睦会か！」と大笑する声も聞こえたが、是清も参加している銀行業の親睦会「鰻会」を作った豊川は、この会では冬場ということもあって鮟鱇(あんこう)鍋を用意した。そのために日露戦争の国庫債募集に協力する会は「鮟鱇会」と呼ばれるようになった。鰻に鮟鱇である。このあたりが悲壮な戦争に臨む明治人の陽気さである。

これとは別に豊川は、あるとき宴席からなかなか帰らない「長尻会」というのも作った。先に帰る者が勘定を支払うというくだらないものだったが、時には政府首脳が参加して政局を語るというようなこともあったので、財界人はこうした豊川の宴席に競って参加したがったという。

第69話　元老会議

年初、ロシアとの開戦のうわさから大きく売られた東京株式取引所（東株）も1月中は低位ながら比較的安定した動きを示していた。

ところが2月2日から4日にかけては「諸株一直線に下落」して市場は売り一色となった。新聞はやれ開戦のための元老会議だとか、次は御前会議だと書き立てた。兜町はいよいよ本当に戦争が始まると考えた。

開戦前夜

明治37（1904）年2月3日、新聞が書くとおり、元老会議が開催された。ロシアとの開戦を決める御前会議の前の会議である。

会議を前に元老の一人である松方正義は桂太郎首相に対して注文を出した。松方は対露強硬路線の主唱者である。

松方は言う。列強の一角、広大な国土と人口を持つロシアとの戦争は日本にとってまさに国家存亡の一戦となるであろう。されば、

「後日の責任の所在を明らかにせねばならぬ」

日本が開戦するに至った経緯と理由を明確に文章にして、開戦の意志決定に参加した元老、閣

員全員の署名連印を行うべきである。敗れた時に、亡国の責任は我らにありと残すのだ。その覚悟がなければ開戦などできぬ。

桂は松方の指示どおりにその文章を手に元老会議に臨んだ。

松方正義以下、山県有朋、井上馨、大山巌、小村寿太郎、桂太郎と文章に署名捺印したが、伊藤博文のみがこれを拒絶した。

「伊藤さん、この期に及んで何を躊躇されるのか？」

松方が問うと、

「陛下の大命に依るに非ざれば連署することはできない」と答えた。

ロシアとの戦争は誰であれ確かに怖い。それでも戦うのみである。翌日の御前会議へと議事は進んだ。この時代、現実には現職を離れた元老たちの意志決定力は弱まり、桂や小村たちの現役世代が日本を動かしていたと考えられている。

翌2月4日、日露の和戦を決する御前会議が開催された。これに先立ち天皇は早朝伊藤を召し意見を尋ねたが、伊藤は今や開戦やむなしと答えている。

出席者は伊藤、山県、松方、井上、大山の五元老に桂首相、小村外相、山本権兵衛海相、寺内正毅陸相、それに曾禰荒助蔵相だった。

伊藤が議事を進行する。まずは海陸両大臣に戦争の準備状況をただし、これはつつがなく終わった。

すると伊藤は次に曾禰蔵相に対して財政経済上の状況を尋ねた。もはや開戦は昨日の元老会議では決定事項なのだが、それでも伊藤が御前で執拗に戦費について突き詰めると曾禰は言葉に窮した。

「曾禰さん。いやしくも開戦にあたって、財政の困難は目前にある。大蔵大臣はこれにどう対処するのか？」

　曾禰は沈黙した。

「財政の基礎が定まらず、軍費確保の行方がわからぬようでは、どうやってロシアと戦うつもりなのか？」

　曾禰はついに一言も発しなかった。

　言葉を発しようにも陛下の前でうそをつかぬようにすると、軍費確保の保証などどこにもない。何も言えないのである。

　しかしそれにしても滑稽な風景である。日清戦争後の三国干渉以降、臥薪嘗胆（がしんしょうたん）の下に富国強兵、経済力、師団、艦隊を整備して、戦力を拡充してきた我が国だが、いざロシアと対峙（たいじ）して、戦争を始めることを決めたのはよいが、軍資金の見込みを問われると、これに大蔵大臣は何も答えることができないのだ。

　松方は伊藤の曾禰に対する追及を見て、もしかすると財政困難を理由に開戦を延期するつもりではないかと考えて曾禰に助け船を出した。

「財政の難易を論ずるのは平時のみのことである。いまやロシアと開戦するにあたり国家の存亡がかかっている。この非常時に臨み、国家の興廃と財政の難易との軽重いずれにありや」

　伊藤は自身の躊躇を見透かされ、あらぬことを口走った。

「松方さん、日清戦争の時には日銀総裁川田小一郎という傑物がいたが、今回はいない」

「伊藤さん、なぜにそんなことを今になって言うのか？」

松方にすれば日清戦争の時も自分が十分に川田を援助したのであって、川田一人で金を集めたわけではない。

「君は献金で戦費を調達しようとしたが、あの時私が戦時公債募集の議を立てて日清戦争を乗り切ったのではなかったか」

と異を唱えた。

そして明治帝に向かってこう言った。

「陛下、私と井上が蔵相を補佐し、戦時財政を見ますので軍資金の方は、どうかご心配なさらないようお願いします」

最後に伊藤が、準備万端とは言えないものの、もはや戦うほかなしと陛下の決断を促した。

こうしてロシアとの国交断絶が決定し、2月6日にはその旨がロシアに通告されたのである。正式な宣戦布告は2月10日になる。

この会議終了後、沈黙した曾禰蔵相は責任をとるべく辞表を出した。

これに対して松方は、「開戦と同時に大蔵大臣が辞職するようでは、国家威信の失墜である」と、断じてこの辞職を認めなかった。

渡辺治右衛門

2月2日から諸株一斉に下落を始めた兜町、御前会議の4日も下げは止まらない。取引所のバルコニーからやるかたなく立会場をみつめる東株理事長の中野武営(たけなか)に一本の電話が入った。農商務大臣の清浦奎吾からである。当時の取引所は農商務省の管轄である。

中野は永田町の大臣官邸に呼ばれると、

「東株の責任者として、あなたは当然善後措置を講じなければならぬ。もし、株式市場がこのまま低落を続けるようであれば、政府は職権をもって市場を閉鎖する」

中野にすれば、そんなことを言われても困る。こうなれば誰かが株を買うしかないではないか。

清浦に厳しく詰められた中野は、その足で高田老松町まで人力車を飛ばして当時東京随一の金持ちと評判の渡辺治右衛門に個人的な株の「買い出動」を懇願した。

「ぜひ、買瀬切って（買い支えて）もらいたい」

「ここは買い場なのか？」

さすがの渡辺も、先祖代々の資産を賭しての買い出動にためらいはあった。

「これから戦争という時に株価が下がるような国では外国公債の募集もままなりませぬ」

そうなればこの国の金融市場は終わってしまいます、と説き伏せられて、国が終わりなら自分も終わりだと、翌日から買いに出た。

5日は目立たぬように下値をパラパラと拾い、6日土曜日には、今度は派手に買いの手を見せた。

ざわつく市場では「どうやら政府筋の買いらしい」とうわさが流れた。また「日本はロシアと国交断絶したらしい」と情報が入る。これが売りなのか買いなのかはわからぬが、空売りがドテンの買い戻しに変わった。売り手がすっかりいなくなり、売っていた連中は顔色を変えて買い戻しに入る。

弱気相場を強気一辺倒で押し通したせいで、すでに青息吐息だった「にんべん将軍」こと松村辰次郎率いるイ商店が息を吹き返すと、市場は大きく反転することになった。

戦争の開始決定とともに、不安材料は出尽くして株式市場は大きく切り返したのだ。

第70話　明治時代のＩＲ

明治37（1904）年2月4日の御前会議の後、枢密院議長の元老伊藤博文は自宅へ帰ると、金子堅太郎を溜池霊南坂の自宅へと呼びつけた。

「今度の戦争は世界を味方につけねばならない」

ロシアとの戦争を始めるにあたって、伊藤ほど欧州列強や米国との外交関係の重要性を理解していた元老はおるまい。

金子はハーバード大学卒の法学士、帰国後は馬場辰猪（たつい）や小野梓らと言論結社「共存同衆」で活躍した。

伊藤の下で帝国憲法起草に尽力、農商務大臣、司法大臣の経験者であった。また東京株式取引所の理事長も経験し経済にも明るかった。

金子堅太郎、米国へ

「お電話を頂戴いたしましたので、金子まかり出て参りました」

金子は書斎に通されたものの、椅子に座った伊藤はというと、うつむいて無言で何か思い詰めているかのようだ。机の上に置いた指だけがせわしなく動き、金子には気づかぬ様子だった。

「金子まかり出て参りました」

金子が大きな声で再び呼びかけると、伊藤もようやく気がついたようで、顔をあげると金子を見た。

「ああ、よくきた。まあお座りなさい」

金子は、今日の御前会議で既に日露の開戦が決まったことは知っていた。もともと非戦論者であった伊藤は、ロシアと戦うには日本はいまだ力不足で、日本の先行きに不安になっていることも承知している。

「金子君、晩飯は食べたかね？」

「済ませて参りました」

「そうか、僕はまだだから、失礼して食べさせてもらう」

女中が運んできたお盆には、一膳の粥に三切れほどの白身の刺し身、少量の野菜の煮物に漬け物だけがあった。

伊藤はぼそぼそと力なく粥をすするとすぐに箸を置いてしまった。

「この戦争は1年続くのか、はたまた2年続くのかは誰にもわからない。しかし、いつまでも戦争を続ける余裕は我が国にはない。これだけははっきりしている」

一息つくと、伊藤は少し茶を含み、続けた。

「もしも戦争の勝敗がつかぬようになった時に、仲裁に入ってくれる国が必要になる」

英国は同盟国だから仲裁はできない。また三国干渉のフランスやドイツはロシア寄りである。

ならば、頼むところは米国しかない。

「君は米国のルーズベルト大統領と懇意であることは僕もよく知っている。戦争が始まった以上、君は米国へ赴いて、このことについて大統領とよく話し合ってきてほしい」

伊藤が望む金子の仕事はそれだけではない。日本は正貨が足りない。従って欧州や米国で日本の公債の募集販売をしなければならず、欧米の一般大衆に対する日本の人気は販売の際の重要なポイントとなる。

「是非とも米国の世論を日本の味方につけてほしい。日本は防衛のための正しい戦争をしている。そう伝えてほしいのだ」

金子は固辞した。

「その儀は固くお断りいたします。私はその器にはございません」

伊藤はため息をつくとこう返した。

「しかし君が行かなければ、他に誰が行くというのか？」

この大役は伊藤閣下クラスの人材でなければ成功はおぼつかないと金子はおべんちゃらを言い立てる。しかし伊藤は明治帝から戦争中はそばにいるようにと厳命されていた。戦争中に日本を離れられるわけもない。

「金子君、政府の中に今度の戦争で必ず勝てると思う者は陸海軍、大蔵省を含めて誰一人いない。しかし今の状況を打ち捨てておけば、必ずやロシアは満州を占領し、朝鮮半島へ侵攻し、やがては日本列島へと押し寄せるであろう。

成功不成功はもとより眼中にあらず。ロシアが日本に攻め入れば、私は一兵卒となって鉄砲を担ぎ山陰道から北九州へと命のある限り戦い抜く。妻には粥を炊かせ、兵士をいたわらせるつもりだ」

ここまで言われては金子も断れない。

「わかりました。閣下がそのお覚悟であるならば、この金子も三寸の舌のあらん限り米国で演説し、三尺の腕の続く限り筆をもって書いて、日本の正しさを説き、ルーズベルトと日夜会談して力の限り働きましょう。金子は身を賭して君国のために尽くしましょう」

こうして金子堅太郎は日露戦争の間、米国へと赴き現地で活動することになった。

去る明治32年、日本が金本位制採用後初の外国公債をロンドン市場で募集販売した時、売れ行きは全くふるわなかった。これは当時のロンドンの投資家たちが日本という国のことをよく知らなかったことが大きな理由だった。投資家はよくわからない案件には投資しない。

末松謙澄は欧州へ

海外で日本を広く知らしめる活動は政府広報活動（ＧＰＲ）の一環である。当時インベスター・リレーションズという言葉はいまだないが、この時の金子の活動はこれに近かった。日本のちまたでも金子は米国に金を借りにいったと理解している者が多かったのだ。

現代から見ても先進的なこの政府広報の発案者は、伊藤の娘婿、末松謙澄（けんちょう）のアイデアであった。

読者は覚えているだろうか。是清が芸妓桝吉（ますきち）との愛の暮らしをやめて唐津へと行き、唐津の耐恒寮（たいこうりょう）の閉鎖後東京へ戻ってきた時の友人である（第１８話）。

両国橋の水心楼に二人で遊んだ時、末松は是清と桝吉との思い出を羨み艶っぽい漢詩を詠んだ。

当時「東京日日新聞」に働いていた末松は、最初は強力なライバル登場と恐れていた福地桜痴（源一郎）に認められて出世の階段を上った。当初、福地の登場に新聞社を辞めようとしていた末松に是清は、「それほどすごい人ならばいっそ弟子入りしてしまえ」とアドバイスしたのだ（第19話）。

末松は福地に弟子入りし、その縁で伊藤博文を紹介してもらうとロンドンへ留学、ケンブリッジ大学で法学士、在学中は「義経＝ジンギスカン説」を唱える論文「義経再興記」をイギリスで発表して、日本で大ブームを起こしたり、あるいは『源氏物語』を初めて英訳して海外に紹介したりした。

明治22年、伊藤の次女生子と結婚。続く25年第2次伊藤内閣の下で法制局長官、28年には男爵位を授かるまで出世していた。是清はペルー銀山で挫折後、日銀でよく挽回していたが、出世競争において末松には相当な差をつけられていた。

日露戦争にあたり、末松は黄色人種を警戒する黄禍論が蔓延する欧州にて、世論を日本の味方にするべく、日本の政府広報活動の必要性を伊藤に説いた。慧眼である。

伊藤が金子を呼び出したこの日、末松はすでに準備を整えて、2月10日の船便でカナダ経由で英国へと向かった。

政府の広報活動は末松が欧州を、金子が米国を担当する。戦時体制の日本政府。いまだ決まっていない重要な役職があった。それは外債募集の担当者である。

第71話　高橋を派遣すべき

明治37（1904）年2月4日の御前会議の後、伊藤博文は貴族院議員の金子堅太郎を自宅に呼び米国での政府公報を命じた。同様に元老松方正義は、御前会議の後、井上馨、曾禰荒助大蔵大臣と共に大蔵大臣官邸へと向かった。現在の参議院議員会館の西隣辺りである。松尾臣善日銀総裁と阪谷芳郎大蔵次官も呼ばれている。

男子の本懐

松方は、終わったばかりの御前会議で開戦が決まったことを松尾と阪谷に告げると、我々の責任は戦費の確保にあると言った。

戦争に際して増税はもちろん行う、また内国債も発行する。国民は増税に耐え忍び、国債の募集にも喜んで応じるであろう。

しかし我々にいかんともしがたいことは、輸入物資を買い、金本位制を維持するための正貨の確保、すなわち外国公債の募集である。

ロンドンやパリ、あるいはニューヨークの投資家たちに我が国の国債を販売せねばならない。

「では、誰を派遣すべきか？　適任は誰か？」

松方は問うた。

林董駐英公使は、阪谷次官のようなしかるべき地位の財務官僚が資金調達チームを従えてロンドンへ派遣されるべきと小村寿太郎外務大臣宛に具申していた。

しかし松方をはじめ松尾総裁や阪谷次官は、その仕事には外債発行の事情に詳しく海外に知人が多い高橋是清が適任であると考えていた。

松方は是清とは長い付き合いである。松尾総裁は日銀で一緒に働いてその能力をよく知っている。また阪谷次官はそれに加えて東京英語学校時代から是清を知っていて、その潜在能力を、つまり地頭の良さを高く評価していたのだ。

一方で曾禰大臣は毀誉褒貶(きよほうへん)が激しい是清に難色を示し、井上は自分が蔵相時代の秘書官であった三井銀行の早川千吉郎を推した。

早川は、明治32年の公債発行を主導した人物である。しかしそれはうまくいかなかった経緯がある。そのため井上はどうしても早川というわけではなかった。是清のことも気に入っている。

「日銀副総裁の高橋でよろしいでしょう」

こうして井上の同意で欧米に派遣する財務官はとりあえず是清に決まったのである。

翌日、松方が是清に打診すると、是清は、自分はその器にはございませんと答えた。この時代の人間は、皆最初は謙遜してこう返答するものだ。

だが、松方は聞いた。

「それでは誰が適任だと言うか?」

「十五銀行頭取の園田孝吉さんがよろしいかと思います」

園田は元ロンドン総領事で横浜正金銀行頭取も経験している。英国に知己も多い。

松尾日銀総裁も戦争中は正金銀行の実務をよく知る是清を手元においておきたいこともあって、

派遣は園田の線でも検討されたが、園田自身は体調不良で、業務の途中で身体が持つまいという。

そうこうしているうちに、2月8日、瓜生（うりう）外吉少将率いる第四戦隊による仁川（インチョン）沖海戦、連合艦隊によるロシア旅順艦隊攻撃と、2月10日の宣戦布告、戦況の展開は思いの外早かった。軍資金のほうもぐずぐずしてはいられない。


2月12日夜、井上は是清を自宅に呼ぶと、

「君はこのたびご苦労だがロンドンに行って公債の募集に当たってもらいたい」と告げた。

外債募集は困難極まりないが、まさに日本の運命を左右する大事な仕事だ。この仕事を与えられ、全うすることは、まさに男子の本懐である。是清はその重みにためらいながらも引き受けると、日本銀行に帰り松尾総裁に報告した。

「総裁、私が行って参ります」

「うん、高橋君。ご苦労だがお願いします」

松尾は続ける。

「ついては君のお供に、松方さんから当行秘書役の深井英五君の推薦があるが、彼でも良いか？」

深井は徳富蘇峰と欧州を旅した後で、松方が蔵相だった時に欧州視察旅行のお供をしている。その際非常に役に立ったので松方は今回推したのだ。

「新婚ですな。でも英語ができるのであれば誰でも構いません」

是清は素っ気なく答えた。

一席用意しろ
「高橋さん一人で大丈夫だろうか？」

是清を資金調達の旅に送りこむことを決めた元老や大蔵省だが、阪谷次官はそれでも慎重を期した。阪谷と東大同期で元大蔵次官、ケンブリッジ大学でアルフレッド・マーシャルにも習い、この時は日本興業銀行総裁（頭取ではなく総裁である）でエコノミストとしての名声もある添田壽一（じゅいち）に助けを打診した。

ところがこれがどこからか漏れて、是清の耳に入るや、

「私に不満があるならば、添田さんに頼めば良いではないか。私は辞退させてもらう」

と、是清はロンドンへの派遣を断固拒否した。

困ったのは阪谷次官である。いろいろと懐柔するが、さっぱり言うことを聞かない。聞きつけた井上馨が、

「阪谷君、高橋にはこれしかない」

井上が酒を飲むしぐさをした。

「これとは何でしょう？」

「宴席だよ。宴席。宴席で持ち上げるのだ。あいつは存外単純なのだ。偉いのをそろえるから築地辺りで極秘で一席設けろ」

ということで桂太郎首相、井上に松方正義も、曾禰蔵相に松尾総裁などもスケジュールを調整して築地の料亭に集まって、皆で是清をなだめた。

「お前が行かなくて誰が行くのだ！」

しかし、兜町の株は開戦が決まって切り返したが、ロンドン市場の日本公債は下げ止まらない。

「日本の公債は本当に欧米で売れるのか？」

是清をなだめているうちに、この任務の困難さ、責任の重大さ、あるいはロシアと戦争すると
いうことの怖さ危うさが皆に再確認されることになり、

「高橋が公債発行に失敗すれば、国が滅びる」

とその是清を待ち構える業務の悲壮さに一同額を合わせて泣くことになってしまったのだ。

「私、命を賭して行って参ります」

国の重鎮が車座になって座敷で泣いている。お銚子を持ってきた若い女中は怖くて部屋に入れ
なかったという。

是清はこの場で、重鎮たちに約束させた。

それは、一つ、是清に任せた以上十分に権限を与えること。一つ、外交官に対して是清に十分
な援助を与えるよう指示すること。一つ、他の者に重複して同じ業務を委任せぬこと。一つ、内
地において外国業者より勧誘あるも決して相手にせぬこと。

「わかった。政府としては固く約束するから、君は安心して行ってこい」

井上は答えた。

2月18日、首相官邸で桂太郎首相主催高橋是清君壮行会を挙行。これでもう是清は断れない。

「君も大変だな」

同僚から声をかけられたのは、日本銀行秘書役の深井英五である。

「高橋さんは、反対意見を言う者を猛烈に撃退する人だから、君もせいぜい気をつけたまえ」

深井は、こうした忠告は素直に受け入れたが、彼にはこれまでに徳富蘇峰、松方正義のお供で洋行した経験がある。是清がどのような人間であろうとも少しもかまわないと思った。

第9章　外債発行

第72話　鐚一文の信用なし

明治37（1904）年2月24日、横浜関内にあった横浜正金銀行の接待所で、高橋是清と深井英五の送別昼食会が催された。

是清と深井は翌日横浜港から出港する米国行きの船に乗ることになっている。

会は元老の井上馨戦時財政顧問、松尾臣善日銀総裁以下数十人が参加した。会も終わろうとする時に、井上は送別の乾杯の音頭をとった。

「あなたの使命の成功すると否とが、我が国の運命に懸かることが多いのだから、ここはご奮発を願う」

井上が感激性であるのは皆の知るところである。この日もあいさつをしながらぽろぽろと大粒の涙を流した。是清の前途に待ち構える困難を憂えたのだが、それはとりもなおさず日本という国の前途でもあった。是清の横にいた深井は、周囲の人たちもつられて涙を流すのを見て自身の使命の重さを改めて感じたのだった。

売られる日本公債

送別会が終わると、是清と深井は香港上海銀行横浜支店を訪ねた。居留地62番、現在の産業貿易センターの位置である。

香港上海銀行は当時「女王の銀行」とまで呼ばれた英国ベアリング商会と提携して、共同で日本の公債発行の提案を出していた。是清は出発に先立ちその提案の詳細の説明を聞きに行ったのだ。

香港上海銀行＋ベアリング商会案

ロンドン市場上場日本国ポンド建て公債

・クーポン　6％
・金額　1000万ポンド（日本円1億円）
・期間　10年

ただし担保として発行によって得た現金の20％をロンドンに預託してクーポンの不払いに備えること。発行以降12カ月は他の銀行で一切資金調達をしないこと。

一方で是清が政府から指示されていた公債発行条件の目安は、

・クーポン　5％
・金額　1000万ポンド（日本円1億円）
・期間　10年据え置き後、随意償還で55年すなわち日標金額1000万ポンド、5%の毎年の利札（利息分の現金と交換できるクーポン）付きの債券で、10年間は償還せずに、それ以降日本政府の意志で55年間の間のどこかで償還するという条件だった。

香港上海側の条件は発行規模に関しては問題ないが、クーポン・レートが高すぎる、つまり支払利息が高すぎる、期間が短すぎる、という二つの理由で、是清は提案を断った。

しかしこうしている間にも、すでにロンドン市場に上場している日本公債（クーポン4%）の価格は日露戦争勃発を受けて下落を続けていた。債券の価格が下がるということは利回りが上昇することを意味する。

例えば2月1日に75ポンドだった日本公債はこの日、2月24日には66・5ポンドまで下落、これを利回りに直すと5・33%だったものが6・02%まで上昇したことになる。

もう少し突っ込んでいうならば、この日香港上海銀行が提示したクーポン6%の条件は、まだ日本公債が十分に高かった頃に考えられた条件であって、是清が日本を出発しようかという頃には、もはやこの条件での発行は困難だったのだ。

翌2月25日、是清たちを乗せた米国太平洋郵船会社シベリア号は横浜港を出港し、ハワイを目指した。この船は1902年完成の客船、巡航速度16ノット、全長170メートル、総トン数は1万1284トンあった。現在横浜港につながれている氷川丸とほぼ同じサイズである。

シベリア号には米国に政府公報に赴く金子堅太郎男爵も乗船していた。金子は、先に述べたように明治初期に馬場辰猪（たつい）らと言論結社「共存同衆」で活躍し、伊藤博文内閣で農商務大臣や司法大臣も務めたエリートである。この時すでに貴族院議員でもあった。

金子と是清は航海中1等船室用の食堂で何度か話し合った。金子の是清を見る目線は自然高いところから落ちる。大事な資金調達の仕事をこんな男に任せてもよいのかという気持ちもあった。

シベリア号の主機は蒸気レシプロ。蒸気機関車と同じ振動が少ない静かなエンジンを持つ。当時としては十分に快適な船である。

「高橋さん、あなたはいかほど資金を集めるのか?」

金子は是清の一つだけ年上である。

「政府からお受けした命令はとりあえず1000万ポンド、1億円でございます」

金子は深くうなずくと、

「私は出発前に、参謀次長の児玉源太郎中将にお話を伺ったが、日本陸軍はロシア軍と五分五分だが、なんとか四分六分に持ち込んで勝つとおっしゃっておられた」

そして、その時に戦費の話も聞いたという。

「大蔵省では4億5000万円の見込みらしいが、児玉さんはじめ陸軍の方では、交戦期間1年半で戦費見込みは8億円と考えている」

「その話は私も伺っております。もし戦費が8億円ということであれば、外債は1000万ポンドではとても足りません」

「多分数千万ポンドが必要ということになるだろう。君はできるのか?」

金子は是清を問い詰める。

「現状では不可能でしょう。しかしやってみなければわかりませんし、他の選択の余地はありません。とりあえずは目前の1000万ポンドの確保に集中するだけです」

金子は是清の覚悟を聞きたかったのだ。

「私も力の限り職務を全うし、米国で日本の公債が売れるように頑張るから、君も是非力の限りを尽くしてくれたまえ」

市場ではロシアが優勢

こうしてシベリア号は3月4日ホノルル着、同月11日にサンフランシスコに到着した。この間ロンドン市場上場の日本公債の下落は止まらずに63・25ポンドまで下がっていた。その一方でロシア国債は安定した動きを続けている。ロンドンの公債市場は、日露戦争はロシア有利と判定を下しているようだった。

3月13日、サンフランシスコからはユニオン・パシフィック鉄道でシカゴへ。シカゴで金子と別行動になった是清は17日夕刻、深井とともにニューヨークに到着した。ニューヨークといっても駅はハドソン川対岸のニュージャージーである。

駅まで迎えに来た内田定槌(さだつち)ニューヨーク総領事は1通の電報を持ってきた。

横浜正金銀行ロンドン支店、山川勇木(ゆうぎ)支店長からのものだ。

電報にはこうあった。

「ロンドンでの外債募集は見込みなし。目下、正金銀行鐚(びた)一文の信用なし」

ロンドンでは、皆この戦争で日本が負けると思っている。返済の可能性が低い日本公債の発行は無理だというのだ。だから是非ニューヨークで起債してくれと。

第73話　米国金融事情

明治37（1904）年3月17日、ニューヨークに到着した是清たちが宿泊したのはセントラルパーク・ウエスト72丁目にあったマジェスティック・ホテル。11階建ての、当時としては高層のホテルである。

ニューヨークの建築物の高層化は1889年に米国オーチス社が電動のエレベーターを開発して以降のことだ。それまではホテルの高層階の部屋の値段は安く2階3階の低層階が高かったものだが、エレベーターの発明がその順序を逆にした。

この頃米国の大都市では高層ビルの建設ラッシュが始まろうとしていた。

当時のマンハッタンの交通機関は高架鉄道が主役でホテルの近くでは9番街をダウンタウンまで走る列車があった。この鉄道は1903年まで蒸気機関車が列車を牽引していたから、是清たちが渡米した時はちょうど電化した直後だった。

またブロードウェーには路面電車があったが、実はこれは電車ではなく、ケーブルカーのように地中に埋まったロープにつかまって駆動するもので、従って架線はなかった。

街は時折自動車も走っていたが、まだほとんどが馬車だった。

マンハッタンの中心、グランド・セントラル駅からパーク・アヴェニューを北に走る鉄道はちょうどこの時に地中化工事を行っており、最初の地下鉄や、ハドソン川の対岸、ニュージャージーとトンネルで結ぶパストレインもこの時まさに工事中だった。

こうしてマンハッタンは街全体が工事中みたいなもので、そうした資金の出所は社債や株式によって調達されたものだった。

ニューヨーク・タイムズが直撃

横浜正金銀行ロンドン支店長、山川勇木から是清に届いた電報は、ロンドンではロシアと戦う日本の信用は全くなし。誰もロシアに勝てるとは思っていない。公債の発行は無理だから、是非ニューヨークで資金調達してくれとの内容だった。

山川とは昔横浜正金銀行で机を並べた仲だ（第57話）。

「まったく、ゆうぼく（山川の呼び名）のやつめ、クギの一本も打たねば、どんなものができるのかわからぬだろうに、最初からあきらめおって」

是清は深井にこぼして、この電報を黙殺した。

しかし当時、米国はすでに経済規模では英国を抜き始めてはいたが、国際金融市場の規模という点ではウォール街（ニューヨークの金融街）はまだまだシティ（ロンドンの金融街）の足元にもおよばなかった。大きくなったとはいえ、米国はいまだ発展途上にあり、工事中のマンハッタンのように国内での資金需要が旺盛だったのである。

ロンドンでは世界各国の公債が上場されて日々取引されているが、ニューヨークでは、外国が発行する債券は、この時点ではわずか2銘柄の実績があるだけだった。従って山川が言うニューヨークで資金調達せよというのはしょせん無理な話だったのである。

この当時の米国の2大金融グループと言えばモルガン商会とクーン・ローブ商会である。両社は当時の最大の産業である鉄道会社の支配を通じて競い合っていた。

モルガンはＷＡＳＰ（ホワイト・アングロサクソン・プロテスタント）の代表だ。ＷＡＳＰとは建国以来の英語を話す白人のアメリカ人たちで、米国の産業の多くを支配していた。

一方でクーン・ローブ商会は、19世紀に入ってからのドイツ系ユダヤ人の移民で、日常会話はドイツ語、国際的に強固なユダヤ人ネットワークとその勤勉さによって、米国国内でも急速にその経済的な勢力を伸ばしつつあった。

両社は欧州で資金を集めて、米国に投資するという業務フローが基本だったが、20世紀に入ったこの時期には、米国の資金を海外に投資するという業務にも興味を持ち始めていたのである。

であれば日本への投資も考えられなくもないのだが、まだ米国から日本に本格的に進出している金融業者はなかった。米国を訪れた是清たちにしても訪問先は大手ではないが日本に出先があるスパイヤーズ商会など是清の個人的な知り合いに限られ、２大金融グループからのアプローチもなければ、つてもまだなかったのだ。

それでも日露戦争はメディアにとっては貴重なコンテンツ、米国でも注目の的だった。是清たちが到着した翌日、ニューヨーク・タイムズの記者が訪問してきた。

「今回のあなたのニューヨーク訪問は、戦争のための資金調達だとうわさが立っていますがいかがか？」

是清は、今回の資金調達のための海外出張について、足元を見られぬように強気な態度を崩すまいと決めていた。

「我が国は戦争のために外国公債を発行する必要はありません」

是清はそう断言した。

「今回の出張は日本銀行の代理店である横浜正金銀行海外支店の監査のためです」

「外国公債の発行はないということでしょうか？」

「はい、我が国の場合、戦費は国内発行の債券だけで十分に賄えると考えています」

「もうすでに発行されたのですか？」

「ええ、今月の10日に、クーポン5％で5年債を1億円募集いたしましたが、5倍の応募がありました。日本国内に資金は潤沢にございます」

この後で深井が記者に日本国債の歴史などを説明した。この様子は3月20日の同紙の記事になっている。

21日、この日英国の金融業者ベアリング商会のニューヨーク駐在員が是清を訪ねてきた。

「ロンドンに着いたら、香港上海銀行のキャメロン卿に会ってください。彼から高橋さんに是非お会いしたいという伝言をことづかっております」

是清たちが出発の際に香港上海銀行から提示された条件は、日本公債の価格が下落した今となっては難しいだろうが、彼らはまだビジネスをあきらめたわけではなかった。山川が言うように「鐚一文の信用もなし」というわけでもなかったのだ。とにかく事はロンドンに行ってからである。

前途は多難

この日ニューヨーク在留邦人による歓迎会が開催され、金子堅太郎とともに是清も深井も主賓

ニューヨーク在留邦人による歓迎会（著者蔵）

として招待された。

その時の写真が残されている。食後の大きな丸テーブルを囲んでの記念写真である。壁には大きな日米の国旗、テーブルの中央は大きな花で飾られ、その横には戦艦三笠を模した2本煙突2本マスト、主砲4門のケーキがある。フランス料理フルコースの後、数多くのワイングラスに、レギュラー珈琲のカップが人数分置かれている。

そのテーブルの後ろに2列に並んだ参加者は総勢14名、前列の中央には金子堅太郎が座し、その後ろに立った高橋是清が巨体を見せている。2列目左端には遠慮がちな深井英五の姿も見える。

主催者は在ニューヨークの生糸商の新井領一郎、薬業とあるがタカジアスターゼを発見し、アドレナリンを商品化した高峰譲吉、三井物産の岩原謙三らである、これに日銀、横浜正金銀行関係者らが集まった。

日本の将来を信じる者は歓喜で開戦を迎え、日本財政の内実を知る者は暗澹とした気持ちであっただろう。この写真の中の人たちは皆深刻な面持ちである。

第74話　ロンドンのバンカーたち

明治37（1904）年3月23日、是清たちはホワイト・スター・ライン社のセドリック号（2万1035トン）でニューヨークを出発して、31日の午後10時にリバプールに到着した。

リバプールには、横浜正金銀行の山川勇木支店長と同行でトレーニー中の是清の長男である是賢が迎えに来ていた。一行は列車に乗ってロンドンへと向かい、以前外債発行調査の出張時に宿泊したド・ケーゼル・ロイヤル・ホテルに投宿した。

翌4月2日、是清は若かりし頃からの親友、末松謙澄男爵を訪問し旧交を温めた。末松は義父の伊藤博文に戦時政府海外広報の重要性を説き、本人自らが欧州に来ていたのである。是清の桝吉との艶話と末松が詠んだ漢詩を懐古した（第19話）。

駐英日本公使館では林董公使と会った。是清が幼い頃に横浜のヘボン塾で英語を習っていた時からの知り合いである（第3話）。林は子爵である。是清が寄り道ばかりしている間に昔の知り合いは偉くなっていた。

「高橋さん、こんなことを言っては何だが、私は今回の戦時公債のロンドンでの起債は難しいのではないかと思っている」

林公使も「横浜正金に鐚一文の信用なし」と電報を打った山川と同意見である。ロンドンの空気はそうしたものであったのだ。

4月1日はグッド・フライデーでロンドン市場は休み、2日土曜日も特別に休み、直近の3月31日のロンドン市場日本公債の価格は62・25と上場来最安値をつけていた。戦争が始まって以来、是清がロンドンへと赴任する間も日本公債は下げ続けていたのである。

「林さん、起債がだめなら銀行や金持ちから金を借りるしかない。戦争を始めた日本は日々軍需物資を外国から輸入しております。その決済のためには、どうしても正貨が必要なのです。とりあえず1000万ポンド、日本円で1億円です」

「そりゃわかるが、それでも起債は難しい」

ロンドンの外交界や金融関係者は皆そう思っているのだ。

シャンドとの再会

4月7日木曜日、日本の公債価格は冴(さ)えないままである。パース銀行支配人でその昔横浜の銀行で是清がボーイとして仕えたアレキサンダー・アラン・シャンドがホテルへ訪ねてきた。是清と旧交を温めると同時にさっそく日本政府の起債についての話をした。彼は日本をもうひとつの母国だと思っている。

シャンドとは是清が正金の副総裁時代の明治31年に、ロンドンに外債発行調査に来た時にも話をしている(第60話)。

その当時のシャンドは、日本は4%クーポンに90%の価格で500万ポンド程度の発行が可能だと話していたが、今回は平時ではない。大国ロシアと戦争中の日本である。当然発行条件は厳しいものになるだろう。ましてやロンドンの人たちはロシアが必ず勝つであろうと考えている。

「私は高橋さんの担当者となりました」

ありがたや、今回の件ではシャンドが常に寄り添ってくれることになった。

この日の午後にはニューヨークでベアリング商会から案内された香港上海銀行支配人のユーエン・キャメロン卿が訪ねてきた。彼はロンドン金融界の名門一族で、英国首相デビッド・キャメロンの高祖父にあたる。

4月8日、小村寿太郎外務大臣から林公使宛電報。

【速急資金獲得の必要に鑑みロンドンにて私債を起こすの方策に関し意見提出方の件】

どうやら本国日本では金本位制維持のための正貨が早くも尽きようとしているようだった。


4月12日、シャンドがパース銀行の上司であるウィリアム・ダンを連れてあいさつに来た。パース銀行ではロンドンでの日本の外国公債の起債が難しい状況に鑑み、大蔵省証券の発行に関する提案をしてきた。小村の言う「私債」である。

大蔵省証券とは期間が短い債券で文字通り日本の大蔵省が発行する。日本公債などがボンドと呼ばれる一方で、ビルと呼ばれる短期証券である。

ロンドンの投資家に広く募集をかけるのが「公債」であれば、銀行や大資産家などが直接購入するファイナンスの形態が「私債」で、信用が低くてもそれなりに資金を調達することができる。しかし、そのサイズは小さくて借り入れの期間は短い。元来戦費のファイナンスには向かないが、パース銀行や小村にすればそれでもゼロよりはましであろうという考えであった。

この日の午後、パンミュール・ゴードン商会のウィリアム・コッホが訪ねてきた。ドイツ系ベルギー人。主に日本や清国などアジア系の公債を扱う仲買人である。主要顧客はロンドンのロスチャイルド、つまりこの男がロスチャイルドに公債を販売できる男なのである。またロスチャイルドに近づくにはこの男を無視できない。

ロスチャイルドの事務所へ

19世紀前半、ロスチャイルドを大財閥に押し上げたマイヤー・ロスチャイルドは息子たちをフランクフルト、ウィーン、ロンドン、パリ、ナポリの5家に分けて独立させた。その中でロンドンは最大の資産規模を誇る。

日露戦争の時のロンドンの当主はナサニエル・メイヤー・ロスチャイルド男爵、英国ではユダヤ人初の男爵である。弟のアルフレッド、レオポルドと共に経営に参画していた。

4月13日、ミッチェルというシェル運輸貿易会社の仲買人がホテルへ訪ねてきた。シェルは実質石油会社だが、社主マーカス・サミュエル卿のサミュエル商会として銀行業（マーチャント・バンク）もやっており日本とは古いつながりがあった。

「日本のような国が公債を発行するのであれば、鉄道を担保に入れるのが良いでしょう。特に米国人はこの種の公債を好んで買います」

是清は「鉄道担保」と聞いて、日清戦争以来「瓜分（かぶん）の危機」にある清国をイメージした。鉄道を担保として押さえられるということは清国の植民地化と変わりない。当時日本では外国人の不動産取得は制限されており、鉄道は担保にはならない。

サミュエル商会は東京でも要人相手に営業活動を続けており是清としてはやりにくい相手だった。

ロンドンの大衆は、日本はロシアに負けるであろうと考えている。また投資家は、日本は金本位制を維持できないと考えていた。こうしたことから日本が公債を発行することは無理だと思われていたのである。

この日の午後、ベアリング商会のヴァリタというバンカーがやって来て、唐突にロスチャイルドの事務所に行こうという。ヴァリタは是清の旧友で同商会のバンカーであるヒルの友人だという。

同日ロスチャイルドの事務所を訪ねて、ナサニエルとその弟アルフレッド・ロスチャイルドにわずかな時間ながら挨拶することができた。

「大きなニュースが入りました」

この日遅く、是清と深井が林公使の部屋にいたところ、電信係が電報を持って駆け込んできた。

第７５話　マカロフ提督戦死

明治37（１９０４）年4月13日、是清と深井が林公使の部屋で話をしていたところ、電信係が電報を持って部屋に駆け込み、林に電報を渡した。

「今朝、ロシア旅順艦隊旗艦ペトロパブロフスクが機雷で沈没、マカロフ提督と参謀長は戦死」

林は是清と深井に聞かせるように電報を読み上げると、ふとため息をついた。マカロフとは面識があった。

金子堅太郎の騎士道

マカロフ提督こと、ステパン・マカロフ中将はロシア海軍が誇る世界的に有名な名将。この時55歳。ロンドンやパリ、ニューヨーク社交界にも知人は多かった。

戦争が始まるや、日本海軍の奇襲を受けたことで時のロシア太平洋艦隊司令官オスカル・スタルク提督は更迭された。マカロフはその後任として司令部がある旅順に赴任したばかりだった。部下の将兵たちからの人望も厚く「マカロフ爺さん」と呼ばれ彼の存在自体がロシア海軍の士気を高めていた。

「マカロフは難敵である」

これがロンドンでの評価で日本が容易に黄海での制海権を獲得できまいとする根拠であった。

小型艦を除けばもともと日本海軍連合艦隊と五分五分の戦力のロシア太平洋艦隊である。日本海軍は湾の入り口の浅い海域に古い船を沈め、旅順港にロシア艦隊を閉塞(へいそく)して、朝鮮半島周辺の制海権を確保しようと攻撃を繰り返していた。マカロフの戦死はそうした小競り合いの中での出来事であった。

この翌々日、米国では金子堅太郎が友人の米国陸軍ウッドフォード中将の斡旋(あっせん)で、ニューヨークのユニバーシティ・クラブで219人の参加者を集めてパーティーを開催した。

金子はあいさつの演説の中で、このマカロフ中将の戦死に対して弔意を述べた。

「ここにご列席のお方はマカロフ中将をご承知であります。中将は世界有数の戦術家であります。この人が死なれた。わが国は今やロシアと戦っている。しかし一個人としてはまことにその戦死を悲しむ、（略）私はここに追悼の意を表してもってマカロフ中将の霊を慰めます」

おりしも在米ロシア大使カシニーが買収資金をばらまいて米国の新聞紙上で、黄禍論や宗教論争を持ち込み、あけすけな対日ネガティブ・キャンペーンを展開していた時だけに、金子の騎士道精神をも彷彿（ほうふつ）させる紳士的な振る舞いは際立った。

日本人はサムライである。肌も黄色く小柄でキリスト教徒でもありはしないが、ロシアが喧伝（けんでん）するほど決して野蛮な国ではない。

4月18日、タイムズの記事。

「日本人はマカロフに追悼の意を表す。日本の新聞のほとんどはマカロフに同情的で、その死に対して追悼の意を表している」

欧米人にとってもある種不思議な光景である。因果関係の程は確かではないが、多分日本が黄海の制海権を得やすくなったと判断されたのだろう。マカロフの戦死を境にロンドン市場の日本公債の価格は下げ止まって、わずかながらも切り返し始めた。

少し戻る。マカロフ戦死の報があった翌日の4月14日。

是清たちは香港上海銀行のキャメロン卿と一緒に「女王の銀行」とまで呼ばれる格式の高いベアリング商会の社主ジョン・レベルストック卿を訪問した。彼にはマクドナルド在日英国公使から送られた是清に関する紹介状が既に届いていた。

当時ベアリング商会はロスチャイルドと並ぶマーチャント・バンクの老舗である。また外国公債の発行業務では世界一の実績と実力を持っていた。

ベアリング商会はロシア政府のロンドン市場における公債発行の助言もしていたが、その一方で日英同盟や日本の井上馨との友好的な関係もあって、日露戦争に臨んでは日本の公債募集に是非尽力したいとも考えていた。

「高橋さん、日本公債を発行したいとのご希望ですが、公債募集の条件をいくら投資家有利に設定したところで、今のロンドン市場ではこれを一般投資家に対して募集することは困難です」

是清にすればわかりきったことだったが、はいそうですかと引き下がるわけにもいかない。ソファに座った腰を少し浮かせて食い入ろうとする是清を、右の掌を軽く向けて制止するとレベルストック卿は言った。

「一般投資家から公債を募集できる見込みがない以上、我々ベアリング商会だけの力でできることは限られます」

優雅な身振りで語るレベルストック卿。

「日本が明治32年に発行した日銀保有の既発の4%公債を担保に、日本政府に大蔵省証券を発行していただいて60万ポンドまでならば是非融通(証券を購入)させていただきます」

日本政府の当面の公債発行目標額は1000万ポンド。是清にすればとてもじゃないが、足りない額である。しかし14日現在、これが初めての日本政府に対する貸し出しの申し入れであった。

小村外務大臣から「私債」すなわち大蔵省証券に関する問い合わせがあった。是清は理想ばかりを追っていても仕方がないと、15日に松尾臣善(しげよし)日銀総裁向けに電報を打った。

「目下当地では我が国の公債発行は不可能です。今、日本が正貨を得るためにできることは現状二つあります。

一つ日銀保有の既発4％のポンド建て日本公債を売却すること。一つ大蔵省証券発行の形で英国の銀行からの融資を受けること。後者についてはすでにベアリング商会から60万ポンドであれば融資できるとの話をもらっています」

この日、大蔵省証券を発行するのであれば急がねばならぬと、是清、深井、是賢、他2名で夜の12時過ぎまで電報の返事を待ったが、結局日本からの返事は何もなかった。督促しようにも現代のようにメールも電話もないのである。


翌16日、日本公使館に招かれて、是清は好物の鰻丼を食べた。ロンドンは鰻が取れる。是清が何人前を食べたのか記録は残っていない。

17日、松尾総裁から返事が来た。大蔵省証券発行で話を進めろというのである。日本では軍需品の輸入に伴い正貨がどんどん海外へ流出している。たとえ公債発行が無理で金額が小さくなろうとも、とにかく正貨が必要だったのだ。

21日木曜日、パース銀行、横浜正金銀行、香港上海銀行の銀行団で日本政府の大蔵省証券発行に関して会議が持たれた。

そこで討議された条件は、
6％クーポン、発行価格100につき95・5ポンド、発行総額100万もしくは価格を下げて200万ポンド、償還期限は3年。

後でこれを聞いたロスチャイルドの仲買人パンミュール・ゴードン商会のコッホは、

「なんだ、この程度の発行総額であればうち単体でも買い取れる」

と言い切った。

是清は銀行団が提案した発行総額は少なすぎるのではないかと疑問を持った。

第76話　ビートンの訪問

コッホが正しいのならば、もっと金額を増やして私債である大蔵省証券ではなく、

「公債発行も可能なのではないか?」

是清はマカロフの戦死以降、公債相場の潮目が変わったのではないかと思うようになった。

正貨流出の崖っぷち

当時のロンドンには香港上海銀行、チャータード銀行やパース銀行のような株式会社形態の銀行と、ロスチャイルドやベアリング商会のようなプライベート形態のマーチャント・バンクの2種類の銀行があった。

シティにおける元々の銀行は日本の総合商社のような機能を併せ持つマーチャント・バンクが主流で、各国政府や大資産家を相手に業務を行っていた。

だが19世紀以降の産業革命によって新しい富裕層や中間層が現れると、彼らの貯金を受け入れる金融業者が必要となった。その受け皿が、折しも発達し始めた株式資本市場によって広く投資

家から集めた資金によって設立された株式会社形態の銀行であったのだ。

是清はどちらを相手に交渉を続けるべきなのか、迷った。


ロンドン市場上場の日本公債はマカロフ戦死後の4月14日の63・25ポンド以来底を打ち、21日には66・75ポンド（利率6・02％）まで回復していた。

日本の一般大衆は戦争に占める正貨の重要性を理解してはいない。その一方で是清をはじめ小村寿太郎外務大臣や財務関連の元老や官僚たちにとっては今やまさに日本の戦時財政はギリギリの崖っぷちを歩いているような心境だった。正貨がどんどん流出していたのである。

陸海軍がいかに奮戦しようとも、正貨の減少で金本位制を維持できなくなれば、為替は大きく円安に振れ、日本政府の財政は国際的な信認を失う。

そうなれば海外での正貨の資金調達は不可能になるであろう。正貨がなくなれば輸入が止まる。兵器、砲弾、被服、糧食、日本はそのどれも輸入なしでは戦争を遂行できない。


4月22日午前10時。株式仲買人ヘンリー・ラミー・ビートンがホテルにやってきた。

株式仲買人と言えば野卑で厚かましい人物像を想像しがちだが、ビートンはケンブリッジ大学卒業、貨幣学に造詣が深く、社交界にも顔がきく、後年日銀総裁となる深井英五とは後々まで文通を続けた。そんな男である。

「高橋さん、私が思うに日本は第一級の金融人をアドバイザーにしていません。今のままではシティの商売人たちの思うがままですぞ」

あなただって商売人ではないか、と思いつつ是清は答えた。

「パース銀行のアレキサンダー・アラン・シャンド氏がいろいろと働いてくれております」

「なるほど、シャンド氏はよく存じております。まことの紳士でしょう。しかし彼のシティにおける影響力は決して大きくはない」

それは是清にだってわかる。

「では誰が良いというのか？」

「アーネスト・カッセル卿と話されることをお勧めしましょう」

カッセル卿はロスチャイルドやベアリング商会と並ぶ、ロンドンを代表する個人金融家である。いうなれば当時のシティの3大金融家の一人と言ってもよいだろう。

カッセルはドイツ・ケルン生まれのユダヤ人、この時49歳の是清よりも二つ年上である。鉄道金融での数多くの事業計画、スウェーデンでの鉄鉱石資源の開発、エジプトのアスワン・ダムの建設など実績も確かである。しかしながら当時のユダヤ人の多くは自分の業績を死後残さない、あるいは消し去るという習慣のために現代に逸話は多く残されていない。

また1901年にヴィクトリア女王の後を継いだ英国国王エドワード7世の友人であり、フィナンシャル・アドバイザーでもあった。

それともう一つ重要なことは、米国でモルガン商会と勢力を二分するクーン・ローブ商会の実質社主のヤコブ・シフと密接な関係を持っており、米国金融界に対しても影響力があったことである。

是清はまだそうしたことを知らない。

ビートンは続ける。

「もしも日本が、仁川、旅順沖の海戦同様に陸上戦でも敵を打ち負かす決心であるならば、大蔵省証券のような中途半端なことをせずに、公債発行に的を絞って、その時まで待った方がよろしい。ただし公債発行の事務には時間がかかるので、その準備は始めておいた方がよいでしょう」

ビートンの訪問に是清の心は揺らいだ。

「このまま大蔵省証券を発行して少額の発行に甘んじてよいものだろうか？　公債発行か」


「公債を発行なさい」


午前11時半、ビートンが帰って、今度はマーカス・サミュエル卿が是清たちのホテルを訪問した。

「明治30年に日本が販売した、元本をポンドで支払う特約を付けた軍事公債の時には弊社も協力しましたのに、なぜ今回はご相談がないのでしょうか？」

マーカスは不平を並べた。マーカスはシェル運輸貿易会社を率いる人物である。サミュエル商会は軍事公債発売時に売り出しシンジケートに参加したが、その後の金本位制採用後初の日本公債（この時ロンドン市場に上場していた公債）発行時にはシンジケートを降りていた。

「日本政府のためにはファイナンスの窓口（英国の業者）を一本に絞るべきだ」とマーカスは言う、しかもそれは自分なのだと言いたげに。

是清は答えた。

「私もそう思います」

「ならば、香港上海銀行とサミュエル商会に絞るのがよろしかろう。これであれば戦争さえ終わればロスチャイルドも引き込めましょう」

当時、ロスチャイルドはあまりに広く融資の対象顧客を広げていたために、交戦国の公債は引き受けない（直接買わない）と宣言していたのでマーカスはこう言っているのである。

「私の考えでは」

マーカスが続ける。

「10年期限の6％クーポン、価格90ポンドの公債を担保なしでも売り出せると思うが、たとえ名目であっても関税の担保契約は必要になるでしょう」

是清の関心事である。

「公債は発行できますでしょうか？」

「香港上海のキャメロンから聞いていますが、今あなたは大蔵省証券の発行を考えているのでしょう？　私は反対です。大蔵省証券では日本政府の正貨不足の解決策にはなりません。ここは是非公債を発行なさい」

是清の心は揺らぐ。やはり公債なのか。

第77話　マッケンジー卿

明治37（1904）年4月23日朝9時、パース銀行のアレキサンダー・アラン・シャンドが是清のホテルを訪ねた。銀行団が考えている大蔵省証券発行について販売業者の選定でもめていたのだ。

しかし是清にとっての問題は、そこではなかった。銀行団が提案するように日本は調達金額が小さく返済までの期間が短い大蔵省証券でいくしか方法がないのか、それよりも思い切って金額が大きく返済まで猶予のある公債発行では無理なのか、それが問題だったのだ。

このまま銀行団と交渉していて公債の募集ができないのであれば、あるいは大資本家のロスチャイルドやカッセル卿と直接公債の交渉に入った方がいいのではないか。是清は現状を打破する必要に迫られていたのである。

5年前に発行したロンドン市場の日本の公債価格は、開戦前の75ポンド(5・33%)から62・25ポンド(6・13%)までのパニック売りによる大幅な下げを経て、この頃には66・5ポンド(6・02%)に戻して安定して推移していた。

大蔵省証券か、公債か

朝鮮半島では仁川に上陸した黒木為楨(ためもと)大将率いる第1軍が4月19日に平壌を占領すると、その後小競り合いを繰り返しながら清国との国境である鴨緑江(おうりょくこう)(ヤールー川)を目指して北上を続けていた。

その間ロシア陸軍のまとまった勢力との交戦はいまだなく、ロンドンの投資家は日本陸軍の実力を測りかねていた。

軍艦同士の戦いである海戦ならばともかく、いざとなれば人間同士の格闘となる陸上戦で、果たして体格に劣る黄色人種の日本人がロシア人とまともに戦えるのか?

植民地戦争を見慣れた欧米人にすれば、それは直感的に「否」であった。大人と子供の戦い、日本人4人に対してロシア人一人あれば十分と豪語する者もあった。もちろん演習などを通じて日本軍をよく知る者はいた。たとえば極東ロシア軍の司令官アレクセイ・クロパトキン将軍などは、日本兵の実力をあなどってはいなかった。

現状の黒木軍の進軍速度で行けばロシア軍と日本軍の初の本格的な陸上戦は、鴨緑江の渡河地点安東（現丹東）付近であろう。そしてその時期は約1週間後、4月の終わり、月替わりの頃になりそうだった。

同日23日、午後に再訪するはずだったシャンドとの約束がキャンセルになった。

空き時間ができた是清は、日本を出る前に駐日英国公使のクロード・マクドナルドから、「困った時には相談せよ」と紹介されていた、ジョージ・サザーランド・マッケンジー卿を訪問することにした。深井英五と一緒である。

マッケンジー卿は金融に詳しいわけではないが、植民地の監督官を経て西アフリカを起点としたビジネスで大成功しており、バス勲章はじめ、聖マイケル・聖ジョージ勲章などを叙勲した人物で、この時は英国王立地理学会の副会長を務めていた。

すぐに訪問に応じてくれた。

「私は今、銀行団と公債募集を掛け合っておりますが、なかなか話が前に進みません。

この際、ロスチャイルドやカッセル卿などユダヤ人資本に話を持ちかけてみようかと思いますが、いかがお考えでしょうか？」

是清が率直に問うた。

「私は金融ビジネスに詳しいわけではないが、一般論として金融業者たちとの付き合い方についてはアドバイスできるでしょう」

慎重な物言いは、まさに英国紳士である。

「香港上海銀行やパース銀行のような銀行はすべて株式会社であって、公衆の預金を運用している所です。だからリスクのある長期の外国公債には投資しません。仮に日本の公債発行を引き受けたとしても、結局は一般投資家に販売することになります。どれくらい販売できるかは投資家の人気次第ということです。

これに対してロスチャイルドやベアリング商会、金融家のカッセル卿などの大資本家は、将来の見通しさえ立てば投資家の人気など関係なくリスクを取って自分の資金で買ってくるでしょう。従ってそれ故に、リスクを取った大資本家は日本の足元を見て欲張った条件を出してくるものなのです」

なるほどと是清がうなずく。

「一方で銀行の利益は多数の株主によって分配されますから、その要求する利幅も正当な水準で満足するものです。従って今のあなたのように日本を代表する公的な立場から言えば、まずは銀行を相手にした方がいい。

それも投資家に募集する公債がいいのではないかと思います。なぜなら債券の募集価格も大衆の面前で公平に決まるでしょう。あなたの取引も日本政府に対して透明になります」

是清は深くうなずくと、マッケンジー卿に返した。

「わかりました。銀行団との公債発行に目標を定めたいと思います」

するとマッケンジー卿はもうひとつだけ付け加えた。

「しかしそれでも、大資本家との交際は継続した方がよろしい。もしかしたら大資本家にビジネスの機会を奪われるかもしれないと、銀行団を刺激することになるでしょう」

是清はマッケンジー卿のアドバイスに胸の内のモヤモヤが晴れた思いだった。


「これが大きな転機でした。高橋さんはこれ以降、それまでの緩慢なる態度を改め、銀行家を使って是非とも公債を発行するのだと、一層手ごわく銀行家たちと交渉するようになりました」

後に是清に同行した深井が語っている。


「公債を発行します」

翌24日、日曜日であったが、是清は朝から荒川巳次（みのじ）ロンドン総領事を訪ねた。

そしてこれまで銀行団からの話に従って小規模な大蔵省証券の発行なども考えたが、私の目的は戦費の調達である。明日から原点に戻る、と言うと荒川に向かって決意表明した。

「公債を発行します。これしかありません」

1000万ポンドの保証（担保）付き公債を政府の純手取り90、期限7ないし10年程度で発行する。是清はそう繰り返した。

「それがよろしいでしょう」と荒川は答えると、是清がその旨を日本へ電報するのを手伝った。

その後昼食を領事館で済ませると、よほど気分が晴れやかになったのか、当時まだ珍しい自動車に乗って近郊にドライブに出掛けた。是清はドライブ好きである。
現代ではローン（Loan）は融資で、公債発行とは区別されるが、当時は大型の公債発行もローンと呼ばれていた。是清のこの決意の電報も、
“Decided for Loans”と書かれていた。
日露戦争はユダヤ人が金を出したと、ユダヤ陰謀論も多いが、このローンという言葉が融資と公債発行を混同させ、大衆投資家向けの公債発行をあたかもロスチャルド個人が融資したかのように惑わせる原因の一つとなっている。

第78話　目論見書

明治37（1904）年4月25日。是清は朝からホテルに籠もっていた。もはや私募ではなく公債を発行すると決めたのだ。深井英五に命じて5年前に日本が外国公債を募集した時の目論見書の写しを取り出させ、二人で逐一文言を確認した。

目論見書とは株や債券など有価証券の募集や売り出しの際に、投資家を勧誘するために交付する文書で、有価証券の内容を細かく説明した文書である。現代のものほど分厚くはないが100年以上前のロンドンにもきちんと存在したのである。

今回も、日本経済の現状などを除けば、前回の目論見書とそれほど違わない。しかし条件の変更箇所は多い。また目論見書とは別に銀行団との間で交わす契約書も含めて、細かい文言は弁護士も交えて詰めていかねばならない。これは結構大変な作業である。

「深井君、いよいよ我々は銀行団を使った公債発行に絞ることにした」

これから銀行団との交渉や政府との連絡、書類作成など多くの仕事が待っているが、是清のスタッフは基本的に深井だけである。

「ついては君と私の二人だけで準備していくことになる」

深井はもとより覚悟の上、ここでの銀行団とはパース銀行、香港上海銀行、横浜正金銀行の公債引き受けシンジケート3行のことである。

普段ロンドンで連絡の拠点にしている横浜正金銀行の支店は、今回の日本公債引き受けシンジケート団のメンバーの一行、つまり業者である。日本政府の発行業務を行う事務所は公使館と是清たちがいるホテルなのだ。

是清が泊まるド・ケーゼル・ロイヤル・ホテルは『高橋是清自伝』の中で、「まるで馬喰町の商人宿」と揶揄（やゆ）されたが、実は400部屋もある20世紀初頭のロンドン最大クラスのホテルである。

確かに政府首脳や大富豪が泊まるような最高級ホテルではないが、それでも高級ホテルの分類であり高級官僚やビジネスマンには不足ない。

ホテルはブラックフライアーズ橋北詰テムズ川沿いの5階建て、現在はユニリーバの建物が建っている場所にあった。

是清はここに小さなスイートルームを確保して、一室を事務所とした。深井は隣接した部屋に泊まった。

ビショプスゲートにあった横浜正金銀行からホテルまでは途中イングランド銀行の横を通って

徒歩で20分、馬車ならば10分ほどの距離である。

是清の覚悟

是清は朝から横浜正金銀行の山川勇木支店長を呼び出すと、こう伝えた。

「日本政府は1000万ポンドの公債を発行することにした。だが一度には無理だろうから、今回はその枠内の500万から700万ポンドを発行する。ついてはこのことを君の方から香港上海銀行のキャメロン卿に伝えてほしい」

「パース銀行の方はどう致しましょう」

山川が質問する。

「パース銀行のシャンドさんには我々の方から直接伝えよう」

この日の午後、銀行団と会合を持ったが、銀行団はまだ公債発行には消極的で、短期の大蔵省証券案に固執していた。

この会合には販売証券会社としてロスチャイルド系のパンミュール・ゴードン商会の番頭格のレヴィタが出席した。彼はロスチャイルド卿の弟であるアルフレッド・ロスチャイルドと非常に懇意にしている。気のいい男である。

是清はこの男を通じてロスチャイルド家に接近することにした。他の大資本家であるベアリング商会のレベルストック卿には香港上海銀行のキャメロン卿を通じて、カッセル卿には深井がビートンを通じて接触することになる。

この時、ロシアがパリ市場で3200万ポンドのファイナンスを行うとのうわさがシティに流れていたが、後にレヴィタ経由ロスチャイルドからの情報で、その内容と発行中止となったいきさつを知ることができた。

是清たち、すなわち日本政府にも、ロンドンでのファイナンスに関する情報ネットワークができつつあったのだ。

4月27日現在、日本の公債価格は66・25ポンド、横ばいで推移している。東京の通貨発行残高はこの時点で3億6000万円、正貨準備は8000万円そこそこまで減少していると連絡があった。本来最低でも3割は欲しい兌換準備率はすでに22%しかなかった。日本円紙幣を持つ全員がいきなり金と交換しろとは言わないだろうが、日本の金本位制は風前のともしびだった。

多くの国民は知らないが、これは軍需物資を輸入に頼る我が国の継戦能力が、危険な水準にあることを意味していた。

是清にもはや是非はなかった。公債を発行して正貨を調達するのみである。

是清は発行案を日本政府に打電した。

・公債発行総額　1000万ポンド、ただし2回に分ける
・クーポン　6%
・発行価格　93ポンド
・償還期限　7年
・関税収入を元利の担保とする

これらは是清たちが出発した時に政府から与えられた命令に比べれば日本にとって相当に不利

な条件ではあった。

だが、その一方で銀行団にしてみれば募集が成功するのかどうか不安な水準でもあったのだ。

政府からは条件はともかく、何とか発行総額を引き上げられないかと督促がある。東京にいる阪谷芳郎大蔵次官からすれば日本は金本位制の危機に直面している。「戦争とは7割が財務、残りの3割が戦闘」とは彼の言だが、これは至言であったのだ。

陸軍力の証明

しかし皮肉なことに日本の財務関係者にとっての頼みの綱は戦闘、鴨緑江で想定される会戦にあった。

先に述べたとおり、ロンドンの投資家は海戦であればともかく、体格に劣る日本軍が大男ぞろいのロシア軍と陸上でまともに戦えるのか半信半疑だった。数日のうちに戦われるであろうロシア陸軍との初の地上戦。鴨緑江渡河、これに勝利すれば日本兵もまともにロシア陸軍と戦うことができると欧米社会に証明できる。そうなれば英国投資家の日露戦争の行方を見る目も変わるに違いない。日本公債にも人気が出るかもしれないのだ。

4月29日、前日のロンドン市場上場の日本公債価格は66・25ポンド、一方でロシア公債は92・25ポンド、利率に直すと、日本6・04％に対してロシアは4・35％である。この利率の差こそが、投資家が考える両国の借金返済能力の差になっていた。

5月1日、日曜日深夜。目論見書上の、つまり公債発行条件上の細かい修正依頼電報が政府から届く。是清と深井は要求を英文に直しては銀行団と交渉し、報告の電報を日本語で打ち返す。

深井がふと懐中時計を見た。鴨緑江の戦いはきっと現地で始まっているはずだった。

第79話　鴨緑江の戦い

明治37（1904）年4月末、ロンドンにいる是清たちが公債発行に焦点を絞って作業を続けている頃、2月に仁川に上陸した黒木為楨大将率いる第1軍は、朝鮮半島を北上し、清国との国境である鴨緑江付近に達していた。

架橋準備や事前の砲戦を経た5月1日払暁（ふつぎょう）、第1軍各部隊は、十分な砲撃による支援の下に攻撃前進を開始した。

参謀次長児玉源太郎は「緒戦に彼の肝を砕き候事最も肝要」と、この一戦は潤沢な戦力と砲兵の配備をもって実施された。

なぜならばこの最初の一戦は軍全体の「士気」の向上とともに、小さな体格の日本人がロシアの軍隊とどこまで戦えるのかの試金石となり、ひいては欧米における資金調達にも影響することを児玉はきちんと意識していたのである。

数的にも劣勢だったロシア軍は、戦況の不利を悟ると、当初予定していた通りに早々と退却してしまった。

ロシア軍としては鴨緑江で戦うよりも、鉄道の要衝であり、補給が十分可能な南満州の遼陽（りょうよう）に日本軍をひきつけて、そこで迎え撃つつもりだったのだ。そのため日本の第1軍はその日のうちにロシア軍の拠点九連城（くれんじょう）を占領した。

しかし、この結果、ロシア側の総司令官クロパトキン大将が事後、いかに作戦上の一時的な退却であると主張しようが、日本陸軍は強いとの印象を世界に与えることになった。

「初の陸上戦、大勝利」

5月2日のロンドン。バンクホリデーで金融街シティは休日だったが、是清は弁護士を交えて、香港上海銀行ユーエン・キャメロン卿、パース銀行アレキサンダー・アラン・シャンド、横浜正金銀行の山川勇木らとミーティングを持った。

公債のクーポンを何%にするのか、発行日は、発行価格は、担保は、利子の支払い場所は？などなどの打ち合わせである。

朝のタイムズには、鴨緑江で日本軍が優勢であること、九連城を占領したことがリポートされていた。まだ確実な情報としては扱われていなかったが、勝ったことだけはわかっていた。

シャンドや山川はまだ公債発行に自信を持てないようだったが、是清は強気になれた。

「明日にでも諸君らと公債発行の仮契約に入る。本日はそのつもりで詳細を詰めてほしい」

と押し切った。

キャメロン卿は軽くうなずいた。

是清も深井もここ数日間寝ていない。日本語でやってくる政府の要望を英訳し、目論見書や契約書に反映すべく銀行団と交渉する、そして銀行団の英語での意見を和訳しては本国へ送る。

夕食時、深井がナイフとフォークを持ったまま食事の姿勢で眠っていた。疲れ切っているのだろう、しかし器用な男だ。深井は新婚である。銀行団の外国人連中はこんな彼のことを、「過労望郷の可憐児」とおおいに同情した。

日本から電報が入った。

小村外務大臣発、駐英国林公使宛

【我陸戦大勝により一層有利なる募債条件獲得見込みの有無問い合わせの件】

「現在交渉中の公債発行条件に関して今回の陸戦の大勝は英国大衆に良好な見通しを与えるであろうから、もう少し有利な条件を獲得できないものだろうか？　林、高橋両君の意見を請う」

この日、是清は自分の日誌にうれしさのあまりに「初の陸上戦、大勝利」と書き込んだ。だが、公債発行の条件に関しては、そう簡単に楽観的になれるものではなかった。

その夜の日付が変わった頃、林公使は是清と相談の上で返事の電報を打った。その結論は、「今以上に良い条件を得ることは不可能である」というものだった。

翌5月3日、朝からロンドン市場の日本公債は4分の1ポンド高く始まった。一方でロシア公債は売られて安い。鴨緑江の戦いの結果が相場を動かしているのだ。

本日は公債発行仮契約の日、朝から銀行団との目論見書記載条項の細かい条件交渉が続く。前夜公使館に泊まった是清は朝食を林公使と食べた。

「高橋君、政府は価格がどうだ、クーポンがどうしたとやかましく言ってはくるが、我々にすれば公債発行は少し無理をして背伸びをした選択なのだ。それに今後のこともあるから、最初は投資家に有利な価格で発行して、日本公債はもうかるのだと印象付けなければならない」

立場上、本来政府側につかなければならないはずの林公使は、小村外相に忖度することなく、何が今の日本にとって大事なのかを俯瞰し、それだけを考えて是清を支援してくれていた。

是清とは横浜のヘボンの英語塾以来の知己とはいえ、これは林の人物の大きさであろう。

「そうです。最初は投資家よりも、投機家を味方につけなければ公債販売のディールは成功しません。日本は今後も公債を発行していく必要があります。条件をぎゅうぎゅうに絞るべきではありません」

林公使がうなずく。

「ところで、君はロスチャイルドとも接触しているのだろう。彼らは何と言っている。銀行団には入らなかったが、今回は投資してくるのか？」

「ロスチャイルド家は、家訓として戦争中の国に表だって投資することはありません。今回銀行団などに入れば、ロシア政府が国内在住のユダヤ人を迫害することで嫌がらせをしてくるでしょう。

ロスチャイルド卿はとりあえず少額の5万ポンドほど応募しようかと話していたのですが、それでも弟のアルフレッドが止めさせました」

「そうか、それは残念だったな」

是清は林に向かって笑いながらクビを小さく振って、そうじゃないという仕草をする。

「彼らはきっと日本公債上場後に市場で買ってきますよ。最初の投機家たちが売ったところでゆっくりとね。それならば目立たない。私はしばらく彼らに公債の情報提供を続けるつもりです」

仮契約

昼過ぎに、パース銀行のシャンドが、目論見書や契約書などドキュメント類をドッサリと持ってホテルへとやってきた。

・公債発行総額　1000万ポンド（ただし今回は半分の500万ポンド）
・クーポン　6％
・発行価格　93・0ポンド
・償還期限　7年
・関税収入をもって元利償還を担保

これが銀行団と日本政府が結んだ仮契約の条件である。売り出しは5月10日ごろと決めた。

日本にいた阪谷芳郎大蔵次官にすれば、500万ポンドという金額には不服だったが、一時は短期の大蔵省証券での資金調達を覚悟したぐらいだったので納得せざるを得なかった。

この日のロンドン市場の日本公債は68・25ポンド。前日比プラス1・75ポンドと暴騰してその利回りは5・85％と6％を割った。

この夜、是清とは旧知の仲であった米スパイヤーズ商会ロンドン代表のアーサー・ヒルが仮契約を祝うパーティーを開催してくれた。

第80話　ヤコブ・シフ

ここで舞台を日露戦争開戦直前のニューヨークに戻そう。是清たちがまだ日本を発つ前のことだ。

米国の2大金融グループのひとつ、クーン・ローブ商会。商会といっても現代の銀行と証券会社に総合商社の機能の一部までつけたような投資銀行である。当時は、米国の基幹産業である全米の鉄道網をモルガン商会と二分するほどの隆盛を誇っていた。

この会社の社主ヤコブ・シフは1847年にドイツ、フランクフルトのユダヤ人中産階級の家に生まれた。ユダヤ人陰謀論ではよくロスチャイルド家の手先とされるが、そんな事実はない。10代でアメリカに渡り、ブルックリンやマンハッタンで古着商の屋台を引きながら小金を貯めてやがて証券ブローカーになった。その後クーン・ローブ商会の創業者ローブの娘と結婚し、経営に参画、社業を飛躍的に拡大して個人的にも米国有数の資産家になった。

同胞への思い

20世紀の初頭には大陸横断鉄道の支配権をめぐってモルガン商会と大勝負をし、ウォール街の一方の支配者としての地位を築いた。陰気なユダヤ人金貸し守銭奴の印象は全くなく、信仰心厚く慎み深くて派手好みではないが、現代でいえば、メディアからその行動が常に注目されるセレブである。

日露戦争が始まろうとする1904年2月、シフは毎年の定例となっている欧州旅行への出発を前に、セントラルパークを望む屋敷にユダヤ人商人会のメンバーたちを集めて会合を開いていた。

彼らの話題は前年ロシア領で発生した凄惨(せいさん)なポグロム（ユダヤ人に対する集団的迫害行為）に

ついてだった。

金銭的に余裕のできた彼らは、キリスト教や非宗教的な慈善事業にも多く参加したが、苦労する同胞への支援に一番熱心だった。そのために国内統治のためのはけ口としてユダヤ人迫害を容認するロシア政府は許しがたかった。

シフは集まったメンバーに静粛を求めるとこう切り出した。

「諸君、いまだ日本は正式な宣戦布告を行ってはいないが、間違いなく72時間以内にロシアと戦争を始めるであろう」

現代では美術館で有名なグッゲンハイム、当時のメイシーズ百貨店のオーナーであるストラウス、それにゴールドマンやリーマンなどニューヨーク中のユダヤ人の金持ちが集まっていた。彼らは皆ドイツ出身で、仲間内ではドイツ語で話すことが多かった。

「日本は戦争のためのファイナンスが必要なようだが、私はこれに応じようと考えている」

しかしながら米国クーン・ローブ商会のヤコブ・シフが日本の軍資金調達を支援したことがロシアに露見すれば、いや露見するに違いないのだが、ロシア政府は国内のユダヤ人に対して仕返しに苛酷(かこく)な仕打ちをするのではないだろうか。シフはそれを心配していた。

「ついてはこのことがロシアにいる同胞の身の上にどのような影響を及ぼすであろうか、諸君の意見を是非聞かせていただきたい」

シフは皆に問うたが、腹の中ではどうするのか既に固まっていた。ここでロシア政府の機嫌をうかがうよりも、よもや勝てはしないだろうが、戦争を始めた日本に頑張ってもらって、ロシア帝国を少しでも弱体化できるほうがよいと判断していたのである。メンバーたちの意見も同様だった。

シフの目的は単に金もうけだけではない。日本に資金援助することで、戦局を日本優位に展開させ、少しでもロシアの帝政が弱体化することによって同胞ユダヤ人への迫害の手を緩める。これにある。

しかし無謀な投資は何らの効果もない。果たして日本は投資に値する国なのかどうか精査せねばならない。クーン・ローブ商会はまさにこの投資の目利きでウォール街トップクラスの投資銀行にのし上がったのだから。

シフは会合の数日後、欧州へと旅立った。毎年数カ月の旅になる。ロンドンでは1879年以来のビジネス・パートナーで友人、なおかつ当地ではロスチャイルド、ベアリング商会とともに3大金融家の一人に数えられるアーネスト・カッセル卿がいろいろと調査をし、準備を整えて待ってくれている。二人が交わしたドイツ語で書かれた書簡は40年間で1500通にものぼっているのだ。

そして4月には日本の資金調達チームもロンドンに来ているはずだった。是清のことである。シフは滞在先のフランクフルトそしてロンドンでカッセル卿と十分な時間を過ごした。そしてカッセル卿はベアリング商会のレベルストック卿とも密に連絡を取り合っていた。

したがって是清の行動はカッセル卿に、すなわちシフにも筒抜けだった。是清が公債発行をあきらめて短期の大蔵省証券で妥協しようとした時、カッセル卿はビートンを是清の下に遣わし、公債発行の準備をしておくように示唆したのだった。

そうして是清はいよいよ日本公債1000万ポンドを発行するが、一度には無理だからと半分の500万ポンドだけを発行することにしたのだ。

サプライズなお客様

5月3日夜、公債発行の仮契約を祝う晩餐会が是清の旧友アーサー・ヒルの家で開催された。ロンドン金融界の著名な客が大勢来ていた。是清は日記にその名を列挙した。シップレー、グリーン、レヴィタ、パンミュール・ゴードン商会のカーゾン、スパイヤーズなどが来ていた。

「高橋さん、今日はサプライズなお客様が来ています」

ヒルが是清に会わせたのが、ヤコブ・シフだった。晩餐会の席順もわざわざ隣にセットしてあったのだ。

しかし是清はこの時シフをシップレーという名前だと思っていた。クーン・ローブ商会のシフを知らなかったのだ。

「日本軍は見事に鴨緑江で勝ちましたね。今後の見通しはいかがでしょう?」

シフが是清に日本のことを子細に聞いてくる。皇室、鉄道、経済、人口、教育、などなど、是清と深井はちょうど公債発行の目論見書を作成しているところで、そこには日本の経済データが満載である。是清は細かい数字までおぼえている。

「深井!」

数字がはっきりしなければそこは資料を持ち歩いている深井が控えている。

熊か何かのぬいぐるみのように丸く太った大男と、神経質そうな小柄の痩せた日本人の男のコンビはシフにもおかしく映った。とにかくどちらも一生懸命なのだ。

是清は相手が誰だかわからないまま、日本という国がいかに魅力的なのかを熱く語った。そしてその相手は是清からすればたまたまシフだったのだ。だが、是清はこの時日本公債に関する話はしなかった。

晩餐会は引けた。公債発行の仮契約は終わったが、是清と深井には肝心の公債の売り出しが待ち構えている。果たしてロンドンの投資家は日本公債を買ってくれるのだろうか？

第81話　米国参入

明治37（1904）年5月4日、公債発行の仮契約を祝った晩餐会の翌朝のことである。

パース銀行のアレキサンダー・シャンドがホテルまでやってきた。銀行団も是清のホテルもシティのエリアに集中していて近所である。

シャンドは是清の部屋をノックするのももどかしく、ほとんど同時にドアを開けると息を切らして部屋に入って来た。急いで来たのだ。電話をすればよさそうなものだが、直接告げに来た。

「たった今クーン・ローブ商会から当行に使いが来まして、日本公債の残り500万ポンド分の販売を引き受けたいと言っています」

シャンドは英国紳士らしく落ち着いて話してはいるが、顔の表情に興奮の色が隠せなかった。

「シャンドさん、今なんとおっしゃいましたか？」

残りの500万ポンド分が売れると？　そんなうまい話が現実にあるのか。是清にすればあまりに突然のことだった。

天佑

「一体どうしたと言うのです？」

問いかける是清に、シャンドは両の掌をゆっくりと向けて落ち着かせると、

「高橋さん、昨夜あなたはクーン・ローブ商会の社主ヤコブ・シフさんに日本のことを説明しましたね？」

「ああ、あの人はシフという名前なのか」

是清は深井に向かってただすが、深井もクビを振るばかりである。顔と名前がつながらない。

それを見たシャンドは少し怪訝な顔をしながらも続けた。

「ともあれ、シフさんは昨夜あなたの日本に関する説明をよく聞いて、日本公債に投資してもよいと納得したと。それでその日本公債を是非米国の投資家にも販売したいというのです。ですから今回我々が販売を見送った残りの５００万ポンド分を是非引き受けたいと」

是清は驚いた。ほんの数週間前まで日本公債には１００万ポンドさえ集まらなかった、それがここ数日で何とか５００万ポンドまで発行できるようになったばかりなのに、今朝は１０００万ポンド発行できるという。

まさに天佑である。少し前まで横浜正金銀行には鐚一文の信用もなし、ロンドン市場では日本の公債発行は無理と言っていたではないか。ましてや米国市場は日本公債など見向きもしてくれなかったのだ。

「シャンドさん、そのクーン・ローブ商会というのはちゃんとした銀行でしょうか？」

「もちろんです。使いの者が言うには、このニュースを聞いた我が英国の外務大臣ランズダウン卿も大層喜んでいるそうです。またこの件で明日10時に外相は香港上海銀行のキャメロン卿を訪問することになっています。いろいろと聞きたいことがあるのでしょう」

銀行団の主なメンバーたちはこのことを既に知っているのだ。

「高橋さん、それよりもこれで公債発行の条件も日本国側にすこし有利にできるかもしれません。目論見書と契約書をもう一度詰めておいてください。私は写しをクーン・ローブ商会、シフさんの同行者オットー・カーンさんに渡しておきます。

彼らはそれをチェックして、米国でも目論見書を使えるように修正箇所を指摘してくると思います」

「ありがとうシャンドさん。クーン・ローブ商会の信用に関してはパース銀行にお任せします。この話は是非進めてください」

すべてがトントン拍子に決まったように是清の目には映った。だが実は、ベアリング商会レベルストック卿の5月3日の日誌、この会話の1日前には、早くも1000万ポンドの日本公債発行の話がまとまったと記されていた。半分をパース銀行と香港上海銀行が引き受け、もう半分は米国のクーン・ローブ商会が引き受けると。

つまり是清に知らされる前に、このディールは発行体である日本政府を飛ばして業者の間だけで勝手に決まっていたことになる。

シフとカッセル卿とレベルストック卿、これに香港上海銀行のキャメロン卿も交えて、米国が参加する話は裏面ですすんでいたのであろう。

ただし彼らの不安材料は日本陸軍兵の戦闘能力にあった。初の本格的な陸戦である鴨緑江の戦いの結果さえわかれば、投資の判断は可能になる。

5月3日の晩餐会、鴨緑江での日本軍の勝利を受けて、シフは日本公債の販売を既に決めていた。しかし正式に引き受けを申し入れる前に、どんな人物が日本側の担当者にいるのかを確認するために晩餐会に参加した。そして高橋と深井は誠実で一生懸命な人たちだったのだ。

こうしたヤコブ・シフの投資に対する慎重な態度について、単に利益至上主義の打算的な機会主義者だとする見方は間違っている。

シフの主目的はあくまでロシアで迫害に苦しむ同胞の救済であって、こうした投資判断はシフの行動をより効果的にするための技術的な要素でしかない。

いずれにせよ、日本はヤコブ・シフの決断によって助かった。ここでの助かったという言い方は決して大げさではない。

「金融でロシアを打ち負かした」

日本の当時の状況はといえば、この段階である程度の正貨を確保できていなければ金本位制の維持は困難だった。正貨がなく砲弾や軍需物資の輸入ができない日本などロシアの敵ではない。ロシアは時間をかけて持久戦にさえ持ち込めば、日本は早々戦力が尽き戦争継続が困難になっていたはずである。

シフの参加は、単純に発行総額が500万ポンドから1000万ポンドに増えたにとどまらなかった。なにしろ世界的に有名な相場上手の投資家が日本公債の先行きにお墨付きを与えた形になったのだ。

株式や債券、コモディティーなどは不思議な商品である。同じ物なのに価格が下がれば何故か売りたくなる。反対に価格が上がれば投資家は買いに殺到するのである。

「米国の有名な投資家で資産家のシフ氏が日本公債を買うらしい。米国での大量の販売を引き受けたらしい」

うわさはシティを駆け巡った。

4日のロンドン市場の日本公債は69・25ポンド・プラス1・00ポンド（5・78％）とさらに暴騰した。

6日、米国側の関係書類のチェックも進み、クーン・ローブ商会は目論見書を承認した。日本公債の発行価格は当初93ポンドで予定されていたが、是清の粘りと米国参加による人気上昇も考慮され、93・5ポンドにまで引き上げられた。


シャンドが逐一情報を届けてくれる。

「ヤコブ・シフさんが、国王エドワード7世の午餐会に招待されたそうです。お話では国王は、英国と米国双方による日本公債引き受けを大層喜んでおられるとか」

8日、日曜日のサンデー・タイムズはこれらの動きを受けて、「日本は金融においてもロシアを打ち負かした」と記事を掲載した。

第82話　クラリッジス

明治37（1904）年5月9日、パース銀行のアレキサンダー・シャンドがいつものように是清たちのホテルを訪ねてきてこう言った。

「高橋さん、クーン・ローブ商会のヤコブ・シフさんが是非あなたに直接お会いしたいそうです。今から私と一緒に行きませんか？」

是清は日本公債を500万ポンドも引き受けてくれたシフにはとても感謝している。しかしどうも水面下で話が進み、公債の発行体である是清、つまり日本政府を抜きにして、クーン・ローブ商会の参加をシティの業者たちだけで決めたことに少なからず不快感を抱いていた。

キャメロン卿やシャンドは、今朝のように頻繁に是清のホテルを訪問しては情報を提供してくれる。それなのにヤコブ・シフは会いたいから来いとは何事だ。恩義こそあれ、我が日本国から見れば業者ではないか。ちょっとムッとしたのだ。

「シャンドさん、なるほどシフさんは国王陛下に拝謁できるほどの身分の高いお方なのでしょう。しかし今回のディールでは私は日本政府を代表しております。向こうからこちらへあいさつにくるのが筋ではありませんか」

是清が強い口調でシャンドに言うと、日本で長らく働いた経験を持つシャンドは即座に是清の気持ちを理解して、恐縮した様子でホテルを出ていった。

そしてシフを連れて出直してきたのである。

シフとの再会

シフは確かに3日のアーサー・ヒルの家で開かれたパーティーで会ったその人だった。この人を相手に是清と深井は一生懸命に日本の伝統と現状について詳しく説明したのだった。

シフは自分が呼び出されたことに対して、何のこだわりもなかった。是清は一瞥(いちべつ)してシフはどこか自分と共通の性質を持つ人間であることを強く感じた。包容力のある屈託のない笑顔、そしてそれはシフも同じことを感じた。

その日の午後、今度は返礼に是清が深井やシャンドとともにシフが滞在するホテル、クラリッジスを訪問することになった。

世界的富豪シフの定宿であるクラリッジス。ヴィクトリア女王が、このホテルに滞在中だったナポレオン3世の皇后ウージェニーを訪ねて以来、このホテルは唯一、国王が宮殿の外で賓客を迎える場所とされる。

是清はその豪華絢爛(けんらん)さにまさに腰を抜かした。

「聞くところによると、この宿は各国の皇族や貴族、大富豪などの泊まるところで、その設備万端実に善美を尽くし、(是清が滞在する)ド・ケーゼル・ロイヤル・ホテルと比較しては月とスッポンの差である」

貧乏人の悲しい性(さが)、日本はまだまだ貧しかった。是清はシフを呼びつけたことを恥じ入った。

「深井君、シフの宿は宮殿のようだったな。我々ももう少しましな宿に泊まらねばいかんかな」

深井はうなずいたが、この男、実はあまり贅沢(ぜいたく)に興味がなかった。気のない返事というやつである。

第1回　6％ポンド建て日本公債
・発行総額　1000万ポンド
・クーポン　6％
・発行価格　93・5ポンド（米国の参加により0・5ポンド改善）
・政府手取り　90・0ポンド
・償還期限　7年

公債発行の仮契約は、米国が参加したことによって修正が入った。是清たちは7日にその条件を日本政府に電報して報告しておいたが、その返事が曾禰荒助（そねあらすけ）大蔵大臣から届いたのはこの日、9日だった。

「その条件は満足という能（あた）わずともまたもって戦時財政の基礎を鞏固（きょうこ）にするを得べく、云々」

公債発行額が1000万ポンドに膨れ上がったのは日本にとって天佑に違いない。しかし期待したような起債条件ではなかったのだ。それでも林董（ただす）駐英公使と是清には各方面から多数の慰労の電報が届いたのであった。

「高橋日本銀行副総裁宛、公債募集の成功につき深く貴君の労を謝す」

大成功

日本公債の募集申し込みは5月11日から始まった。その日の朝の英紙「タイムズ」はこう伝えた。

「5月10日東京発、日本のローンは戦争のためならず、金本位制維持のためである。人殺しのためには使われないので投資家はどうか安心してほしい。米国での募集も明日からだが、すでに売り切れが予想されている。なお9日のロンドン店頭市場では、募集価格93・5に対して発行前取引ですでに96・5を付けている」

日本にとって非常に好意的な書き方であった。

日英同盟もさることながら徳富蘇峰と深井英五がタイムズと良い関係を構築して以来の効果が、ここに表れていたのである。

この日、是清と深井は、ロンドン株式取引所を訪れた。日本公債は債券だが、他国の公債同様、当時は株式取引所に上場したのである。

是清と深井は取引所支配人のフレドリック・バンブロング卿とともにフロア（立会場）に出てジョバー（仲買人）たちから拍手とともに温かい歓迎を受けた。

横浜正金銀行の前には、日本公債を申し込む人の行列が200から300メートルほど続いていた。列をなすというのはロンドンでは珍しい光景であった。日本公債はよほどの人気だったのだ。

12日に募集は締め切られた。応募はロンドンで26倍、横浜正金銀行だけでも600万ポンドの申し込みがあった。ニューヨークの応募倍率は3倍だが、これは募集方法に違いがある。

ロンドンで日本公債を買う場合、１００ポンドについてまずは手付け金５ポンドを支払って申し込む。その後、注文が確定した時に15ポンド、その後は１カ月毎に追加で25ポンドを支払い、最後に発行価格と１００ポンドの差額を支払う。

つまり最初の１カ月間は20ポンドの資金で発行価格93・５ポンドの日本公債に投資することができたのだ。一種の信用取引である。上場初日に96・５で売却できれば１００に対して３ではなく、20ポンドの投資に対して３日間で３ポンドのもうけである。投機家が殺到するわけだ。

一方で米国ではあまりに投機的になるという理由で分割払いは禁止されていたので、１００ポンドを用意できる者しか申し込めない。また募集も数倍になった時点で締め切る慣行があった。

ともあれ、こうして日本公債の発行は大成功に終わったのである。

この日、是清は深井とともにパース銀行のシャンドと昼食を共にした。

「シャンドさんには、維新の時に日本の銀行制度創設でお世話になり、今回は再び日露戦争の資金調達ですっかりお世話になってしまいました。あなたの日本国への貢献ははかりしれません」

是清はシャンドに深く感謝した。

深井はようやく徹夜から解放されて、さわやかな顔をしていた。しかしもうあと１億円の募集が必要であることは是清にも深井にもわかっていた。

第10章　増税

第83話　遼東半島

明治37（1904）年5月、是清たちが初のポンド建て戦時公債の発行に成功した頃、極東の戦場では戦いが粛々と進行していた。

まず日本海軍は、ロシア太平洋艦隊の活動を封じるため、開戦直後の2月24日の第1次旅順港閉塞（へいそく）作戦以来、旅順港入り口の狭い箇所に古船を沈めて航行不能とし、ロシア極東艦隊を閉じ込めるべく試みていたが、これはロシア側の猛烈な砲撃によって作戦は困難を極めていた。

3月27日に広瀬武夫少佐戦死で有名な第2次作戦が失敗に終わると、日本海軍は代わりに沖合の想定される航路に機雷を大量に敷設してロシア艦隊が網にかかるのを待っていた。

4月13日、艦隊司令官のステパン・マカロフ中将はこの機雷に接触して戦死した。思えばこの事件をきっかけに日本の公債価格は下げ止まったのだった（第75話）。

そして5月2日夜には第3次作戦も試みるが、これも失敗に終わってしまった。

それまで海軍は独力での旅順港封鎖を目標としてきたが、この第3次旅順港閉塞作戦の失敗によって海からの封鎖を断念し、陸軍に対して陸からの旅順要塞の攻略を依頼することになった。

南山の戦い

ここに日露戦争陸戦中最も苛酷だったと言われる旅順要塞攻撃作戦が始まったのである。旅順攻略は最初から計画された作戦ではなかったのだ。

一方、陸軍は主に四つの軍から編成された。

第1軍は黒木為楨大将が率いて、この時期朝鮮半島から鴨緑江を経て遼陽を目指している。

第2軍は奥保鞏大将。5月14日、つまり是清たちが公債発行成功の余韻に浸っている頃、主力部隊5万人が遼東半島に上陸した。旅順と遼陽のロシア軍の連絡を切断、これが5月25日の南山の戦いである。第2軍は南山攻略後、第3軍に後を託して北転、南満州鉄道沿いに遼陽を目指すことになる。

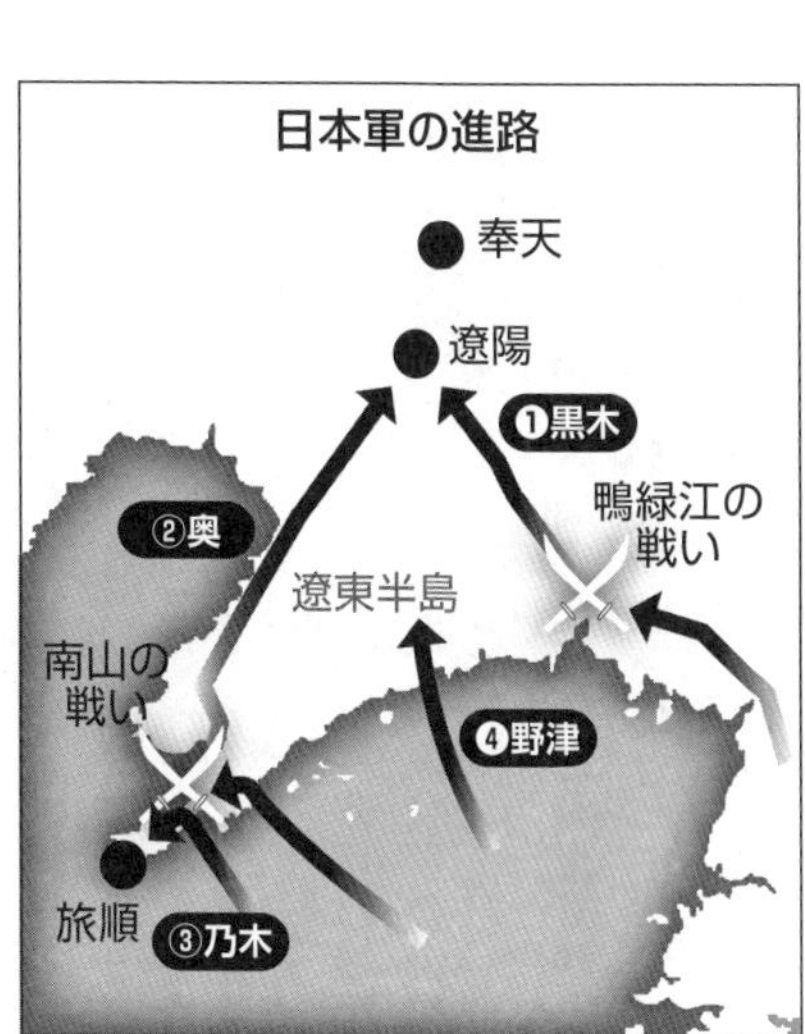

第3軍は乃木希典大将、6月初旬に遼東半島に上陸、南進して旅順要塞を攻略する。

そして第4軍は野津道貫大将、第1軍と第2軍の間にできた間隙を埋めるべく6月24日に編成された。

この時代のロジスティクスの中心は鉄道である。

大軍の移動に鉄道は必須であった。従って日露戦争の陸戦は南満州鉄道に沿って旅順、遼陽、奉天と展開していくことになったのである。

5月25日に第2軍によって戦われた南山の戦いは、初めての近代的要塞に対する攻略戦だった。守兵1万7000人に対して奥軍は3万8500人で攻めた。海軍が敵陣に対する艦砲射撃で支援したが、ロシア軍の塹壕（ざんごう）と機関銃の前に、死傷者は4300人と参加人員の10％を超えてしまった。

この時、第2軍の軍医部長だった森林太郎（鷗外）一等軍医正（大佐相当）は、戦闘時800人分収容可能な野戦病院を用意していたが、予想のはるか上をいく想定外の損失だったのである。想定外は死傷者だけではなく、砲弾もそうだった。先の日清戦争の全期間における砲弾補充量は合計で3万4090発だったが、南山の戦いではたった1日の戦闘でこの数字に達してしまったのだ。

戦闘後すぐに砲弾不足が露呈した。予想外の砲弾消費量に日本国内の工業力では砲弾の生産が追いつかないのは明白、すぐにでも海外に発注せねばならない事態となった。

つまり日露戦争開戦前に見積もっていた日清戦争の約3倍、戦費4億5000万円などでは近代戦は到底戦えないこと、従って輸入に必要な決済通貨の正貨も1億や2億円ではまったく足りないことを南山の戦いは早々と示したのである。

これを受けて松尾臣善（しげよし）日銀総裁は新たに戦費を10億円と見積もり直した。いきなり倍額以上である。松尾の見積もりの根拠は以下だった。

7月　旅順陥落
8月　遼陽陥落
9月　ウラジオストク陥落
10月　休戦
12月　講和

結果を知っている我々から見ると、これでもまだまだ甘い見積もりだった。

またロシアは4月30日に第2太平洋艦隊すなわちバルチック艦隊の極東派遣を発表していた。旅順にある太平洋艦隊とバルチック艦隊が合流すれば、その戦力は日本艦隊の2倍になる。日本としては艦隊が極東に到着する前に旅順の太平洋艦隊を封鎖するか撃滅する必要に迫られたのである。

6月18日、こうした背景から、政府はロンドンの是清に対してさっそく第2回日本公債の募集1億円を命じた。日露戦争当時の日本は、本当に金（正貨）がないのに戦争を始めてしまったのだ。

しかしロンドンの資本市場はそれほど日本に都合よくできてはいなかった。第1回募集分の分割払い込みの最終回が8月25日である。ロンドン金融街シティの常識では次回発行は少なくともそれ以降の話だったのだ。

是清たちのギリギリの努力と、米国クーン・ローブ商会シフとの予期せぬ出会いという天佑（てんゆう）で、やっとのことで1億円の第1回の公債発行ができたのが当時の実情だった。

知られない正貨不足

日本のメディアも国民も、日本が正貨不足に苦しんでいることを理解していなかった。また政府は世論が戦争に対して弱気になることを憂慮して軍資金不足を世間に対してきちんと説明していなかった。

第1回公債発行条件が決まった直後の5月11日の「東京朝日新聞」はこう報じている。

「金本位制維持のために正貨準備は必要で、そのためのポンド建て公債発行も仕方がないだろう。表面上6％公債というが、真の利子は6・6％である。また7年後の満期には100ポンドを返さなければならないので、実際の利率は8％強にもなるではないか。こんなに発行環境の悪い時期に募集せずとも、起債時期の選択には自重自忍が肝要である」

何もわかっていなかった。公債の発行のタイミングに対して批判的であったのだ。

「深井君、我々は一度日本へ帰って現状をきちんと報告せねばならぬな」

深井は黙ってうなずいた。

第84話　戦には勝っても

是清たちがようやく成し遂げた外債発行、国内にはその困難さが伝わっていないようだった。

是清は日本に帰って直接説明せねばと考えて、さっそく松尾臣善日銀総裁経由、曾禰荒助（そねあらすけ）大蔵大臣宛帰国伺いの電報を打った。

リレーションシップ・マネジメント

その返事は小村寿太郎外務大臣から林董(ただす)駐英公使宛にも届いていた。

6月27日、小村外務大臣より林駐英公使宛

【高橋副総裁に対し引続き倫敦(ロンドン)滞在方訓令の件】

「大蔵大臣より、高橋日銀副総裁より外債募集済みにつき一応帰朝すべきや伺出たるも大蔵大臣は当分財政代理人の考えにて(高橋は)貴地に滞在すべき旨松尾総裁を経て訓令せり」

政府は時間をおかず次の発行を考えているのだろう。是清は帰朝が許されないのであれば、どうせ必ずやってくる次回の発行に備えてロンドンの各銀行、ロスチャイルド家やカッセル卿、ベアリング商会などとのリレーションを強化することにした。

林公使は是清が「政府財政代理人」と名乗ってもよいかと小村外務大臣に問い合わせたが、小村の返事は「臨時財政代理人」と名乗れというものだった。臨時では軽く見られる。

「高橋君、もうしわけないな」

林公使がわびるが仕方のないことだ。

しかし、仕事に不満だからと手を抜いても、結局自分にかえってくるだけだ。深井とともに地道に彼らを訪ねては親密な関係を構築していったのである。

日本の絹織物は上流階級のご婦人には貴重品だった。是清はプレゼントに多用した。

ロスチャイルド家には白い藤の花の盆栽を、また少し後のことになるが、是清はカッセル卿を通じて国王エドワード7世の王妃アレクサンドラが日本犬の狆(ちん)を欲しがっているとの依頼を受け

た。早速日銀に手配を依頼、日銀では人を出し、名古屋方面まで行って最高の狆の番(つが)いを見つけ出した。そして飼育員の厳重な管理とともに海を渡って無事英国王室まで送り届けられたのである。

これには現代でいう数千万円の費用がかかったが、カッセル卿は一英国人という名前でこの費用よりもはるかに多い金額を日本の慈善事業に寄付をした。寄付先は是清に委ねられた。

このリレーションシップ・マネジメントこそ是清の真骨頂であった。

6月30日、英「デイリー・メール」紙に日本が再び起債をもくろんでいるとの観測記事が掲載された。すると、この日を境に日本の公債価格は調整に入った。まだそれほどの需要がないのだ。市場は日本政府による2回目の起債を許さなかった。

南山の戦いを受けて、6月に松尾日銀総裁が戦費見積もりを10億円と修正した時、旅順要塞は7月にも陥落と想定されていた。

しかし戦場においては、ロシア軍が構築した要塞は近代的で大規模で強固であると予想され、総攻撃の準備はなかなか進捗(しんちょく)しなかった。

8月7日、乃木軍指揮下に入っていた黒井悌次郎中佐率いる海軍陸戦重砲隊が12センチ砲2門で旅順港内に対して砲撃を開始した。

山越えに見えない目標に対して、地図上を碁盤目状に区切って弾道を計算しながら一目ずつ潰していく射撃法である。これが効果を上げた。

初日から旅順市炎上、重油タンク爆破、商船撃沈など成果が上がったが、9日に入ると湾内に避難中の戦艦「レトウィザン」、巡洋艦「ペレスウェート」にも命中するようになった。

日本国公債利回り

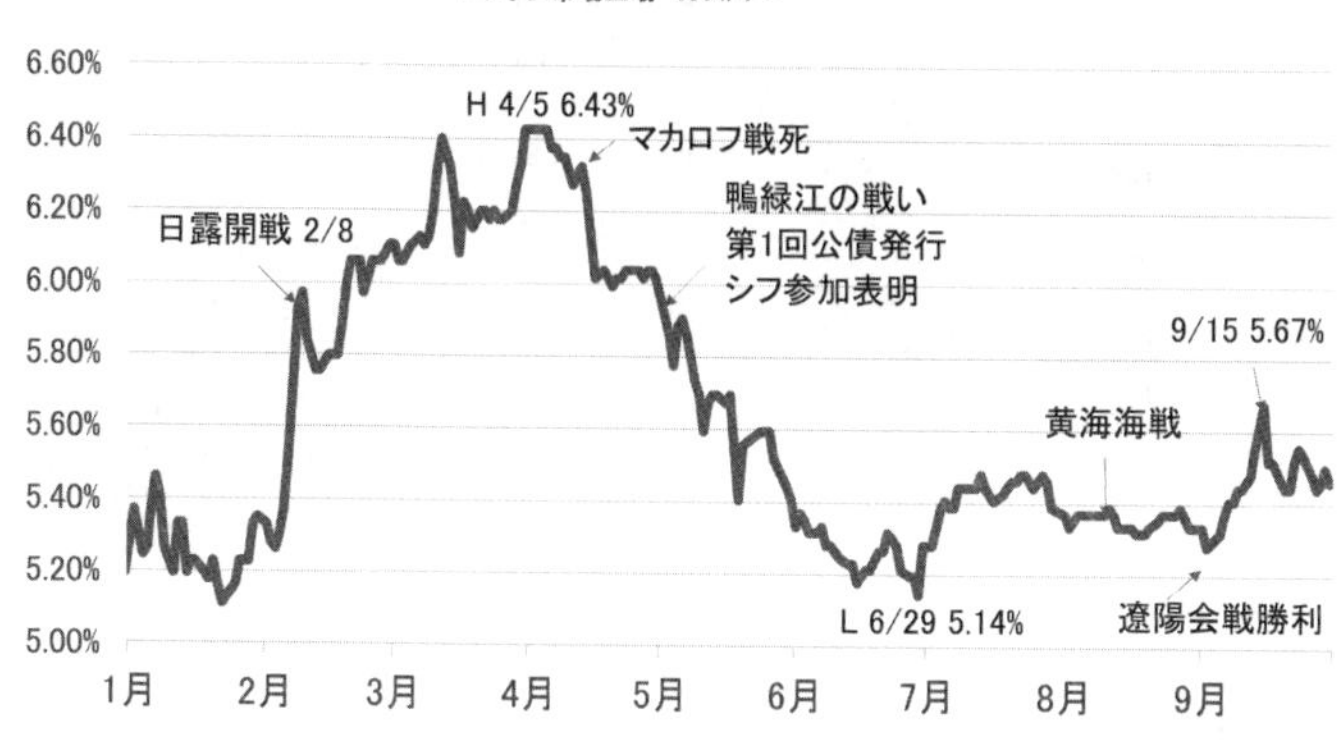

データ：The Times 証券欄から

こうなると旅順港はロシア艦隊にとって決して安全な港ではなくなってしまった。戦わずして旅順艦隊が壊滅してはつまらない、ロシア艦隊は旅順を脱出して一路ウラジオストクへと逃避することになった。

引き籠もっていた艦隊が港を出る。これが明治37（1904）年8月10日の黄海海戦生起の理由である。

海戦の詳細は省くが、旅順港から出てきたロシア艦隊に対して日本の連合艦隊は、旗艦「ツェザレビッチ」に砲弾を集中、この結果マカロフの後を継いでいたヴィトゲフト艦隊司令長官が開戦早々に戦死してしまった。すると艦隊は指揮系統が混乱して、ウラジオストクへの逃避行を中止、再び旅順港内に退避してしまったのだった。

この時のロシア旅順艦隊の損害は甚大で事実上の壊滅状態に陥ったのである。

しかし、その事実を知らない日本軍は、旅順艦隊のバルチック艦隊との合流を阻止すべく、ここからあの苛酷（かこく）な旅順要塞攻略を始めるのであった。

低迷する日本公債

1回目の旅順要塞総攻撃が8月19日から、また満州では、第1、2、4軍による遼陽攻撃が8月28日から始まる予定だった。

政府としては鴨緑江の戦いでの戦勝が公債発行に有利に働いた先例に倣い、これらの戦いにおける勝利によって第2回目の公債発行が容易になるのではという思惑があった。

かくして始まった旅順要塞攻撃も大量の砲弾と1万5800人もの死傷者という損失を出して失敗。

遼陽の会戦ではロシア軍は北の奉天に向けて早々と退却、日本は2万3000人もの損失を出して占領という勝利を得たものの、ロシア軍を包囲殲滅という目標を達成できなかった。こうして満州での戦いは奉天という次のステージへと移行することになったのである。

これを見たロンドン上場の日本の公債価格は上昇するどころかむしろ下落（利回りは上昇）した。日本はこの先再びファイナンスが必要であることを市場に見透かされたのだ。

外国に砲弾や軍需物資を発注しなければならない日本政府、第1回の公債発行で獲得した正貨は早くも尽きようとしていた。

第85話　金がない

明治37（1904）年9月5日付の英国の新聞「タイムズ」に遼陽の会戦の詳細が記事になった。

そこには日本軍はロシア軍を北に駆逐して、地勢的な勝利を収めたが、今度の戦争はこれまでのものに比べて恐ろしく兵員と砲弾と資金を消費するものであると書かれていた。

このためロンドンの投資家は戦争全般のコスト、言い換えれば日本とロシアの継戦能力について再考する必要に迫られたのだ。

それでも、いやそれゆえに、日本からは是清に対して、遼陽の会戦は勝ち戦なのだから、この機に乗じて早く次の公債を発行せよと督促が来る。

「困ったなあ、とてもではないが、現状では再度の公債発行は無理だし、もし強行するとなると、相当条件が悪くなるぞ」

悩む是清に荒川巳次(みのじ)ロンドン総領事が助け舟を出した。

「高橋さん、私の方からも小村外務大臣に現状報告の電報を打っておきましょう。ロンドンにいなければわからないこともあります」

戦勝でも公債金利は上昇

9月17日、荒川ロンドン総領事が小村寿太郎外務大臣経由大蔵大臣に対して、戦勝にもかかわらず、何故日本の公債価格は下がるのか、報告の電報を打った。

【倫敦における日本公債相場下落に関し大蔵大臣への報告の件】

遼陽の会戦戦勝にもかかわらず何故日本の公債価格が下落するのか、

・遼陽の会戦がロシア軍の包囲殲滅とならず取り逃がしたこと。

・旅順が陥落しなかったこと。
・ロシアが和平を望んでいないこと。
・ロンドンにまだ高橋がいるので、投資家筋は近く再び日本が公債募集をすると読んでいること。
「東京朝日新聞」でもこのあたりの事情を記事にしている。

「遼陽においての光輝ある戦勝にもかかわらず、我が公債はかえって下落してしまった。当地の経済誌によると、これは日本の富力が公債の元利金を償還できないからではなく、日本が今後もたびたび当地で公債を発行するであろうという予測によるものだ」

要するに、今回の戦争はこれまで以上に金がかかる。従って日本は今後も公債をどんどん発行してくるであろうという予測なのだ。

こうした中でも、軍需物資の輸入は続き、日本の正貨流出は止まらない。多少条件が悪くなろうとも、ポンド建ての公債発行はどうしても必要だったのだ。是清は銀行団と第2回公債発行の交渉を粘り強く続けたのである。

「クーポンは6%、発行価格は90（額面100）ポンドでお願いしたい」

第1回の発行価格が93・5ポンドだったのだから、是清にすれば、これでも銀行団に対して随分と譲っているつもりだった。

しかし是清が銀行団と交渉を続けていると、どうにも彼らは歯切れが悪い。何か重要な議論があると必ず、「彼らはどう考えているのでしょう？」と、ベアリング商会のレベルストック卿や個人金融家のカッセル卿、そしてその背後にいるであろう米国のヤコブ・シフを引き合いに出すのだ。

是清はこの第2回の公債発行での交渉を通じて、ひとつわかったことがあった。

それはつまり、この現在目の前で進行している多分史上最大級となるであろう国際金融取引を決定しているのは、自分の目の前にいる銀行団ではなく、どうやら市場を支配する英米の大物金融家たちであるらしいのだ。ディールメーカーと呼ばれる連中である。

「深井君、我々はもう少しロスチャイルド家やカッセル卿などとのリレーションに力を注がねばならぬようだな。できれば米国のシフと直接交渉できるようにならねばならぬ」

資金調達の旅に出る時、お供は英語さえできれば誰でもよいと言って深井を軽視していた是清だが、この頃になるとすっかり信頼関係が出来上がっていた。当初は深井をセクレタリーと呼んでいたが、この頃にはアシスタントと呼ぶようになっていた。現代語だとわかりにくいが、随分と格上げだったのだ。

是清はもともと器用な男だし、身の回りのことは全部自分でやってしまう。マッサージをさせたり深井のことを下僕のように扱ったりすることなどただの一度もなかった。

深井は英語、日本語にかかわらず字が下手だった。この時代、既にタイプライターはあるのだが、丁寧なレターなどは手書きである。

ある晩、深井がレターの清書を慎重に書き進めていると、是清が背後からのぞき込んだ。

「深井君、もしかしてそれを先方に送ろうというのではないだろうな」

深井は机に覆いかぶさってレターを隠そうとしたが、是清は深井を机からどかせると、代わりに自分が座ってレターの清書を始めた。

とまどう深井に是清は言った。

「いいから、いいから、私が書きます」

条件巡る攻防

10月に入ると、発行条件が次第に固まってきた。クーポンは第1回と同じ6%、発行価格は87・5ポンドから90ポンドの間である。是清はこの条件に不満ではあったが、価格を譲歩することで、担保を前回同様関税収入の範囲でおさめた。今回銀行団が望んでいたたばこ税や鉄道収入を今後の発行のために温存しておくことに成功している。

この交渉の過程で是清の価格に対する不満を感じ取ったニューヨークにいる米国クーン・ローブ商会のヤコブ・シフは、パース銀行に是清宛伝言をことづける手紙を送った。

「われわれは、日本政府の満足がいく妥当な条件で交渉を進めることを望んではいるが（高橋は不満なようですね）、しかし、われわれにとっては、日本政府が持ちこたえることができるよう、もう一度支援できるようにすることが最大の目的なのです。それが、この恐ろしい戦争を一日でも早く終結に導く最も確実な方法です。私に代わってこのことを高橋臨時財政代理人にお伝え下さい」

10月12日是清は発行案を日本へ送ったが、小村外務大臣はその条件に満足していなかった。

小村外務大臣より林駐英公使宛

【新起債の政府手取り額増加方努力につき訓令】

「高橋の案では、発行価格から手数料を差し引いた政府手取りは85ポンドから87・5ポンドとあるが、連戦連勝の今日、当方一般人心これでは到底満足せず政府においてその苦慮するについては、閣下は高橋より委細の情報を聞き取り政府手取りを90以上となることに精々ご尽力ありたし」

額面100ポンドの公債を90ポンドの価格で発行しても業者の手取り2・5ポンドを差し引けば政府の手取りは87・5ポンドにしかならない。公債の償還時には100ポンドを支払わねばならず、たとえ公債の表面利率であるクーポンが6%であっても実質の金利はもっと高くなるのではないか、政府の希望は手取りで90であると。細かい指図なのである。小村も必死だった。

第86話 第2回公債発行

明治37(1904)年10月15日、第1回の外貨建て公債発行から5カ月、ロシアとの戦争は日清戦争と砲弾消費量が格段に違う、明治政府が考えていたよりもはるかに金がかかるものだった。日本の正貨は再び尽きようとしていた。様々な悪条件の中でそれでも是清たちが2回目の公債発行を模索しているちょうどその頃だ。

ロシアのバルチック艦隊がいよいよリバウ港(現在のラトビア・リエパーヤ港)を出港して極東へ向かったとのニュースが入った。早ければ年が変わる頃には日本近海へと到達するであろう。

4月の終わりにロシア政府から艦隊の太平洋への派遣の発表があって以降、日本はこの艦隊と旅順にある太平洋艦隊との合流を恐れた。それぞれの艦隊が日本の連合艦隊と同等の戦力を持っているので、合流すると2倍の戦力となるからだ。

旅順港内のロシア艦隊は黄海海戦を経て既に壊滅に近い状態にあったのだが、日本軍は確信を持てないでいた。

「艦隊が来るまでに旅順を落とさねばならない」日本側はそう考えていた。

ハル事件

10月22日、小村外務大臣より林駐英公使宛

【新起債の政府手取増加方努力に関する件】

「如何にしても政府手取りを87・5以上にできないのであれば、旅順は今月中に始末がつきますので、できる限り決定を延ばして価格を引き上げるよう努力して下さい。なお今月中に旅順への総攻撃があることは固く秘密にして下さい」

旅順攻囲戦における総攻撃は都合3回あった。第1回は8月19日でこれは失敗に終わった。小村の電報でいう総攻撃は第2回の後半戦、10月26日の総攻撃のことである。

日本軍は確かに満州の野を北へと進軍している。日本では戦勝を祝う提灯(ちょうちん)行列が盛んに行われ、メディアも国民も戦勝気分に浮かれていた。第1回の旅順総攻撃の前には、勝利は必至と飾り付けのために街中の電球という電球が売り切れたほどである。

しかし国民の期待と現実とのギャップは大きかった。戦争の長期化はすなわち戦費の膨張を意味する。ところが日本では輸入に使える正貨が尽きようとしていたのだ。

林公使と是清がこの電報を受け取ったちょうどその頃、バルチック艦隊は、出港から約1週間

をかけてバルト海を横断し、デンマークとノルウェーの間のスカゲラック海峡を抜けて大西洋へ出て、英国とドイツの間の北海に近づいていた。

暗い夜だった。

スコットランドのエジンバラと英国の首都ロンドンのちょうど中間辺り、ハンバー川の北海に面した河口にハルという漁師町がある。

北海のドッガーバンクを漁場とする漁師が住む街で、毎日50隻ほどの小さなトロール船が出漁してはヒラメやカレイ、タラなどを獲っていた。フィシュ・アンド・チップスの食材である。漁船団にはニックネームがあり、地元では「にわとり艦隊」と呼ばれていた。

北海に点々と波に揺れる漁船の灯り。このにわとり艦隊が最新鋭の戦艦を含むバルチック艦隊の突然の襲撃を受けたのだ。「ハル事件」である。

バルチック艦隊の極東への航海は長大な距離を移動する大遠征だ。ロシアは行く先々での補給や情報収集を目的として多くのエージェントを雇っていた。そしてそうしたエージェントの情報の中には、いい加減なものも混じっていた。

日英同盟を結ぶ日本は、英国の協力を得て北海近辺において小型水雷艇を待ち伏せさせているというのだ。

暗い夜の海に揺れる無数の灯り、奇襲をうかがう戦闘艦であれば灯火管制を布くはずだが、極度の緊張が冷静な判断を狂わせた。

バルチック艦隊は戦艦アリヨールだけでも500発の砲弾を発射、同士討ちもあったが、「にわとり艦隊」を1隻撃沈、5隻中破、2名死亡、6名が負傷した。

しかも誤射に気が付いた後も、漁師たちの救助に向かわずに立ち去ったことがいけなかった。ひき逃げと同じである。

少し前に極東で発生した蔚山沖海戦では、日本の第2艦隊が撃沈したロシア巡洋艦リューリックの乗員を積極的に救助したことが美談として英国メディアにも伝えられていたので、この行為はあまりにも対照的な出来事になってしまったのだ。

無辜の漁師を傷つけられた英国は世界最強の巡洋艦隊をスクランブル発進、バルチック艦隊をスペインのビーゴ港まで追いかけた。

そしてスペイン政府に対してロシア艦隊に石炭、真水を供給すれば中立違反と見なすと警告を発したのだった。まさに英露一触即発の事態である。

なにより英国メディアが燃え上がった。ロシアに対する政府の強硬な姿勢を支持したのである。海洋覇権国家英国の名誉の問題でもあった。

「北海の暴力行為を許すな」

「タイムズ」の一面は、連日この記事で埋まった。タイトルはアウトレージ（非道）である。

英国世論が日本に傾いた

日露戦争が始まった当初は、米国人には特有のアンダードッグ、つまり判官贔屓、弱い者をつい応援してしまうという陽気とも大袈裟とも言える日本贔屓があった。

それに比較して英国民は黄色人種の日本と白人のロシア人という人種問題もあってか、米国と比べると、少しさめた様子もあったのだ。

しかし、この事件以降は英国世論が大きく日本に傾いた。

ロシア海軍の敵失によって公債募集にとっては好ましい状況が偶然示現したのである。データ的にもこの日を境に、ロンドン市場の日本公債は徐々に買われて、つまり利回りは下がって、ロシア公債は徐々に値を崩していくことになった。

その一方で小村外務大臣が期待をかけていた第2回旅順攻囲戦はまたしても失敗。是非はなかった。日本には正貨がない。条件にこだわってはいられなかったのである。

11月8日、是清たちは第2回の公債発行の仮契約を結んだ。

・発行総額　1200万ポンド（1億2000万円）
・クーポン　6％
・発行価格　90・5ポンド
・政府手取り　86・5ポンド
・償還期限　7年

募集開始は14日。ハル事件のおかげでロンドンでの販売は順調に進んで、応募倍率はロンドンが13・4倍、ニューヨークでは1・5倍の申し込みがあった。

安いニューヨークで日本公債を仕入れ、高いロンドンで売る裁定取引も見られた。

この頃の是清の日誌には「日本からの手紙」という記述が頻繁にある。その中でも11月2日の日記には「直の手紙が届いた」と、とある名前が特筆されている。「直」とは若い女性のことであるが、この話はもう少し先にしておこう。

第87話　増税

2回目の公債発行によって日本政府が獲得した正貨は、額面100ポンド当たり政府手取りは86・5ポンド。今回の発行は額面1200万ポンド分なので総金額は1038万ポンドになる。日本円で約1億260万円。

明治37（1904）年末の日銀の正貨準備は、38年初頭に払い込まれる第2回募集分の分割払いの残りを全部足し込んでも1億1000万円、準備率で38％ほどしかなかった。つまり目先の輸入分の支払いを済ませると日本の正貨準備はギリギリだったのだ。

「それがどんなに不利な条件であっても、どうしても発行しなければならない」

それが第2回の公債発行だった。ところが日本の世論はその状況を理解していなかった。

是清への批判高まる

「ロイター」外電によって公債発行条件を知った「東京朝日新聞」の論説である。

11月11日付朝刊。

「第1回目の公債発行で不利な条件になったのは、鴨緑江会戦の前に条件決定がなされたので仕方がないが、今回は我が軍が連戦連勝の時である。

今回の公債発行はタイミングが悪すぎる。旅順陥落は目前に迫っているのだからもう少し待てばよかろう。また正貨補充のために外債を発行するのは仕方がないが、これほどの悪い条件で起債する担当者の責任はもはや政治的な問題でもある」

名指しにはされていないが、是清に対するあからさまな非難である。またこうした論調に刺激されたのであろう、本質を見ずに公然と是清を批判する人たちも多かった。

それでも今は戦争中である。政府としては乏しくなっていく正貨残高を逐次公表するわけにはいかなかった。世界に向けて日本は金がありませんと言えるわけもない。

それに記事は旅順がすぐにでも陥落するとの予想のもとに書かれている。メディアと国民がいかに戦勝気分にひたっていたのかがわかる。

米国にいる金子堅太郎からは、米国の専門家たちの意見をまとめた形で資金調達に対する意見具申の電報が桂太郎首相宛に出された。

「公債発行を小規模で繰り返すと条件は回を重ねるごとに悪化するし、それは日本の財務的基盤の脆弱(ぜいじゃく)さをさらけ出すようなものだから、必要金額を一度に募集した方が賢明である」

これに対する曾禰荒助大蔵大臣の返信。

「貴電の趣は今後の発行について参考になります。尚高橋日銀副総裁は来月上旬（12月）にニューヨークへ行くので委細の意見は当人に直接お伝えください」

金子のいうことはもっともではあるが、日本は少し前まで100万ポンドの公債発行さえままならなかったのだ。是清にすれば、必要金額を一度にといわれても戸惑うばかりである。

さて、曾禰蔵相から金子への返信に、是清が12月ニューヨークへ行くとある。第2回公債発行が決定すると、是清と深井には帰国の許可が下りた。

消耗戦

ここで、もう少し日本の反応を見ておこう。東京大学医学部で教鞭(きょうべん)をとるドイツ人医師ベルツの11月12日の日記からだ。

「新公債は、お世辞たっぷりの友邦イギリスと、アメリカが、いかに日本の財政に信用を置いていないかを、如実に示している。日本は額面100円につき、実際は単に86円50銭を受け取るのみで、6%の利子を支払い、しかも関税を抵当に入れなければならないのだ！」

資金調達の条件が悪すぎるというのは、当時の日本国内のコンセンサスでもあったのだろう。

もう一つ、日露戦争では非常特別税という名の下で増税があった。国民の負担感は重く、外債発行の条件にも文句の一つも付けたくなるだろう。

日露戦争の第1次非常特別税は開戦の明治37年4月から実施。内容は地租、営業税、所得税、酒税、砂糖消費税、醤油税、登録税、取引所税、狩猟免許税、鉱区税、各種輸入税の増徴、毛織物および石油消費税の新設。たばこの製造専売の開始。

第2次非常特別税は、ちょうど11月30日から始まった第21回帝国議会で議論され、翌明治38年1月から実施された。

内容は第1次の増徴に加えて、小切手の印紙税、通行税などが新設されたほか、臨時ではなく恒久税として、相続税が新設され、塩が専売となった。

第2次による明治38年度の増収分は約7400万円と見積もられていた。

そもそも政府は内外の戦時公債の将来の償還資金源として増税を考えていたこともあって、非常特別税とはいうものの、戦争が終われば元に戻るという性質のものではなかった。国民の戦後の税負担はさらに重いものになっていく。

同じくベルツの11月15日の日記から。

「租税は重い。地租は、宅地が2倍、耕地が5割の値上げとなった。その他に塩専売、関税引き上げ、営業税、増税のビールとアルコール飲料税、所得税、相続税があり、それに電車代に通行税までが加わる」

一方、戦費に困っているのは日本ばかりではなかった。ロシアは人口が多く領土こそ広大だが、工業化が遅れ、英国や米国のように中間層が育っていない。決して豊かな国ではなかった。

現代の経済学による史的分析では、当時のロシアのGNP（国民総生産）は日本の約3倍、ただし人口も3倍なので、1人当たりGNPは日本と変わらなかったことがわかっている。

ロシアの大蔵大臣ココフツォフは11月に入って「財力の実勢概算」というリポートを皇帝ニコライ2世に提出して、財政上の注意を促した。

・我が国の来年（1905年）のパリ、ベルリン、ロシアでの起債可能額は5億ルーブル（5億円、5000万ポンド）が限度でしょう。

・もし仮に起債ができたとしても、現在戦費は月6000万ルーブルのペースで消耗しているので、残りは8カ月分しかありません。

ロシアはこの年の年末からベルリン市場で公債発行の交渉に入った。ドイツ側は極東までの石炭補給サービスという側面からバルチック艦隊の命運を握っていたこともあって、いろいろと恩着せがましく条件を付けたが、ロシアは2億3000万ルーブルの起債になんとか成功した。

ニコライ2世の戦意は旺盛だったが、ロシア側にも軍資金面で陰りが出始めていた。

12月8日、是清たちはニューヨーク港に到着し、ウォルドルフ・アストリア・ホテルに投宿した。当時のウォルドルフ・アストリアは現在のエンパイアステートビルの敷地にあった。

クーン・ローブ商会のパートナー、モーティマー・シフ（ヤコブ・シフの息子）とオットー・カーンがホテルにあいさつに来た。シフは来米中のカッセル卿と国内旅行中だった。

この時、日本陸軍はすでに旅順の203高地を占領して湾内に砲撃を開始していた。旅順の陥落は目の前だった。

第88話　我らの仲間

明治37（1904）年12月9日、是清が日本への帰路ニューヨークに到着した翌日のことである。

ウォール街近くのクーン・ローブ商会を訪ねた是清は、ちょうど米国に滞在中だったマックス・ウォーバーグと会談した。

マックスはドイツ・ハンブルクの有力なユダヤ系のマーチャント・バンク、ウォーバーグ商会の当主である。同商会はヤコブ・シフのクーン・ローブ商会が引き受けた米国の鉄道債や株式をドイツで販売することでハンブルクにおいて頭角を現してきていた。

モルガン商会が、英国の潤沢な投資資金を当時の新興国で資金需要が旺盛な米国に流し込んだように、彼はドイツに蓄積された資金を米国に投資する役割を担っていたのだ。

当時のウォーバーグ家は男5人女2人の7人兄弟で、長男は芸術家となり次男のマックスが家業を継いでいた。シフ家とはビジネス上の関係だけではなく親戚の関係でもあった。

ウォーバーグ家

遡(さかのぼ)ること10年前の1894年、恒例になっていたシフが家族を連れての欧州旅行の最中だった。マックスの弟で四男坊のフェリークス・ウォーバーグは、シフの娘フリーダと恋に落ちた。シフは派手好きで遊び人のフェリークスのことが気にくわなかったが、米国に移住してクーン・ローブ商会で働くことを条件に結婚を許した。

フェリークスはやがてクーン・ローブ商会のパートナーとなって、後にニューヨーク社交界にその名を残すことになる。

このフェリークスとフリーダの結婚式に際して、当主のマックスはまだ独身だった。

両親はハンサムなマックスもまた派手なアメリカ娘にたぶらかされてはいけないと用心して、代わりに頭は良いが、ちょっと地味な三男坊のパウル・ヴァールブルク（ウォーバーグの独語読み）を米国に行かせた。

ところがフェリークスの介添役を務めたこのパウルは、花嫁フリーダの介添役を務めたアメリカ娘のニーナ・ローブ（クーン・ローブ商会のソロモン・ローブの娘）と恋に落ちてしまうのだ。

「ニーナと結婚したい」

フェリークスを米国にとられたウォーバーグ家としては、今度はニーナが移住してパウルとドイツに住むことで当面の折り合いをつけた。

ところが1902年になって、病気で伏せがちになったニーナの母の懇願に、二人はドイツを離れてマンハッタンへと移り住む。

病気が理由ではあったが、この時代、若いユダヤ人にとって自由な空気の米国生活は魅力的だったのだ。パウルはウォーバーグとクーン・ローブ商会双方のパートナーとなった。しかしこのことが後に米国の金融史を大きく変えることになるとは誰も思わなかった。

是清の話からは少し外れるが中央銀行の歴史にとっては大事なことなので続けよう。

英語読みでポールとなった勉強家のパウルは、欧州の中央銀行の制度に詳しかった。1902年の米国経済が低迷する中で、ポールは米国金融制度の欠陥をすぐに見抜いた。それは中央銀行の不在である。当時の米国にはいまだ連邦準備制度理事会(FRB)は存在しなかったのだ。

ポールはすぐに論文を書き上げたが、中央銀行設立を示唆するその論文は州ごとの分権(連邦)主義者が多く、国家による管理を嫌う人たち、ことにシフの仲間の金融業界にとってあまりに過激なものだった。それゆえ論文を見たシフからは、しばらくは机の引き出しから出してはならぬとたしなめられたのだった。

ところが1907年に再び恐慌が米国を襲うと、ポールはメディアにむけて中央銀行の構想を積極的に語り始めた。1907年11月12日には米「ニューヨーク・タイムズ」に小論文「我が国の銀行制度の短所と必要性」が掲載され、米国は中央銀行を設立して緊急時に支払われるべき準備金を集中して対処せねばならないと主張した。

こうしてポールは米国の中央銀行創設への理論的支柱となり、1913年の連邦準備制度の設立へと貢献するのである。彼はこの件で1911年に米国に帰化している。

さて、是清とマックス・ウォーバーグの会話に戻る。この時の内容は何も残されていないが、マックスは後に是清のことを「私が面識を得た各国大蔵大臣の中ではいちばん計数に明るい人だった」と評価している。

是清は、シフとその仲間たちを通じて国際金融の世界に人脈を広げていくことになった。

ロシア革命の足音

13日、是清は金子堅太郎と面談した。金子がいうには、クーン・ローブ商会のライバルであるモルガン商会はロシアのファイナンスをもくろんで日本に敵対的な行動をとっていると告げた。あくまでうわさである。

モルガン商会は、日本政府へのファイナンスという事業でクーン・ローブ商会に出し抜かれたと考えていた。

14日、ナショナル・シティバンク・オブ・ニューヨーク（現シティグループ）のジェームス・スティルマンと面談。米国金融界の大立て者である。今後の日本公債の米国募集では大きく力になってくれることだろう。

そして是清は米国に旅行中のカッセル卿とも面談する機会を得た。これが初対面である。

是清はシフとは初対面の時から気が合うとは思っていたが、会えば会うほど仲が良くなっていく気がした。

「シフさん、2回目の公募の条件は随分と厳しいものでした。正直に申し上げて、このままいけば、日本はまた半年もすれば正貨が枯渇するでしょう。日本は今後もファイナンスを続けていけるのでしょうか？」

「高橋さん、これまでは日露どちらが勝つのか、状況判断には難しいものがありました。しかし、いよいよ旅順要塞は陥落しそうです。するとロシアは旅順に退避中の太平洋艦隊を失い、目下遠征中のバルチック艦隊単体で日本艦隊と戦わねばなりません。シティではロシアの極東での制海権の回復は困難だと見ています。

また旅順の包囲作戦から解放された乃木軍は北方へと転換できましょう」

シフは詳細に戦況を追っていた。

「そして何より、ロシア国内では革命の動きが見られます。ロシア人も今度の戦争は負け続きだと感じているのでしょう。不満は体制へと向かいます。ペテルスブルクでは学生たちが『戦争中止』のデモを始め、労働者たちは『打倒専制』のストライキを打っています」

これこそがニューヨーク・ユダヤ人商人会を率いるシフが日本のために資金を調達した理由であったのだ。

「ロシアの騒動が大きくなれば、それは日本にとって資金調達のチャンスです。もう高橋さんは我々の仲間をよくご存じです。電報1本でこれまでの2倍、3倍の公債を発行できることでしょう」

第89話　一時帰国

米国を離れた是清と深井は正月を太平洋上で過ごし、明治38（1905）年1月10日に横浜港に到着した。前年の2月24日に出国したので帰国は約1年ぶりになる。

是清は入国のための検疫を受けている最中の元旦に旅順のロシア軍が降伏したという話を聞いた。当時の無線の能力では、米国航路であれば鹿島灘付近にまで到達しなければ日本から電波が届かない。船が太平洋を航海中は何もわからなかったのだ。

またロシアの学生デモや労働者のストライキも日々過激さを増してきており、是清はニューヨークでシフと話したように、次の資金調達はこれまでに比べてよほどスムーズに運びそうだと確信を持ったのだった。

つかの間の再会

久しぶりに赤坂の自宅に帰った是清は妻品子（しなこ）と懐かしく触れ合った。是清かぞえで51歳、品子はこの時40歳、是清は品子を大切にした。

ロンドンで是清の仕事を手伝った長男是賢（これかた）は28歳。横浜正金銀行ロンドン支店トレーニーを経て、今はベルギーへ留学中である。次男是福（これよし）は24歳。東京の三井物産で働いている。ここまでの二人が先妻柳子（りゅうこ）との間の子である。

是清が猫かわいがりしていた長女和喜子（14）と三男の是孝（12）少し歳が離れるが四男の是

彰（4）が品子との間の子たちである。

そして英語を勉強するために手伝いに入っていた直子（23）もいた。彼女はロンドンの是清宛に手紙をくれた人だ。そして是清はその時「直からの手紙」とそれを特筆した（第86話）。是清は後に直子との間に子たちをもうけることになる。

是清と面識があった「報知新聞」記者、今村武雄は昭和25年に『評伝高橋是清』を出版したが、その中で是清の両親のいきさつを念頭にこう表現している。

「遺伝学説の正しさを思わずにはいられない。高橋はかなり老年になるまで、その肉的な欲求にうちかつことができないで悩んだ」

父庄右衛門との違いは、直子がそうした家庭内における立場を受け入れたことだ。直子とはその後も側室のような関係が続き、直子は家庭内で出しゃばらずに立場をわきまえた。結局是清は直子との間に4人の女子をもうけることになる。


1月11日松尾臣善（しげよし）日銀総裁が是清宅を訪問、12日曾禰荒助大蔵大臣、13日元老松方正義、14日元老井上馨、15日桂太郎総理大臣とそれぞれ帰朝報告をこなし、16日には皇居に参内した。

是清は、政府首脳に対して現地での資金調達の困難さを説明しなければならぬと気負って帰国してみたものの、彼らにすれば、そのあたりの困難は先刻承知だった。

是清は今回の外債発行の功を認められ、位階2級進級し従四位へ、さらに1月29日には貴族院議員に勅撰（ちょくせん）された。

また第1回、第2回の海外募集で功労のあった外国人に対する叙勲もあった。

ベアリング商会のレベルストック卿に勲一等瑞宝章、ヤコブ・シフには勲二等瑞宝章、その他数名に勲章が授与された。

血の日曜日事件

是清が日本に帰ってきてからも、ロシアの国内情勢はますます悪化しつつあった。

1月20日、ドイツ人医師ベルツの日記。

「ロシアの内情は、いよいよ険悪の模様である。政治的要求をかかげた大ストライキは、日常茶飯事である。おまけに今度は、大増税が行われるそうだ」

1月22日日曜日、ロシア、サンクトペテルブルクでとうとう事件が発生した。

6万人規模の民衆がニコライ2世に対して「労働条件の改善」「政治的権利の付与」「憲法の制定」「日露戦争の中止」を請願するために冬宮広場に参集した。

しかしこの集会は「打倒専制」ではあっても「打倒皇帝」ではなかった。皇帝にお願いするために臣民は集まったのである。

ところがニコライ2世は不在、あろうことか軍はこの群衆に対して歩兵による発砲と騎兵による切り込みをもって制圧してしまったのだった。

これが「血の日曜日事件」である。

ロシアでは既に多くのデモやストライキが発生していたが、政府側が銃と剣を民衆に向けたことが事件となったのだ。

この後デモは全国規模に拡散し、ロシア第1革命へと展開する。ニュースは世界を駆け巡った。

こうなると国際金融市場はロシアの継戦能力を疑い始めた。また鉄道員のストライキはシベリア鉄道の軍需物資輸送の障害になった。

1月下旬のある日、是清が桂太郎首相に呼び出されて首相官邸に赴くと、伊藤博文、山県有朋、松方正義、井上馨と元老たちがそろっていた。

「ロシアも大変なことになっているようだし、この際、さらに2億ないし2億5000万円ぐらいの公債を出したいと思うが、できるか？」

桂が是清に聞く。

「2億5000万であれば、確かにできます。私の電信1本でできます」

是清は、今ならば米国のシフに電報で相談すれば、現地へ行かずともできるという確信があった。

すると井上が口を挟んだ。

「それは電信などではいかぬ。是非おまえが行かなけりゃならぬ」

その時、伊藤が山県に向かってこう言った。

「高橋は、金はできるというじゃないか」

山県はそれを聞いて立ち上がると、両手をポケットに突っ込み、すこしうつむきかげんに室内を歩きながらぼそぼそと独り言をつぶやいた。

桂はその山県の独り言を察して、是清に聞いてきた。

「高橋くん、戦に負けても公債は発行できるか？」

是清は答えた。

「負け方によります。条件は悪くなるでしょうが、資金は何とかなると思います」

この頃満州の地では、黒木の第1軍、奥の第2軍、野津の第4軍が、次の戦略目標である奉天を取り囲むように布陣していた。また旅順攻略戦を終えた乃木の第3軍が彼らの仲間に入るべく奉天を目指して北進していた。

日本陸軍のありったけの戦力が奉天に結集されようとしていた。

戦闘では勝っているのに、戦争にはなかなか勝てない。戦術では勝っても戦略では難しい。

満州では、厳寒期が過ぎて沙河の氷が溶けると、渡河作戦は困難になる。また雪解けの道の泥濘によって大軍の移動に支障がある。

2月の終わりから3月初めにかけて奉天で一大会戦が行われるであろうというのは衆目の一致するところだった。

第11章　講和へ

第90話　ウィルヘルム2世の密書

「西方国境は安心していい、ドイツはロシアに何もしないから」とロシア皇帝ニコライ2世を日露戦争へと誘導したのは、従兄弟であり、ドイツの皇帝であるウィルヘルム2世だった。

ドイツはこうした経緯からロシアの戦費調達に応じていたのである。

またロシアはフランスとの間で露仏同盟を締結していた。当時成長著しいドイツを東西で挟んで牽制（けんせい）するためである。フランスがロシアに向けてパリの金融市場を開放して軍資金調達に応じていたのもこのためだ。

ところがロシアが日露戦争のために戦力を極東へとシフトした結果、ドイツと対峙（たいじ）するフランスとしては、心細くなった。

さらに日本は英国と日英同盟を締結している。日露戦争が始まると、フランスは、事によっては参戦して英国と戦わねばならぬという不測の事態を招きかねない。そこで日露戦争が始まった1904年4月に英仏協商を締結し、フランスは英国との距離を縮めたのである。

こうした事情でロシアが負ければ負けるほど、フランスは英国に近づいて行く必要があった。

金子堅太郎とルーズベルト

明治38（1905）年2月、是清が日本に帰っている頃、ワシントン外交筋ではとあるうわさ話が持ち上がった。革命が起き始めているロシアは戦争をやめるのではないかという観測から来たものだ。

ワシントン駐在の高平小五郎駐米公使はニューヨークにいる金子堅太郎に電報を発してワシントンDCまで来てもらった。

「ドイツ皇帝が日露講和に関して、ルーズベルト大統領に親書を送ったらしい」

駅からの馬車の中で、

「それはこのくらいの大きさで、封蠟（ふうろう）でシールされ、ドイツ皇帝の印が押してあるそうです」

高平は指を広げて封筒の大きさを示した。

「それを実際に見たという人がいて、それがうわさになっているのです」

高平もいろいろと探ってはみたものの、何も出ない。仕方がないのでルーズベルトに直接問い合わせたが、

「断じてそのような親書などない」

と、にべもないのだ。

「そこで、大統領と親しい金子さんであればと思い、わざわざご足労いただいた次第です」

金子は公使館に到着するとすぐにホワイトハウスに電話をかけて大統領との面談を求めた。す

ると外交団の晩餐会の後であれば時間を作れるということだった。

夜になって金子がホワイトハウスを訪ねると、ルーズベルトが自ら玄関先に迎えに出てきて「何の用だ」と聞いた。

金子は「ここでは話ができない」と答え、二人は2階の書斎へと移った。

ルーズベルトはサイドテーブルにあったウイスキーのデキャンタを片手に、

「何か飲むか？」

と、金子に聞いたが、金子はクビを横に振った。

「そうか、ケンタロウは下戸だったな。では私もソーダにしよう」

二人はソーダを飲みながら話を始めた。ルーズベルトは外交団の晩餐会に疲れていた。

「ちょっとソファに横にならせてもらう」

ルーズベルトがくつろぐと、金子が切り出した。

「ドイツ皇帝から親書をもらったか？」

「いや、何も」

金子は、ルーズベルトの目を見ながら、ワシントン外交筋ではそのうわさでもちきりだと迫った。

「では聞くが、そのうわさとやらでは、手紙には何と書いてあるのだ」

金子はこの質問とルーズベルトのそぶりで、どうやら親書はあったに違いないと確信した。

そこで金子はかまをかけた。

「そこにはドイツ皇帝ウィルヘルム2世と君の間で日露の講和をまとめる代わりに膠州湾はド

イツの勢力下におくと書いてある」

「そんなことは書いていないと言うからには、やはり君は親書をもらったな」

少しの沈黙をおいてルーズベルトは答えた。

「確かにもらっている。しかし膠州湾のことなど書かれてはいない。日本人にとっては大変良いことが書いてある」

「親書を見せてくれたまえ」

「ケンタロウ、この手紙は国務長官のジョン・ヘイにすら見せていないのだ。しかしお前は友達だ、話だけは聞かせてやろう」

「友達だと言うなら、お願いだから見せてくれ、私は日本を背負ってここに来ているのだ」

ルーズベルトは金子の粘りにとうとう負けてしまった。「絶対に秘密」とだけ念をおすと親書を金子に見せた。ところが親書はフランス語で書かれていた。金子はフランス語の単語を追いかける程度は読めたが重要な親書となるとそうはいかない。

「おい、悪いが翻訳してくれ」

ルーズベルトはあきれた。

「ケンタロウ、読めもしないのであれば親書を見ても仕方がないだろう」

ルーズベルトは外交団の晩餐会で疲れていたが、金子とともにデスクの前に座って逐一英語に翻訳をして聞かせた。その夜、ホワイトハウスの書斎は深夜まで煌々(こうこう)と灯りがついていた。

親書には次のように書いてあった。

「余は支那に寸地も希望せず。又山東省をも希望せず。平和回復のことは一に貴下に委ねるのでよろしくお願いしたい」

ドイツは日露講和に容喙（口出し）しないので米国が仲介の労をとってくれというものだった。力でねじふせるには日本は強くなりすぎた。ドイツとしては極東の新しい実力者にここで良い顔をしておきたい。

日清戦争の際の三国干渉の事例に神経質になっていた日本にとってドイツが何も要求しないことは朗報であった。また同時にこれは軍資金を提供しているドイツがロシアを見限ったことも意味していたのである。

「ケンタロウ、ニコライ2世はいまだ負けたとは思っていない。とにかく全ては奉天の会戦が終わってからだ」

金子はルーズベルトに深く感謝すると、ホワイトハウスを後にした。

玄関口には新聞記者が14、15人たむろしていた。

「講和談判の話ですか？」

「いや、旧友と夜話をしていただけだ」

と、金子は答えて振り切った。

金子は日本公使館に戻ると、親書の内容を暗号化して東京の小村寿太郎外務大臣宛に電送した。公使館も徹夜だった。この電報を読んだ桂太郎首相はよほどうれしかったのだろう、すぐさま明治帝に報告している。こうして次に予想される日露の大激戦、奉天会戦に世界の耳目は集まっていったのである。

第91話　奉天会戦

是清がもう一度欧米に資金調達の旅に出ることは既定の路線だった。明治38（1905）年2月、あらためて「帝国日本政府特派財政委員」に任命された。

この役職は国際財務官、または政府財務委員として、是清の後はのちに首相になる大蔵官僚若槻礼次郎に継承されて続いていく。

伊藤の覚悟

出発前のある日、是清と深井は横浜の金沢にあった伊藤博文の別宅に呼び出された。

海が見える客間は、障子が開かれて、ガラス越しに冬の日差しが入り込み暖かだった。是清と深井にはそれぞれ小さな火鉢があてがわれた。和室である。

伊藤は深井とは日清戦争の時に面識があったが（第53話）、よく覚えてはいなかった。

「深井君とは君だったのか」

顔を見てようやく思い出した。

「高橋君、残念なことだが、我が国はまだ細かな財政措置で、どうこう変わるような成熟した国ではない」

是清は黙って聞き入る。

「戦争が終了すれば、大方針を立て直して国の力に見合った計画を立てねばならない」

伊藤が立ち上がり、腕を組みガラス戸越しに遠いまなざしで海を見つめる。そこには夏島やその奥に要塞化された海堡や富津岬が見える。

「海軍は戦後の拡張計画を既に立て始めている。だが、このままでは正貨が流出して我が国は金本位制の維持すら困難になるだろう」

正貨獲得の苦労を知る是清にすればまさしく同じ意見であった。

「東清鉄道（のちの南満州鉄道）のハルビン以南から大連まで、ロシアは既に2億円から3億円ほど投資していると聞く。もし仮にこの戦争で日本がロシアから獲得しても、各国から文句は出ないと思う。米国にいる金子からの情報では、今回はドイツも干渉してこないそうだ。

この鉄道は、当面利益は出ないだろうが、将来性がありそうだから外国人の投資家は喜んで投資してくれるだろう」

是清は伊藤が広く海外の投資家から資金を募ろうと考えていることに感心した。日本が軍事公債を海外の投資家に広く募りながら、その成果物を独り占めにするのであればのちに軋轢を生みかねない。彼らのロジックでいくならば、あつかましすぎるということになる。

「高橋君にはご苦労なことだが、次回2億円の外債を募集すれば、帝国の公債は内外合わせて7億円にも及ぶ。利息だけでも毎年3500万円も支払わなければならない。

これは簡単なことではない。次回の外債募集を最後としなければ我が国は非常な困難に陥ってしまうだろう。

政府としては次回の募集をもって戦争を終結させるつもりだ」

是清も深井も今回の公債募集が最後だと決意を新たにした。

2月17日、是清は今回、深井ともう一人、日銀の横部書記を新たに加えた3人で横浜港を発つ。横浜で開催された送別会の席で、元老松方正義は是清を呼び寄せてひそかに語った。

「もしも戦争が長引くならば、今回の第3次の募集を終えるとともに国内の兌換を中止せねばならぬ」

現状の戦費の支出とそれに伴う正貨の海外流出は想像以上に大きなものだったのだろう。また松方としては伊藤博文と同じように、今回の公債発行が日本の国力の限界だと認識していたことになる。これ以上の借金ではもはや利息が支払えないと。


是清たち一行は、英国資本カナディアン・パシフィック社のエンプレス・オブ・インディア号でバンクーバーへと向かった。バンクーバーから大陸横断鉄道に乗り継いでニューヨークに到着したのは3月6日のことである。

是清が日本から米国に移動している間、奉天では、日露両軍が激突していた。3月1日に日本軍は中央からの全軍総攻撃を開始した。それまで大きいといわれてきたワーテルローのナポレオン軍ですら7万人規模であったが、奉天会戦の日本軍は25万人、それに対するロシア軍の29万人は当時世界史上最大規模の会戦だった。軍の規模が大きいとは、それだけ金がかかるということだ。

戦況は一進一退を続けたが、3月7日に至ってロシア軍総司令官クロパトキン将軍は、日本軍による包囲殲滅を警戒、包囲される前に撤退を決意した。突然の後退命令にロシア軍は北方へと、まるで敗残兵のように列をなして撤退していったのである。

10日に日本軍は奉天を占領、逃げるロシア軍の大軍を目前に、もはや日本軍も追討するだけの戦力は残っていなかった。

日本軍としては遼陽の会戦に続いて、またもや包囲殲滅を果たすことができず、戦争は継続していくことになったのだ。

この敗戦の報にニコライ2世はクロパトキン将軍を解任、後任にリネヴィチ将軍を任命して捲土重来を決意した。まだあきらめていなかったのだ。

ロシア軍側の死傷者は約9万人、シベリア鉄道を使い欧州からいくら兵員を補充しようとも、秋までの戦力の回復は不可能だった。

一方で勝利者である日本側も死傷者は7万人、特に下級将校、下士官の損耗率が高く、もういちど大きな会戦を戦う戦力はもはや残されてはいなかった。

ウィルヘルム2世の人質

ちょうど奉天会戦が戦われている頃、ロシア蔵相ココフツォフはサンクトペテルブルクでフランス銀行団と3億ルーブル規模の公債発行の交渉をしていた。銀行団を呼びつけていたのだ。

ところが、まさに仮契約に調印しようかというその日、奉天陥落の報に接したフランス銀行団は、ロシア大蔵省にあいさつもなく、撤収してしまったのだ。

「前代未聞の非礼」

ロシアの歴史家はそう記した。戦費がないという点では日露同じだが、少しロシアの方が不利になった。

ココフツォフは4月に入ってニコライ2世に財政の報告書「委細書」を提出、開戦以来13カ月間の戦費は10億ルーブルであったこと、今後ロシア国内での起債は不可能であることが記されていた。

それでもニコライ2世はまだ戦意を失わず、極東へと向かうバルチック艦隊に一縷の望みをかけていたのだった。

ココフツォフはその後ドイツで1億5000万ルーブルを調達したが、それは公債ではなく、当初是清が苦しんだ短期の大蔵省証券で、利率は7%もあった。その上「ウィルヘルム2世の人質」と呼ばれるほど、ドイツからは恩着せがましくされたのだった。

のちの第一次世界大戦開戦の原因の一つに、この時のドイツ側の態度が数えられることがあるほどのものだった。

第92話　第3回公債発行

明治38（1905）年1月22日の「血の日曜日事件」を受けて、革命騒動によってロシアの戦争遂行能力は低下しているとロンドン市場はみていた。日本公債が買われて利回りは低下し、反対にロシア公債は売られて利回りが上昇しつつあった。

これを見たロンドンの金融業者たちは起債担当者の是清がまだ日本に帰国中であるにもかかわ

らず、次の日本の公債発行に向けて活発に動き始めた。

金融業者たちは是清と関係が深い横浜正金銀行ロンドン支店長の山川勇木(ゆうぎ)に接触して発行を促す。

また2月初旬にベアリング商会のレベルストック卿がクーン・ローブ商会のシフ宛に、シフの日本での叙勲が決まったという連絡の電報を発した際にシフが返した電報には、「アメリカでは日本公債の追加発行が可能だ」とお礼の返事に付け足している。皆、今こそ商機だと感じていた。

銀行は雨が降ったら傘を取り上げ、やめば貸してくれるという辛辣(しんらつ)で古い皮肉があるが、確かに借金は苦境にあって欲しい時は貸してくれず、状況が良く余裕がある時には頼まなくとも貸してくれるものなのだ。

最後の資金調達

3月6日、ニューヨークに到着した是清はウォルドルフ・アストリア・ホテルに投宿した。

この日、ロンドン市場上場の日本公債は買われてその利回りは4・62%まで下落していた。思えば前年の今ごろの利回りは6・2%もあり、是清が日本を離れてロンドンに到着するまでの間、日本公債の価格は下がり続けていた。ところが今回はこれが逆なのだ。是清が旅する間日本公債は買われ、価格は上昇を続けていた。

3月8日、是清はクーン・ローブ商会のシフと、彼の邸宅で会った。

この日の「ニューヨーク・タイムズ」の朝刊には既に陥落直前の奉天市内の大混乱の様子が報

道され、日本の勝利はほぼ確実視されていた。

「シフさん、今回の募集は今年1年分として大きな金額を発行して、これを最後にしたいと思います」

是清が政府から受けた命令は、2億円ないし2億5000万円の公債発行だったが、是清は、ここは政府の要求を上回る金額を発行して、本当にこれを最後の資金調達にしようと考えたのだ。

「金額はいかほどをお考えですか?」

シフもその最後という考えに同調したが問題は金額だ。

「3億円でいかがでしょう」

それぐらいならば問題はあるまい。

「今後1年分ということであれば、大丈夫でしょう。米国で半分を引き受けましょう」

と、シフは即答した。

「ところで高橋さん、前回ニューヨークに来られた時にお会いいただいたマックス・ウォーバーグを覚えていらっしゃいますか?

彼ら、つまりドイツが日本公債の発行に興味を持ち始めているようです。今回はドイツの参加もご考慮いただけないでしょうか？」

「シフさん、そうは言ってもドイツはロシアにファイナンスしているではありませんか」

高橋はドイツと聞いて意外な感じを受けた。

「高橋さん、重要なのはそこです。マックスはドイツ皇帝に近侍しております。ドイツはロシアが戦争に負けると考えている。つまり、ドイツは戦後の極東における利権に日本が大きな力を持つと考えている証左ではありませんか？」

是清に異存はなかったが、本国政府やロンドンの銀行団に相談してみると答えた。

発行条件について、クーポンは前回の6％から4・5％へ、償還期限は7年から20年へと、シフは是清の希望の通りに承諾してくれた。

シフは、ロシアの革命騒動、奉天の戦勝ムードから日本公債はロンドンやニューヨークで人気が出ると確信していた。

低下する利回り

ニューヨークを離れた是清は19日にはロンドンに到着した。

今回の発行条件に関してはシフのお墨付きもある、主導権はもはや是清にあった。

翌日ロンドン銀行団を招集するとシフと打ち合わせた条件を提示するだけで、誰も反対はなかった。ただしロンドンの金融業者たちは、にわかに日本政府に群がる新規の業者の参加と、ドイツの銀行の参加だけは強硬に反対した。こうして第3回公債発行の諸条件はあっさりと決まった。

第3回公債発行
・公債発行総額　3000万ポンド（3億円）
・クーポン　4・5％
・償還期限　20年
・発行価格　90ポンド
・担保　たばこ税
・募集開始は3月29日

引き受けは英米それぞれ1500万ポンド、ロンドンでは全欧州中から申し込みがあり、ニューヨークでは全米から小口の投資家が群がり申込人は5万人に達した。募集倍率はロンドン11倍、ニューヨークで7倍もあった。

大成功だった。

是清は本国に頼んで、市場安定化用の公債購入の資金300万ポンドを確保して、価格が軟化しそうな時は日銀の口座で日本公債を買い支えた。公債発行業務にも手馴れてきたのである。

いつも辛口だった「東京朝日新聞」の論評である。

「第3回の外債は好条件である。都合の悪い時は小さく募集し、好条件の今回まとめて募集した。我が国は年度中の戦費を確保したのだ。愉快の情に堪えざるなり」

大きい時には2％以上もあった日露の公債利回りの差はいよいよ解消されて、この頃にはほぼ同じになっていた。

第93話　講和への道

明治38（1905）年3月26日、第3回公債発行の諸条件も決定し、是清たちにもようやく少し時間に余裕ができた頃である。

是清は深井とともに、ロンドンのロスチャイルド家を訪問した。

ロスチャイルド家はさまざまな国に向けて投資しているため、どこかの国と敵対するわけにもいかず、交戦中の国家の公債発行に対しては引き受け団には参加しないと決めていた。

しかしながら是清は、目先のことはともかく、戦後の公債発行などを考慮して、ロスチャイルド家とは交際を深めていた。また当家は既発債の市場売買は活発に行っていたので、市場では日本公債の買い手でもあった。

この日はナサニエル・メイヤーとアルフレッド・ロスチャイルドの兄弟が応対してくれた。

アルフレッドが口を開く。

「ロシアは革命騒動の中、奉天会戦に敗北したのだから、いよいよ講和談判が始まるでしょう。となると、日本は君のような金融財政に精通した者を委員とせねばならぬであろうに、何故君は委員となっていかないのだ？　ふふふ」

是清はお世辞にのりやすい。

「あははは。日本には財務に明るい人がたくさんいますから、あえて私がいかなくてもよいのです」

うれしそうな顔で答えた。

ロスチャイルド家では、奉天会戦の敗北をもってロシア皇帝は戦争継続を断念するのではと読んでいたのだ。これはロスチャイルド家がロシア帝国の軍資金難という台所事情を知っていたためでもあるだろう。

パリ証券取引所

2日後の28日、ロスチャイルド系のパンミュール・ゴードン商会のコッホの手配で、是清はパリ証券取引所仲買委員長のベルヌーイと面会した。是清に会うためにパリからわざわざロンドンまでやってきたのである。これは同盟国ロシアに見つかってはまずい、極秘の行動であった。

当時のパリ証券取引所は政府の関与が強い市場だった。仲買委員長は政府の指名であり、上場銘柄は政府からの制約を受ける。従って外国銘柄などは政府の外交政策に大きな影響を受ける。例えば日露戦争中は、露仏同盟の同盟国ロシアに敵対する日本の公債などを上場することはできないのだ。

しかるに今、是清の目の前にはパリからわざわざやってきた仲買委員長のベルヌーイがいるのだった。

「高橋帝国日本政府特派財政委員殿

日露戦争もそろそろ潮時でしょう。ロシアとの和平交渉が締結したあかつきには、是非ともパリ市場で日本公債を発行していただきたくごあいさつに参った次第であります」

これはドイツのみならずフランスまでもがロシアを見限ったことになる。ベルヌーイの提案は和平後の日本の極東地域での影響力をにらんでの権益確保の布石であった。

ちょうどベルヌーイが是清に会いに来た日の日本では、満州軍総参謀長児玉源太郎が戦場である奉天から新橋駅に到着していた。

大本営は、奉天占領後すぐに新たな作戦方針を策定しウラジオストク、樺太、鉄嶺までの占領計画を策定した。

しかし実行には大山巌、児玉源太郎の満州軍との打ち合わせが欠かせない。大本営はそのために児玉を呼び戻したのである。

ところが、新橋に出迎えた長岡外史（がいし）参謀次長の顔を見るなり児玉はこう言った。

「おれは戦争を止むるために上京したのだ」

奉天の会戦の勝利。大山と児玉はもともとロシアに対する軍事的な勝利はこのあたりが限界であると考えていた。

しかも今回の作戦も遼陽の会戦に続いてロシア軍を包囲殲滅するという目的は果たせず、敵主力を再び北へと逃してしまったのである。

ロシア軍をシベリアまで追おうとも、日本軍はモスクワまで進撃し占領することは不可能である。いずれどこかで戦争を止めなければならない。二人は今がその時だと考えた。

児玉の計算では、日本は開戦以来の1年半で15億円もの戦費を費消、仮に戦争を継続して鉄嶺の北ハルビンまでの占領を考慮すると、期間2年、さらに追加の戦費として20億円が必要になるとの結論だった。

開戦前年の日本の国家予算は2億7000万円、銀行預金総額10億円ほどしかない国が、35億円もの戦費負担に耐えられるわけがない。ましてや日本は今や下級将校や下士官など現場の兵力が枯渇している。金も兵も尽きたのだ。

児玉は何としても政府首脳、元老たちの頭の中を早期戦争終結にまとめなければならぬと決意を固めて帰国してきたのだった。

是清たちの頑張りで新規に3億円の外貨を獲得し、「日本は資金調達の戦いにおいてロシアに勝利した」と世界のメディアから称賛されていた時期である。大本営で児玉が語る戦場の現実は奉天会戦の戦勝に喜ぶ元老や政府首脳たちに冷や水を浴びせた。

この上は戦えぬ

「それほど慌てずともよいだろう」

元老や閣僚たちの中でも小村寿太郎外務大臣は、講和を策定するのであればバルチック艦隊撃滅後の方が有利であると考えていた。海戦には最初から勝つ気でいたのだ。

是清が進める資金調達の細部にまでかかわってきた小村は、外債償還、すなわち借りた金の返済による戦後の財政資金の逼迫(ひっぱく)を考慮し、是非ともロシアから賠償金を獲得せねばならぬと考えていた。そのためには明確な勝利の証しが欲しい。すなわちバルチック艦隊の撃滅が必要である。

強気を語る小村に児玉はこう言った。

「小村さん。

この上は戦えぬ。日清戦争の時は軍人が和平を欲しなかったが、この度は軍人の方より講和を望んでいるのである。

外務大臣は強いて談判をまとめてくれ」

時を間違うととんでもないことになると児玉は小村に警告したのだ。

こうして閣議で早期平和克復方針が承認され、4月17日の元老会議で「日本より米国を間に立て、働きかけの手段をとる」と決定したのである。日本は講和に向けて動き始めた。

しかしロシア皇帝ニコライ2世は、奉天の敗戦で降伏する気などはなかった。

この時、ロシアが誇るバルチック艦隊は日本の連合艦隊を征伐すべく東進中である。艦隊に期待のすべてを懸けていた。

艦隊は4月8日にシンガポールを通過。

ロシアは満州の戦場に陸続きだが、日本は満州への補給に渡海が必要だ。

ニコライ2世にしてみれば、日本艦隊を撃滅し、制海権を確保すれば、形勢は一気に逆転する。

勝機はまだまだ残されていると信じていた。

第94話　日本海海戦

明治38（1905）年4月、第3回の公債募集が終了すると日本公債の価格が下落し始めた。

ロンドンにいた是清は、今回の募集が3000万ポンドという巨額だったために募集後の市場にだぶつき感が出たこと、またロシアのバルチック艦隊がシンガポールを通過したというニュースの影響もあるのだろうと理解していた。

そんな是清のところに、パンミュール・ゴードン商会のコッホがクレームにやってきた。

「ロイター電によると、日本政府は、我々が買った先の4・5%の第3回日本公債よりも有利なクーポン6%の内国債を日本で発行すると伝えている。高橋さん、日本政府は一体どうなっているのか？」

この内国債とは第5回国庫債券のことだった。開戦当初の内国債のクーポンは5%、一方で外国債は6%と国際的な信用が低い分、外国向けのクーポンが高かった。ところが開戦1年が経過したこの時期、戦況の有利さから海外のクーポンが4・5%まで低下したにもかかわらず、国内の投資家は度重なる国債発行に投資資金も限界に近づき、もはや6%の高クーポンをつけなければ買わなくなっていたのである。

外国では低い利回り、国内には高い利回りでは外国人投資家は納得しない。

「ロンドンの募集からわずか10日ほどで、こんなことをされたら、我々業者の信用はガタガタになってしまう。すぐに中止させてくれ」と、すごい剣幕だった。

是清は本国大蔵省に中止を要請するも、これは以前から日本国内の銀行団と内約していた発行であって、外国人に販売する枠は設けないから、何とか説得しろとの返事だった。そしてそこには説得できるまで帰ってくるなとの付記もついていた。

是清は各方面に頭を下げて、今回限りということで、何とか日本の国内事情を理解してもらえたのだった。もう国内に戦費に回す金はなく無理を通せば金利は高くなってしまうのだ。

バルチック艦隊

4月21日、是清と深井はロンドンを出発してニューヨークへと向かった。公債発行で集めた米国分の資金の処置のためだが、是清たちにすれば日本への帰国の途中のつもりである。何しろ今年の戦費分は集めてしまったのだから。巨額の資金は米国の信託銀行に分散して預託しておいた。信託銀行を選んだのは、信託は普通銀行の預金よりも利率が良いためであり、また募集の時に力を貸してくれたウォール街の金融業者たちへのビジネス上のお返しの意味もあった。

「深井君、大方の用事も済んだことだし、そろそろ日本へ帰ろう。電報を打ってくれ」

深井が松尾臣善(しげよし)日銀総裁宛、帰国伺いの電報を打つと翌日さっそく返信がきた。

「申し出の事情は委細承知した。しかし米国で巨額の資金を調達し、これをロンドンへと回送する仕事も残されているので、責任のある者をおいておく必要もある。

また目下、財政上考慮中のこともあり、直ちに貴君を煩わせることになるかもしれない。そのため7月初めまでは現地にいるように」

是清は電文を読み終えると、深井に言った。

「深井君、財政上考慮中とは何だ。軍資金はもう1年分十分に調達したところではないか。この電文では、まるでもう一度公債発行が必要だと言わんばかりじゃないか」

深井も同意だった。怪訝(けげん)な気持ちだった。

是清は深井に今から言うことを電文にして返事とせよと言うと、きつい言葉で不満をぶちまけた。

深井は自分の役割を心得ている。是清のきつい言葉を緩和して本国への返事とした。

「当方もはややるべき業務無し。それでも米国にいろというのであれば、当地金融街はすでに休暇の季節です、私も休暇をもらいボストンへでも行ってきます」

5月24日、留守番役の深井をニューヨークに残して、是清はボストンへと旅だった。

ちょうどこの頃、バルチック艦隊は東経123度、北緯31度11分の地点で進行を止めて石炭を補給していた。軍艦の燃料が重油に変わるのはこの10年後の話である。

この場所は揚子江が東シナ海に注ぐ地点、上海の沖合である。東北東に進路をとれば対馬海峡まで直線で700キロしかない。

この艦隊は、当時山のようにも見えた戦艦が8隻、その他旧式が混じるとはいえ大型の巡洋艦クラスが12隻、その他含めて計38隻、巨大な鉄の塊が群れる姿は見る者を畏怖させる存在だった。当時日本国民がヒステリックなまでに恐れていたこの艦隊は、新聞紙上で連日その居場所が取り沙汰されていたが、14日にベトナム沖を出発、19日にルソン海峡を通ったという情報以降、日本では消息不明になっていた。

「対馬海峡を通るか」はたまた「太平洋を回るのか」、海軍内部でも論争が絶えなかった頃である。

5月27日、午前4時45分、五島列島沖を航走するバルチック艦隊を信濃丸が発見、日本海海戦の幕開けである。

米国東海岸時間29日、深井に呼び戻されてニューヨークに帰っていた是清は松尾日銀総裁から電報を受け取った。

「一昨日午後より対馬海峡にて大海戦あり、我が艦隊は大勝利を得た」

ニューヨークでは号外が配布され細かい情報も新聞を通じて入ってきていた。我が国の連合艦隊はバルチック艦隊を撃滅したのである。

弱く見える者を応援するアメリカ人気質、アンダードッグもある。また3月に発行した日本の公債を買った投資家も大勢いた。投資家は自分に有利な情報は大歓迎である。マンハッタンでは勝利を祝して日章旗を掲げる家も多く、この時日本人はちょっとした人気者だった。

ただし、アンダードッグによる応援には限界がある。強くなれば嫌われるのだ。ましてや自分に挑戦してくる者など徹底的に排除する。

3月のことだが、奉天会戦の勝利の中、カリフォルニア州の議会がワシントンの連邦議会で日本移民制限の措置を提案することを決議した。

また米国下院の一委員会の委員長が、アメリカは何時なりと日本に矛先を向け得るよう、その艦隊を増強せねばならないと公言していた。

そうした中での完膚なきまでのバルチック艦隊撃滅である。日本海軍は、この勝利によって今や米国艦隊と太平洋を挟んで対峙(たいじ)する存在になり始めたのだった。ロシアに同情する者も現れ始めた。

さらなる資金の要請

31日、再び松尾日銀総裁から入電があった。

「今度の対馬海戦は敵艦隊を撃滅せしめ、ロゼストウェンスキー、ネボガトフ、エンクエスト3

提督を捕虜とした。この戦捷を機とし、整理公債3億円、あるいはそれ以上を英米において募集することはできざるや？」

是清のいやな予感は当たってしまった。だがつい先月、政府の要求より多くの金額、3億円の公債を発行したばかりではないか。どうしてまた必要なのか？

第95話　もう一度公債を

もう戦争は終わるのではないのか。まだ金が要るのか？　是清は直ちに返電した。

「日本政府は先だって3億円の資金調達をしたばかりで、今現在多額の在外正貨（外国の銀行に預金している正貨）を所有している。

したがってさらなる公債発行は投資家に理解されません」

すると松尾臣善日銀総裁から返電があった。

「戦争がこの上継続すれば戦局は拡張するであろう、その際今後の軍事費の予算は7億8000万円にのぼると見積もられている。従って近々突然3億円ぐらいの外債発行が再び必要となるかもしれない。貴君のご参考までに」

是清は念を押すつもりで返電した。

「本年10月以前の日本公債の再度の発行は無理です。本来ならば来年4月ごろが順当な時期でしょう。このことをご説明したいので、この際我々が帰朝できるように取り計らってください」

松尾総裁はさらに軍資金が必要だというが、3月の奉天会戦での陸軍の勝利、5月の日本海海戦でのバルチック艦隊の消滅による日本海軍の勝利など、ロシア軍の敗勢はもはや誰の目にも明らかだった。

6月2日、米国大統領セオドア・ルーズベルトは駐米ロシア大使カシニーと会見して講和を勧告、5日には駐米日本公使高平小五郎にも講和の勧告があった。

9日には駐日米国公使グリスコムは公式文書で小村寿太郎外務大臣に講和の議定を勧告、10日には駐露米国大使マイヤーがニコライ2世に謁見して、いよいよ両国は講和の席につくことになった。

こうして6月14日、是清は「至急一時帰朝せよ」との電報を松尾総裁から受け取った。

追加で3億円

「深井君、いよいよ帰れそうだな」

二人はすでに大方の荷造りはすんでいたが、電報や書類などの整理にとりかかった。

また深井は徳富蘇峰から頼まれていた土産の本を探しに急いで本屋に出掛けたりした。

すると翌日、松尾総裁から再び電報が届いた。

「この電報は井上馨伯爵および曾禰荒助大蔵大臣から頼まれたものだ。

目下平和の徴候あれども、どうなるかはわからない。軍事費の予算は本年だけでも約3億円の不足である。さらにこれに加えて来年1~3月だけでも2億3500万円が新たに必要であり、都合5億3500万円を新規に調達せねばならない。このうち5億円が債券発行によるとしても、貴君も承知の通り、国内にもはや十分な金はない。

内国債だけでの調達は困難である。

こうした時に井上伯爵のところへスパイヤーズ商会がやってきて、政府保有の内国債の外貨建て変換条件での売り出し、あるいは外貨建て公債の巨額の引き受けも可能であるという。しかしながらスパイヤーズと商議を進めることは、これまで世話になった引受銀行団との関係でまずかろうということで、井上伯爵はこの話を退けられた。

しかしいずれにせよ、少なくとも9月ぐらいには、内国債2億円、外国債3億円の公債発行が必要になると予想される。ついては貴君は一個人の資格で内々に今後の発行の可能性等を探って、その上で帰朝してほしい」

何ということだ。結局日本はもう一度3億円の起債が必要なのだ。

是清は明日にでもクーン・ローブ商会のシフのところへ行って9月ごろの公債発行の可能性だけでも探ってみることにした。しかし、それにしてもスパイヤーズ商会が今更のこのこと出てくるとは、他の引受銀行団は容認できないだろう。スパイヤーズに引き受けさせるということはシティやウォール街における日本の信用が地に落ちることでもあった。

翌16日朝、矢継ぎ早に次の電報が入った。

「露国の現在の行動は誠意をもって講和を希望しつつありや疑わしい。ゆえに政府はさらに決心するところあり。軍事上はもちろん財政上においても戦争は継続するものと覚悟を示して十分の準備を整えることが得策と考える。ついては貴君はできるだけ早く3億円、もしやむを得ずんばその半額でも外債を取り決めてもらいたい。

抵当を必要とするのであれば、たばこ専売益金もしくは鉄道収益をもってしてもよろしいから従来の銀行団の意向を探り至急返電してほしい。

もしもこれまでの銀行団が使えなければ、良いこととは思えないがスパイヤーズを使わざるを得ない。貴君の帰朝は以上の話が片づいてからにしてもらいたい」

是清はこの電報に逆上した。

「深井君、この電報は何だ」

深井は聞き役に徹するしかない。

「今の銀行団には無理を聞いてもらってきた。そりゃ彼らも商売だが、それだけではなかったはずだ。義理を重んじる日本の美点はどこへいった」

とさんざん悪態をついたものの、井上伯爵にせよ、曾禰大蔵大臣にせよ、ましてや松尾総裁が好んでこんなことをしているわけでもない。

よくよく考えれば今まさに講和交渉が始まろうとしている時に、新たに3億円が必要だということは、きっと避けられない事情があるに違いないのだ。

しかし3月末の第3回の公債募集の時、是清はシフに対して、今年1年分の戦費であると宣言し募集金額を増やした。また同じことを英国の銀行団の前でも話した。その舌の根も乾かぬうち、もう3億円欲しいとは言いにくい。

しかし考えていても何も始まらない。これは国家の危機なのだ。

電報を受け取った16日、是清はその日の午前中に深井を伴ってシフの邸宅を訪ねることにした。是清たちが滞在する当時のウォルドルフ・アストリア・ホテルは34丁目の5番街、現在エンパイアステートビルが建っている場所にあった。

一方シフの家は77丁目と78丁目の間の5番街、セントラルパークに面した一等地にあった。

是清たちを乗せた馬車は5番街をひたすら北へと向かう。

是清は馬車の中でシフになんと説明しようかと必死で考えたが、もはや単刀直入に行く以外に策はなかった。

「政府からさらに3億円を募集せよとの命令が来て実に意外千万であるが、あなたはこの際さらに募集ができるとおもうか?」

シフは驚いた。

「君はついこの間、今後1年分の戦費として3億円の起債をしたいと言ったばかりではないか。英国なんかはまだ第3回公債募集の分割払いの最終回も終わっていない。高橋さん、これは無理な筋だ」

第96話　友情

前回の発行からまだ3カ月も経っていない。日露ともどもも講和の話に入ろうかというこの時に日本はなぜ軍資金が必要なのか? 冷静なシフも腹立たしかったようで、少し語気を強めた。

「シフさん、日本政府は戦争を継続しようなどというつもりは毛頭ありません。

しかし講和の談判が始まったからといって必ず円満に解決するとも限りません。

また講和が決まるまでどのくらいの日数が必要なのかもわからない。講和談判中は休戦するが、日本陸軍20万人は満州に張り付いたままで、それだけでも軍費はかかります」

説き伏せるように話す是清。

「講和談判が万が一決裂するようなことになれば欧米の人たちは失望することでしょう。そんな時に日本が、戦争が続くならば公債を発行したいといっても市場が受け入れてくれるでしょうか？

ロシア政府内の主戦派は日本に戦費がないことを理由に勢いづいてしまい戦争はさらに長引くかもしれません。

しかし日本が今のうちに戦費を調達しておけば、ロシアのそうした勢力も強くは出られません」

是清一流の説得力のある言い訳だったが、シフは簡単にウンとは言わなかった。

ウォーバーグ

次から次へと公債を発行することは、借金を重ねることだ。決して良いことではない。ましてや3カ月ほど前、今後1年分の軍資金といって3億円も公債を発行しているのである。

「高橋さん、あなたの国の国家予算は平年で3億円ほどだ。

去年の今ごろは1億円ですら外債を発行できないような状態だったのに、今年だけで合計6億円、全部で8億2000万円にもなるのですよ」

「シフさん、もしも戦争が回避されて、この金が余ればそれにこしたことはない。余った金は、内国債の償還にあてて、もって産業の振興、金融の円滑化に使うつもりです」

是清は自伝に、シフは「それはごもっとも」とすぐにでも納得したかのように記したが、実際は違った。シフはなかなか同意しなかった。

粘る是清。夜も更けた頃、ようやくシフは決心した。深井は是清のことをよく知っているつもりだったが、それでもこの日の是清の粘りには感動した。

「高橋さん。根負けしました。やりましょう。

で、どうせやるのならば早くせねばウォール街は夏休みに入ってしまいます。

それに講和会議に入る前に日本政府が軍資金を手にしている方がよろしいでしょう。細かい調整はなしにして、ここは発行の諸条件は前回と全く同じとしましょう。

すぐにロンドンの銀行団に可否を問い合わせてください。また、私がやると言っていたと伝えてください。

私は、今回ドイツのマックス・ウォーバーグにも1億円分を担当させようと思います。彼らは資金的余裕があるでしょう。

ですから、米国1億円、英国1億円、ドイツ1億円の配分です」

是清はシフに深く感謝した。またこの日のミーティングで、シフとはこれまでのビジネス上のつながりだけではなく、お互いに深い友情が芽生えていることを意識した。

「シフはビジネスの限界を乗り越えて自分を助けてくれている」

是清はそう感じたのだ。

翌17日、是清はロンドンの銀行団に電報を発した。返事はすぐに来た。

「銀行団は協議したが、何分予想外の発行、市場人気はかなり悪いものにならざるを得ない。しかし、どうせ発行するのなら夏休みに入る前にしたい。3週間以内に行うべきだから高橋はすぐにロンドンに来るように。

なお現状モロッコ事件（ロシアの戦力が極東へ傾斜した日露戦争のすきをついて、ドイツ皇帝ウィルヘルム2世がフランスに対してモロッコの利権の一部を要求した事件、フランスは圧力に屈した）で英仏はドイツに対して辟易（へきえき）している。ドイツの参加は容認しがたい」

一方でシフは17日にハンブルクにいるマックス・ウォーバーグに参加を誘う電報を打った。

「ヴァールブルク様、米国から電報です」

マックスが電報を受け取ったのは、皇帝ウィルヘルム2世の豪華ヨットの上だった。この日はハンブルクでのヨットレースの最中で、マックスはドイツ経済界の主要人物たちと一緒にレースを応援する皇帝一行に陪席していたのだ。

海上のシンジケート

マックスが電報を読んで微笑むと、周囲の人たちから中身はなんと書いてあるのか聞かれた。

「アメリカからです。ドイツは日本に金を貸してやれないかと書いてありますぞ」

周囲がざわつくと、誰かが言った。

「マックス君、ちょうど良いから、その電報は皇帝陛下にお見せしろ」

マックスは電報を手に皇帝陛下に近づき、

「陛下、米国の親戚からドイツも日本のファイナンスに参加せぬかと誘われましたが、いかがいたしましょう」

口元を緩めたウィルヘルムは静かに言った。

「やってやれ」

この一言に周囲の人たちは快哉(かいさい)を叫び、マックスを取り囲んだ。

もうロシアには用はない。戦争の継続はあきらめてもらおう。皆そう受け止めた。

ドイツ銀行、ドイツ・アジア銀行、ドレスナー銀行、主要な13行の銀行のほとんどの幹部がヨットにはそろっていた。

「私も一口のりましょう」

こうして、あっという間にヨットの上でドイツの銀行団のシンジケートが組成されてしまった。


マックスはすぐにシフに返事を打電した。

「皇帝陛下も承認された。

ドイツはいつでも準備完了」

日露戦争は元々黄禍論に熱心なドイツがロシアをけしかけたようなところがあった。ところが最後に日本の公債を買うということの裏切りである。ロシアはドイツから軍資金を借り、戦後は借金ばかりが残った。

一方、ニューヨークの是清はロンドン銀行団からの返事を受け取った。

「シフさん、どうも英国の銀行団はドイツの参加を快く思ってはいないようです」

「高橋さん、それは無理もない。英国やフランスはドイツを警戒しています。ドイツは今、人口も増えて大きく成長中です。そのうちに英国の立場を脅かすような存在になるでしょう」

第97話　謁見

明治38（1905）年6月21日。

是清は24日の船便でニューヨークからロンドンへと行くことにした。横浜正金銀行ロンドン文店長の山川勇木（ゆうぎ）には、銀行団を集めて準備万端で待っているように電報で指示を出した。

入れ替わりにロスチャイルド系のパンミュール・ゴードン商会のコッホから電報が入った。

「ドイツの参加は好ましくない。後日フランスと日本の経済関係上の障害となるだろう」

ドイツの参加は問題含みであった。

鉄道王ハリマン

この21日の夜、クーン・ローブ商会のシフと盟友関係にある鉄道王エドワード・ヘンリー・ハリマンが是清のために壮行会を開催してくれた。もちろんヤコブ・シフも参加している。ハリマンはシフの推奨もあって日本公債を大量に買っていた。

是清が冬に第3回公債募集に向けて渡航する前に、伊藤博文と彼の別宅で話し合ったことがあった（第91話）。

伊藤はその時是清に、日露戦争に勝利してロシアが持つ東清鉄道（のちの南満州鉄道）の権利を日本が得た場合、外国からの投資を期待したいと話した。

是清はシフにその話をしていたので、ハリマンがそれを聞いて興味を持ったのである。

ハリマンは北米大陸横断鉄道、太平洋航路、大西洋航路の船会社を既に保有していたので、ユーラシア大陸さえ接続すれば世界一周をカバーする鉄道網を構築することができる。

ウォール街のトレーダーからはい上がったハリマンは何かと金に汚い人間として描かれがちだが、鉄道に関しては純粋な情熱も持っていた。

「高橋さん、バルチック艦隊も撃滅して、日本近海もすっかり安全になったことでしょう。私は東清鉄道への資本参加の件で、8月ごろにプロポーザルを持って是非日本を訪問したいと考えています。

日本政府の関係者たちとのアレンジをよろしくお願いします」

是清は委細を承知して、ハリマン訪日を手配することを約束した。

しかしだからといって純粋な情熱だけなどでは国際政治は動かない。ハリマンの訪日はグリスコム駐日米公使からの招きでもあり、米国の国家としての大陸における権益確保が本旨である。

宴もたけなわになった頃、是清がシフに、コッホからの電報の話をすると、シフはこう返した。

「それは無理もない話です。ロンドンへ行ってよく話し合えばよろしいでしょう」

少し酔った是清がシフにたずねた。

「もしロンドンへ行って今回の話がまとまらなかったら、どうしましょう」

不安げな是清を前に、シフはためらいもなく答えた。

「その心配はいりません、多分ロンドンの銀行団も従前通り引き受けてくれるでしょう。

でも、もし万一彼らが引き受けなかった場合は、米国とドイツで1億5000万円ずつ合計で3億円を必ず引き受けます。

ですから心配せずにとにかく早くロンドンへ行って話をまとめなさい。

私はあなたがロンドンで英国の銀行家たちと取り決めた条件には一切異存を申さないから、高橋さん、あなたの好きにやって結構です」

是清はシフの手をとり感謝した。


是清は予定よりも1日早く7月2日にロンドンに着いた。

日本政府からは交渉時間節約のための委任状が公使館に届いていた。

「今般日本帝国政府において公債3億円を英米独、もしくは英米において募集の計画なるにつき貴下は商議を担当すべし」

そして、それに付随する諸権限が委任されていた。

一方で是清には、どうあれシフの保証がついているのと同じようなものである。ロンドン銀行団との発行交渉はスムーズに運び、ドイツ銀行団の参加方法は米国銀行団と同等にすること、つまり英国よりも一団下の格で参加するという条件で納得させたのである。

7月11日、第4回日本公債が発行された。
・発行金額　3000万ポンド（3億円）

・クーポン　4・5％
・償還期限　20年
・発行価格　90ポンド
・担保　たばこ税

ロンドンでは上場前に0・75ポンドのプレミアムが付いて約10倍の申し込み、ドイツでも10倍、アメリカでは4・5倍の申し込みがあり発行は大成功に終わった。

7月12日、桂太郎首相兼外務大臣発、駐英林董(ただす)公使宛電報。

【桂首相より高橋日銀副総裁へ謝辞伝達方】

「今回は募集時期の困難なるにもかかわらず好結果を得たるは貴下の迅速なるご尽力によるものと信じ深くその労を謝す」

桂首相が外務大臣を兼務しているのは、小村寿太郎外務大臣が講和条約の全権代表として日本を既に発ったからである。

英国王エドワード7世

7月31日正午、是清は林駐英公使ともども国王エドワード7世への拝謁をたまわった。通常服着用。シフの我らが仲間、カッセル卿の手配である。

バッキンガム宮殿、その日は何かの宮中行事があったらしく、大礼服を着た顕官たちとそのお供で大層賑わっていた。是清と林公使は案内されるまま、廊下を奥へ奥へと進んで行く。途中林公使は知人とすれ違うらしくあいさつを交わしている。

案内者がドアを開くと次の廊下へと入る。ずんずんと奥へ入るが是清には勝手がわからない。

「林さん、お願いだから私の前を歩いてくれませんか」

是清は作法を知らぬので不安だった。

「いや、今日はあなたが主役だ。でしゃばるわけにはいかん」

こうして、たどりついた大きな部屋には椅子が三つ、大礼服を着た人がいて、是清はこの人は案内人に違いないと思った。

その彼が是清には右の椅子に、林公使には左の椅子にお座りなさいと案内してくれる。

そして是清に対して握手を求めた。

「キングだ」

エドワード7世である。是清はようやくそれに気がついた。

「資金調達はうまくいっておりますか？」

「まことに好結果で喜んでおります」

是清がそう答えると、

「はなはだ満足である」

とエドワード7世は是清と林に返し、

「日本が講和の条件として当然取得すべきものをことごとく取得せんことを望むのは当たり前のことである」

と続けた。

是清たちが部屋から退出する時も、キングは気さくに部屋の出口まで送ってくれた。是清はそのフランクさに恐縮するとともにすっかり感心したのである。キングは神ではなくキングであった。

第12章　戦後処理

第98話　ポーツマス会議

明治38（1905）年7月末。

是清がエドワード7世への拝謁で慌ただしくしている頃、深井英五（えいご）のもとには兄事する国民新聞社社主の徳富蘇峰から手紙が届いた。

「国民新聞」は桂太郎内閣の御用新聞と呼ばれ、政府に近くて都合が良い記事を掲載していたが、それ故に蘇峰は国情をよく理解していたのである。

「日本は強かったが戦争に対するすべての力を出し切ってしまった。この上は兵が足りない。お金は借りることができても兵の不足はどうしようもない。新聞社は繁盛しています。勢力もあり信用もあるがなぜか金だけは足りない。

小生自らも驚くほど元気です。貴兄のご家内も元気です。面白き書籍あれば携帯を願い上げ申し候。猪一郎（徳富蘇峰）」

日本は奉天の会戦で勝利し、日本海海戦ではバルチック艦隊を殲滅（せんめつ）したが、内情は陸軍の兵力が底をついていた。国民は勝利に酔いしれていたが、日本は講和をまとめ上げるしか生きる道はなかったのである。

ウィッテの密命

講和会議は、8月10日から米国東海岸ボストン北方のニューハンプシャー州ポーツマスの米海軍基地内で開催された。

日本側全権代表は小村寿太郎外務大臣、高平小五郎駐米公使、ロシア側はセルゲイ・ウィッテ元大蔵大臣とロマン・ローゼン駐米大使で、彼は元駐日公使だった。

小村が出発前に譲れない条件として政府から与えられていた項目は以下である。

一．朝鮮からロシア権益を一切撤去し、同国は日本の権益下におくこと。

一．日露両軍は満州から撤退すること。

一．旅順、大連その他、遼東半島の租借権、およびハルビン以南の鉄道、炭鉱等の権益を日本に譲渡すること。

ここでは賠償金や日本軍が終戦直前に占領した樺太の獲得は必須条項ではなかったのである。政府も軍部もロシアから賠償金を取れるとは考えていなかった。それよりもとにかく早く戦争を終わらせたかった。もう後がないのだ。

かくして米国東海岸の小さな町でロシアと日本の講和交渉が始まった。

ロシア代表セルゲイ・ウィッテはシベリア鉄道開発などロシア大蔵省管轄下の鉄道管理局長官として頭角を現し1903年までの10年間大蔵大臣を務めた。ロシアの金本位制採用などは彼の功績である。

しかし日露の緊張に及んで政敵の讒言にあい、戦争中は冷や飯を食わされていた。ところが敗戦の色が濃厚な中での講和交渉など他の政府高官は誰もやりたがらず、結局は彼にお鉢が回ってきたというわけだった。

全権代表の宿舎は日露ともポーツマスの町のはずれにある唯一のリゾートホテル、ウェントワース・バイ・ザ・シー。木造4階建て白亜のこの建物は今も現役である。

この戦いは、地政学的な要素以外にもいくつもの多面的な対立軸を持っていた。例えば黄禍論に代表される白色人種対有色人種、大国対新興国、反ユダヤ主義対ユダヤ主義、キリスト教対その他の宗教。したがって日露戦争というコンテンツは世界の注目を浴びており世界中から約100人の記者が集まった。交渉の進捗は電報によってリアルタイムで世界中に届けられた。

ウィッテはメディアの扱いを心得ていた。生真面目な日本代表小村は、交渉経過を漏らさないという交渉開始時の両国の取り決めを守ったが、ウィッテは記者団に適時上手に情報をリークしメディアの人気を高めていった。

テレビもラジオもない時代、新聞による報道が得られる情報のすべてである。メディアでの人気は世界中の新聞読者にも影響を与える。

そうした意味で小村は不利だった。

講和会議終了後しばらくした頃の「東京朝日新聞」はこう論評している。

「『われわれはポーツマスへ新聞の種を作らんがためにきたのではない』とは小村男爵の言なり、ウィッテはポーツマスで記者を集めて『今回平和の成立を見るにいたれるは一に諸君の力なり』」

とおべんちゃらを使ったと彼我のマスコミ対策の違いを嘆いている。

交渉も終盤に入ると焦点は「賠償金の有無」に絞られてきた。

ウィッテがニコライ2世から与えられた命令はシンプルだった。

「いかなる場合でも一銭の償金も一握の領土も譲渡するものであってはならぬ」

ロシアの領土は奥深い、ニコライ2世は日本に負けたとは考えていなかった。日本はロシアの領土に攻め込んだわけではなかった。会議は続く。

桂・タフト協定

日本に目を移そう。5月末の日本海海戦によってバルチック艦隊が撃滅されて以降、極東の海域には平和が訪れていた。

7月15日、中国革命の父、孫文がマルセイユからの船便で横浜に到着している。港には100人余りの中国人留学生が出迎えた。

この年、中国歴代王朝によって1300年間続けられた官僚登用制度である科挙が廃止。代わって留学経験が重んじられるようになり、近くにある西洋、日本への留学生が一気に増えた。

孫文がこの船でスエズ運河を通過する時のアラブ人との会話は有名である。

「アラブ人は同じ東洋人の日本人が白色人種であるロシアの艦隊を打ち破ったことを大変喜んでいる。日本海海戦の勝利はアジアの全民族に影響を与えた」

そして孫文は約20年後に、この逸話とともにアジア民族の独立運動は日本海海戦の勝利をきっかけとして始まったのだと神戸の講演会で語ることになる。大アジア主義演説である。

7月25日、後に第27代大統領になるウィリアム・タフト陸軍長官と議員団が大統領の娘、アリス・ルーズベルトとともに横浜に上陸した。

日本のメディアの目は「妙齢の処女アリス」の動向に釘付けで、タフトはそのすきに桂太郎首相との間でひそかに「桂・タフト協定」を結んだ。

日本は米国の植民地であるフィリピンに野心を持たぬ代わりに、米国は日本の韓国における指導的地位を認めるというものだった。要するに米国はこの時に日本が韓国を保護国化することを認めたのだ。これが公表されるのは1924年のことである。

米国は日本とロシアの講和を仲立ちする一方で、日露戦争の戦後処理、すなわち新しいアジアのパワーバランスの中で早々と自身の権益確保に乗り出していたのだ。

こうした中、南満州鉄道への資本参加を画策するシフの盟友エドワード・ハリマンは8月10日に家族を引きつれてニューヨークを離れて日本へと向かった。到着は8月の末になろう。是清はハリマン歓迎の手配を伊藤博文や井上馨をはじめとする政財界首脳にお願いしてある。伊藤から聞いていた満鉄経営における外資導入案と、シフが無理筋の日本公債を引き受けてくれた義理からいえばこのくらいは当然のことだった。

第99話　賠償金

明治38(1905)年の8月、ポーツマスでは日本とロシアの講和会議が大詰めを迎えていた。

日本の国民は戦争が始まって以降、メディアがあおり立てる連戦連勝のニュースに沸いていた。

「日本人は強い。我々は特別な民族だ」

精神が高揚することによって徴兵や重い税負担、身内の死亡、つらい戦争下の生活に耐えてきたのだ。

街の通りでは戦に勝利する度に提灯(ちょうちん)行列が繰り出され、2年前に開園したばかりの日比谷公園では戦勝を祝う集会が何度も開かれていた。

講和会議の直前には是清が第4回の外債発行を成功させている。ロシアが講和を拒絶しても日本は十分に戦争を継続するだけの軍資金がある。従って日本は強気で交渉に臨めばロシアを屈服させられると信じられていた。

ウィッテの情報戦

両軍の満州からの撤兵、朝鮮半島を日本の権益下におくことや、旅順、大連その他、遼東半島の租借権、鉄道の譲渡などは先に決まり、講和会議で最後まで残った争点は賠償金問題だけになった。

「賠償金は20億円というところか」

この金額は戦費の概算とほぼ同じである。これが日本の一般市民や兜町の株式市場が予想した賠償金に対するコンセンサスだった。

一方で賠償金を要求する日本に対してロシア代表のセルゲイ・ウィッテは、

「日本は金欲しさのために血を流そうとしている」

と、集まったメディアにアピールした。これは米国一般大衆がもっとも嫌う表現である。

また会議の期間を通じて、現地の教会の日曜礼拝に出ては、日本人は非キリスト教徒で有色人種であることを訴えた。ウィッテは情報操作が巧みであった。

「談判の始まる前までは新聞記者の9割は皆親日なりしがたちまちひるがえりて親露なるもの9割と変転し……」

当時米国にいた金子堅太郎はこう嘆いた。

伊藤博文や児玉源太郎など日本の首脳は、もともと賠償金要求は無理だと考えており、固執する気はなかった。それよりも交渉で粘れば粘るほど、満州の地に派遣している20万人の将兵のコストが重くのしかかってくる。ここは何としても早く解決したい。

こうして8月の29日に至り日本は賠償金を断念して講和条約に調印することを決定した。日本が勝っていると認識していたのは何も日本人だけではない。当初世界は賠償金を受け取らない日本の講和条件を譲歩しすぎだと受け取った。

そのためこの結果は、

「日本の外交上の敗北」

として世界各国の新聞紙上で大きく取り上げられることになった。日本は戦いでは勝ったが、外交では大きく負けたと捉えられたのだ。

日本が賠償金獲得を断念したと主要新聞で報じられた8月30日のロンドン市場ではロシア公債が大きく買われた。

これはつまりロシアの財務負担が予想よりも軽くなったことを示していた。すなわち金融市場ではロシアは当然賠償金を支払うものだと解釈されていたことになる。

日露公債価格推移

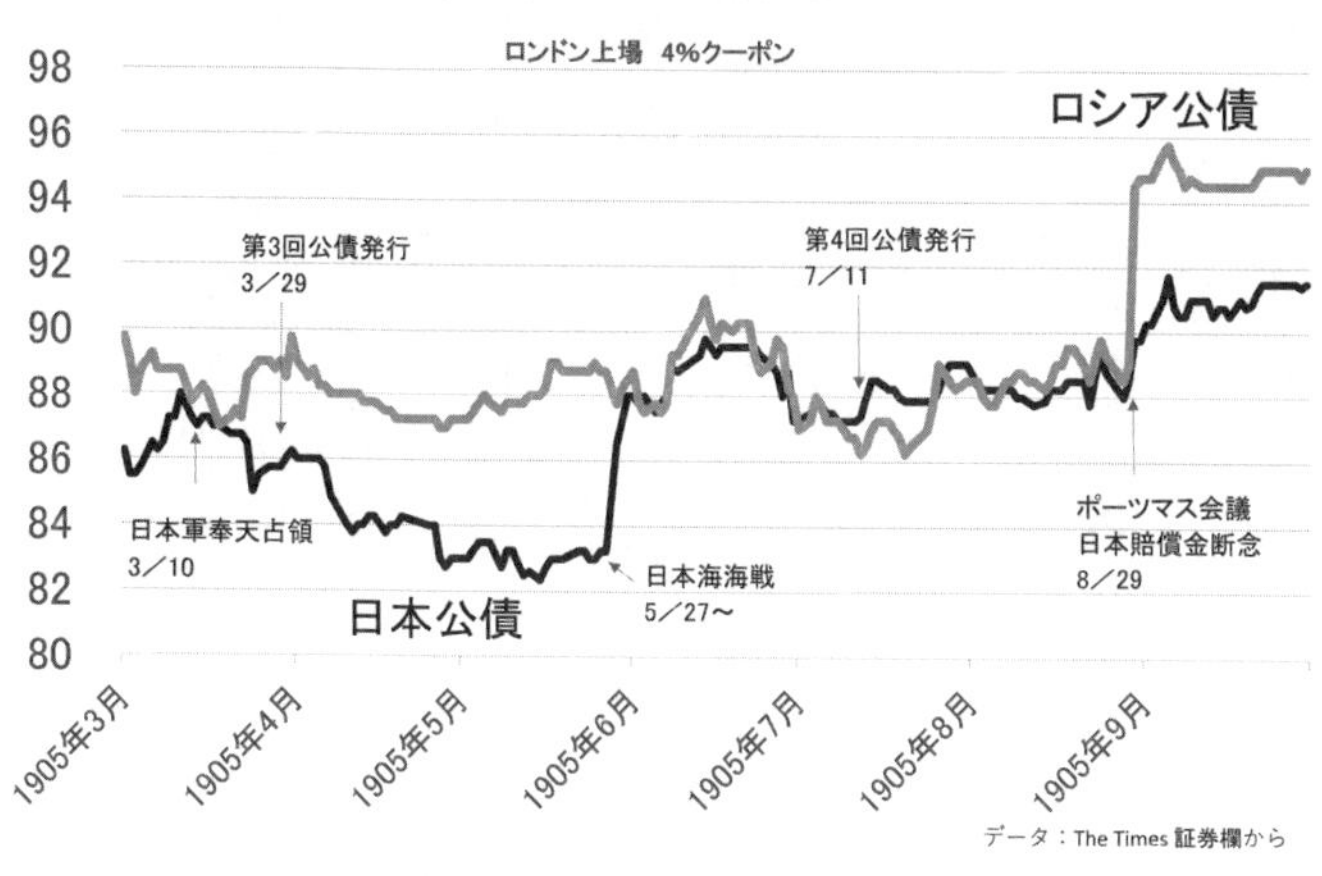

開戦時には大きく差が開いていた日露の公債価格も、「ハル事件」「血の日曜日事件」などを経て両者の差は縮小し、奉天会戦の頃には一時同じ価格まで並んだ。

しかし市場では奉天会戦での日本側の勝利の不十分さと、それによってロシアが講和に応じず、戦争が継続することを嫌い日本公債は再び売られたのであった。

それをくつがえしたのが5月末にあった日本海海戦であった。日本はバルチック艦隊を殲滅（せんめつ）、予想外の大勝に市場は戦争の終結を予想した。この時日本公債価格は上昇しロシア公債と同じ水準になった。

そしてポーツマス講和会議における日本の賠償金断念である。ロシア公債は大きく買われた。

しかし注意しなければならないのは日本公債の価格である。売られたわけではない。わずかとはいえ買われたのである。欧米のメディアや金融市場は賠償金を獲得できなかった日本に失望したのではなく、日本が譲歩して戦争を止めたことを大きく評価した。

是清のもとにヤコブ・シフから祝電が届いた。

「万歳！　貴国が現したる謙虚、克己（平和のために金銭欲に打ち勝ったこと）は最も驚嘆に値す。謹んで慶賀す」

「正貨準備の維持は困難」

また松尾臣善日本銀行総裁から是清に電報が入った。

「平和談判はうれしい限りだが、償金皆無ゆえ正貨準備の維持ははなはだ困難なり。今政府と日銀が内外に所有する正貨は5億1800万円である。目下兌換券をもって為替を申し込むもの毎日平均100万円、月に3000万円、20カ月ともたず。

また本年は米作不足にして輸入超過は免れられまい。なんとかこれを救う手立てはないものだろうか、貴君の意見を請う。

尚、米国のハリマン氏は無事到着。貴君の言うとおりそれぞれの待遇の手配をしてある」

正貨準備の維持が困難とは、日本円と金の交換が困難になる、すなわち金本位制の維持が困難になるという意味であった。

当時の蔵相や日銀総裁の戦争以外の最大の関心事は米作であった。不作であれば米を輸入せねばならず、それには正貨が必要だったからだ。

是清は返電した。

「その件に関してはもう少し事実の調査が必要ですが、今こそ国民上下とも非常の決心断行が必要な時だと思います。戦争中のごとく警戒を緩めず、奢侈（ぜいたく）を斥け、遊惰を戒め、この際生産的資本に属する機械類以外の輸入品には国家をして干渉し、関税を重課して輸入を減らし、その一方で生産的事業資金は積極的に供給する途をひらくべきです。

決して国力以上の施設をなさざるように注意してください。特に陸海軍に対しては特別の御宸襟（天皇の御心）を煩わし奉り関係大臣をお膝元にお召相なり親しくご裁断願えるよう希望いたします。　高橋是清」

第100話　日比谷焼討事件

明治38（1905）年8月末。

賠償金を取れなかったポーツマス講和条約は日本の外交上の大失敗である。

当初欧米メディアの間ではこう評された。しかし、しばらくして落ち着きを取り戻すと、むしろ日本が譲歩して戦争を終わらせたことが評価された。間抜けな日本ではなく無駄な流血と出費を止めた賢明な日本というイメージが醸成され、金融市場では日本公債が再評価され始めたのだった。

募る大衆の不満

しかし日本の、売らんがためのメディアやそれを読んだ大衆の間ではそうはいかなかった。怒りや不満こそが本能的な共感を呼ぶ。

当時の有力紙、「万朝報」はこう報じた。

「帝国の光栄を抹殺し戦勝国の顔に泥を塗りたるは全権なり、国民は断じて帰朝を迎うる事なかれ。之を迎うるには弔旗を以ってせよ」

全権とは小村寿太郎外務大臣である。

「都新聞」はこうだ。

「この屈辱条約に満足する者ありとせば、四千万の同胞中僅かに十六人あるのみ。その十人は内閣員なり、二人は高平全権委員と徳富蘇峰なり」

深井が兄事する徳富蘇峰と彼が社主をつとめる国民新聞社は御用新聞である。条約に不満な大衆のターゲットとなりつつあった。

各地で不平集会が催され、調印当日の9月5日には講和問題同志連合会が東京日比谷公園で午後1時に演説会を計画した。講和などせずに戦ってロシアを屈服させよというのだ。

作家ジョージ・オーウェルは『カタロニア讃歌』の中でこう言った。

「すべての戦争プロパガンダ、すべての怒号、偽り、そして憎しみは、常に戦っていない人々からやってくる」

満州の戦場にいる日本軍兵士たちは、いくら士気軒昂であれすでに消耗していたのだった。

ヤコブ・シフの盟友で鉄道王のエドワード・ヘンリー・ハリマンは8月31日に横浜に到着すると、すぐに活発に活動を始めた。

彼の活動とは、ポーツマス講和条約で日本がロシアから得るはずの東清鉄道南満州支線、すなわち後の南満州鉄道への資本参加とその経営を任せてもらうことだった。前述のとおり、彼はすでに米国大陸横断鉄道と大西洋航路、太平洋航路の船会社を保有している。ぜひユーラシア大陸をカバーして、世界を一周する鉄道網を作りたい。これがハリマンの願望だった。資金も1億円ほど用意してきていた。戦前の日本の国家予算の3分の1ほどの規模である。

そもそも日本の日露戦争の主目的は南下するロシアを朝鮮半島から排除することだった。しかし戦闘が鉄道線路に沿って発生したので、結果として日本は後の南満州鉄道を占領することになったのだ。政府首脳の間で鉄道の価値やこれをどう利用するかの知見が共有されているわけではなかった。

漠然とわかっていることは日本の資金不足、それにロシアの脅威はまだ続くということだけだった。そこに米国の鉄道王が金を持ってやってくる。

是清が要請したハリマン来日は、日本の政財界も大歓迎だった。

連日、伏見宮、桂太郎首相、井上馨、渋沢栄一、岩崎久弥と午餐（ごさん）や面談をこなした。

9月4日には参加者1000余名というロイド・C・グリスコム駐日米公使による社交会が催された。

ハリマンはここでユーラシア大陸を横断し、世界を一つのルートで結ぶ大構想を発表している。今でいうプレゼンテーションである。

そして9月5日、ハリマンは曾禰荒助（そねあらすけ）大蔵大臣主催のパーティーに出席した。

この日は日比谷公園でちょうど講和問題同志連合会が集会を予定した日であった。群衆は集会を阻止しようと公園を封鎖していた警官隊を突破、集会後は街へと繰り出し都内各所で破壊行為を行った。これが有名な日比谷焼討事件である。

欧米の新聞は、すわ日本で暴動かと報道し、それを嫌気して好調に推移していたロンドン市場の日本公債価格も下落してしまったのであった。

是清はロンドンで欧米メディアに対してロシアのような革命ではないと説明し、メディアも納得したが、せっかくの日本公債の市場人気は低迷してしまったのだ。

曾禰大臣のパーティーに参加したハリマンの一行は大蔵大臣邸から帝国ホテルへの帰路、暴徒の一部から投石を受け、同行していた米人医師が負傷した。これは日本国内の新聞記事になっている。

桂・ハリマン協定

翌9月6日、この日予定されていた華族会館での晩餐会は中止になったが、ハリマンは帝国ホテルの隣にあった三井集会所のランチに娘たちともども招待された。

主催者の三井高棟男爵はハリマンに柔道を披露すべく、右翼団体黒龍会を率いる講道館の有力者内田良平に手配のすべてを頼んだ。内田は慶應義塾柔道部を率いてこのエキシビションに臨んだ。

内田が大男相手にあまりにも華麗に技をきめるものだから、米国人としては小男のハリマンは大喜びである。ハリマンのボディーガードで身長180センチほどの大男がこれを疑った。上着を脱いで柔道着を付けて内田に挑んだが、彼がまるで子犬のようにコロコロと投げられるものだからハリマンの娘たちはそれが可笑しくて大喜びだった。

ハリマンはこの後、南満州鉄道に関する協定の締結を急いだ。

9月11日に明治帝への拝謁を済ませると、協定書の作成は、グリスコム駐日米公使、日本側の担当者として日本興業銀行の添田壽一総裁、そして日本政府アドバイザーのダーハム・W・ステイーブンスの3人に委ねて京都経由で神戸港から大連への現地視察へと向かった。

ハリマンが視察旅行から東京へと戻ったのは約1カ月後の10月9日であった。

この時ポーツマス会議で交渉に当たった小村寿太郎外務大臣はまだ日本へは戻ってきていない。

「南満州鉄道に関する日米シンジケート」の協定書は準備され調印を待つばかりになっていたが日本側は小村抜きでハリマンとの協定を結ぼうとしていたのだった。

ハリマン離日の前日10月12日、ハリマンと桂太郎首相の間で予備協定書に調印する予定だったが、桂はぎりぎりで小村と相談の後ということで調印を繰り延べた。そのために桂＝ハリマン予備協定書は単なる覚書となってしまったのである。

協定書覚書は、

・日本政府とハリマンの折半出資したシンジケートが南満州鉄道を買収する。

・両者は全く同じ権限を持つイコール・パートナーである。

・シンジケート会社は日本法の下に設立される。

・緊急事態に際しては、会社は日本政府のコントロール下に入る。

というものだった。

ハリマンは覚書を手に10月13日の船便で帰途についた。帰路はフィリピンを訪ねていたタフト陸軍長官やアリス・ルーズベルトと一緒だった。

第101話　英米独仏協調公債発行

明治38（1905）年9月8日、ポーツマス会議後の日比谷焼討事件に揺れる東京で鉄道王ハリマンが活発に活動している頃だ。

ロンドンの是清に松尾臣善（しげよし）日本銀行総裁から電報が入った。日露戦争の軍事作戦は終わったが、財務担当者の戦争はいまだ終わっていなかった。

パリ・ロスチャイルド

「昨年発行したクーポン・レート6％の第1回、第2回の外債2200万ポンド（2億2000万円）と、同じく6％の内国債第4回、第5回2億円のどちらも整理したい。ついては戦争も終わったことだしフランスの銀行団もシンジケートに加えて無担保4％の借り換え用の長期債を3億から4億円ぐらい発行したいと思う。直ちに銀行団と協議に入ってほしい」

戦中に発行した外債は計4回、額面合計8200万ポンド（8億2000万円）、内国債は計5回、4億8000万円におよんだ。これでは毎年のクーポン（利息）支払いの負担がさすがに重い。

そこで講和が成立し日本政府の財務リスクが低下した機会を捉えて、無担保低利の外債を新たに発行して、戦中に発行した高クーポンの条件が悪い債券と借り換えて整理しようというのである。

是清が業者たちと相談したところ、日比谷焼討事件の影響で今は日本の人気は低迷中である。また現在ロシアも公債発行を計画しているようで、露仏同盟の関係からもフランスはロシアを優先しなければならないという事情もあった。是清がそれを松尾に返電すると、9日に再び松尾から電報が来た。どうやらまたもや日本政府は財政的余裕がないようだった。

「公債発行を来春まで延ばすことは困難である。

軍隊の引き揚げは来年の2月までかかりそうでどうしても2億円ほど作らなければならない。そのために内国債2億円を償還して外債で借り換えて、新たに2億円の内国債を国内で発行したいと考えている。とにかく何としても発行するつもりで仕事にあたるように」

是清は入り口の交渉相手をパリ証券取引所のベルヌーイ委員長に絞りパリまで出掛けることにした。奉天会戦の直後にロンドンまで訪ねてきた人である（第93話）。是清は事前にロンドンの銀行団にも相談し、パリと交渉することを報告して仁義を通しておくことを忘れなかった。

また今回はパリ・ロスチャイルドを核として参加させたいので事前にロンドンのロスチャイルドにも相談を入れておいた。

若いパリ・ロスチャイルドの当主はロンドンの当主ナサニエル・ロスチャイルドのおいっ子で何でも言うことを聞くという話だった。

ナサニエルは是清の懇願にパリ・ロスチャイルドに対して是清の話を聞くようにと一筆を認め（したた）てくれた。戦中に是清が構築しておいたリレーションシップがここで役立ったのである。

9月15日の夕方、是清は深井とともにパリに到着、最高級ホテルであるリッツに宿をとると、翌日ベルヌーイを訪ねた。

是清が提案した発行条件は強気だった。

「発行総額5000万ポンド、無担保4％クーポン債、発行価格90ポンド以上、償還期限25年」

これはもはや先進一流国の水準だった。

が、ベルヌーイから特に異論は出なかった。

しかしベルヌーイは言った。

「日本がパリで発行するのであれば早い方が良いが、今はロシアの発行が優先である」

是清は、順番はロシアの後であっても、それは仕方のないこと。あせらずに下準備をすすめることにした。

またパリ・ロスチャイルドでは、ロンドン・ロスチャイルドが参加するのであれば自分も参加すると明言したが、ロンドンはなかなか参加するとは言わなかった。

是清は理由を知っていた。なぜなら、「戦中の条件が良い時に、自分を仲間外れにして駆け出しのユダヤ人金融家カッセルやシフが大もうけしていい気になっていたのはよく知っている。今更日本公債の引き受けなどできるか」というもので、ナサニエルは明らかにシフやカッセルに嫉妬していたのである。

是清は懇意にしていたナサニエルの弟アルフレッド・ロスチャイルドを通じて何度も懇願すると、とうとうナサニエルも根負けしてディールに参加することになった。

こうして日本公債の引受銀行としてロンドンとパリの両ロスチャイルド家がそろい踏みしたのである。巷間伝えられる、日露戦争はロスチャイルドが資金を出したというような陰謀説は、実はこの戦後の借換債の引き受けを勘違いしたものである。

ツーム・ストーン

これで公債発行の準備はいつでもOKとなったが、ここでひとつ問題が生じた。アラン・シャンドがいる主幹事の英国のパース銀行である。

「ロンドンのロスチャイルドがシンジケート団に参加することは大変うれしいが、問題は債券を発行する際に新聞に出すツーム・ストーンだ」

ツーム・ストーンとは墓碑広告のこと。債券を発行する時に新聞に告知を出す。その際に引受銀行の名前も掲載されるが、この掲載される順番が業者の「格」にとって非常に大事なのだ。ロスチャイルドは超がつく名門一流銀行、これがパース銀行の下に名前が出ることを容認してくれるのかという問題だった。パースとしても格下とはいえ、日本公債のディールには最初から参加しているプライドがある。

これも是清が懇願すると、ロスチャイルド家はあっさりと受け入れてくれたのだった。パース銀行はロスチャイルドの上に自行の名が出るということで鬼の首でも取ったような大騒ぎだった。

10月に入るとロシアは銀行団をサンクトペテルブルクに招集して債券発行をもくろんだが、国内の革命活動が活発化して、いよいよ債券発行などは無理な状況となった。

さらに銀行団は、ロシアなどよりもむしろ日本に対して、ロシア革命によって欧州市場全体が荒れるかもしれないから早く発行した方が良いとすすめた。

こうして11月17日になって、是清はまずパリのロスチャイルドと打ち合わせ、翌日ロンドンへと戻りイギリス銀行団と打ち合わせた。19日にはハンブルクからマックス・ウォーバーグがロンドンへと出張してきて、さらに米国のシフからも電報が届き、ここに史上空前となる英米独仏4カ国協調による日本公債が発行されることになったのである。

第5回ポンド建て日本公債
・発行総額5000万ポンド（内今回は2500万ポンド）
・クーポン　4％
・償還期限　25年
・発行価格　90ポンド
・発行日　1905年11月28日
・各国配分　仏1200万ポンド、英650万ポンド、米独それぞれ325万ポンド
応募はパリ20倍、ロンドン27倍、ニューヨーク4倍、ドイツが10倍であった。大成功である。

是清は12月20日にロンドンを発ち、ニューヨーク経由で帰国することになった。

ニューヨークではハリマンが首を長くして是清を待っていた。

第102話　小村の巻き返し

明治38（1905）年10月16日の正午、鉄道王エドワード・ハリマンが横浜港を発って3日後

のこと、小村寿太郎外務大臣がまるで入れ替わるように横浜港に到着した。

9月5日のポーツマス講和条約調印後、小村はニューヨークで肺尖カタルを患い、しばらく休養の後に帰国したのである。

その間、日本ではハリマンとの間の「南満州鉄道に関する日米シンジケート」の協定書が正式に調印されずに覚書の状態で保留されていた。

ハリマンとの日米シンジケートは伊藤博文をはじめとする政府や財界首脳部の間では既定の案件だった。だがニューヨークで病床にいた小村は、日本から寄せられる賠償金を獲得できなかった国民の不満、日比谷焼討事件をはじめとする大衆の怒りにショックを受けてその考えを変えていた。小村は賠償金を得られなかった責任を一身に負っていた。

南満州鉄道をめぐる攻防

約9万人の戦没者、15万人の負傷者の血が流され、約18億円もの資金を投じ国民が重税に耐えた日露戦争。ポーツマス条約でロシア南下の脅威こそ撃退したが、国民の目に見える獲得物は南満州鉄道と樺太の南半分だけだった。

その鉄道が米国の資本によって蹂躙されるようなことはあってはならない。小村はそう心変わりしたのであった。

また同じ意見を持つ者もいた。満州軍総参謀長の児玉源太郎も、台湾総督として植民地経営に成功した経験を生かし、南満州鉄道を核として沿線を植民地支配する考えを持っていた。

そしてこの計画は部下の台湾総督府民政長官であった後藤新平に委ねられ、後藤はそれを後の国策会社満鉄の基本企画書に相当する「満州経営策梗概」としてまとめあげ、政府首脳に対して児玉の意見として開陳していたのだ。

「戦後満州経営唯一の要訣は、陽に鉄道経営の仮面を装い、陰に百般の施設を実行することにある」

すなわち英国の東インド会社によるインド支配のごとく、南満州鉄道を使っての満州の植民地経営を目指したものであった。

小村は児玉の計画を知り、ハリマンとの協定書が中途半端な状態になっているのを機に、これを破棄すべく巻き返しに入ったのである。

帰朝した小村は時をおかず、元老伊藤博文、井上馨、桂太郎首相などを説き伏せていった。

「満州は20億の軍資金と10万の大和民族が流した血潮によって獲得されたもの」

数字は丸められ、昭和の日本を束縛していくロジック、いまさら引くに引けない投入してしまったコスト、典型的なサンクコスト（埋没費用）となっていく。

「日米鉄道シンジケートはご破算に願いたい」

もともと政府首脳は講和会議で賠償金を取れるとは考えていなかった。国民の不満も予想できたものだった。従って小村にはポーツマス会議の日本全権代表というつらい役割を押しつけたという弱みが首脳たちにはあった。

「金のことなら心配ない」

眉唾な話だが、小村は米国のハリマンすなわち彼の盟友のヤコブ・シフのライバル、モルガン商会がファイナンスをしてくれると説明した。

こうした小村の努力が実り日本政府は「南満州鉄道に関する日米シンジケート」を取り消すことに決定したのである。

10月27日、小村はさっそく桂首相の名前で、帰国途上のハリマンに電報を打った。ハリマンの船の到着地サンフランシスコ宛である。

「10月12日の協定書に関してはもう少し調査・研究が必要であることが判明しました。つきましては諸事情明らかになりご相談できるようになるまでは合意書は一時停止としていただきたい」

ハリマンは協定書に無理にでもサインしなかったことを悔いたが、それでもこれを協定の破棄だとは考えなかった。金のない日本に他に選択肢があるわけがない。しばらくは良い返事を待つことにしたのである。

11月17日、第2次日韓協約締結、第1次は日露戦争中、日本軍による大韓帝国占領下において締結、第2次では大韓帝国の外交権を剝奪した。講和条約、桂・タフト協定、すなわち米国の了解を受けた事実上の保護国化である。初代韓国統監には伊藤博文が就任する。

同日、小村は北京において清国と満州善後条約の交渉に入った。これはポーツマス条約によって日本がロシアから譲り受けた権益を清国との間で確定するための交渉であった。

ロシアから譲り受けた満州の権益は租借権であったり、鉄道敷設権であったり、ロシアが清国から借りていたものだった。これは日本史の中でも見逃されやすい史実だが、例えば旅順・大連などの租借権は1923年まで、南満州鉄道が1939年までと意外に租借の期間は短いものなのだ。

そのためにその後満州に対する民間の投資は伸び悩み、後に「中国問題」として日本外交に重くのしかかることになる。

満州善後条約は12月22日に締結された。欧米のメディアでは知り得た情報の一部から、この条約締結によって満州の16の都市や港湾が欧米にも門戸開放されることを素直に喜んだ記事となった。

小村はここに南満州鉄道の所有は日清両国民以外には許さないという一項目をしのばせた。この時点でハリマンの資本参加の話は終わっていたのだが、この時、この情報は公開されなかった。

裏切り

第5回の公債の発行を無事に終えた是清は明治39年の新年をヨーロッパからの帰途、ニューヨークで迎えた。

1月8日、ニューヨークの最高級プライベート・クラブ、メトロポリタン・クラブでエドワード・ハリマン主催の豪華なパーティーが開催された。

主賓は高橋是清である。もちろんハリマンの盟友シフも参加している。

前年夏、ハリマンの日本旅行をアレンジしてくれた是清に対する感謝のパーティーであった。会場ではハリマンお気に入りの柔道のエキシビション・マッチが開催され、その様子はニューヨーク・タイムズの記事になった。

ハリマンはここで是清に日米シンジケートの状況を尋ねた。

「高橋さん、日米シンジケートは覚書のままです。小村大臣は昨年末に清国との間でロシア権益継承の条約をまとめあげたそうですが、我々の協商はどうなっているのでしょうか？」

是清も状況をよく知っているわけではなかった。

この件の担当者である日本興業銀行の添田総裁宛に状況を連絡するように手配した。

そしてそれを受けて添田総裁、また合意書の作成にかかわった日本の外務省顧問へンリー・ウィラード・デニソンそれぞれからハリマン宛に返ってきた答えは、「日本政府は清国から南満州鉄道の譲渡に関して合意を得たが、清国から株主は日本か清国の国民に限定するように条件が付された」というものだった。

「そんなものどうにでもなるだろう」

日本はこれまで清国に対して好き勝手にしてきたではないか。これを見たハリマンは怒った。

この春ヤコブ・シフが日本に旅することになっている。ハリマンはすべてをシフに託した。

第103話　シフの来日

明治39（1906）年1月23日、是清と深井英五は公債発行としては第5回目になる日露戦争後の整理公債発行の仕事を終え、サンフランシスコから帰路についた。

その約1カ月後の2月22日、今度はヤコブ・シフが家族を引きつれて鉄道でニューヨークを発ちサンフランシスコへと向かった。最終目的地は日本である。シフは毎年欧州に旅行していたが、この年の休暇は日本だったのだ。

さらに、いまだ進展のないハリマンによる南満州鉄道への資本参加、日米シンジケートの案件がどうなったのか調べる目的もあった。

サンフランシスコからは定期船に乗り横浜到着は出発から約1カ月後の3月25日だった。

鉄道国有化

26日、シフは横浜で是清と会った。またこの日シフは明治帝から28日の午餐会（昼食会）の招待を受けた。これは皇族以外の外国人としては初めて、極めて異例なもてなしである。

翌日は東京へ出て帝国ホテルに投宿、午餐会にそなえた。

この日は是清とランチを食べた後、深井の案内で西園寺公望首相はじめ多くの政財界の要人を訪問、日本銀行にあいさつに行った後で、貴族院で開催中の議会を見学した。

是清は前年貴族院議員に勅撰され、帰朝後この年の第22回帝国議会に出席していた。シフが見学したこの日は「鉄道国有法案」の採決の日だった。

なぜ日本は日露戦争後のこの時期に鉄道を国有化したのか。帝国陸軍がいつもお手本とするドイツでさえこの時国有化を果たしてはいなかった。

もともと日露戦争前の日本の法律では、外国人は不動産や鉱山を保有することができなかった。そのために日本が鉄道や鉱山を担保とする債券を発行しても、外国人は担保を確保できないという問題を抱えていた。これでは日本に外国の資本が入ってこない。

このため前年の第21回帝国議会では、英国ベアリング商会などの協力を得て作成された「担保付社債信託法案」が立法化されたのだった。これで外国人が信託を利用して間接的に担保を確保して投資ができるようになった。

しかし、こうなると債券だけではなく株式も信託を利用して外国人に購入され、軍部や政府としては当時の産業の基盤であり、非常時には兵站(へいたん)を担う鉄道が外国人に買収されるのではないかと心配したのだった。

それともう一つ、当時の日本の各社バラバラに分断された路線網では長距離列車の運営が難しく運賃が高くなる傾向があった。軍や利用者から不平が出ていたのだ。そうした理由で政府としては国内の主要鉄道を買収することにしたのだった。

もちろんこの法案に反対する者は多かった。渋沢栄一や三菱財閥をはじめ、資源が少ない日本は貿易こそ命だと考える者、当時マンチェスター学派と呼ばれた自由放任、自由貿易、経済からの政府の撤収などを信奉する政治家、官僚、産業人たち、それに加えて日本国内の資本不足を懸念する者たちだった。

加藤高明外務大臣、元老の伊藤博文や井上馨、阪谷芳郎大蔵大臣など、これは前年ハリマンを歓迎した人たちとも重なった。

2月初めに帰朝した是清などは、この法案を耳にするやこれ以上の国債発行を避けたい財政健全主義の立場からこの法案に猛反対した。

もちろんそこには自身が手配したハリマンによる南満州鉄道資本参加への思いも交じっていたに違いない。国内の鉄道を軍事上の理由で国有化する以上、南満州鉄道も外資を拒絶するに違いないからだ。

これに対し、首相の西園寺公望は元老の井上、阪谷大蔵大臣、寺内正毅(まさたけ)陸軍大臣、それに是清など政治的影響力の強いメンバーを招集すると内々に鉄道国有法案に賛成するように説得した。

鉄道は将来性があるので買収しても決して政府の財政上の重荷とはならないこと、また買収資金用に発行する債券は買収される株式と入れ替わるだけで、金融市場から資金が引き揚げられるわけではないこと、債券は外国には売らず内国債とすることなどを諄々（じゅんじゅん）と説いた。

「高橋君のような立場の人が反対してはいかん」

是清はこのメンバーの会合に呼ばれたことによって、自身の政財界での影響力が大きくなったことを自覚したのだった。もちろんそれは日露戦争における資金調達の成功という実績のおかげである。

言いたいことを遠慮なく発言する「直言居士」、是清にはそういう評判がある。

しかし、さまざまな職業を転々とし、挫折を繰り返しては学んできた是清である。現実主義に徹し、物事に則した柔軟な態度が資金調達の大仕事を成し遂げさせたのだ。是清はこの時自身の主張を控えた。その後、国有化反対論は霧散した。

当時ただ一人反対論を貫き外務大臣の職責を投げ出したのが、後に首相になる加藤高明であった。

ロスチャイルドの英仏間の手紙の交換記録にも書かれているが、国際金融市場では、資金面から日本の鉄道国有化は難しいとみていた。しかし法案はすでに衆議院を圧倒的多数で通過していたのだった。

「日本は鉄道を国有化するのですか？」

この貴族院での採決を自分の目で見ていたシフは、この時ハリマンによる南満州鉄道の資本参加は難しいだろうと考えた。シフは日本滞在記を残しているが、鉄道国有化に関してはなぜか議会の見学に行ったことだけを淡々と記している。

長女の留学

翌28日、阪谷大蔵大臣の出迎えで皇居に参内、明治帝から午餐会に招かれた。

午餐会には井上馨、金子堅太郎、末松謙澄、阪谷大蔵大臣、松尾臣善日銀総裁などに交じって是清の姿もあった。

「日本の危機に際して重要な貢献をしたと聞いています。こうして直接会って感謝する機会を与えられたことは喜ばしい」

シフは明治帝のこの言葉とともに勲二等旭日重光章を賜った。

シフは前年のハリマンと同じルートで大連を見学するかと思われたが、結局朝鮮半島だけを観光した。ハリマンによる南満州鉄道への出資はこの時点ですでにあきらめていたのではないだろうか。

ただしシフが会う日本の要人たちは皆、満州の欧米に対する門戸開放について積極的な発言をしていた。ならば日露戦争資金調達の見返りはそれで良いではないか。

後述するが、この訪日中にシフは是清との固い友情を確認し、是清は15歳の長女和喜子の米国での2年間の教育をシフ夫妻に委ねた。是清はシフの訪日中、応接に大活躍を見せた大山巌夫人、米国名門女子大バッサー出身の捨松の姿に、娘もそうあってほしいと影響を受けたのではないだろうか。

5月18日、シフの一行は和喜子を連れて横浜を離れた。

第104話　満鉄

明治39（1906）年2月、是清と深井英五が日本への帰路についた頃。陸海軍はすでに日本で派手な凱旋(がいせん)パレードを済ませていた。しかしながら満州からの撤兵は遅れ、現地では依然軍政が布かれていた。

日本は日露戦争の資金調達を欧米にお願いする際、満州からロシアの脅威を取り除き、このエリア（中国の一部だが）を門戸開放すると盛んに喧伝(けんでん)した経緯があった。それにもかかわらず、終戦から半年が経過しても門戸開放は遅れていた。

「日本人の商人は商売を始めているではないか。我々は未だなのか」

苦情が英国や米国から相次ぎ寄せられるようになった。

2月23日、ウィルソン駐日米国代理公使から加藤高明外務大臣宛。

「帝国政府は門戸開放策を実行すると米国は理解しておりますが、現地の一部下級官僚からは差別的な扱いがあるようですのでお調べください」

また林董(ただす)駐英大使（日露戦争後に公使から大使に格上げになった）からは日本官憲による英国人の満州貿易に対する妨害が英国国会で問題になっているとの報告も寄せられる。

3月19日には、外務省の緩慢な対応にしびれを切らしたマクドナルド駐日英国大使が韓国統監になった伊藤博文宛に抗議の私信を出した。

「日露戦争に際して、各国が日本に同情を寄せて公債発行に応じたのは、日本が門戸開放主義を代表し、この主義のために戦うと明言したからである。しかしながら今日のような状況では、日本はやがて各国の同情を失い、将来開戦の場合において非常なる損害を受けることになりますぞ」

米英にすれば日露戦争に際し金融市場を開放し戦時公債発行を許したのは誰であるのか。軍資金がなければ戦争には勝てなかったはずだ。募債の際に世界平和や満州の門戸開放を訴えていたのであるから約束は守れというのだった。

戦争中軍資金に悩まされた伊藤はすぐに動いた。不義理を恥じた。日本政府は6月から奉天における外国領事館の開設を許可、次第に満州を門戸開放へと向かわせる姿勢を見せ始めた。

5月22日、日本は苦情窓口になってしまっていた伊藤の主導で政府首脳による「満州問題に関する協議会」を発足。ここで、満州における軍政を終了するとともに、かねて児玉源太郎が後藤新平に委ねてあたためてきた「満州経営策梗概」に従って、政府に代わって陰に植民地経営を実行する南満州鉄道の設立が決定されたのである。

1077倍のIPO

6月8日、「南満州鉄道株式会社ニ関スル件」（勅令一四二号）公布、児玉源太郎を委員長とする設立委員会の設置、渋沢栄一を委員長とする定款調査委員会も設けられた。

7月23日、来たるべき満州経営の中心人物である児玉源太郎54歳が就寝中の脳溢血（いっけつ）により死去、是清より二つ年上だった。児玉の突然の死去によって、それまで総裁就任を固辞してきた後藤新平が児玉の遺志を継ぐべく南満州鉄道初代総裁に就任した。

かくして南満州鉄道株式会社が設立されＩＰＯ（新規公開株）として株式が募集されることになった。

９月10日、南満州鉄道第１回株式募集。

新会社の資本金は２億円。この半分は政府による鉄道と付属施設の現物出資で、残りの１億円を一般投資家から募集した。特に第１回は募集予定分の20％、２０００万円分10万株（額面１株２００円）から役員分を差し引いた９万９０００株が募集対象となった。これに対して申し込みは１億６６４万３０１６株で実に１０７７倍の史上空前の大盛況となった。

もちろんこれを現代の感覚で捉えてはいけない。これには仕組みがある。

南満州鉄道株１株２００円の額面に対して20円ずつの分割払い。さらにこの最初の払い込み20円に対してもわずか５円の証拠金で申し込めたのだ。

時代背景は日露戦争後の株式ブーム。その中での新規上場株の募集、しかも５円払えば２００円の株で勝負が張れたのである。損失限定のコールオプションと同じであった。宝くじの感覚だ。さらに政府によって払込金に対して年率６％の配当が15年間保証されるというオマケまでついていたのだ。また銀行も投資家に対して積極的に証拠金の貸し付けを行った。

財界は南満州鉄道の採算性、またロシアから引き継いだ鉄道の租借権が１９３９年まで、大連など関東州の租借権に至っては１９２３年までしかないことから、この投資案件にはさめていたが、個人投資家にすれば、日露戦争の獲得物として投資は愛国心の発露でもあった。

日本はハリマンの資本参加に対して、南満州鉄道の株主は日本と清国の国民に限られるとして、日米シンジケートを断ったが、清国人からの投資は高倍率を理由に遮断した。

在清林権助公使から林董外務大臣宛に清国からの抗議に関する報告電報が残されている。林権助からは、清国は怒っているが、放置しておけばよいとの報告だった。

諸外国から見れば、こと満州の鉄道に関してはロシアが日本に入れ替わっただけだった。

南満州鉄道新規公開株大盛況は良いのだが、資本金の半額1億円は政府による現物出資でしかない。現金はない。

清国人投資家を排除、新規公開株売り出しで得た資金は第1回目の支払いがあっても20円かける10万株のわずか２００万円にしかならない。

満鉄の軌間（線路の幅）はもともとロシア仕様の広軌（１５２０ミリメートル）だった、ところが戦争中にロシアは撤退にあたり広軌の機関車をすべて持ち去った。

機関車をいきなり大量生産することもできない。そこで日本は戦争中に広軌から日本仕様の狭軌（１０６７ミリメートル）に改軌工事をして日本から現役の機関車を持ち込んだ経緯があった。ところが戦後は既存の中国の鉄道と合わせるために国際標準であった標準軌（１４３５ミリメートル・新幹線の軌間）に再び改軌する必要に迫られた。つまり機関車を含む車両からレールからすべて改めて新調せねばならなかったのだ。

政府としては財政的には戦時公債の元利支払いで手いっぱい。国内の余剰資金も限られた中で、新設の南満州鉄道は自力で外債を発行して資金を調達する必要に迫られた。

満鉄債

当時の日本では、国のファイナンスは日本銀行、民間は日本興業銀行と役割が分担されていた。

従って満鉄の資金調達は日本興業銀行の仕事である。添田壽一興銀総裁は自ら海外出張に出向き、あたかも戦時公債発行時の是清のごとく満鉄債発行に奔走することになった。

株式募集の翌年、明治40年4月、添田は訪米しクーン・ローブ商会を訪ねるが断られてしまう。これは米国景気が下向きだったこともあろうが、ハリマンとの日米シンジケート破約が影響していたことは言うまでもない。

また小村寿太郎が桂＝ハリマン覚書を破棄する際に、金子堅太郎の手配でモルガン商会から融資を受けられるからハリマンの件は断っても大丈夫という話があったが、添田の記録を見る限り彼がモルガン商会を訪問して公債発行の引き受けを依頼した事実は残ってはいない。

添田は最後にロンドン市場でなんとか400万ポンドの満鉄債発行に成功するが、それには日本政府による保証が要求されたのである。

第105話　ハリマン

明治39（1906）年9月6日、日本が南満州鉄道の新規公開株の話題で盛り上がる中、是清と深井英五は二人にとって最後となる第6回目の資金調達の旅に出発した。横浜発サンフランシスコ経由でニューヨーク、ロンドンを再訪する。

思い返せば二人は日露開戦間もない明治37年2月に欧米に旅立ち、この年は絶望的な状況の中から2回合計2億2000万円の資金調達を成功させた。

その後一時帰国を経て明治38年の3月に3億円、ポーツマス講和会議を控えた7月にも3億円の募債に成功。これで日露戦争に際して額面合計8億2000万円を調達したのだった。

続いて終戦後にフランスを中心に英米独仏4カ国共同による整理公債を2億5000万円発行した。

これは新規の借金ではなく戦中に発行した条件が悪く、償還までの期間が短い債券と交換する整理のための債券だった。

この時帝国政府は5億円の枠を設定していたが、実際の募集は半分だったので、今回はその残り2億5000万円を発行しなければならない。


「後悔することになる」


9月27日、二人はニューヨークにあるエドワード・ハリマンの事務所を訪ねた。日本は契約直前までいった日米シンジケート、すなわちハリマンによる南満州鉄道への出資を、覚書まで作りながら直後に断っていた経緯があったのでそれは是清にとって気まずい訪問だった。

重役会があるからと面会を渋るハリマンに、なんとか粘って10分間だけ時間をもらったが、会議中だからと応接室で長時間待たされた。

「随分と待たせますね」

と深井が言うと、

「なあに、この方が良いのだ」

日本国を代表する帝国日本政府特派財政委員たる是清にこうした扱いは非礼だが、ハリマンに対する日米シンジケートの突然のキャンセルを思えば、是清はこうしてくれた方がむしろ気が楽だった。

　しばらくして秘書がやってきてハリマンの部屋に通されると、そこにいたハリマンは是清を立たせたまま、開口一番、

「日本政府の南満州鉄道に対する措置は大失策である」

　と決めつけた。

「もし私に満鉄の経営を任せていてくれれば、かねてより準備していた米国の最新の鉄道資材を使用して今ごろ満鉄はすでに営業を開始していたはずだ。

　あなた方日本は、今後10年以内に、南満州鉄道の経営を米国人と行わなかったことをきっと後悔することになる」

　ハリマンはここまでまくしたてると、興奮してしまったことに対して気まずそうな表情をしながら是清と深井に席を勧めた。

　是清は口を開いた。

「おっしゃることはごもっともですが、南満州鉄道はロシアの権利を継承したものであって戦争前からあった露清条約をベースとしなければなりません。

　そしてそこには満州の鉄道経営は露清の共同経営に限るとの但し書きがありました。ですから日本もこれを継承して日清の共同経営に限るということになったのです。ハリマンさんと共同経営ができないことは誠に遺憾ですが、この事情は是非ご理解ください」

　杓子定規な是清の言い訳にハリマンは静かな怒気を含めて答えた。

「露清条約のことなどよく知っている。しかし日本が南満州鉄道を譲り受けるにあたって、その

条件の修正などは北京で交渉していた小村寿太郎全権代表の腹ひとつであったはずだ。私は小村氏が共同経営に反対したことを知っている。日本の日米シンジケートに対する態度が変わったのは小村氏が日本に戻ってからだった」

こうは言いながらも、ハリマンはきっと前回の訪問で日本を気に入っていたのだろう。またハリマンは計算高いビジネスマンだ。満州においてすでに軍事的に優位に立った日本との関係を完全に断ち切ろうとは考えていなかった。

「私としては清国人と共同経営するよりも日本人と一緒にやりたかった。機会があればまた日本を訪問して有力者と話をしてみるつもりだ」

これに対して是清は、

「小村外務大臣の件については、外交上の機密のことなので残念ながら私にはよくわかりませんが、ハリマンさんとは今後とも是非おつきあいを願いたいと思います」

ハリマンはこれに対して「是非よろしく」というわけでもなく曖昧に話したまま、次の会議があるからと是清たちを残してそそくさと部屋を出て行った。

この年の1月に是清を歓待した派手で大げさなもてなしの時とは大違いだった（第102話）。

満州のサンクコスト

是清は電報で西園寺公望首相、阪谷芳郎大蔵大臣、林董外務大臣宛にこの一件を報告した。

林は駐英国大使だったが、この年の5月から外務大臣を拝命、代わって英国には小村寿太郎元外務大臣が赴任していた。

「ハリマン氏としては国策や政治的な意図はなく、あくまでビジネスとして世界を一周する鉄道網を完成させたいのであって、そのためには南満州鉄道を日本と共同経営することが一番の選択であったのだと思います。

もし日本とこれ以上の交渉の余地がないのであれば、ハリマン氏は清国政府と協商し、上海を起点としてシベリア鉄道と連結するようなこともあるかもしれません。そうなれば、我が国の神戸港をはじめとして、南満州鉄道や大連湾にとって由々しき競争者となるでしょう。

ハリマン氏の資本力は強大ですので、これと競争するのは得策ではありません。ハリマン氏は再び来日して交渉するかもしれませんので、この点は是非ご一考願いたい」

ハリマンを擁護する是清。彼にとって公債発行に際して世話になったヤコブ・シフやその盟友ハリマンに対する恩義もあっただろう。

だが是清は資金調達を通じて欧米の巨大な資本の力を十分に理解していたこともあった。

今後の日本の将来を考えるに、いかに欧米の大資本とつきあっていくべきなのか、その大切さを理解していたからこそそのハリマンとの破約に対する無念さがこの電報にあらわれていたのだった。


この後南満州鉄道の株式募集では清国人が排除され日本人だけに限られていたことが明るみに出る。是清の抗弁は結局意味をなさなかった。

一方でハリマンを米国帝国主義の先鋒(せんぽう)として捉える者たちからみれば、「20億の軍資金と10万人の大和民族が流した血潮によって獲得された満州」。満州といっても実態は鉄道だが、これをハリマンが提案する共同出資の1億円で売り渡すなど言語道断の話だったのだ。

この22年後、張作霖爆殺事件の主犯と目される関東軍高級参謀であった河本大作は言った。

「日清、日露の役で将兵の血で購われた満州が、今や奉天軍閥のもとに一切を蹂躙されんとしている」

日露戦争後の日本は自ら大きなサンクコストをつくりあげてしまった。後年、この時に満鉄に米国資本を入れておけばと悔やまれることになる。

第106話　1907年恐慌

明治39（1906）年9月、エドワード・ハリマンの事務所を後にした是清は、その足でクーン・ローブ商会のヤコブ・シフの自宅を訪ねた。

シフには是清の長女和喜子をホームステイに託してアメリカでの教育をお願いしている。是清は数カ月ぶりで和喜子に会った。思いのほか元気でうれしかった。

「シフさん、昨年出した整理公債5億円の残りの2億5000万円分、つまり第6回の公債発行についてですが、ご協力いただけないでしょうか」

是清が単刀直入に切り出すとシフも簡潔に、「ノー」と答えた。

信託バブル

シフには日本がハリマンの日米シンジケートを契約直前で破棄したことに対してさしてこだわりはなかった。

シフとしては、もともとハリマンの世界を一周する鉄道網構想は採算面で疑問だった。そこにきて日本の鉄道国有化、南満州鉄道新規公開株に熱狂する日本国民の感情などを考慮に入れるならば、むしろ日米シンジケートは政治的リスクが高いと考えざるを得なかった。

もちろん是清との個人的な友情にはいささかの陰りもない。

しかしながらこの時のシフは米国の証券市場に対して弱気だった。

この年、1906年1月のニューヨークの銀行家の集会で、シフはこう言った。

「もし我が国の通貨事情が根本的に改められなければ、我々は、これまでの恐慌があたかも児戯に見えるようなとてつもない恐慌に見舞われるだろう」

この予想はやがて「1907年恐慌」と呼ばれる株式の暴落とその後の景気後退という形で現出する。多くの暴落は誰も予想できない時に発生するが、この暴落はシフだけではなく多くの金融家が警戒心を持っていながら防げなかった点がちょっと変わっていた。

1904年の日露戦争の開戦ごろから始まった米国の株式や不動産ブームでは、当時の金融界の新商品である「信託」の器を使った野放図な投資が投機を加速させた。

当時の「信託」は銀行のように預金を集めながら銀行のような規制を受けない。預かった資金を株式にいくらでも投資ができる。こうした特性からリスキーな投資に走る信託が多かった。行き着く先は破綻である。

2008年の「リーマン・ショック」はサブプライム債券など、規制の弱い新しい仕組みがリスキーな投資を呼び込んだことから「1907年恐慌」との類似性も指摘されている。

シフが指摘した問題点は、このバブルそのものだけではなく英国の投資家からも大量の資金が米国に流入していた点である。これは金本位制下では大量の金が米国に移送されていたことを意味した。

これを見ていたシフは、イングランド銀行は金の流出を防ぐ、すなわち英ポンドを守るために金利を上昇させるに違いないと予想した。

そうなると今度は逆に高利回りを求めて米国から英国への金の流出が始まり、その結果米国では金詰まりが起きて、信託という器で醸成されていたバブルは崩壊し景気は一気に悪化するだろうと考えていたのだ。

そして、これが一番大事なのだが、その危機の際にも米国側には対処すべきイングランド銀行や日本銀行のような中央銀行がない。これがシフの言う「我が国の通貨事情」であった。

FRBの誕生

シフの発言から少しした4月18日にサンフランシスコを大震災が襲った。当時のサンフランシスコは木造建築が多く市の約半分が焼失した。

このため今度は英国を中心とする欧州から火災保険の支払いとしてまとまった資金が一度に米国に流入することになった。

もともと米国への投資ブームで金が米国に流れ込んでいたところにさらに大量の金が英国から移送されて、この時イングランド銀行の金準備は十数年来の最低水準にまで落ちこんだ。これでシフの市場予測はますます悲観的になった。

英国やフランス、ドイツ、日本には、すでに銀行システムを支える中央銀行が存在していたが、米国では州ごとの分権主義者たちが強い影響力を持ち、過去に2度ほど中央銀行が設立されては廃止されていた。

米国では循環的に恐慌が発生するたびに、市中銀行には預金者が殺到し取り付け騒ぎになった。その際に一時的な準備金不足で閉鎖に追い込まれる銀行も多かった。

そうした恐慌時に資金面でサポートし、一時的な危機を受け止め銀行準備金のバッファーになれるような強力な中央銀行の存在は米国にはまだなかったのだ。

このシフの予想が的中した「１９０７年恐慌」は、現在の米国の中央銀行、ＦＲＢ（連邦準備制度理事会）設立の直接のきっかけとなった。

この時、シフのクーン・ローブ商会のパートナーで、ドイツ、ウォーバーグ家の三男坊、ポールが中央銀行設立の企画書を温めていたのだった（第８８話）。

この恐慌は米国の中国大陸に対する門戸開放政策にも影響を与えた。米国政府は国内の景気対策に忙殺されて満州に対する権益の主張は下火となった。

長くなったが、こうした理由でクーン・ローブ商会のヤコブ・シフは、米国は近々恐慌に陥るだろうから米国での公債発行は無理だというのだった。

明治39年10月、是清と深井は米国での公債発行をあきらめてロンドンへと向かった。

しかしシフの予想によれば、英国はポンドを守るため、つまり金（ゴールド）の米国への流出を防ぐために金利を上げるだろうという。であればロンドンの債券の市場環境も良いものであるはずがなかった。金利が上がれば債券の価格は下がるのだ。

第107話　最後の資金調達

「ロンドンでの公債発行は困難だと思います」

日露戦争の最初の資金調達以来、常に日本側について公債発行の仕事を支えてくれたパース銀行のアラン・シャンドさえこう言うのだった。

「高橋さん、フランスのロスチャイルドを口説いてください。フランスが主体であれば英国も協力できるかもしれません」

米国と同様に英国の銀行団も市場環境には弱気で日本の公債発行に乗り気ではなかった。

フランス・ロスチャイルド

こうなると頼みの綱は前回の第5回の発行から引き受けに参加したフランス、もう少し具体的に言うとフランス・ロスチャイルドである。

フランス・ロスチャイルドはまだ日本公債を1回しか引き受けていない。米英に比べれば是清の話に乗り気だった。

ところがフランスの場合、金融市場に対する政府関与が強い。フランスで日本公債を発行するには、パリ取引所への上場が必須となるが、外国政府の公債発行は外交上の案件でもあってフランス政府とも交渉し了承を得なければならない。

前年第5回公債を発行した際、是清と良好な関係にあったモーリス・ルビエ首相はすでにジョルジュ・クレマンソー首相と交代していた。

のちの第一次世界大戦の時にも首相として国を指導することになるクレマンソーは、元々は急進的な社会主義者だったが、この時は軍備拡張、帝国主義的政策が特徴とされる人物だった。若いころからの西園寺公望の友人でもある。

クレマンソーは、日本は米国や英国での公債発行が難しく、フランスに頼るしかないという事情をよく知っていた。

そのために今回の公債発行をフランスの権益拡張の取引の材料とした。満州の鉄道の権益の一部や、朝鮮におけるフランス人の古い利権の回復など、是清は難題をつきつけられたのだった。

またフランスの外務大臣からは、同盟国たるロシアと日本に細々とした懸案がある間のパリ市場での発行は無理だとも言われた。

栗野慎一郎駐仏大使がこの件を林董（ただす）外務大臣に報告すると、

「国際関係において外交上の懸案は常日ごろからあるものだから、それを前提に発行に尽くすべし」

と返事があったが、これではどうしようもない。

是清は頭を抱えた。

是清がロンドンに戻った時、この件を小村寿太郎・駐英大使に相談すると、

「そんな事をうじうじと悩んでいても仕方あるまい。確認できることは確認してゆけば良い。よし、俺がひとつ電報を打ってみよう」

と、細かい話も聞かずに、書記官を呼んで林外務大臣宛の電報の内容を口述した。

「ロシアは日本のフランスにおける募債に反対するやということを、この際直接ロシアに問い合わせてはいかが？」

林はこれを受けて駐露大使に命じてロシアの外務大臣に直接会って尋ねさせた。

するとその回答は、

「ロシアは懸案の解決は望むが日本の公債発行には反対しない」

というものだった。

だからフランスとの折衝が一気に円滑に進んだというわけではなかったが、是清は小村の手際の良さに感銘した。是清はハリマンの日米シンジケート破棄の一件以来、小村には距離を置いていたが、これ以降は何でも相談するようになった。

この年のクリスマス、是清はウォーバーグに招待されるままハンブルクで過ごしたが、これがまたドイツ嫌いのフランスを怒らせた。

こうしてフランスとの交渉で何も進展がないまま、翌年2月17日に至り、是清はとうとう決心した。深井にフランス政府宛に交渉終了の短文の手紙を書かせると、是清が清書してフランス当局に渡した。フランスを見限ることにしたのだ。

しかしながら英国に戻ったからといって公債発行ができるわけではない。

「我輩は腹を切る覚悟だ」

帰りのドーバー海峡を渡る薄暗いフェリーの船室の中で、是清は沈黙を破るように、突然深井に対して決意表明をした。

「深井。我輩は英国で公債発行を強行することに決めた」

「もしも売れなかったらどうしましょう」

深井も余計なことを言ったものだ。

だが、是清はそんなことは百も承知だ、

「我々には最後に募集（第5回）した時に得た正貨3億円がまだロンドンに預金してある。もし今回発行した公債が売れなければ、日本政府が自分ですべてを買うまでだ」

いわば元祖日銀引き受けである。

いつも「深井君」と「君」づけなのに今回は「君」がない。

「では、事務所に帰ったら早速本国に電報で報告いたしましょう」

是清は深井を横目で見た。

「本国などに相談すれば不承認に決まっている」

そして、続けてこう言い切った。

「もし失敗したら、我輩は腹を切る覚悟だ」

「我輩」という言葉は是清が覚悟を決めた時以外に使わないことを深井はよく知っていた。是清は何としても公債を発行するという、これは深井にとって悲壮な光景だった。深井は自伝に「暗涙」（人知れぬ涙）を催したと記した。

ロンドンに到着すると是清は小村大使を訪ねた。

「大使に責任を分担してほしいというわけではありませんが、是非私の意中を承知しておいてください」

と強攻策の腹案と自分の覚悟を小村に話した。今回の出張では是清は大蔵大臣の指揮下にはあっても、小村の指揮下にはない。

するとと小村は、

「俺の賛成は何の役にも立たぬかもしれぬ」

が、

「必要な場合があれば、あの時の高橋の決心は至極もっともにして自分も賛成したと誓って言明すべし」

と答えた。明治の大物官僚や政治家は逃げない。進んで責を負う。

大使館からの帰りの道すがらの馬車の中、是清は深井に、

「深井君、小村という人は偉いねー、偉いねー」

と何度も繰り返した。深井はうれしそうな是清を見てただうれしかった。

小村の援護を得てがぜん強気になった是清は翌日から英国銀行団に高飛車に出た。

銀行団は、「そんなことをされたら市場が混乱する」と多少は抵抗したものの、どうも是清のこの異常な自信は背後にカッセル卿あたりがいて、彼らがとりあえず引き受けて発行を強行するのではないかと読んだ。かくして銀行団は、どうせやるというなら、できるだけやってみようということになったのだ。

こうなると今度はこの話を聞きつけてフランスが慌てた。取り残されては困る。取引所から代表がわざわざロンドンまで出てきて、ぜひフランスも加えろという。ただし体裁というものがあるから、もう一度パリへ来てフランス政府にお願いした形にしてほしいというのだ。

是清にすれば体裁などはささいなこと、あいさつだけだから深井をロンドンに留守番において、従僕を連れて一人でパリへ出張した。3年間一緒にいた是清と深井の二人にとって休暇を別にすれば初めての別行動だった。

かくして、英仏ロスチャイルドを中心に、第6回ポンド建て日本公債が発行された。

・発行日　1907年3月22日
・発行金額　2300万ポンド　英仏折半
・クーポン　5％
・償還期限　40年
・発行価格　99・5ポンド

この公債は償還までに第二次世界大戦をまたぐことになり、戦後完済されるのは昭和60（1985）年のことである。

是清は日露戦争において6回にわたって資金調達を行ったが、その最後は第1回目と同様に非常に困難な任務だったのである。

第108話　和喜子

少しだけ時間を戻す。シフの家でホームステイをしている是清の長女和喜子の話をしておこう。

明治39（1906）年4月1日。ヤコブ・シフが来日して是清の赤坂の自宅での昼食会に参加した時のことだ。是清もそうだが、シフも大変な子供好きで知られる。

その時、是清の長女、15歳の和喜子はお琴とピアノを披露した。シフは和喜子の興味を引こうと通訳を介してほんの軽い気持ちで尋ねた。

「いつの日かアメリカへ行きたいですか？」

和喜子は黙ってうなずいた。

ホームステイ

「パパ、シフさんからアメリカへ来ないかと誘われました」

「何、それは本当か？」

「確かです」

和喜子は好奇心の強い子である。是清はというと、かねて大山捨松など米国留学経験のある女性たちを自我が確立された頼もしい存在と感じていた。和喜子も是非そうなって欲しい。

それから約2週間後の4月17日。是清は特別に時間を取ってシフとの会談を希望した。

「貴殿の和喜子に対する米国御招待について、時間をかけて妻とじっくりと話し合いました」

シフはすぐに是清の誤解に気が付いた。あれは軽い気持ちの会話である。

顔の少し前で両掌（りょうて）を広げて話を止めようとしたが、是清はシフの手を握り優しく下へ落とすと話を続けた。都合の悪い話は聞かない。

「このような機会はめったにないので、是非2年ほどお願いいたします」

小さくお辞儀をするとシフに握手を求めた。シフは苦笑しながら握り返した。

ところがシフの妻、テレサは話を聞いて驚いた。

「あなた、これは無茶です。和喜子は英語も話せないのですよ。私は責任を負えません」

シフから奥さんが言葉の問題で反対していると聞いた是清は、クリスチャンで英語が話せる周防さんという海軍病院で婦長をしていた女性を見つけてきて彼女に和喜子のお供を頼んだ。

是清は問題を提起されても決してあきらめる方向で物事を考えないのだ。

周防さんと英語で面会したテレサはもう断れぬと観念した。


5月18日、シフは和喜子を連れて横浜を発ち米国へと帰国した。和喜子には周防さんと、それにフジとキチという名前の2匹の小さな狆（ちん）、いくつものトランクに詰められたたくさんの着物がお供した。

是清は和喜子を送りだしてすぐに寂しくなった。同じ年ごろの娘を見かけては和喜子だと思って話かけたりするようになった。そしてマメに和喜子に手紙を出している。

シフは帰国してすぐにニュージャージー州の海岸沿いラムソンの街にあった別荘に和喜子を連れて行った。そこにはプレイボーイのフェリークス・ウォーバーグと結婚した（第88話）派手好きな長女のフリーダ・シフ・ウォーバーグも滞在していた。

「両親は何とも奇妙な一団を連れてやってきた。小柄な和喜子はデザインが変なタン色のスーツを着て、日本の履物のくせかしら、なんだか足をひきずるようにして歩くの。
そして和喜子よりさらに小柄な周防さんは膝の上あたりでもみ手をしながら『イエス、ミセス・スキーフ、かしこまりました。ミセス・スキーフ』としか言わないの。何なのよ、スキーフって」

スキーフはSCHIFF（シフ）をローマ字で読んだのだ。

ニューヨークのセレブの娘、30歳のフリーダが見た和喜子と周防さんの最初の印象だった。

フリーダは彼女の長女11歳のキャローラ以下5人の子供を持つが、和喜子は子供たちとすぐに打ち解けた。

和喜子は子供たちとテニスをするとボールを拾わない。なぜなら日本ではいつもテニスをする時はボールボーイがついていたからだ。

洋服を脱ぐと服は床に脱ぎっぱなし。

テレサのメイドは和喜子に、

「アメリカでは良家の子女はそういうことをしない。自分の服は自分で片付けるものです」

と、身振り手振りで伝えなければならなかった。

和喜子はたくさん着物を持ってきていたが、テレサは外に着ていくことを許さなかった。仕立屋を呼んで普通の米国の金持ちの若い女の子の格好をさせた。セーラー服のようなミディブラウスやプリーツスカートが普段の姿になった。

和喜子とキャローラは二人で特別な手話を編み出したようですぐにとても仲良くなった。

夏になり本格的に暑くなる頃には、和喜子は片言の英語を話すようになり、いつも笑顔の、チャーミングな小さなプリンセスになった。

テレサは周防さんに聞いた。

「和喜子はホームシックになってない？」

「ノープロブレムでございます。ミセス・シフ」

最初の冬はシフの家で個人的な家庭教師をつけたが、テレサは和喜子をしばらく寄宿学校に入れるべきだと考えた。

当時はユダヤ人も差別を受けていた頃であるから、テレサは人種的偏見に十分に注意をして学校を選ばなければならなかった。

見つけた学校はニューヨークの北、鉄道で1時間半ほどの場所にあるブライアクリフマナーの女学校だった。

女学校では東洋のお嬢様和喜子を大歓迎で迎え入れ、和喜子は幸せな1年半をここで過ごした。

そしてシフの家に戻って、約束の2年が過ぎ、米国での生活が3年になろうかという頃、18歳になった和喜子はシフ家に欠かせない家族になるとともに、すっかり米国の若い女の子になってすてきな男性の話もするようになった。

それを聞いたテレサは和喜子をもう日本へ返さなければならないと覚悟した。

送別会はダンスパーティーにした。テレサは和喜子に社交ダンスのレッスンを受けさせ、準備した。

「周防さんもレッスンを受けてくださいい」

「私は結構でございます。ミセス・シフ」

テレサは和喜子に黄桃色のサテンのドレスをプレゼントした。ドレスには子猫のような尻尾が飾りについていた。

「着てみなさいよ。和喜子」

居合わせたフリーダがうながす。

着替えた和喜子が姿見の鏡の前に立つと、和喜子は鏡に映る自分の姿に見とれて子猫の尻尾をグルグルと回しながら、うれしそうにはちきれんばかりの笑顔でステップを踏んだ。そしていつまでたってもやめやしない。

「和喜子、何をしているの？　おかしいわよ、あなた」

それを見ていたフリーダの目頭は熱くなり涙がこぼれた。そして伝記にこう残した。

「この時の和喜子ほどの、花のように美しい娘を私は生涯見ることがなかった」

すり足で歩いていたあの女の子だった。

ラブレター

和喜子が日本に帰った後のシフ家はまるでお通夜のようだった。

「ママ、これは何？」

ソファに座っていたフリーダがテレサに小さな封筒のようなものを見せる。

中身は和喜子がシフ夫妻に書いた短いラブレターだった。

「どこにあったの？」

「クッションを動かしたらその下にあったの」

「変なの。でもうれしいわね」

それから数日間というもの、時計やランプを動かしたり、額縁か何かの裏を見たりすると、和喜子のラブレターがそこかしこに見つかって、シフ夫妻の寂しさを紛らわしてくれることになった。

和喜子は日本に帰って3年後に大久保利通の末っ子で、牧野伸顕(のぶあき)の弟である大久保利賢(としかた)と結婚した。横浜正金銀行勤務の大久保はロンドン、ニューヨークと海外勤務が多く、シフ家との縁はその後も続いた。

第109話　日露戦争が残したもの

明治40(1907)年5月10日、是清と深井英五は日露戦争にまつわるすべての資金調達を終えて帰国した。是清にとってはこれが人生最後の海外渡航になった。この時是清は52歳、日本銀行副総裁のまま横浜正金銀行頭取も兼ねている。また貴族院の勅撰(ちょくせん)議員でもある。

借金は23倍に

ここで、日露戦争がこの後の時代に残したものを整理しておきたい。もちろん是清に関連する政治や経済的な視点からだ。

まずは日本の財政に対する影響である。

日本はポーツマス講和条約で賠償金を獲得できなかったことで、戦時中に国内外で借りた(公債発行した）借金が国家財政に重くのしかかることになった。

開戦直前の明治36年の年末に、９８２０万円だった日本の内外の公債残高は40年末には、内国債10億１０００万円、外国債12億５９００万円の合計約22億６９００万円にまで膨らんだ。

これは、この年の日本の推計名目ＧＮＰ、37億４７００万円の約61％であり、一般会計歳出、6億２００万円の３７７％、つまり国家予算の約４倍にも相当した。

また金本位制維持のための正貨残高は明治37年の９７００万円に対して40年末は４億４５００万円に増加したが、それは戦中戦後に積み上がった外債発行によるもので、その外債の利払いだけでも毎年６０００万円から８０００万円の正貨が確実に流出していくことに注意が必要なのだ。

また日露戦争によって膨張した軍事費は戦後も規模が大きいまま陸海合わせて毎年約２億円の支出となり、一方で国内外の債券に対する元利返済、すなわち国債費も約２億円で推移した。

これはすなわち明治40年以降の国家予算約６億円のうち、３分の１ずつがそれぞれ軍事費と国債費で消えることになったのだ。思えば日露戦争開戦前、１９０３年の国家予算はわずか２億７０００万円だったのである。

日露戦争を戦った第１次桂太郎内閣は明治39年１月に第１次西園寺公望内閣と交代、その後も第２次桂、第２次西園寺、第３次桂と、大正２（１９１３）年の大正政変まで交互に政権を担った。

陸軍を代表する長州閥山県有朋が桂の背後にあり、政党を代表する伊藤博文が西園寺の背後にあった。

この日露戦争後から大正政変までの時代は桂園時代と呼ばれるが、この時代はこれまで書いたように財政的に非常に苦しい時期だった。

財政が苦しいとなれば国民にしわよせが行く。臨時のはずだった戦時の重い租税負担は戦後も残った。

そもそも国民とメディアは日清戦争後の三国干渉に腹を立て、臥薪嘗胆(がしんしょうたん)のキャッチフレーズが生まれたのだ。

日清戦争後の明治30年の国民一人当たり租税負担を指数化して100とする。臥薪嘗胆のこの時代でも十分に税負担は重かったはずだ。

これが日露開戦の明治37年が129、38年139、終戦後の39年152、42年には199まで跳ね上がった。これはインフレ調整をしての指数である。つまり日露戦争後の国民の税負担は臥薪嘗胆時の約2倍になったのである。

では、国民にとって、何のための我慢だったのか、それは日本が列強に追いつき一流国になるための代価だと考えられた。

そうであれば、「20億円の軍資金と10万の大和民族の血潮によって獲得された満州」という考え方は国民の間でも強化されていかざるを得ない。

もうひとつ、日露戦争は日本だけではなく、世界の軍備にも大きな影響を与えた。

日露戦争の趨勢(すうせい)を決定付けた日本海海戦。この時の日本海軍の戦艦「三笠」以下主力12隻はすべて外国製で、そのほとんどが英国製だった。しかも英国は安物の2級品を日本に渡したというわけではなく、これらは世界最新鋭の戦艦であり、装甲巡洋艦だった。

20世紀初頭のこの時代、覇権国家である英国と、その地位を狙う新興国家のドイツは戦艦の建造を競っていた。建艦競争と呼ばれるものである。

英国は砲撃の効果や被弾状況など、日露戦争中の海戦をつぶさに調査した。

その結果「多数の同一口径の主砲による一斉射撃が効果あり」という結論に達した。これはつまりひとつの戦艦により多くの同じ大口径の主砲を積み込むということを意味する。大艦巨砲主義である。

日露戦争が終了して間もない1905年10月、英国は全く新しい設計思想の戦艦「ドレッドノート」を起工した。

戦艦「三笠」は主砲が4門だったが、「ドレッドノート」は主砲が10門、片舷8門の一斉射撃が可能で、さらに艦を動かす主機も蒸気レシプロからタービンエンジンへと進化させ、最高速度も「三笠」などよりも3ノット速い21ノットが出せるようになっていた。

つまり日露戦争を契機に戦艦における大きな技術革新が起こったのだった。こうなると従来の艦隊は陳腐化してしまう。どうあがいても「三笠」では「ドレッドノート」には勝てないから、各国は競争で新型戦艦を造り、艦隊を刷新しなければならなくなった。英国とドイツの建艦競争はいやが上にも過熱せざるをえなかったのだ。

これは米国もフランスも、そしてもちろん日本海軍も同様であった。この日露戦争から第一次世界大戦にかけて世界の主要国の海軍はどうしても莫大な予算を必要としたのである。

帝国国防方針

日露戦争後の明治40年、是清が日本に帰国した頃、陸海軍は日露戦争の総括ともいえる「帝国国防方針」を策定した。これは、いきなり仮想敵国が米国になったというようなドラスチックなものではなく、日露戦争で獲得した大陸の権益防衛が主眼であった。従って陸軍は仮想敵国をいまだロシアとして戦時50個師団を計画、そのために平時には25個師団が必要だとした。

日露戦争前の陸軍は13個師団で戦時中に4個師団を増設、計17個師団となっていたが、明治40年度予算で新設2個師団分を確保、合計19個師団にまでなっていた。

ここで、この年の7月に日露協商が成立した。

米英が中国大陸での権益に触手を伸ばせば、これを守る日露両国の協調体制は強化されることになる。昨日の敵は今日の友である。そのため、とりあえず陸軍の師団増設は急を要するものではなくなった。

一方で海軍は日露戦争を戦艦6隻、装甲巡洋艦6隻の六六艦隊で戦ったが、戦後は軍備標準国(仮想敵国とまでは言えない)を米国とし、戦艦8隻、装甲巡洋艦8隻の八八艦隊を計画した。

海軍はロシアからの鹵獲(ろかく)艦船もあり、質はともかく量だけは大きくなっていたが、新型戦艦ドレッドノート級への対応は必要だったのだ。日露戦争後も軍事費は膨らんだままだった。

かくして日本は日露戦争勝利によって一等国への仲間入りを果たすが、その内実は戦時に借りた借金の返済に追われながらも新型戦艦を建造しなければならない。正貨を確保して金本位制を維持する上でも、また財政的にも非常に厳しい時代に入ったのである。

(下巻につづく)

カバー・表紙・扉写真提供　だるま会

国家の命運は金融にあり　高橋是清の生涯　上

著　者 ……………… 板谷敏彦

発　行 ……………… 2024年 4 月25日

発行者 ……………… 佐藤隆信
発行所 ……………… 株式会社新潮社
〒162-8711 東京都新宿区矢来町71
電話　編集部 03-3266-5611
　　　読者係 03-3266-5111
https://www.shinchosha.co.jp

印刷所 ……………… 錦明印刷株式会社
製本所 ……………… 加藤製本株式会社

乱丁・落丁本は、ご面倒ですが小社読者係宛お送り下さい。送料小社負担にて
お取替えいたします。価格はカバーに表示してあります。

ISBN978-4-10-355631-2 C0023

中央銀行が終わる日
ビットコインと通貨の未来
岩村充

中央銀行の金融政策はなぜ効かないのか。仮想通貨の台頭は何を意味するのか。日銀出身の経済学者が、「貨幣発行独占」崩壊後の通貨システムを洞察する。

《新潮選書》

貨幣進化論
「成長なき時代」の通貨システム
岩村充

バブル、デフレ、通貨危機、格差拡大……なぜ「お金」は正しく機能しないのか。「成長を前提としたシステム」の限界を、四千年の経済史から洞察する。

《新潮選書》

CBDC
中央銀行デジタル通貨の衝撃
野口悠紀雄

「デジタル人民元」は世界覇権を目指すのか？　国家が送金情報を把握し、市中銀行が崩壊するという懸念――。ついに動き始めた通貨の大変革を第一人者が徹底解説！

ベンチャーキャピタル全史
トム・ニコラス
鈴木立哉訳

19世紀の捕鯨船から連続起業家たるエジソン、ジョブズやベゾスまで、ビジネスの革新者とその守護神たちの歴史をひもとく。MBA最高峰の人気講義が待望の書籍化。

大久保利通
「知」を結ぶ指導者
瀧井一博

冷酷なリアリストという評価にいまだ支配される大久保利通。だが、それは真実か？　膨大な史資料を読み解き、現代に蘇らせる、新しい大久保論の決定版。

《新潮選書》

ヒトは生成AIとセックスできるか
人工知能とロボットの性愛未来学
ケイト・デヴリン
池田尽訳

ChatGPTに恋したらどうなる？　ロボットに性欲を実装することは可能か？　スマートセックストイの利用情報は誰のものか？　最先端の知見を盛り込んだ刺激的思考実験の書。